U0902738

■ 本书得到教育部哲学社会科学研究重大课题攻关项目（项目批准号：10JZD0031）经费资助

中国特色民族政策与民族发展问题探究

雷振扬　著

中国社会科学出版社

图书在版编目（CIP）数据

中国特色民族政策与民族发展问题探究／雷振扬著.
—北京：中国社会科学出版社，2016.12
ISBN 978－7－5161－9024－1

Ⅰ.①中… Ⅱ.①雷… Ⅲ.①民族政策—中国—文集
②民族发展—中国—文集 Ⅳ.①D633－53

中国版本图书馆 CIP 数据核字(2016)第 237626 号

出 版 人 赵剑英
责任编辑 孔继萍
责任校对 石春梅
责任印制 何 艳

出 版 中国社会科学出版社
社 址 北京鼓楼西大街甲 158 号
邮 编 100720
网 址 http://www.csspw.cn
发 行 部 010－84083685
门 市 部 010－84029450
经 销 新华书店及其他书店

印刷装订 北京市兴怀印刷厂
版 次 2016 年 12 月第 1 版
印 次 2016 年 12 月第 1 次印刷

开 本 710×1000 1/16
印 张 32
插 页 2
字 数 492 千字
定 价 118.00 元

凡购买中国社会科学出版社图书,如有质量问题请与本社营销中心联系调换
电话:010－84083683

目　　录

经典作家的思想与实践

民族政策的坚持与完善

加强少数民族权益保障

帮助民族地区加快发展

对质疑民族政策的回应

民族法治建设问题探讨

自　　序

“人生天地之间，若白驹之过卻，忽然而已”。[①] 转瞬之间，我到中南民族大学工作已经三十五年了。初到民族大学时，二十六岁，如今已年逾花甲，过了正常退休的年龄。从一名地地道道的农民，变成为一名大学的教授和管理工作者，回望这几十年的人生旅程，不由生出许多的感慨。

我不是民族学科班出身，但自从进入民族大学之后，我就有意识地将自己的科研方向与民族问题“挂钩”。学术方向的定位与参与学校学科建设的需要，使我慢慢地进入民族问题的研究领域。在学界专家与学校同仁的支持下，这些年，我先后承担了教育部哲学社会科学研究重大课题攻关项目、国家社会科学基金重点项目、一般项目等国家级、省部级课题十余项，并在《民族研究》、《东欧中亚研究》、《光明日报》等发表与民族问题相关的论文数十篇。回过头来看，虽然这些文章很难称为严格意义上的学术论文，也谈不上对国家与社会有什么实质性的贡献，但它记录了我学习与思考的历程。在临近退休，即将开始一种新的生活体验之际，我将已发表的与民族问题相关的部分文字进行了整理，交付出版。作为一种记忆文本，算是对本人相关研究的一个总结和给自己的一个交代。

本书收录的文章，时间跨度较长，最早的写于 20 世纪 80 年代中期，最晚的直至当下。这一时段，正是我国经济社会快速发展，社会变革最为深刻的时期。回过头来审视这期间发表的文字，心中不免忐忑。所幸的是，虽然三十余年过去了，但文章所述的观点，在今天看来尚未过时。一些文章中所分析探讨的问题，虽因社会发展与政策调整，有了较大的变

---

① 杨柳桥译注：《庄子》，上海古籍出版社 2007 年版，第 251 页。

化，但其所论述的角度与作出的判断，今天看来也还有一定的价值。为尊重事实，体现文责自担的精神，在本次整理中，只对个别字句做了订正与修改，基本保持了论文发表时的原貌。书中文章，大多数由我独立撰写，也有若干篇与他人合作完成，对此已在各篇中予以注明。在此，谨向各位合作者表示衷心的感谢！同时，也对发表原文的各刊物及编辑人员表示诚挚的谢意！

民族问题是人类社会与现代国家面临的重大问题。自古至今，因民族之间的矛盾冲突引发的战争、仇杀不计其数，导致的社会动荡和政府更迭，数不胜数。民族作为一种特殊的人类共同体，具有十分复杂的影响因子和内在结构，其形成非短期的人为建构，其消亡也非人力突击可为。有专家认为，随着国家逐渐取代民族成为人类更大共同体，导致民族共同体不断衰落和瓦解，“民族走向衰落是历史的必然”。我认为，民族的衰落与瓦解是一个长期的历史过程，民族的消亡可能是极其遥远的事情，民族还将长期存在下去。只要有民族存在，民族问题也就不可避免。作为多元世界的一种人类共同体，民族以特殊的历史传统和语言文化为特征，其生存发展与各类资源的占有与利益的分配密切相关。在世界人口增长、生态持续恶化、资源危机加剧、国际竞争日趋激烈、各种利益冲突凸显的背景之下，民族共同体甚至有被强化、民族问题有趋于复杂化的可能。看不到这一点，就可能产生对形势的误判，犯原则性、颠覆性的错误。

我国是一个多民族国家。正确地解决民族问题，关乎国家统一、民族团结、社会和谐、经济发展、人民福祉。改革开放以来，我国社会进入深刻的转型期，民族发展、民族关系等出现一系列新情况新问题新挑战。加强民族问题研究，既是应对挑战的需要，也是民族理论工作者的使命与责任。实事求是地讲，近几十年我国的民族问题研究虽取得了重要成就，但也存在不少问题。从问题方面看，既有理论创新的不足，也有研究方法的不适应。新时期的民族问题研究，需要从我国的基本国情出发，拓宽研究视野，增强问题意识。既要重视对民族发展、民族关系、民族地区治理等现实问题研究，也要加强对民族历史文化和民族问题基本理论研究；既要重视国内民族问题研究，也需加强国外民族问题研究；既要发挥民族学、人类学在民族问题研究方面的优长，也要更好地与社会学、法学、政治学、公共管理学、国际关系学等学科协同与互动；既要重视民族学田野方法，也需更好地运用规范分析、比较分析、计量分析、实证分析等方法和现代科技手段。这些算是我对民族问题研究的一点不成熟的建议。

学人常引屈子“路漫漫其修远兮，吾将上下而求索”的名句自勉，却很少关注其“欲少留此灵琐兮，日忽忽其将暮”[①] 之句的凄美。而我对这后句（在屈原《离骚》原文中是前句），更有一种特别的体悟。疲惫与惜时，也许古人与今人、圣哲与凡夫是相通的。过去了的事，可以反思，却不能改变；流逝了的时光，可以追忆，却不可以重来。刊出的文字，如泼出去的水。书中错谬之处，敬请读者批评指正。

作者　谨识

2016 年 8 月 10 日

① 文怀沙著：《屈原离骚今译》，上海古典文学出版社 1956 年版，第 58 页。

经典作家的思想与实践

马克思的社会发展理论与我国民族地区的社会发展

随着国家西部大开发战略的实施，我国少数民族地区面临前所未有的发展机遇。在贯彻执行西部大开发战略的过程中，如何从少数民族地区的实际出发，实现经济社会的全面发展，是摆在我们面前的一个重大课题。马克思的社会发展理论是马克思主义的重要组成部分，是人类社会发展经验的科学总结。在历史的机遇面前，重温马克思的社会发展理论，坚持以马克思主义关于社会全面发展的理论为指导，是我们做好民族地区发展工作的重要保障。

一　经济发展与社会的全面协调发展

马克思的社会发展论主张在生产力发展基础上的社会全面协调发展。马克思认为，人类社会是从物质生活资料的生产这个基础上发展起来的，“物质生活的生产方式制约着整个社会生活、政治生活和精神生活的过程”①；生产力发展水平决定生产关系状况，生产力与生产关系矛盾运动推动社会的变革和发展。只有大力发展生产力，创造出极其丰富的社会物质财富，才能为社会的全面发展提供物质的基础，才能为“以每个人的全面而自由的发展为基本原则的社会形式创造现实基础”②。但是，马克思并没有把问题绝对化，否认政治、文化等非经济因素对于社会发展的作

① 《马克思恩格斯全集》第13卷，人民出版社1962年版，第8页。

② 《马克思恩格斯全集》第23卷，人民出版社1972年版，第649页。

用。相反，他认为，社会的发展是一个综合因素的作用过程，政治、文化等对经济社会的发展有着巨大的反作用。恩格斯晚年明确指出，“政治、法律、哲学、宗教、文学、艺术等的发展是以经济发展为基础的。但是，它们又都互相影响并对经济基础发生影响。并不是只有经济状况才是原因，才是积极的，而其余一切都不过是消极的结果。这是在归根到底不断为自己开辟道路的经济必然性的基础上的互相作用”①。

我国西部少数民族地区作为经济文化相对落后地区和后发展地区，在西部大开发中必须始终坚持把发展生产力和发展民族经济放在首要的位置。只有大力发展生产力，才能尽快缩小西部地区与发达地区的发展差距，跟上社会现代化建设的步伐。改革开放以来，西部民族地区的经济社会事业有了长足发展，但是与东部发达地区比较，差距不仅存在，而且进一步扩大。东西部人均国内生产总值的绝对差距 1978 年为 212.90 元，1995 年扩大到 3832.10 元②；1995 年民族自治地方人均国内生产总值与全国人均国内生产总值的差额为 1765 元，到 1999 年短短 4 年，二者的差额扩大 2419 元③。民族自治地方工农业总产值占全国工农业总产值的比重，1985 年为 9.1%，到 1999 年则下降为 5.7%；同期的工业总产值比重由 7.9% 下降为 4.3%④。随着东部地区的产业升级和高科技的发展，以及我国加入世界贸易组织，西部农业主导型经济面临更加严峻的形势，与东部发达地区的差距有进一步扩大的可能。如果西部地区不能抓住国家西部大开发的历史机遇，把经济搞上去，就可能被历史前进的步伐甩得越来越远，就会扯整个国家现代化的后腿。只有大力发展生产力，才能有效改善西部少数民族群众的生活。1994 年西部民族自治地方最穷的 10 个县农民人均纯收入平均仅为 219 元，与上海农民人均 3436.61 元相比，仅为后者的 6.4%⑤。民族自治地方农村居民家庭年人均纯收入与全国同类人均纯收入的差距 1980 年为 115.30 元，而到 1997 年扩大到 627.10 元⑥。在西

---

① 《马克思恩格斯选集》第 4 卷，人民出版社 1972 年版，第 506 页。

② 魏厚凯、刘楷：《中国地区发展》，经济管理出版社 1997 年版，第 26 页。

③ 根据《中国民族统计年鉴（2000）》（民族出版社 2000 年版）整理。

④ 《中国民族统计年鉴（2000）》，民族出版社 2000 年版，第 396 页。

⑤ 文精：《走向共同繁荣》，民族出版社 1998 年版，第 61 页。

⑥ 根据《中国统计年鉴（2000）》、《中国民族统计年鉴（1998）》整理。

部民族地区，还有数千万人没有摆脱贫困。通过发展生产力，改变西部落后地区人民群众的贫穷状态，使之过上富裕文明的生活，既是社会主义的本质要求，也是摆在西部各级政府面前的根本任务。只有大力发展生产力，才能为西部少数民族地区的政治稳定奠定坚实的基础。我国西部地区地域辽阔，民族众多，战略地位十分重要。保持西部地区的政治稳定和社会发展，是维护祖国统一，推进社会主义现代化建设的需要。而要保持西部地区的社会稳定，最根本的是要尽快把经济搞上去。只有经济发展了，才能有效地提高西部地区广大人民群众的物质文化生活水平，更好地显示社会主义制度的优越性；才能更有力地反击敌对势力和民族分裂势力的颠覆破坏活动。只有大力发展生产力，才能为西部地区其他事业的发展提供必要的条件。西部地区的落后不仅表现在经济方面，而且表现在教育、科技、文化、体育、卫生、交通、通信等诸多方面。归根结底，这些方面的落后，都是受经济落后的制约。如果生产力不能有效发展，经济建设搞不上去，要想改变其他方面的落后状态是不可能的。总之，只有牢牢抓住经济建设这个中心，才能牵住西部地区社会发展的牛鼻子，全面推进西部地区各项事业的发展。

西部大开发和民族地区的社会发展是一个社会系统工程。在坚持以经济建设为中心，大力发展生产力的同时，必须注意西部社会和少数民族地区的全面、协调发展。在当前，要重点做好以下几个方面的工作：第一，做好民族、宗教工作，维护社会的政治稳定。正如邓小平同志所指出的，“稳定压倒一切”，没有社会的政治稳定，西部大开发和经济建设都无从谈起。西部地区是我国少数民族聚居的地区，少数民族人口超过 8000 万，占全国少数民族人口的 80% 左右①。这里不仅少数民族多，少数民族人口多，而且信教的群众多，还有不少跨国界的少数民族，情况比较复杂。实行民族平等，坚持宗教信仰自由，加强民族团结，是党和国家的一贯方针。在西部大开发的过程中，我们必须始终坚持这一方针。我们的每一项工作，都要从少数民族的利益出发，要尊重他们的风俗习惯、宗教信仰，妥善解决民族矛盾和宗教问题，正确调处民族利益关系。同时，要大力进行民族政策、宗教政策的宣传教育，坚决反对破坏民族团结的行为；坚决

---

① 吴仕民：《西部大开发与民族问题》，民族出版社 2001 年版，第 1 页。

打击境内外分裂主义势力和宗教极端主义势力的破坏活动。第二，加强民主法制建设，切实保障少数民族群众的合法权益。民主法制都属于上层建筑的范畴，对经济建设和社会发展有巨大的保障和促进作用。在西部大开发中，要通过民主政治建设，健全人民群众参政议政、民主监督制度，保证科学决策、正确执行；要采取切实措施，落实基层民主自治，保障广大人民群众享有当家作主的权利，从而调动社会各界人士的积极性和创造性，为西部大开发献计出力。民主建设离不开法制。西部大开发要坚持立法先行的原则。不仅要把民主法律化、制度化，而且要通过法制建设，为西部大开发提供必要的法律保障。建议全国人大常委会尽快制定《西部开发法》，将西部大开发的基本原则、方针、政策（包括投资、环保、基础设施、人口等）以法律的形式规定下来。第三，加强精神文明建设，保护和弘扬少数民族的优秀传统文化。精神文明的内涵十分丰富，包括教育、科学、体育、卫生、文学艺术、思想道德等诸多方面。精神文明建设的意义在于，它不仅是社会发展的重要表现，是人类社会进步的重要标志，而且是人类社会发展的重要条件。没有教育科学等方面的发展，没有人口素质和人们思想道德水平的提高，西部大开发和民族地区的经济社会发展就会失去智力的支持和发展的方向。少数民族的优秀传统文化，是祖国精神文明宝库的重要组成部分。在西部大开发中，要把对少数民族群众进行现代科学文明和马克思主义思想道德教育，与保护、挖掘、弘扬少数民族的优秀传统文化紧密结合起来，使少数民族文化中固有的爱国家、爱民族、爱同胞、坚忍不拔、勤奋朴实、助人为乐等传统美德发扬光大。第四，实行计划生育，控制人口过快增长。历史的经验已经证明，人口的增长必须与经济的增长相适应；人口的过快增长，将严重制约经济社会的可持续发展。近20年来，我国西部民族地区由于受各种条件的影响，人口的增长速度过快。据统计，从1978年到1997年，西部民族地区总人口从24763万人增加到31623万人，净增6860万人，相当于德国统一后的总人口①。这个增长速度是十分惊人的。它在很大程度上抵消了经济社会发展的成果，导致了生态环境的进一步恶化，人口素质的降低，影响了人民

① 李岚：《人力资源开发是西部大开发的源头工程》，《中央民族大学学报》2000年第2期。

生活水平的提高和社会可持续发展。因此，在西部大开发的过程中，要把实行计划生育，控制人口过快增长放在重要位置，教育人民群众认识计划生育的必要性、重要性、优越性，引导他们跳出越生越穷，越穷越生的怪圈，走少生优育之路，走文明富裕之路。总之，要通过实行计划生育，进一步提高人口素质，保证人口增长与经济社会发展相协调。

二　对外开放与因地制宜发展

马克思在分析大工业和现代科学技术对人类社会发展巨大影响的基础上，提出了各民族的发展必须吸纳其他先进国家和其他民族的发展成果的观点。他指出，随着大工业和科学技术的发展，各民族的原始闭关自守状态由于日益完善的生产方式、交往以及因此自发地发展起来的各民族之间的分工，而消灭得愈来愈彻底，历史在愈来愈大的程度上成为全世界的历史。“过去那种地方的和民族的闭关自守和自给自足状态已经消逝，现在代之而起的已经是各个民族各方面互相往来和各个方面互相依赖了。物质的生产如此，精神的生产也是如此。各个民族的精神活动的成果已经成为共同享受的东西。”在这样一种情况下，“民族的片面性和狭隘性已日益不可能存在”①。后发展国家或民族，只有顺应历史潮流，吸纳世界文明的先进成果，才能加快自己的发展，跟上时代的步伐。

我国少数民族地区由于历史的、社会的原因和自然环境的限制，长期处于封闭落后的状态。改革开放以来，随着国家工业化水平的提高，科学技术的进步，商品经济的迅猛发展，少数民族地区的封闭状态初步被打破，贫穷落后面貌初步改变。我国少数民族地区的发展变化，从一个侧面证明了马克思社会发展理论的正确性。用马克思的社会发展观分析我国社会的发展态势，我们可以清楚地看到，不仅国家的整体发展对西部和少数民族地区的加快发展提出了新的更高的要求，而且西部和少数民族地区自身的发展也离不开国家和发达地区的引导和支持。在我国，发达地区与少数民族地区的“相互依赖”关系，既是一种特殊的政治关系，也是一种

① 《马克思恩格斯全集》第4卷，人民出版社1958年版，第470页。

客观的经济关系。看不到这一点，而把实施西部大开发，推进少数民族地区的经济社会发展，理解为增加国家和发达地区的负担，或者以为西部大开发会损害少数民族的利益，少数民族地区可以继续在封闭的条件下实现自身的现代化，都是十分错误的、有害的。

国家西部大开发战略的实施，为少数民族地区的开放发展创造了极为有利的条件。但这一战略要产生实效，还需要少数民族地区的主观努力和积极参与。从当前少数民族地区的实际情况看，首先，要进一步解放思想，增强改革开放和发展的意识。要彻底改变自然环境决定论的片面性和甘居贫困、封闭自守的狭隘性，努力探寻与发达地区经济接轨，增强自身实力的发展新路。不仅要学习发达地区发展经济的经验，大力推进商品经济的发展，而且要积极引进先进的科学技术、科技人才和先进的管理经验；同时还要适时改革与经济社会发展不相适应的生产关系和上层建筑，为经济社会的发展提供制度的保障。其次，少数民族地区要从本地的实际出发，确立自己的经济社会发展战略。西部大开发是国家发展的大战略，各少数民族地区还要有与之相适应的区域发展战略。马克思认为，人类社会发展需要遵循客观规律。由于各国、各民族的历史传统和现实状况不一样，发展的条件和环境不相同，因而发展的阶段、道路也不尽相同。少数民族地区在制定经济社会发展战略时，绝不能照抄照搬其他地区的发展模式，而要从现代社会分工协作的大思路出发，从少数民族地区的实际出发，扬长避短，因地制宜。宜工则工，宜贸则贸，宜林则林，宜草则草，宜牧则牧。只有这样，少数民族地区才能发挥自身的地域优势和资源优势，形成与发达地区的经济、资源互补关系，加快经济社会的发展。

三　社会发展与人的发展

马克思的社会发展观十分重视人的发展问题。马克思认为，人的全面发展既是社会全面发展的基本条件，也是社会发展的最终目的。他指出，社会的生产实践活动，包括物质的和精神的生产活动，是人类最重要的活动。人的生产实践是推动社会发展的根本力量。因此，任何社会的发展都必须重视人本身的发展。他认为，“要不是每一个人都得到解放，社会本身也不能得到解放"①。共产党人所为之奋斗的社会，是以"每个人的全面而自由的发展为基本原则的社会形式"②。在《共产党宣言》中，马克思和恩格斯还从人的全面自由发展的高度揭示了共产主义社会形态的本质，指出"代替那存在着各种阶级以及阶级对立的资产阶级旧社会的，将是一个以各个人自由发展为一切人自由发展的条件的联合体"③。在新的社会里，"通过社会生产，不仅可能保证一切社会成员有富足的和一天比一天充裕的物质生活，而且还可能保证他们的体力和智力获得充分的自由的发展和运用"④。马克思社会发展理论对人的发展问题的关注，对于我国在西部大开发和少数民族地区社会发展进程中，正确把握社会发展的目标和价值取向，具有重大的启迪意义。

我国西部和少数民族地区的经济社会的落后，原因自然是多方面的，但最根本的原因是人才的缺乏和人的素质发展的落后。在历史上，由于剥削阶级的残暴统治和严酷剥削，广大的少数民族群众不能享受基本人权，甚至不被当人看待，其社会主体性长期受到压抑。新中国成立以后，在党和政府的领导下，少数民族地区废除了封建农奴制度，少数民族群众实现了政治上的解放。经过 50 多年的建设，西部少数民族地区的经济社会有了较大的发展，人民的生活水平有了较大的改善，民众的素质也有了较大的提高。但是，由于历史的原因和经济文化条件的制约，西部少数民族地区建设人才的缺乏和人口综合素质偏低、少数民族群众生活水平偏低的状况还未根本改变。据最新的人口普查统计，我国目前还有 8507 万文盲人口，西部地区占其中的绝大多数。青海少数民族适龄儿童入学率只有 60% 左右。西部每万名劳动者中拥有人才（中专以上学历和初级以上职称人员）92 人，还不到东部地区的 1/10⑤。而且，近年来，西部地区的高层人才流失相当严重。新疆大学近 10 年先后有 200 多名硕士和副教授以上的人才流向东部地区；新疆农业大学仅 1997 年至 2000 年就先后流失

---

① 《马克思恩格斯全集》第 20 卷，人民出版社 1971 年版，第 318 页。

② 《马克思恩格斯全集》第 23 卷，人民出版社 1972 年版，第 649 页。

③ 《马克思恩格斯全集》第 4 卷，人民出版社 1958 年版，第 491 页。

④ 《马克思恩格斯全集》第 19 卷，人民出版社 1963 年版，第 244 页。

⑤ 李建辉：《西部大开发第一资源是什么?》，《中国民族》2000 年第 6 期。

博士和硕士60余名[①]。这种状况必须引起我们的高度重视。正如朱镕基总理所指出的，“现在我们开发西部最根本的是人才，不解决西部地区人才资源问题，开发西部地区是会有很大障碍的”[②]。

在西部大开发和少数民族地区的社会发展中，必须坚持马克思主义的以人为本的思想，高度重视人才的培养、引进，重视公民素质的提高和人力资源的开发和利用。首先，要坚持教育先行的方针，大力发展西部少数民族地区的基础教育。西部大开发应该把基础教育作为最基础的工程。因为西部的开发归根结底要依靠西部人民，依靠西部人整体素质。只有通过发展基础教育，提高广大人民群众的科学文化水平，才能使民众更好地了解外部的世界，更好地理解和接受先进的科技成果，掌握摆脱贫困的技术和手段；也才能为培养更多的出得去、回得来、留得住的高层人才提供更广阔的社会基础。其次，要采取特殊政策，留住和引进人才。人才是一种特殊资源，也要按经济规律进行开发和管理。政府要通过特殊的财政政策，改变目前西部地区知识分子待遇低、工作条件差的状况，吸引更多的优秀人才参与西部的开发和建设。同时，西部少数民族地区也要适时改革干部人事制度，尽快建立保证优秀人才脱颖而出的机制和灵活的人才招揽、使用制度。根据民族地区经济发展的需要，可以通过优惠政策，以兼职、短期工作、合作开发科技项目等方式，吸引各类人才为西部大开发和少数民族地区经济社会发展服务。再次，要大力培养少数民族干部。正如毛泽东同志所指出的，“政治路线确定之后，干部就是决定的因素”[③]。西部大开发和民族地区的社会发展，离不开少数民族干部的努力。在西部大开发的过程中，要通过选拔、培训、交流与挂职等方式，改变目前少数民族干部总量不足，素质不高，知识结构不合理的状况。最后，在西部大开发的进程中，国家要处理好积累与消费的关系，不断提高少数民族地区人民群众的物质、文化生活水平。要通过加大投入和发展经济文化事业，使少数民族群众逐步融入现代文明生活，分享现代物质文明和精神文明的成果。由此，达到使少数民族群众不仅有一天比一天充裕的物质生活，而且

---

① 《中国教育报》2001年7月11日。

② 转引自李建辉《西部大开发第一资源是什么?》,《中国民族》2000年第6期。

③ 《毛泽东选集》第2卷，人民出版社1991年版，第526页。

使他们的体力和智力也逐步得到自由的发展和应用。

四 社会发展与自然生态环境保护

重视在社会发展的过程中，妥善地处理人与自然的关系，是马克思社会发展观的一个显著特点。马克思认为，人与自然的关系表现为自然界对人的制约和人对自然界能动改造的辩证统一。他指出，自然界是人类生存和进化的前提，“人本身是自然界的产物，是在他们的环境中并且和这个环境一起发展起来的”①。人类社会的发展进步，离不开养育她的自然环境。人类比其他一切动物强的最突出表现在于，能够正确认识和运用自然规律，能动地改造自然环境，使人的生活条件和欲望的满足同自然规律相协调。但是，问题在于人类在向大自然索取的过程中，会产生人类需求欲望的满足与自然界承受力之间的矛盾。人类社会可能受短期利益的支配，而不顾甚至违背自然规律去破坏自然环境，破坏人类赖以生存的条件。如果发生这种情况，人类就将遭受自然规律的惩罚，人类社会的发展就会遭受严重的挫折。对此，恩格斯在《自然辩证法》一书中作了深刻的阐述，他告诫人们：“不要过分陶醉于我们对自然界的胜利。对于每一次这样的胜利，自然界都报复了我们。”② 因此，人类社会在发展的过程中，必须善待自然环境，妥善处理人与自然的关系。马克思、恩格斯设想，在未来理想社会，“社会化的人，联合起来的生产者，将合理地调节他们和自然之间的物质变换，把它置于他们的共同控制之下，而不让它作为盲目的力量来统治自己；靠消耗最小的力量，在最无愧于和最适合于他们的人类本性的条件下来进行这种物质变换”③，达到“人和自然之间、人和人之间的矛盾的真正解决”④。

马克思的上述观点，已为现代工业社会的发展实践所证实，并为世界各国先进的人们所接受。重视自然环境，保护自然环境，实行经济社会的

---

① 《马克思恩格斯全集》第20卷，人民出版社1971年版，第38—39页。

② 同上书，第519页。

③ 《马克思恩格斯全集》第25卷，人民出版社1974年版，第926—927页。

④ 《马克思恩格斯全集》第42卷，人民出版社1979年版，第120页。

可持续发展，已成为世人关注的重大课题。我国政府在制定国民经济社会发展规划时，也对之做了重点考虑。

在西部大开发和加快少数民族地区经济社会发展的过程中，我们必须高度重视自然环境保护，坚持走可持续发展之路。由于特殊的自然地理条件和人为的破坏，我国西部地区的自然生态环境已面临严峻的现实。水土大面积流失，土地严重沙化，森林锐减，草场退化。青海省土地退化速度由过去的每年 100 万亩扩大到 200 万亩以上，全省荒漠化面积达 2.17 亿亩，占总面积的 20.1%；2000 年，内蒙古自治区荒漠面积 65 万多平方公里，占内蒙古土地面积的 56.9%，而且每年以 33 万公顷的速度扩张；甘肃省现有土壤受侵蚀面积 39.66 万平方公里，占总面积的 87.43%，每年流入江河的泥沙 6.44 亿吨，沙漠戈壁和受风沙危害的土地占全省土地总面积的 40% 以上①。这些统计数据从一个侧面反映了西部自然生态环境的严重态势。西部大开发必须以恢复和保护自然生态环境为前提，而绝不能以破坏自然生态为代价。忽视了这一点，西部大开发就会变成西部大破坏，就不可能真正造福于西部各族人民，实现经济社会的持续稳定发展。

西部大开发，要避免走“先破坏，后治理”，“先污染，后治理”的老路。在我国工业化的发展过程中，由于基础的薄弱，财力的限制和认识的滞后，相当长的时期忽略了对环境的保护，付出了沉重的代价。东部地区在“先污染”的过程中，完成了资本的原始积累，目前其财政和企业基本具备了“治理”的能力。但是西部地区的经济社会发展长期处于贫血状态，环境保护欠账太多，仅靠当地的财政和企业实难走出环保困境。因此，在西部大开发过程中，国家不仅要制定相关的环保法律和产业政策，对社会投资开发行为进行引导和规制，防止对环境的新的污染和破坏；而且要加大环保的投入，帮助西部地区进行环境治理，恢复已被破坏的自然生态环境。当前，西部地区在环保方面最紧要的工作是，实行退耕还林、还草，防止过度放牧，恢复植被；禁止乱砍滥伐、乱开滥采，兴修水利，治理荒漠，保护土地资源；调整产业结构，逐步淘汰严重破坏和污染环境的企业，大力兴办无污染的环保型企业；对于那些污染较重，对地区经济社会发展影响较大的企业，国家应给予必要的财政支持或优惠政

---

① 李锦、罗凉昭：《西部生态经济建设》，民族出版社 2001 年版，第 39—57 页。

策，帮助其实行技术升级，尽快做到环保达标。西部是我国经济较为落后地区，今后一段时间内将会面临发达地区的产业转移问题。在产业的转移过程中，要对污染的转移进行严格的控制，避免东部和国外的污染产业转移到西部来。

马克思主义社会发展理论是一个内容十分丰富的思想宝库，本文由于篇幅所限，不可能一一展开阐述；我国西部大开发和民族地区的经济社会发展，是一个十分复杂的社会系统工程，其所面临的困难和问题，也不可能一一展开分析。但从以上简略的考察可见，马克思的社会发展理论的时代意义毋庸置疑，其对我国西部大开发和少数民族地区经济社会发展的指导作用不容忽视。只有把马克思的社会发展理论与我国西部大开发和民族地区的经济社会发展的实践有机地结合起来，我们才能确立社会发展的科学价值取向和选择正确发展的道路，才能正确地解决发展中出现的各种各样的困难和问题。

［原载《中南民族大学学报》（人文社会科学版）2001 年第 6 期］

列宁关于发展社会主义民族关系的思想与实践

十月社会主义革命胜利后，列宁在处理社会主义民族关系的实践中阐述了一系列重要思想。学习列宁这方面的思想与实践，对于我们正确处理社会主义民族关系，维护社会的稳定，促进各民族的共同繁荣和发展，具有重要的意义。

一　关于加强民族团结的必要性问题

十月革命前，以被压迫民族同压迫民族自由分离，成立独立的民族国家为基本要求的民族自决权，是列宁和布尔什维克党反对民族压迫，解决民族问题的基本观点和纲领之一。十月革命胜利后，列宁适时地提出了加强社会主义民族团结，建立各民族紧密的联盟，并在此基础上实现各民族的共同发展和繁荣的重要思想。这是列宁对马克思主义民族理论和民族政策的一个重要发展，也是他在十月革命后处理社会主义民族关系的最基本的思想与实践。

列宁认为，只有各民族的团结和紧密的联盟，才能打败国际帝国主义和国内反革命势力的进攻，捍卫和巩固新生的革命政权和民族解放的胜利成果。

十月革命是人类历史上第一次以消灭私有制，消灭一切阶级压迫和民族压迫为目的的伟大革命。革命胜利后的第二天，列宁就指出，各国政府和资产阶级一定会竭尽全力以图联合起来，把工农革命淹没在血泊里。事实证明了列宁的这个论断。1918—1920年，先是德国帝国主义，后是美、英、法、意、日等国的帝国主义同俄国反革命匪帮和波兰的地主、资产阶级联合起来，向苏维埃政权发动了疯狂的进攻。他们曾攻占俄国的大片领土，颠覆许多民族地区的苏维埃政权，切断苏维埃俄国同它的粮食、原料、燃料供应基地的联系，几度兵临红色首都城下。新生的革命政权面临生与死的严峻考验。如何才能战胜国内外敌人的联合进攻？列宁指出，除了布尔什维克党的正确领导等条件外，还必须有各民族人民和各民族苏维埃共和国紧密的团结与联盟，否则，“便不能捍卫被军事方面无比强大的世界帝国主义列强所包围的各苏维埃共和国的生存”①。因为只有各民族人民的紧密团结，才能动员和组织起战胜敌人所必需的强大的人民武装力量和物质力量。在强大的反革命势力联合进攻的情况下，无论是俄罗斯苏维埃共和国，还是乌克兰、白俄罗斯苏维埃共和国，都不可能依靠自己单独的力量来保证自身的生存。孤军作战显然是不会胜利的，而只会被联合一致的反革命势力分别掐死，各民族的独立、解放也将随之化为乌有。所以列宁指出：“在反帝国主义斗争的环境中国家分立不会有好处，因为帝国主义会利用分立来颠覆苏维埃政权；这种分立是犯罪的行为。”②

列宁还认为，只有加强社会主义民族团结，建立各民族紧密的联盟，才能尽快恢复和发展生产力，保证各族劳动人民的福利，实现各民族的共同繁荣和事实上的平等。

发展社会主义生产力，创造比资本主义更高的劳动生产率，是社会主义的本质特征之一，是保证新社会制度胜利的最重要的条件。但是，十月革命后俄国在恢复和发展生产力方面，面临严重困难，其中最主要的有两方面：

一方面是沙皇俄国遗留下来的各民族经济社会发展的畸形结构。沙皇政府为了长久地奴役和剥削各族人民，极力阻挠非俄罗斯地区的经济发展。十月革命时，这些地区大多还处在前资本主义的社会形态，有的还保存着游牧经济或原始的生活方式。当时，俄罗斯的工业产值占全国工业总产值的72%，莫斯科、彼得格勒等城市已成为全国最大的工业中心。而

① 《列宁全集》第31卷，人民出版社1958年版，第127页。

② 《列宁全集》第30卷，人民出版社1957年版，第295页。

广大的少数民族地区（除乌克兰外）却很少，甚至没有民族工业。但是，这些地区却拥有当时俄国工业发展所必需的丰富的原料动力资源，如巴库的石油，顿巴斯的煤。这些地区还是俄国重要的粮食、棉花、畜牧基地。

另一方面是战争造成的破坏和帝国主义对俄国的经济封锁。1914—1920 年，俄国连续经历了 6 年战争，严重地破坏了整个国民经济。1920 年，全国工业总产值仅占战前的 13.4%，农业总产值只占战前的 65%。在被敌人占领或沦为战场的各民族地区，生产的破坏更为严重，敌人破坏了铁路运输，填埋了大部分矿井和矿场，毁坏了许多工厂和农田。帝国主义在武装干涉时期和武装干涉失败以后，对苏维埃俄国实行了经济上的封锁。俄国的对外贸易受到种种限制，俄国根本无法得到其他国家的较大的援助。

列宁认为，上述国情决定了各民族苏维埃共和国之间必须有一个紧密的经济联盟，“否则便不能恢复被帝国主义所破坏了的生产力，便不能保证劳动者的福利”①。因为只有各民族紧密联盟，才能使俄国经济成为一个有机的整体，充分利用历史形成的各地区之间的分工，在经济建设中发挥各民族的优势，互相支援，共同发展。只有紧密联盟，俄罗斯地区才能获得发展生产力所必需的原料、燃料、粮食、市场等；也只有紧密联盟，各民族地区才能得到俄罗斯地区在财政、物质、建设经验等方面的帮助，充分利用本地资源，迅速发展民族经济，改善人民生活，逐步实现各民族事实上的平等。

正是基于上述分析，列宁指出，加强社会主义民族团结，建立各民族的紧密联盟，乃是各民族劳动人民的根本利益之所在。

二 关于反对大俄罗斯主义和地方民族主义的问题

列宁主张的社会主义条件下各民族紧密的联盟，是自愿的民族联盟，是不允许一个民族对另一个民族施行任何强制，而以充分信任，明确感到亲密团结的必要和完全自愿作为基础的。

---

① 《列宁全集》第 31 卷，人民出版社 1958 年版，第 127 页。

社会主义制度的建立和各民族面临的共同任务，为各民族自愿联盟提供了必要和可能。但是，社会主义制度的建立并不能自然而然地保证这种联盟变成现实。尤其是在像俄国这样的民族众多、民族关系复杂的国家，列宁认为，这样的联盟是不能一下子实现的；无产阶级在争取建立这种联盟的过程中或建立了这种联盟以后，在处理民族关系时都必须十分耐心、谨慎，否则就会妨碍各民族的自愿联盟。

列宁认为，在多民族的社会主义国家，正确地进行反对民族主义的斗争，就是直接关系到实现各民族自愿联盟的重要问题之一。

在俄国，俄罗斯人由于长期受地主和资本家的影响，养成了一种大俄罗斯沙文主义的偏见，这种偏见在十月革命后渗透到了一部分共产党人之中。他们对其他民族的需要和要求采取轻视态度和冷酷无情的官僚主义；不尊重民族自治机关的自主权利；在民族工作中不重视民族特点，往往采取简单的行政措施；不尊重少数民族的语言和风俗习惯等。

在过去遭受压迫的民族中，他们的痛苦经历和落后状态，使他们还没有完全摆脱过去的耻辱感和对原压迫民族的不信任。他们往往夸大民族特点在党的工作中的意义，抹杀劳动者的阶级利益，甚至根本不把中央政权放在眼里。

列宁认为，社会主义时期的上述两种民族主义，是实现和巩固各民族自愿的紧密联盟的重大障碍和破坏因素，如果任其发展，势必加深各民族间的不信任，导致民族间的对抗。

在解决上述问题时，列宁从俄国民族关系的实际出发，认为抽象地提出一般民族主义问题是极不恰当的。必须把压迫民族的民族主义和被压迫民族的民族主义区别开来，把大民族的民族主义和小民族的民族主义区别开来。当时应把反对大俄罗斯主义作为斗争的重点。因为第一，历史上俄罗斯民族是压迫民族，对其他民族施加了无数的暴力和侮辱，正是这种大俄罗斯主义行为造成了被压迫民族对俄罗斯民族的不信任；第二，俄罗斯民族是大民族，俄罗斯地区是革命的发祥地和党长期活动的中心，革命后，在党和国家机关中俄罗斯人占很大的比重。一些少数民族的革命家也或多或少地受到长期从事斗争的环境的影响。这些身为领导干部和政府机关工作人员的共产党人，他们如果沾染了大俄罗斯主义，就具有更大的危害性。

所以，列宁一再强调指出，应该特别坚决地反对俄罗斯共产党人的大俄罗斯帝国主义思想和沙文主义思想的（有时是不自觉的）残余。他宣布同大国沙文主义进行决死战。为此，他要求俄国共产党人必须真正平等地对待其他民族，不仅要遵守形式上的民族平等，而且要以对待自己的不平等来抵偿生活上实际形成的不平等，用实际行动证明自己是真心想要消灭大俄罗斯帝国主义的一切残余。对于那些损害少数民族人民利益，破坏民族团结的大俄罗斯沙文主义者，要一律加以惩处。

列宁认为，对少数民族群众中因长期遭受压迫而具有的民族主义倾向，必须极其慎重地对待。要用同志式的态度向他们说明各民族劳动者利益的一致性；对他们中的不信任心理的残余，对民族关系中次要的、非本质的问题要采取让步态度；通过对少数民族的帮助，对他们利益的关心，使他们的不信任心理慢慢消失。但是，在有关各民族劳动者根本利益的事情上，则决不让步、决不调和，要无情打击一切民族分裂的行为，粉碎任何资产阶级民族主义阴谋。

三 关于社会主义条件下的民族自决问题

如前所述，列宁认为在社会主义条件下，民族分离已经不再是民族自决的基本要求了，因为“社会主义的利益高于民族自决权的利益”[①]。但是，他认为民族自决原则仍然是适用于处理社会主义民族关系的。列宁运用马克思主义关于民族自决的原理，结合俄国民族关系的实际，阐述了在无产阶级统一的多民族国家，以民族区域自治来实现民族自决，保证各民族平等权利的重要思想。

民族区域自治是民族自决原则在社会主义条件下的具体运用。其基本特征是，在国家不可分割的完整领土内，在最高国家机关的统一领导下，以少数民族聚居的地区为基础建立民族自治地方，以实行自治的民族的人员为主组成自治机关，自主地管理本民族、本地方的事务。

列宁认为，实行民族区域自治，有利于各族人民当家作主，发扬社会主义民主；有利于各民族制定和实行适合本地情况的政策、措施，迅速发

① 《列宁全集》第26卷，人民出版社1959年版，第422页。

展经济文化事业；有利于发展各民族间的友好合作关系，克服大民族主义和地方民族主义的残余。所以，十月革命后，根据民族自决原则，苏维埃俄国给予各族人民在其地区内实行自治的权利，并支持他们建立地方共和国。列宁说："只有这一原则才能使加入苏维埃俄国的各民族在相互谅解和相互信任的基础上建立起兄弟般的关系。只有这样的政策才能使俄国的各民族强盛起来并统一在一个强大的、能同包围着我们的为数众多的敌人进行战斗的大家庭中。"①

列宁还阐述了实行民族区域自治应采取的具体政策。

第一，他要求俄国共产党人应协助各民族的工人和农民独立地组织起来，保持和发展苏维埃政权。因为只有苏维埃政权才能代表各族劳动人民的根本利益，保证他们行使自治权利。

第二，要尽量使民族自治地方的党和国家的机关民族化。他要求在民族自治地区广泛地吸收当地劳动人民参加管理工作，革命委员会和苏维埃即使在刚成立、刚开始工作的时候，也应当保证当地劳动者在这些机关里占多数。

第三，要切实保证各族人民使用本族语言的权利。共同的语言，是构成民族的一个重要因素，语言平等是民族平等的重要内容和标志之一。列宁要求全党用各种办法铲除妨碍民族语言和文化发展的一切障碍，尽力帮助少数民族发展语言和文学。

第四，要允许并帮助民族自治地区实行适合本民族具体条件的特殊政策。由于历史和现实的原因，各少数民族在政治、经济、文化等方面同俄罗斯地区都有很大的差别。是否允许民族自治地区在改造社会、发展生产力等方面实行特殊的政策，是关系到能否真正实行民族自决权的重要问题。列宁反复强调指出，在各民族地区，绝不可以盲目地搬用俄罗斯地区的策略，而必须深思熟虑地把它加以改变，使它适合于各民族不同的具体条件。

此外，列宁还要求俄国共产党人必须特别尊重各民族自治机关，严格遵守自治地方政府根据中央政府的指示精神制定的指令和法规。

列宁认为，只有认真地做好上述各点，民族区域自治才能真正体现民

---

① 《列宁文稿》第 9 卷，人民出版社 1979 年版，第 84 页。

族自决原则，促进和巩固各民族自愿的紧密联盟。

四 关于各民族联盟的国家体制问题

在一个多民族国家，无产阶级取得政权以后，通过什么样的国家体制把各民族统一起来呢？是建立单一制的共和国？还是建立联邦制共和国？这在十月革命后的俄国是一个直接关系到民族团结和各民族自愿联盟的重要问题。

十月革命前，列宁同马克思、恩格斯一样，是反对联邦制的。他们认为联邦制无论从社会的经济发展，还是从无产阶级的革命团结方面来说，都是不可取的。列宁曾明确表示，只要各个不同的民族组成统一的国家，马克思主义者决不主张实行任何联邦制。但是十月革命后，列宁根据俄国民族关系的实际情况，改变了以前的观点。他说，联邦制是过渡到自愿融合的形式，“是已经学会自动地排除民族纠纷的劳动者走向自觉的更紧密的团结的过渡办法”①。在列宁这种思想指导下，布尔什维克党确定了首先取得革命胜利的俄罗斯苏维埃共和国是各苏维埃民族共和国联邦的体制。在后来为争取建立苏联的工作中，列宁坚持了联邦制的思想。

列宁从反对联邦制转变为主张联邦制，是从十月革命后俄国“那些真正需要某种程度的国家独立性的重大民族特点”② 出发的。

列宁所说的重大民族特点主要是：

第一，到十月革命时，俄国许多民族实际上已经处于完全分离和彼此隔绝的状态。如前所述，由于沙皇政府长期实行民族压迫政策，俄国少数民族同俄罗斯民族存在严重对立。十月革命前，由于连续几年的战争牵制，削弱了沙皇政府的力量，它对民族地区的控制略有放松，各民族的分离情绪有所发展。随着二月革命沙皇统治被推翻，许多民族建立起资产阶级民族主义政权，民族分离和隔绝状态进一步发展。十月革命和国内战争时期，一些民族的劳动人民在俄共（布）领导下，推翻地主资产阶级的反动统治，建立起民族苏维埃共和国，并得到俄罗斯苏维埃共和国的承

① 《列宁全集》第 27 卷，人民出版社 1958 年版，第 142 页。

② 同上书，第 190 页。

认。当时，各苏维埃共和国之间的联系与合作，是通过订立双边协定和条约来调节的；各共和国都有一套与俄罗斯苏维埃共和国政府平行的机构。这种状况决定了十月革命后实行联邦制不仅是使各族劳动群众由分散趋于接近、联合的巨大进步，而且是各民族共和国已有的联盟关系顺其自然地发展。

第二，民族运动所占的比重比十月革命前所想象的要大得多。各族人民不仅在推翻旧制度、巩固新政权的斗争中作出了重大贡献，而且在革命胜利后渴望在国家体制上反映各民族的客观情况。格鲁吉亚中央委员会在1922年9月讨论斯大林提出的“自治化”计划[①]时，就明确提出反对意见，认为加强各民族共和国经济力量的联合和总政策的统一是必要的，但要保存民族共和国独立的一切特征。白俄罗斯中央委员会也表示愿意选择以双边条约为基础的关系体制。但是，在争取建立各民族共和国联盟的过程中，在对待一些民族共和国的上述要求时，俄共（布）党内一些重要领导人却表现出真正大俄罗斯主义的行为。其中最典型的是中央委员、南高加索边疆区委主要负责人奥尔忠尼启泽竟动手打了一个格鲁吉亚的反对“自治化”计划的民族干部。这引起了列宁的严重忧虑和极大愤慨。这样的状况，决定了各民族联合的方法比以前设想的要复杂得多。在俄国实行联邦制既是尊重各民族人民的意愿，又有利于克服大俄罗斯主义的残余，促进各民族的自愿联盟。

除以上两个重大的民族特点外，列宁还注意到，俄罗斯联邦共和国在多民族国家建设方面的实践证明，联邦制远不像从前所想象的和俄国各族劳动群众在经济上接近起来的目的有那样大的抵触，如果联邦制是在合理的范围内实行的，它甚至和这些目的完全不相抵触。

正是基于上述分析，列宁指出，联邦制是把俄国各民族最牢固地联合成一个统一的、民主的和集中的苏维埃国家的最可靠的步骤。他主张俄罗斯联邦共和国同其他民族苏维埃共和国一起“平等地加入新的联盟，新的联邦”[②]。

---

① 该计划主张通过各独立民族共和国根据自治原则加入俄罗斯联邦的办法把它们联合起来。

② 《列宁文稿》第4卷，人民出版社1978年版，第386页。

1922年10月，俄共（布）中央全会通过了根据列宁的建议起草的关于各苏维埃共和国联合成苏维埃社会主义共和国联盟（简称苏联）的决议。同年12月30日，苏联第一次苏维埃代表大会通过了苏联成立宣言和联盟条约，各民族自愿联盟的统一的社会主义国家终于建立起来了。这是列宁制定的社会主义民族政策的伟大胜利。

五 关于帮助少数民族发展经济的问题

在处理社会主义民族关系的实践中，列宁始终把帮助少数民族地区恢复和发展民族经济摆在重要的位置。他认为历史上沙皇俄国对少数民族的奴役和掠夺造成的民族经济落后状态，是实现和巩固各民族自愿联盟，建设统一强大的社会主义国家的巨大障碍。所以，他一再强调，我们苏维埃政权不仅要使各民族在法律上平等，而且“必须加紧帮助落后的弱小民族”[①]，使以前受压迫的民族的劳动群众达到事实上的平等，建立起社会主义民族团结的巩固的经济基础。

针对一些民族处于前资本主义社会形态的状况，列宁还提出了在苏维埃政府的帮助下，这些落后民族可以跨越资本主义发展阶段而过渡到苏维埃制度的重要思想。

在十月革命胜利后的最初年代里，虽然俄罗斯苏维埃政权在政治、经济等方面面临严重困难，但是在列宁领导下，俄国无产阶级仍然给予了各少数民族地区力所能及的帮助。

根据列宁关于合理地分布俄国工业，使工业接近原料产地的思想，俄共（布）第十次代表大会作出了有计划地在边疆地区建立工业，“把工厂迁到原料产地去”的决定。到1923年，就有几十家俄罗斯地区的纺织、制革、木材加工等工厂迁到民族地区或划归民族共和国所有。其中一些工厂成为所在共和国部门工业发展的基础。为了帮助乌克兰恢复和发展遭到战争严重破坏的经济，仅1918年年底到1919年4月，俄罗斯苏维埃共和国就给乌克兰送去60多台机床和一万普特有色金属以及价值1200万卢布的工具。

---

① 《列宁全集》第29卷，人民出版社1956年版，第88页。

俄罗斯苏维埃共和国还给少数民族地区派去具有一定经验的经济工作干部和各类技术人才。仅在1918年12月至1919年1月，就有437名党的工作者被派往乌克兰；1920年8—9月就给土耳其斯坦派去1316名熟练工人。

各民族地区还得到苏维埃俄国财政上的大力帮助。1921年年底，俄国政府就分别拨给乌克兰和白俄罗斯200亿卢布，用来发展民族经济，改善人民生活。苏联成立后，国家还通过全联盟的预算对民族共和国预算进行补贴的办法，给予各民族共和国经常性的帮助。仅在哈萨克斯坦这项补贴就占其1923/1924年度预算收入总额的55%。

在给予少数民族地区人、财、物力帮助的同时，列宁特别强调在政策上给予民族地区以帮助，即通过在少数民族地区实行特殊的经济政策，充分发挥民族地区的优势，调动一切积极因素，搞活民族经济。他认为，在当时俄罗斯地区经济困难，人、财、物有限的情况下，这是对少数民族地区发展经济的更重要的帮助。

为了尽快地开发民族地区的丰富资源，取得先进的技术、设备、资金、粮食等，列宁主张一些少数民族地区可以首先对外开放。他在谈到开发阿塞拜疆巴库地区的石油资源时指出，最理想的是把巴库的四分之一（甚至是四分之二）租让给承租者。只有到那个时候其余的四分之三或四分之二的部分才有希望赶上，然后再超过现代先进的资本主义。他要求高加索各民族共和国“通过租让和贸易政策，在经济上极力利用、加紧利用和迅速利用资本主义的西方……来尽力发展物产丰富的边疆的生产力”①。列宁认为，在对外开放工作中，少数民族地区需要有一定的自主权。1921年4月，他在给巴库石油委员会主席的信中明确表示：“如果你们没有自主权，要明确电告，我们给你们自主权。”②

在对内政策方面，列宁主张少数民族地区也要实行特殊政策，要更加缓慢、更加谨慎、更加有步骤地向社会主义过渡。

第一，在农业生产的组织与管理上，要坚决反对建立脱离生产力发展水平和群众觉悟程度的国营农场和大公社的做法。必须把很大一部分国营

---

① 《列宁全集》第32卷，人民出版社1958年版，第306页。

② 《列宁文稿》第8卷，人民出版社1978年版，第508页。

农场交出来分掉，“公社应当摆在最后一位，因为建立人为的假公社和划出一些脱离群众的单位是最危险的事情”①。要把土地交给无地、少地的农民自主经营，使农业生产的发展建立在农民对个人利益的关心的基础上。在鼓励农民自主经营的同时，列宁主张国家对他们予以积极引导，尽力帮助改善他们的生活，帮助他们发展水利灌溉等集体福利事业。

第二，在交换方面，鉴于少数民族地处边陲，交通不便等情况，列宁主张国家在尽力发展国营商业、合作社商业的同时，要对这些地区的“小商人采取一种特殊的让步政策。……对他们不仅不应采取国有化政策，甚至应该作一定的牺牲，以便改善他们的状况，使他们能够做小生意”②。充分发挥其方便生活，促进经济发展的作用。

第三，在税收和价格政策上，国家给少数民族地区优惠待遇。苏维埃政府通过对这些地区实行一定期限的免税、减税以及提高当地某些产品的收购价格和降低国家销往这些地区的某些工业品的价格，给予这些地区巨大的帮助。

列宁领导下的苏维埃政府对少数民族地区的上述帮助，对于恢复和发展民族经济起了重要的作用。在乌克兰，仅1923/1924年度，大工业的总产值就增长62%；在哈萨克斯坦，1924年煤和铝的产量就比上一年分别增长1/3倍和3倍。各民族共和国的轻工业和粮食生产也有较大的增长，人民生活有所改善。

由于俄共（布）和苏维埃政府在处理社会主义民族关系的工作中，贯彻了列宁的上述重要思想，第一次在一个多民族的国家建立并巩固了各民族平等互助、紧密团结的新型民族关系。

列宁处理社会主义民族关系的思想与实践，为我们正确地处理民族关系提供了重要的经验，留下了宝贵的理论遗产。

（原载《苏联东欧问题》1986年第5期）

① 《列宁全集》第31卷，人民出版社1958年版，第304页。
② 《列宁全集》第32卷，人民出版社1958年版，第151页。

斯大林民族政策评析

对斯大林民族政策的评价，如同对斯大林其人的评价一样，社会上是有分歧的。国外有人认为，斯大林实行的是“党的官僚的民族政策”，是“波拿巴主义”的民族政策，它在苏联种下的是民族冲突的种子，给苏联各族人民带来的是痛苦与灾难。国内也有人认为，今日苏联民族矛盾的激化，“追根溯源”，也是受到斯大林民族政策的影响。笔者认为，斯大林是一个犯有严重错误的社会主义政治活动家，其民族政策也有失误之处，但是不加分析地全盘否定，既不符合历史事实，也不利于正确地总结经验教训。本文拟就斯大林的民族政策作一简要评析，以期引起讨论。

一 斯大林民族政策的主体是正确的

从1923年春列宁因病离开工作岗位到1953年，斯大林实际领导苏联社会主义建设30年。在这30年中，斯大林是很重视民族问题的。1936年，他在《关于苏联宪法草案》的报告中指出：“苏维埃国家是多民族的国家。因此很明显，苏联各族人民的相互关系问题，对我们不能不具有头等的意义。”[①] 正是从“头等意义”的战略高度出发，斯大林领导制定了一套解决民族问题的基本政策。

（一）坚持民族团结，维护和发展统一的联盟国家

苏联是一个有一百多个民族的国家。在历史上，由于沙皇俄国对少数

① 《斯大林文选》，人民出版社1962年版，第88页。

民族实行沙文主义、殖民主义的政策，造成了严重的民族隔阂和对立。十月革命虽然宣告了各民族的解放，但民族关系还未得到应有的调整，少数民族对俄罗斯人的不信任心理的残余还没有消除，离心力还在发生作用。在这种情况下，斯大林提出把促进和加强各族人民的团结，建立和发展统一的多民族国家联盟作为党解决民族问题的基本政策。他认为，加强民族团结，促进民族联合，首先，是巩固新生的苏维埃政权的需要。因为在革命胜利后，苏维埃俄国和其他民族共和国将长期处于帝国主义的包围之中。各民族只有团结和联合，才能抵御帝国主义的侵略和颠覆。人口少、军队不多的小苏维埃国家是难以维持独立的。其次，是发展民族经济，促进各民族共同繁荣的需要。由于自然和历史的原因，苏联各民族共和国资源分布很不均匀，经济发展极不平衡，少数民族地区大多处于贫穷落后的状态。“如果不将它们的力量联合起来，在被战争、武装干涉和封锁摧残了的各苏维埃共和国内进行经济建设将是一项难于承担的任务。”① 最后，实行这一政策也是苏维埃政权的性质决定的。苏维埃政权是工人和劳动人民的政权，这种性质决定了它必须促进各共和国和各民族劳动者的团结和友好相处。

在建立和发展统一的联盟国家的过程中，斯大林坚持了“苏联是享有平等权利的各加盟共和国的自愿联盟”的原则，强调民族自决权是党的“民族政策的基础”。② 同时，他主张从无产阶级和各族劳动人民的根本利益的高度来审视民族问题。他指出，“应当记住，除了民族自决权以外，还有工人阶级巩固自己政权的权利，自决权从属于后一权利”。③ 自决权不应成为工人阶级实现自己最高权利的障碍。因此，要坚决反对不顾无产阶级和各族人民根本利益，破坏民族团结，分裂统一国家的行为。

（二）强调民族平等，反对两种民族主义

斯大林认为，民族平等是社会主义民族政策区别于资产阶级民族政策的基本标志之一，是关系到民族团结能否实现，联盟国家能否巩固的重大

---

① 《苏联民族问题文献选编》，社会科学文献出版社 1987 年版，第 100 页。

② 《斯大林全集》第 5 卷，人民出版社 1957 年版，第 151 页。

③ 同上书，第 215 页。

问题。因此，他提出，苏维埃国家解决民族问题的“出发点是，一切民族和种族完全平等”；[①]“破坏民族平等原则，容许一个民族有某些特权，就是置自己的民族政策于死地”。[②]

斯大林明确区分了各民族法律上的平等和事实上的平等。他认为，十月革命的胜利，使各民族获得了法律上的平等权利，这是一个伟大的胜利。但是，由于那些原来的被压迫的少数民族经济文化的落后状态，使他们不能充分享用民族平等权利。因而民族间存在事实上的不平等。“事实上的不平等仍然是一切不满和摩擦的根源”。[③] 所以，必须采取有力措施帮助落后民族发展经济和文化事业。使他们逐步“赶上走在前面的民族”。他指出，消灭民族在事实上的不平等是一个长期的过程，要靠苏维埃国家和各民族长期共同努力。

斯大林认为，民族主义（包括大俄罗斯主义和地方民族主义）是实行民族平等，加强民族团结的重大障碍。正确地开展反对民族主义的斗争，是党的民族政策的一项重要内容。20 世纪 30 年代中期以前，他对民族主义采取了具体分析的态度。认为大俄罗斯主义是“主要的危险”，“最危险的敌人”，[④] 同大俄罗斯主义做坚决斗争，是党的“第一项任务”。他认为，原来被压迫民族中存在的民族主义在某种意义上具有“防御性”，是对过去的压迫民族的不信任的残余。对这种民族主义要采取十分慎重的态度，要通过铲除大俄罗斯主义和给予少数民族真诚的帮助来逐步消除它。同时，斯大林也看到了这种“防御性”的民族主义转变成进攻性的民族主义，变成一些共和国内较强大的民族反对弱小民族的顽固的沙文主义，使某些民族共和国成为争吵和纠纷的舞台的危险。30 年代中期，斯大林提出，解决民族问题方面的主要危险问题，要靠“对当时的实际情况进行马克思主义的分析”。[⑤] 既要反对大俄罗斯主义倾向，也要反对地方民族主义倾向。直到 1948 年，他还认为“一切民族，不论大小，

---

① 《斯大林文选》，人民出版社 1962 年版，第 92 页。

② 《斯大林全集》第 5 卷，人民出版社 1957 年版，第 207 页。

③ 同上书，第 201 页。

④ 同上书，第 212 页。

⑤ 《斯大林全集》第 13 卷，人民出版社 1956 年版，第 320 页。

都处于同等的地位，每个民族都是和其他任何民族同样重要的”。[①] 斯大林的这些思想，在理论上和政策上都是无可非议的。问题在于，在后来具体执行反民族主义政策的过程中，斯大林在一些方面背离了他制定的正确政策，导致了较为严重的失误。

（三）发展民族经济，繁荣民族文化

如前所述，斯大林认为少数民族经济文化发展的落后状态，是民族间事实上不平等的根源，而事实上的不平等又是不满和摩擦的根源。因此，他把帮助少数民族发展经济文化看作党和国家民族政策的根本任务。

在帮助少数民族发展经济方面，斯大林民族政策的基本原则是：（1）苏维埃政府和俄罗斯无产阶级要给予落后民族真正长期的帮助。这种帮助既包括经济政策上的倾斜，也包括人、财、物诸方面的支援。斯大林认为，没有这种帮助，少数民族要在经济文化上赶上走在前面的民族是很难的，甚至是不可能的。由于过去被压迫的民族人口众多，有丰富的人力和工农业资源，所以帮助少数民族发展经济，既是苏维埃政府和俄罗斯无产阶级的义务和责任，也是整个国家经济社会发展的客观要求。（2）要保证少数民族地区的经济有较快的发展速度。1927 年，联共（布）“十五大”在关于编制国民经济第一个五年计划的指示中明确提出：“计划应特别注意发展各落后民族边区和落后地区的经济和文化问题……相应地为它们的经济和文化的发展规定较快的速度，并使这些地区的需要和全国的需要结合起来。”[②]（3）反对照搬中部地区的建设模式，要求“根据民族生活习惯的特点进行各民族共和国和各民族地区的经济建设”。[③]

在发展和繁荣少数民族文化方面，斯大林认为：“只有在发展民族文化的条件下才能真正使各落后民族参加社会主义建设事业。”因此，“应该让各民族的文化发展和繁荣起来，发挥出自己的全部潜力。”[④] 他主张，国家要保护和发展各少数民族的语言；增加投资，在少数民族地区发展使

---

① 《斯大林文选》，人民出版社 1962 年版，第 507 页。

② 《苏联共产党代表大会代表会议和中央全会决议汇编》，人民出版社 1956 年版，第 3 分册，第 389 页。

③ 《斯大林全集》第 5 卷，人民出版社 1957 年版，第 243 页。

④ 《斯大林全集》第 12 卷，人民出版社 1955 年版，第 320 页。

用本族语言的报刊、学校、剧院和其他文化事业；批判地继承各民族的优秀文化遗产，使文化的社会主义内容与民族形式有机地结合起来，为少数民族服务。

（四）培养民族干部，加强党对民族工作的领导

为了保证各族人民当家作主，实行民族自决，斯大林提出，民族地区的学校和政权机关必须由熟悉民族的语言、风俗习惯和生活方式的本地人组成，要实行党和苏维埃机关的民族化。为此，他认为必须培养和造就大批的少数民族干部和管理人才。在斯大林这一思想的指导下，联共（布）中央作出决定，要求民族地方的党组织把从当地劳动居民中培养党的积极分子干部问题作为基本任务；“加强从工农群众中培养党和苏维埃的民族干部的工作，并提高现有干部的能力”。[①] 不仅要通过党校、高等院校、工农预备学校等来提高民族干部的文化水平，还要对他们进行马克思主义基本理论的教育，提高他们的理论水平和政策水平。

坚持党对民族工作的领导，是斯大林时期苏联民族政策的一个重要特点。斯大林清醒地认识到，在苏联这样一个民族关系异常复杂的大国，如果没有一个坚强的马克思主义政党的领导，就不可能保证各民族的团结和发展。为了加强党对民族工作的领导，除了大力培养党的民族干部外，联共（布）中央还确定了一系列重要的工作方针：（1）党组织必须非常团结一致。党要求各民族共和国和各区域的共产党不仅要坚决地捍卫党的组织，而且要坚决地捍卫党的思想。要同各种民族主义做坚决的斗争，防止其对人民群众的侵蚀。“任何制造派别的企图都应该遭到党组织的坚决反击”。[②]（2）党组织应该用更多的人力和物力尽量加强民族工作。各级党组织要把民族工作列入自己的重要议事日程，及时了解和研究民族工作的情况和问题，制定正确的工作措施。在民族工作中，党组织要始终把加强民族团结和发展民族经济作为自己的“主要任务”。（3）要加强民族地区党的基层组织工作。1947 年 1 月，联共（布）中央在关于民族工作的一项决议中明确指出，要“特别注意改进对基层党组织的领导工作，首先

① 《苏联民族问题文献选编》，社会科学文献出版社 1987 年版，第 121 页。

② 同上书，第 122 页。

是改进农村党组织的领导工作”，要保证党的民族工作者保持良好的作风。

斯大林的民族政策内容十分丰富，上述诸点，是它的主体部分。斯大林时期苏联的民族工作从总体上说，就是在这些政策的指导下进行的。斯大林民族政策的主体，是列宁民族政策的继承和发展。它反映了当时苏联民族关系的实际，符合苏联各族人民的根本利益和苏联社会发展的客观要求，被实践证明是正确的。

二 斯大林民族政策的成就是巨大的

斯大林时期，苏联民族政策的成就主要有以下几个方面：

1. 建成了有民族特色的苏维埃联盟国家

建立各苏维埃共和国联盟，是列宁晚年确定的方针。由于列宁过早去世，实际领导实施这一方针的是斯大林。他在领导建立苏维埃社会主义共和国联盟的过程中，从本国实际出发，创设了一套有民族特色的联盟体制。这种体制的特点主要表现在两个方面：

一是在国家结构上实行联盟制与民族区域自治制。即由一些较大的民族建立的加盟共和国组成统一的联盟；那些人口相对较少的民族在加盟共和国范围内建立自治共和国或自治州等实体，实行民族区域自治。各加盟共和国和自治单位都享有宪法和法律规定的自治权利并承担相应的义务。1936 年通过的“斯大林宪法”对国家结构作了明确规定，不仅重申了苏联由各平权苏维埃社会主义共和国按自愿原则组成，而且规定了联盟与各加盟共和国的关系，确认“苏联法律在各加盟共和国境内发生同等效力；凡加盟共和国法律与全苏联法律相抵触时均以全苏联法律为有效”。苏联政体的这一特点，考虑到了本国民族问题的复杂性。既反映了各民族的特殊情况与利益，也保证了各民族的联合与联盟国家的权威，实践证明它是适合苏联国情的。在斯大林的领导下，联盟不断发展。1923 年，苏联只有 4 个加盟共和国，13 个自治共和国和 16 个自治省。到 50 年代初，发展为 15 个加盟共和国，20 个自治共和国，8 个自治州和 10 个自治专区，共计 50 多个民族共和国和自治单位。由于一些单位是两个以上民族共建的，所以有本民族共和国和自治单位的民族更多一些，其人口达苏联总人口的 98%。

二是在国家权力机关的设置上建立平等的两院制。斯大林认为，苏联各民族除了共同利益以外，还有各自的特别利益。在国家最高权力机关的设置上，只有代表一切劳动者共同利益的联盟院是不够的，还必须建立一个反映各民族特别利益的专门最高机关即民族院。他认为："无疑，没有这样一个机关，就无法管理苏联这样一个多民族的国家。"① 正是在斯大林的领导下，苏联最高权力机关最高苏维埃实行了两院制，即联盟院和民族院。"斯大林宪法"规定：联盟院由苏联公民按选区选举产生；民族院由苏联公民按加盟共和国、自治共和国、自治省及民族州选举产生；两院权利平等，同等创制法律；凡法律经每院过半数通过成立；凡遇两院意见分歧时，问题交由两院同数代表组成的协商委员会解决；苏联最高苏维埃主席团由两院联席会议选出；等等。两院制的设立，既是斯大林民族政策的一个重要体现，也是它的一个重要成就。它对于反映各民族的要求，维护民族利益，有效地解决民族问题，促进民族团结，都有重要作用。

2. 民族经济迅速发展

斯大林时期，国家给予了少数民族地区巨额投资和补贴。1928—1932年，国家对各加盟共和国的预算补贴总数增长了 2.6 倍。其中对乌克兰的补贴从 10 万卢布增加到 1690 万卢布；对土库曼的补贴从 1480 万卢布增加到 6530 万卢布。同期，乌兹别克共和国工业基本建设投资计划总数的 57.7% 由全苏资金提供。② 为了使民族共和国较快地积累建设资金，国家在预算提成、工商税收等方面给予了较大的优惠。除了财政方面的帮助外，政府还从中部发达地区抽调了大批的科技人才、管理干部、熟练工人到民族地区帮助建设。据统计，仅 1929—1932 年到土库曼斯坦的各类技术专家就有 2.5 万人。1933—1935 年，从俄罗斯各州到乌兹别克的就有 9562 人。③ 为了发展民族经济，国家还向这些地区调拨了大量的建筑材料、机器设备，以及原料、燃料、肥料等物资，甚至把不少工厂搬到了少

---

① 《斯大林文选》，人民出版社 1962 年版，第 106—107 页。

② 苏联科学院经济研究所编：《苏联社会主义经济史》第 3 卷，生活·读书·新知三联书店 1982 年版，第 311 页。

③ 赵常庆等：《苏联民族问题研究》，社会科学文献出版社 2007 年版，第 82 页。

数民族地区。

在国家和中部地区的大力帮助下，民族经济得到迅速发展。第一个五年计划期间，老工业区的工业产量增长了 1 倍，而各民族地区则增长了 2.5 倍。[①] 1937 年，东部各加盟共和国的金属加工业产值比 1913 年增加了 17 倍；1940 年，东部各共和国的发电量超过 1913 年水平的 52 倍。1940 年，全国大工业的总产量比 1913 年几乎增长 11 倍，而哈萨克斯坦共和国增长 19 倍，格鲁吉亚共和国增长 25 倍，吉尔吉斯共和国增长 152 倍，塔吉克斯坦增长 272 倍。[②] 在经济快速发展的同时，各民族共和国形成了比较符合当地实际、具有自身发展优势的工业体系。如中亚地区重点发展的是化学工业和金属加工工业；外高加索地区重点发展的是石油工业；乌克兰重点发展的是电力工业、煤炭工业和机器制造业等。此外，各加盟共和国还形成了粮食、棉花、畜牧等较合理的农业分工体系。这对于促进民族经济的发展具有重要意义。

经过近 30 年的建设，原先十分落后的少数民族地区与中部发达地区的差距大大缩小，有些民族地区已经赶上甚至超过了中部地区。少数民族人民的生活水平有了较大的提高。一些十月革命前尚处于原始的游牧阶段的少数民族，在国家和兄弟民族的帮助下，跨越了几种社会形态，进入了社会主义社会。这是斯大林民族政策的重要成就。

3. 民族文化空前繁荣

斯大林时期，民族语言得到保护和发展。十月革命前，许多民族没有文字。为了发展民族语言，繁荣民族文化，斯大林具体领导了为 48 个民族创造自己的语言文字的工作，在民族地区建立和普及了使用本民族语言的学校网，用 70 多种民族文字教学和出版报纸，用 100 多种民族文字出版书籍。[③]

民族教育得到迅速发展。十月革命前，俄国 9 岁以上总人口中识字人

---

① 苏联科学院经济研究所编：《苏联社会主义经济史》第 3 卷，生活·读书·新知三联书店 1982 年版，第 38 页。

② 苏联科学院经济研究所编：《苏联社会主义经济史》第 5 卷，生活·读书·新知三联书店 1984 年版，第 69—70 页。

③ 詹真荣：《杰出的贡献　严重的失误——论斯大林在民族理论上的得失》，《民族研究》2000 年第 2 期。

数仅占27%。少数民族中识字人口更少。许多少数民族几乎都是文盲。为了发展教育，苏联政府做了大量工作。一是增加教育投资。以哈萨克为例，1933年拨款8500万卢布，1940年增加到6.82亿卢布。二是大力兴办学校。在塔吉克，十月革命前仅有几所小学，大约400名儿童在校学习；而到50年代初，塔吉克不仅建立了4000余所中小学，而且拥有8所高等学校，在校中小学生36万余人，大学生1.4万人。50年代初，乌兹别克小学生比1915年增加83倍，中学生增加近200倍。三是大力培养民族师资。为了解决民族地区师资奇缺的问题，国家除从莫斯科等地选派外，还采取一些特殊政策，为民族地区培养师资。四是开展大规模的扫盲运动。20世纪二三十年代，各地普遍建立了识字学校和各种扫盲小组，为不识字的人参加学习提供了十分有利的条件。在乌兹别克人中，1913年识字人口仅占2%，到1932年已占到72%；在塔吉克人中，相应为15%与52%；在土库曼人、阿塞拜疆人和鞑靼人中，十月革命前的识字人口占2%—3%，到1932年，这些民族识字人口超过60%。[①] 由于采取了这些措施，各民族的文化水平显著提高。到1939年，全国居民（9—49岁）识字的百分率达到87.4%。[②]

斯大林时期，各共和国还建立了大量的群众性的图书馆、俱乐部、剧院、电影院、博物馆等文化生活设施。在乌兹别克，十月革命前仅有一个俄罗斯剧院，而到1940年，就建立了45家剧院，4000多个俱乐部，1150个图书馆，拥有530多部电影放影机。在塔吉克，十月革命前一家剧院也没有，到1940年建成了23家剧院，650多个俱乐部和400多个图书馆。吉尔吉斯、亚美尼亚、土库曼共和国，十月革命前也是没有一家剧院，到1940年已经分别建立了18家、27家、14家剧院。[③] 这些文化设施对于繁荣民族文化，满足少数民族群众的文化生活需要，发挥了重要作用。一些共和国出现了许多民族作家、诗人和剧作家，少数民族的科技工作者也迅速增加。

---

① 苏联科学院经济研究所编：《苏联社会主义经济史》第3卷，生活·读书·新知三联书店1982年版，第656页。

② 苏联科学院经济研究所编：《苏联社会主义经济史》第5卷，生活·读书·新知三联书店1984年版，第197页。

③ 同上书，第209—210页。

在各民族文化水平普遍提高的基础上，党组织在少数民族中有了很大的发展。到1946年，少数民族党员增加到180万人，占全苏党员的32%。到40年代末，苏联基本形成了一支少数民族的干部队伍。

4. 社会稳定，为夺取反法西斯战争的胜利创造了重要条件

斯大林时期，苏联民族关系基本上是和谐、融洽的，没有出现大的民族冲突和纠纷，从而保证了整个社会的稳定，经济的繁荣。斯大林时期是苏联综合国力增长最快的时期。在1928—1940年的13年中，苏联的钢产量从430万吨增至1830万吨；石油产量从170万吨增至3110万吨；煤产量从3550万吨增至16590万吨。[①] 苏联用20多年的时间走完了资本主义国家通常要近百年时间才能走完的路程，实现了国家的工业化。40年代初，苏联已成为世界第二大工业强国。苏联综合国力的增强，为夺取反法西斯战争的胜利打下了坚实的基础。

反法西斯的第二次世界大战，是对社会主义苏联的一次严峻考验，也是对斯大林民族政策的严峻考验。在希特勒法西斯的进攻面前，苏联没有发生西方国家所预料的四分五裂。相反，各族人民紧紧地团结在党的周围，同仇敌忾，与法西斯侵略者展开了英勇的斗争。无论是在前线还是在后方和敌占区，少数民族都为夺取卫国战争的胜利作出了重要的贡献。

战争给社会主义苏联造成的创伤是十分严重的。在战后的恢复重建时期，苏联各族人民在党的领导下，团结互助，创造出举世公认的奇迹。苏联工业总产值仅用两年多的时间就恢复到了战前的水平。到1950年，整个工业已超过战前1940年水平的72%，其中重工业超过了104%。[②] 这么快的建设速度，没有社会的稳定和各民族的互助支持是根本不可能的。

上述事实证明，斯大林时期苏联民族政策的成就是巨大的。以苏联当前面临的民族问题和困难来淹没、否定这些成就是违背基本的历史事实的，是经不起批评的。

---

① 苏联科学院经济研究所编：《苏联社会主义经济史》第5卷，生活·读书·新知三联书店1984年版，第28页。

② 樊亢主编，王金存著：《苏联社会主义经济七十年》，北京出版社1992年版，第198页。

三　斯大林民族政策的失误是严重的

肯定斯大林民族政策的主体是正确的，成就是巨大的，并不等于说它没有失误或错误。实事求是地分析其失误，对于总结经验和吸取教训是十分必要的。斯大林在处理民族问题时的失误，主要有以下几点：

第一，对民族问题的长期性估计不足。在建设初期，斯大林曾正确地看到，在苏联，民族问题的解决将是很困难的。但是，随着社会主义建设的发展，民族关系的改善，到30年代中期，他对这一问题的看法发生了重大的变化。1936年，他在宣布苏联建成社会主义的同时，宣布在苏联制造民族纠纷的主要势力即剥削阶级已被消灭，培植民族互不信任心理和燃起民族主义狂热的剥削制度已被消灭，因而各民族中间互不信任心理已经消失，真正的兄弟合作关系已经建立，民族问题已基本解决。斯大林的这一估计，具有合理的成分，但总的说是把复杂的问题简单化了，脱离了苏联民族问题的实际。这种看法对其民族政策产生了较大的消极影响，导致了对民族问题的轻视与忽视。正是在此之后，苏联不再重视研究民族问题，不再强调反对大俄罗斯主义，甚至关闭了全国几乎所有的民族问题学术研究机构。也是在此前后，苏联取消了原有的250个民族区和5300个民族村的行政建制。在《关于苏联宪法草案》的报告中，斯大林甚至断言，苏联只约有60个民族。这些都是人为缩小民族问题的行为。它掩盖了民族矛盾，损害了一些少数民族的利益。斯大林关于民族问题基本解决的论述，对后来的苏联历届领导人是有影响的。1961年10月，赫鲁晓夫公开称，“旧社会遗留下来的民族问题，已经完全、彻底和一劳永逸地解决了”。直到1987年，戈尔巴乔夫也还认为，“公正地说，我们的民族问题已经解决”。苏联当前复杂的民族关系和激烈的民族矛盾证明，苏联民族问题远未解决，其领导人的上述认识是错误的，后果是严重的。

第二，民族问题上的阶级斗争扩大化。阶级斗争扩大化，是斯大林所犯的一个严重错误。这一错误也表现在民族政策方面。在少数民族地区的集体化过程中，通过强制手段，搞所谓“消灭富农运动”，建立“阶级成分单纯的社会”，封闭寺院教堂，没收民族宗教上层人物的财产，把许多人流放到西伯利亚或其他地区。伤害、打击了许多可以争取、团结的人，引起了一些少数民族的不满与反抗。30—40 年代，在“阶级斗争愈来愈尖锐”的思想指导下，苏联开展了肃反运动。在这个运动中，民族地区的干部和知识分子也遭到大规模的清洗和迫害。不少共和国的高级领导人被无辜扣上民族主义的帽子被关押、杀害或被迫自杀。据统计，仅 1937 年，中亚地区基层党组织干部的 55.7%、区党委干部的 78.8% 被清洗。在清洗过程中，乌克兰先后有数名最高领导人被捕或被处决。在卫国战争期间，斯大林还以某些少数民族有人“参加德国组织的自愿队并反对红军”，“包庇敌人”为由，将日耳曼、克里米亚鞑靼、车臣、印古什、巴尔卡尔、卡尔梅克等民族集体强制迁移到中亚等地，并撤销了他们的自治共和国或自治州。据统计，卫国战争中被迁移的人数超过 500 万。由于大规模远距离迁移，组织不善，数以万计的移民在途中死亡。这种不加区别、粗暴地对待少数民族的做法，严重地侵害了他们的合法权益，造成了强烈不满。战后，由于所谓“达什纳克反革命地下集团案”，又有成千上万的亚美尼亚人被强行迁移，许多从国外回归的亚美尼亚人遭到镇压。1952 年，由于所谓“克里姆林宫医生案”，成千上万的犹太人（包括大批专家学者）遭到迫害和不公正待遇。这些都造成了较为严重的消极影响。

第三，民族问题上的大俄罗斯主义倾向。20 世纪 30 年代中期以前，斯大林是比较注意反对大俄罗斯主义的。但是后来他不仅不再强调大俄罗斯主义是主要危险，反而在不同的场合为大俄罗斯主义辩护，甚至推崇大俄罗斯主义。1934 年，他批评恩格斯的《俄国沙皇政府的对外政策》一文对沙皇政府的反动作用做了“过高的估计”，反对公开发表恩格斯的这篇文章；卫国战争开始后，他把曾为沙皇俄国对外扩张建立功勋的苏沃洛夫、库图佐夫等称为“伟大的先辈”，号召红军将士发扬他们的“战斗传统”；战后，他更直接地称俄罗斯民族“是加入苏联的所有民族中最杰出的民族”，是“苏联各民族的领导力量”。[①] 这些都表明了斯大林的大俄罗斯主义倾向。这种倾向在其民族政策中是有表现的。1939 年 8 月，苏联在与德国签订《互不侵犯条约》时，达成《附加秘密议定书》，公然与德国划分势力范围，把当时的主权国家爱沙尼亚、拉脱维亚、立陶宛等纳入自己的势力范围（三国于 1940 年 8 月并入苏联）。在处理内部民族关系

---

① 《斯大林文选》，人民出版社 1962 年版，第 428 页。

方面，片面歌颂俄罗斯的历史和文化，过分强调俄罗斯文化在各民族文化发展中的主导作用，过分宣传俄罗斯对少数民族的“无私援助和贡献”，不注意宣传少数民族对俄罗斯的支持与帮助；在实际工作中漠视少数民族的正当要求，甚至侵犯少数民族的正当权益，等等。斯大林民族政策中的大俄罗斯主义残余，对于发展各民族的友好关系，对人民进行正确的族际主义教育，都有一定的不良影响。

斯大林民族政策的失误，原因是多方面的。从客观方面看，苏联作为第一个社会主义国家，建设时间不长，民主法制不健全，民族关系复杂，没有成功的经验可供借鉴，以及处于帝国主义的包围之中，面临世界战争的威胁，等等，都对其失误产生了直接或间接的影响。从主观方面看，至少有三方面的原因：一是大俄罗斯主义对斯大林的影响。斯大林是格鲁吉亚人，但他已成为列宁所说的“俄罗斯化了的异族人”。斯大林的大俄罗斯主义倾向在十月革命后曾有明显的表现。他关于其他民族共和国加入俄罗斯联邦的“自治化计划”和对奥尔忠尼启则等人的大俄罗斯主义行为的支持、袒护，曾遭到列宁的严厉批评。斯大林在列宁去世后的一段时间内，在处理民族问题时是比较慎重的。但是，30 年代中期以后，他身上的大俄罗斯主义故态复萌，导致了严重的失误。二是斯大林对社会主义社会的阶级矛盾和阶级斗争的认识有严重错误。他认为，社会主义的“胜利愈多，被击溃了的剥削阶级残余也会愈加凶恶，他们愈要采用更尖锐的斗争形式”；阶级斗争的一端在苏联境内，另一端延伸到包围苏联的资产阶级国家。① 正是由于这种思想的指导，在国际政治斗争激化，世界战争逼近的情况下，斯大林混淆了两类不同性质的矛盾，把本属于人民内部矛盾的民族关系问题看成了阶级斗争问题，犯了阶级斗争扩大化的错误。三是个人迷信泛滥，社会主义民主与法制被破坏。从 30 年代开始，苏联对斯大林的个人崇拜、个人迷信迅速发展起来。个人迷信的形成，不仅使决策脱离实际，而且破坏了民主与法制，使个人权力失去制约，以致出现政策失误后，不能及时纠正。

斯大林民族政策的失误是严重的，教训是深刻的。不可否认，其失误对当今苏联民族关系是有影响的。但是，在斯大林时代结束已 40 年的今

---

① 《斯大林文选》，人民出版社 1962 年版，第 129 页。

天，不应夸大这种影响，更不应全盘否定斯大林的民族政策。第一，夸大失误，否定其正确的主体部分和所取得的巨大成就，只会造成历史的虚无主义和偏激的民族心理。这不仅不利于科学地总结经验教训，积极地调整民族关系，反而会助长民族间的不信任和激化民族矛盾。第二，在过去的40年中，苏联多次对斯大林进行了“清算”，这种“清算”当然也包括了斯大林的民族政策。应该说，苏联有足够的时间来克服斯大林民族政策的失误，进一步发展各民族的正常关系。40年后的今天，把苏联面临的民族问题还一股脑儿地推到斯大林身上，显然是不公正的。第三，当前苏联民族矛盾激化的原因是十分复杂的。我认为，最主要的原因是近年来苏联当局“改革”的失误，是实行“人道的民主的社会主义”和所谓“新思维”的结果。苏联的民族问题由来已久，为什么只是在近几年才一发而不可收？这不能不引起人们的深思。

（原载《东欧中亚研究》1992年第4期）

民族政策的坚持与完善

中国特色民族政策形成与发展的基本经验[①]

当代中国的民族政策，是中国共产党在长期的革命和建设实践中，将马克思主义民族理论与我国民族问题的基本国情相结合，经过艰苦的探索，逐步形成和完善起来的政策体系。在经济全球化、社会快速转型、社会矛盾凸显、“涉民”事件增加的背景下，社会上出现了对现行民族政策的认知混乱。笔者认为，结合中国革命与建设实际，结合中国共产党民族工作的探索实践，从政策认知、政策选择、政策理念、政策制定、政策执行等方面，回顾中国特色民族政策形成与发展的历史经验，不仅有助于正确认识现行民族政策，对更好地解决当前国内的民族问题，也有重要价值。

一　站在全局的高度看待和处理民族问题

不论在革命战争年代，还是在社会主义建设和改革开放时期，我们党都始终坚持站在党和国家全局的高度来认识和解决民族问题。不仅党的历次重要会议通过的决议、宣言阐述了关于民族问题的原则立场，而且不同时期党的领导人也有关于民族问题的重要论述。正如瞿秋白在1927年所著的《中国革命中之争论问题》一书中指出，民族问题是“党的程度之测量表”。[②]

---

① 本文与哈正利合作。

② 中共中央统战部编：《民族问题文献汇编》，中共中央党校出版社1991年版，第79页。

在红军长征之初，中国共产党就十分关心少数民族的命运，非常重视民族工作，将各民族平等和团结作为制定民族政策的基本原则。1934 年 11 月 19 日，红军总政治部下达了长征以来第一个民族工作文件《关于争取少数民族的指示》。文件指出：争取少数民族的问题的解决，对实现战略任务有决定意义。因之各军团政治部，必须立即把这个问题提到重要的地位，必须向全体战士解释争取少数民族的重要性。[①] 党把争取少数民族的工作提高到对实现战略任务有决定意义这样一个高度，足以看出党对争取少数民族这一工作的重视程度。正是在此认识的基础之上，有关民族问题的理论与政策不仅写进了党的决议，而且写进了《苏维埃宪法大纲》、《陕甘宁边区宪法原则》之中。

新中国成立以后，毛泽东指出，“国家的统一，人民的团结，国内各民族的团结，这是我们的事业必定要胜利的基本保证”。[②] 新中国成立初期，邓小平也强调，“少数民族问题解决得不好，国防问题就不可能解决好”，因此，“应该把少数民族工作摆在很高的位置”。[③] 正因为民族问题如此重要，所以《共同纲领》和《中华人民共和国宪法》都对民族政策作了具体的规定。

在改革开放的新时期，邓小平指出：“沿海地区要加快对外开放，使这个拥有两亿人口的广大地带较快地先发展起来，从而带动内地更好地发展，这是一个事关大局的问题。内地要顾全这个大局。反过来，发展到一定的时候，又要求沿海拿出更多的力量来帮助内地发展，这也是个大局。那时沿海也要服从这个大局。”[④] 这就是指导中国现代化建设的“两个大局”思想。他要求帮助少数民族和民族地区加快发展，走共同富裕的道路，“如果搞两极分化，情况就不同了，民族矛盾、区域间矛盾、阶级矛盾都会发展，相应地中央和地方的矛盾也会发展，就可能出乱子”。[⑤]

---

① 中国社会科学院民族研究所：《中国民族史研究》，中国社会科学出版社 1987 年版，第 547 页。

② 《毛泽东文集》第 7 卷，人民出版社 1999 年版，第 204 页。

③ 《邓小平文选》第 1 卷，人民出版社 1994 年版，第 161 页。

④ 《邓小平文选》第 3 卷，人民出版社 1993 年版，第 277—278 页。

⑤ 同上书，第 364 页。

作为这一战略格局中的民族地区，曾为现代化发展的第一个“大局”做出了贡献和牺牲，而其后，在以西部大开发为标志的第二个“大局”中又开始获得更多的帮助。中国的现代化离不开少数民族和民族地区的发展，没有民族地区的资源和市场，中国的经济便没有了持续发展的战略支撑；同样，少数民族和民族地区自身发展能力不足问题的解决，要靠自身的努力，也要靠国家的支持和发达地区的帮助，而这都离不开国家现代化的整体推进。

1993 年 11 月 7 日，江泽民在全国统战工作会议上强调，“民族、宗教无小事。全党都要充分认识民族问题的长期性、复杂性和重要性，高度重视民族工作和宗教工作，对当前存在问题的潜在危险性，要十分警觉，切不可掉以轻心”。[①] 江泽民要求，“我们必须从振兴中华民族的高度，从巩固和发展我国社会主义事业的高度，充分认识民族工作的长期性、复杂性和重要性”。[②]

2014 年，中共中央总书记习近平在看望出席全国政协十二届二次会议的少数民族委员时提出：“我国是统一的多民族国家，民族工作关乎大局。坚持中国特色社会主义道路，是新形势下做好民族工作必须牢牢把握的正确政治方向……团结稳定是福，分裂动乱是祸。要坚持各民族共同团结奋斗、共同繁荣发展的主题，深入开展民族团结宣传教育，使各民族同呼吸、共命运、心连心的光荣传统代代相传。全国各族人民都要珍惜民族大团结的政治局面，都要坚决反对一切危害各民族大团结的言行。要坚决依法惩处和打击暴力恐怖活动，筑牢民族团结、社会稳定、国家统一的铜墙铁壁。”[③]

这些论述始终坚持了从国家统一、社会稳定、边防巩固、现代化建设等高度来认识和把握民族问题，始终强调了一个理念，即“我国的民族问题必须放到建设中国特色社会主义的全局中来解决，解决好民族问题又

---

① 中共中央统一战线工作部、中共中央文献研究室编：《新时期统一战线文献选编》（续编），中共中央党校出版社 1997 年版，第 611—612 页。

② 国家民族事务委员会、中共中央文献研究室编：《民族工作文献选编 1990—2002 年》，中央文献出版社 2003 年版，第 29 页。

③ 《习近平李克强张德江俞正声刘云山王岐山张高丽分别看望出席全国政协十二届二次会议委员并参加讨论》，《人民日报》2014 年 3 月 5 日。

有利于推进建设中国特色社会主义”①。

二　走马克思主义中国化的特色发展之路

作为科学的世界观，马克思主义是在批判地吸收前人优秀思想成果、总结人类历史经验，特别是工人阶级革命实践经验的基础上创立的科学理论。作为中国革命和社会主义建设的行动指南，马克思主义理论指导了不同时期中国革命、建设和发展的实践，也为中国民族问题的解决指明了方向，对中国民族政策体系的建立产生了深远的影响。

第一，坚持用马克思主义观点分析民族问题。

在新民主主义革命时期，以毛泽东为主要代表的中国共产党人，根据马克思列宁主义的基本原理，对中国革命实践中的一系列独创性经验作了理论概括，出色地将马克思主义民族问题理论运用于解决中国民族问题的实践。毛泽东具体分析了中国国情，明确指出中国是一个古老的统一的多民族国家，确认了中华民族是中国各民族总称的概念。在深刻分析半封建半殖民地旧中国存在的民族压迫和阶级压迫的情况后，他根据十月社会主义革命后的世界政治形势的发展，将中国共产党领导的各族人民进行的反帝斗争纳入世界无产阶级革命行列，发展了马列主义关于民族与殖民地问题的理论；他多次强调民族没有优劣、贵贱之分，一律平等的思想；提出中国要实行民族区域自治的主张；要求大力培养少数民族的共产主义干部；要同少数民族的上层人士建立统一战线等等。毛泽东的上述思想在新中国成立前充分体现在我们党的民族问题纲领和一系列的民族政策之中。邓小平也曾经指出，必须以马列主义、毛泽东思想为指导处理民族问题。他说：“在世界上，马列主义是能够解决民族问题的。在中国，马列主义与中国革命实践相结合的毛泽东思想，也是能够解决这个问题的。”②

马克思主义理论在民族政策及其实践上的具体指导，不仅仅体现在党和国家主要领导人关于民族理论、民族问题和民族工作的论述中，更直接

---

① 胡锦涛：《在中央民族工作会议暨国务院第四次全国民族团结进步表彰大会上的讲话》，《人民日报》2005年5月28日。

② 《邓小平文选》第1卷，人民出版社1994年版，第163页。

体现在民族政策具体实践中。比如在革命成功之后，建立了共产党执政的、统一的人民共和国；在解决民族问题上，坚持民族区域自治的政策，以及重视以促进社会生产力的发展来解决民族问题等等。这些政策理论及具体政策都是马克思主义中国化在民族政策层面的表现。

在马克思主义中国化的进程中，中国民族理论的指导思想、研究对象、基本问题、核心原则、政策目标和研究方法逐步确立，形成了中国民族理论的特色。当代中国特色民族政策的形成与发展，都是在马克思主义理论指导下进行的。因此，中国特色民族政策的形成与发展也是马克思主义中国化的一个组成部分。始终坚持遵循马克思主义的指导，走有中国特色的解决国内民族问题之路，既是中国民族政策的基本特色，也是中国民族政策实践的一个传统。

第二，坚持以民族平等原则来处理民族问题。

民族平等是马克思主义民族理论的根本原则。马克思主义认为，民族只存在发展水平上的差异，而没有优劣之分，各民族是一律平等的；一个民族只有平等地对待其他民族，才能与其他民族和睦相处；共产党人反对一切形式的民族压迫与民族歧视。

中国共产党从成立之日起，就主张国内各民族一律平等，马克思主义关于反对民族压迫、实现民族平等的理论主张，始终贯穿在党的各个历史时期的民族政策之中。1922 年 7 月通过的《中国共产党第二次全国代表大会宣言》指出：包括中国在内的东亚各民族处于英、美、法、日等帝国主义铁蹄压迫之下，只有打倒资本帝国主义之后，才能真正实现民族平等。1931 年 11 月，中华苏维埃第一次全国代表大会通过的《中华苏维埃共和国宪法大纲》明确规定："在苏维埃政权领域内的工人、农民、红军士兵及一切劳苦民众和他们的家属，不分男女种族（汉、满、蒙、回、藏、苗、黎和中国的台湾、高丽、安南人等）宗教，在苏维埃法律前一律平等，皆为苏维埃共和国的公民。"① 这次大会还通过了《关于中国境内少数民族问题的决议案》，强调"中华苏维埃共和国的目的是建立一个没有民族界限的国家，是在消灭一切民族间的仇视与成见；为得要达到这一目的，中华苏维埃共和国的一切法令，如像土地法，劳动法，选举法

---

① 中共中央统战部：《民族问题文献汇编》，中共中央党校出版社 1991 年版，第 166 页。

等，绝对应用于共和国的一切劳苦群众，丝毫没有民族的界限，而且苏维埃共和国必须特别注意落后民族共和国与自治区域内生产力的发展与文化的提高，必须为国内少数民族设立完全应用民族语言文字的学校、编辑馆与印刷局，允许在一切政府的机关使用本民族的语言文字，尽量引进当地民族的工农干部担任国家的管理工作，并坚决的反对一切形式的大汉族主义倾向。"① 这充分表达了中国共产党实现民族平等和民族团结的坚定决心。

1941 年 5 月颁布的《陕甘宁边区施政纲领》规定："依据民族平等原则，实行蒙回民族与汉族在政治、经济、文化上的平等权利，建立蒙回民族的自治区，尊重蒙回民族的宗教信仰与风俗习惯。"② 这一规定使民族平等原则的内容具体化了，对于在实践中贯彻这一原则具有重要的作用。新中国成立前夕通过的中国人民政治协商会议《共同纲领》明确规定："中华人民共和国境内各民族一律平等，实行团结互助，反对帝国主义和各民族内部的人民公敌，使中华人民共和国成为各民族友爱合作的大家庭。反对大民族主义和狭隘民族主义，禁止民族间的歧视、压迫和分裂各民族团结的行为。"③

第三，坚持走社会主义道路来解决民族问题。

到底走什么样的道路，才能真正实现民族平等团结，真正促进各民族共同繁荣发展？我们党始终坚持走社会主义道路来解决民族问题。

就中国革命和建设来说，选择社会主义道路是历史的必然。在革命战争年代，我们党积极探索以社会主义的原则来解决民族问题，在社会主义建设的各个时期，全面考虑我国各民族在发展水平和文化风俗上存在多样性与差异性的基本事实，坚定不移地走社会主义发展道路。如新中国的民族工作主要有两大历史任务：一是通过进行社会制度变革，引导翻身解放的各民族人民走上社会主义道路；二是通过进行社会主义建设，加快各民族特别是少数民族和民族地区的经济社会发展，促进各民族的共同繁荣。

---

① 中共中央统战部：《民族问题文献汇编》，中共中央党校出版社 1991 年版，第 170—171 页。

② 同上书，第 678 页。

③ 同上书，第 1290 页。

事实充分说明，我们的民族政策是完全正确的，与世界其他国家相比，我们处理民族问题也是最成功的。也正是由于社会主义制度的确立，形成了各民族大团结，各民族人民同呼吸、共命运、心连心的坚实政治基础。

当前，我们正走在中国特色社会主义道路上，积极追求中华民族伟大复兴的实现。胡锦涛强调："正确处理民族问题，涉及我国经济建设、政治建设、文化建设与和谐社会建设各个方面。我国的民族问题必须放到建设中国特色社会主义的全局中来解决，解决好民族问题又有利于推进建设中国特色社会主义。中国特色社会主义是我国各族人民的共同事业，中国特色社会主义道路是解决我国民族问题的根本道路。只有全国各族人民坚持不懈地团结奋斗，中国特色社会主义事业才能不断取得新的成就，并最终取得成功。同时，只有在中国特色社会主义事业不断发展的过程中，在国家综合实力不断增强的基础上，我国各族人民的根本利益才能不断得到实现和保障，我国各民族共同繁荣发展的局面才能不断形成和发展。"①

总之，从民族政策的角度看，正是由于社会主义制度的建立和发展，才赋予各民族在政治、经济和文化等一切领域平等的权利，各族人民才实现了当家作主的夙愿。改革开放以来的发展历程证明，不论国内国际形势如何变化，只有坚持走社会主义的道路，才能真正解决中国的民族问题。我们必须自信地、毫不动摇地坚持中国特色民族政策体系。

三　坚持各民族平等团结共同繁荣发展的原则

民族平等、民族团结、各民族共同繁荣发展，是党和国家在处理民族问题上坚持的基本原则。民族平等和民族团结作为我国解决民族问题的政策原则，在宪法和相关法律中得到明确规定。坚持将中华民族的整体利益与各族人民的根本利益相结合，坚持各民族平等团结、共同繁荣发展，是

① 胡锦涛：《在中央民族工作会议暨国务院第四次全国民族团结进步表彰大会上的讲话》，国家民族事务委员会、中共中央文献研究室：《民族工作文献选编（二〇〇三—二〇〇九年）》，中央文献出版社2010年版，第71页。

中国特色民族政策的宗旨和目标。

第一，民族关系上始终坚持民族平等团结原则。

民族平等和民族团结是中国共产党的一贯主张和追求。1938 年 9 月，毛泽东在中共中央六届六中全会上所作《论新阶段》的报告中提出：允许各少数民族与汉族有平等权利，在共同对日的原则下，自己管理自己的事务。1940 年 3 月，毛泽东把解决中国民族问题的总纲界定为："对外求中华民族的彻底解放，对内求国内各民族之间的平等。"[①] 这是毛泽东根据中国国情对马克思主义反对民族压迫，坚持民族平等的思想所作的新的诠释。1949 年 9 月，中国人民政治协商会议第一届全体会议通过的《共同纲领》是我党新民主主义革命时期民族纲领发展的一个总结，也是新中国民族纲领的基础，它用法律形式确定了中国各民族平等、团结的原则。1955 年，毛泽东指出："不要以为只是汉族帮助了少数民族，而少数民族也很大地帮助了汉族。有些同志总是在那里吹，我们可帮助了你们，就没有看到没有少数民族是不行的。……少数民族在政治上、经济上、国防上，都对整个国家、整个中华民族有很大的帮助。那种以为只有汉族帮助了少数民族，少数民族没有帮助汉族，以及那种帮助了一点少数民族，就自以为了不起的观点，是错误的。"[②]

1981 年，中共中央在转发《中央书记处讨论新疆工作问题的纪要》的通知中进一步指出：在我国建设社会主义的事业中，汉族离不开少数民族，少数民族离不开汉族。这个观点高度概括和深刻表述了中国各民族休戚相关、命运与共的血肉关系，对我国民族团结进步事业有着重要的指导意义。

20 世纪 90 年代初，苏东剧变，世界民族主义浪潮汹涌，国际敌对势力借机加紧对我实施西化、分化，我国民族关系面临严峻考验。江泽民同志 1990 年视察新疆时提出，将"两个离不开"发展为"三个离不开"，即"汉族离不开少数民族，少数民族离不开汉族，少数民族之间也相互离不开"。这是对"两个离不开"思想的继承和发展。

2005 年，民族团结进步表彰活动被正式确定为国家一项法定活动。

---

① 《毛泽东选集》第 2 卷，人民出版社 1991 年版，第 752 页。

② 《毛泽东文集》第 6 卷，人民出版社 1999 年版，第 405 页。

胡锦涛同志指出："促进民族团结、实现共同进步是民族工作的根本任务。"① 这一论断，突出强调了民族团结的极端重要性，为我们进一步做好新形势下的民族工作指明了方向，具有重大的现实意义和深远的历史意义。

第二，民族发展上始终坚持共同繁荣发展原则。

各民族共同进步、共同发展、共同富裕，是我们党的宗旨和社会主义建设的奋斗目标。2003 年，胡锦涛提出了民族工作主题为"两个共同"——共同团结奋斗，共同繁荣发展。这就是强调民族工作的根本任务是狠抓团结促发展、抓好发展促团结，两手都要抓、两手都要硬，使团结和发展紧密结合起来、有机统一起来，相互促进、相得益彰。只有这样，才能适应党和国家事业的新要求，满足各族人民的新期待，符合社会发展的新需要。

显然，少数民族和民族地区的全面发展是我国社会主义现代化建设的重要组成部分，它的快速发展当然离不开国家和社会各方面的支持。我国少数民族地区发展起点低，由于历史、自然等多方面的原因，至今经济文化发展水平还相对落后。因此，要加快民族地区发展，实现各民族的共同繁荣，离不开国家的帮助和内地的支援与协作。正如新中国成立初期毛泽东指出的那样："帮助各少数民族，让各少数民族得到发展和进步，是整个国家的利益。"② 诚心诚意帮助少数民族发展经济文化建设，要正确处理好国家帮助、兄弟民族支援与增强各少数民族自我发展能力的关系，处理好国家整体利益、长远利益与少数民族地区局部利益、实际利益间的关系，要照顾少数民族地区的特殊性。

马克思主义认为，民族问题是社会发展总问题的一部分，在不同历史时期和不同社会条件下，民族问题具有不同的内容和性质。早在延安时期，毛泽东就指出："必须帮助各少数民族的广大人民群众，包括一切联系群众的领袖人物在内，争取他们在政治上、经济上、文化上的解放和

① 胡锦涛：《促进民族团结、实现共同进步是民族工作的根本任务》，国家民族事务委员会、中共中央文献研究室《民族工作文献选编（二〇〇三—二〇〇九年）》，中央文献出版社 2010 年版，第 286 页。

② 《毛泽东文集》第 6 卷，人民出版社 2004 年版，第 312 页。

发展。”①

1952年，在接见西藏致敬团代表时，毛泽东说：“过去的反动统治，清朝皇帝、蒋介石都是压迫剥削你们的，帝国主义也是一样，使得你们人口不得发展，经济削弱了，文化也没有发展。共产党实行民族平等，不要压迫、剥削你们，而是要帮助你们，帮助你们发展人口、发展经济和文化。”② 毛泽东在《论十大关系》中又提出，“我们要诚心诚意地积极帮助少数民族发展经济建设和文化建设”。③ 正是根据这一精神，党和政府将帮助少数民族加速经济、文化发展，争取消除民族间事实上的不平等这一历史任务始终坚持下来。

为了实现各民族的共同繁荣发展，党的十一届三中全会以来，党和国家采取了一系列方针政策和措施。如设立各项专款和定额补助，扶持民族自治地方发展经济建设事业；国家在投资、贷款、税收等方面对民族地区进行扶持；在分配紧缺生产资料和日用品时，对少数民族地区适当照顾；组织一些发达省市对少数民族地区进行对口支援和经济技术协作；组织民主党派和工商联智力支边；实行对外开放，以开放促发展；等等。1981年，党中央在明确新时期民族工作的任务时指出，党的民族工作的总方针是，坚定不移地关心、帮助各少数民族的政治、经济和文化的全面发展，沿着社会主义道路不断前进，逐渐实现各民族事实上的平等。

可见，帮助少数民族发展是党和国家一贯坚持的方针。国家对民族地区的帮助体现在直接的经费、物质投入和制定特殊政策等许多方面，其中很重要的是制定特殊政策。特殊政策是解决少数民族因民族因素而带来的一些特殊性问题的，如民族语言翻译、出版等增加支出的问题，少数民族地区地处边远的级差效益问题，语言、环境等造成的人员素质和知识结构差异的问题，缩小发展差距所要增加投入的问题，等等。这些特殊政策，直接体现了国家对少数民族和民族地区发展的帮助。

---

① 《毛泽东选集》第3卷，人民出版社1991年版，第1084页。

② 《毛泽东文集》第6卷，人民出版社2004年版，第239—240页。

③ 《毛泽东文集》第7卷，人民出版社1999年版，第34页。

四 从国情和少数民族与民族地区的实际出发

实事求是，一切从实际出发，是我们党一贯坚持的思想路线。一般公共政策往往只覆盖社会问题某一专门领域，以解决这一领域的问题为己任。而民族政策几乎覆盖社会管理工作的各个领域，它要解决有关领域一般政策解决不了的少数民族特殊问题。因此，民族政策的制定要建立在民族问题的特殊性上，不把握这种特殊性就不可能制定正确的民族政策。同时，民族问题是个复杂的社会问题，表现在社会生活的各个方面，要准确地把握这些特点并不容易。因为民族问题的特点有的表现得比较直接、外露，有的则表现得比较含蓄、曲折。如果不踏踏实实地深入实际调查研究，就不可能准确把握这些特点，制定民族政策也就不可能有科学的依据。

第一，尊重中国历史与现实的实际国情。

就中国特色民族政策形成发展的过程看，尊重中国历史和现实的实际，是一个重要的基本经验。新中国成立前夕，面对联邦制还是单一制的选择，李维汉提出："要达到各民族平等、联合的目的，不能不根据各个民族和各个国家的不同情况，经过不同的具体道路，采取不同的形式：在一种情况下，特别是在帝国主义国家和被压迫民族之间，要经过自由分立，才能达到在平等的基础上的自由联合；在另一种情况下，特别是人民革命胜利的国家，则可以不经过分立，就能达到平等的联合（这在有些民族之间表现为国家之间的平等联合；在有些民族之间表现为一个国家内部的平等联合）。由于中国的具体历史条件，我国各民族实现平等联合不是经过民族分离和建立独立的民族国家，而是从平等联合的革命统一战线到平等联合的统一人民共和国。"① 因此，根据我国民族关系的实际情况，新中国采取了民族区域自治政策，不主张民族分立，没有采取联邦制。对此，周恩来还详尽分析了我国和俄国截然不同的历史、民族和国情，指出每个国家都有它自己的历史发展情况，不能照抄别人的，有力地论证了中

① 李维汉：《李维汉选集》，人民出版社 1987 年版，第 545 页。

国的历史发展和民族情况决定了中国适宜于实行民族区域自治，强调对我们这个多民族国家来说，合则双利，分则两害。

在新中国成立后的民族识别中，毛泽东特别强调民族平等，他主张中国各民族不分人口多少，社会发展阶段如何，政治上一律称民族，不要去区分民族、部族和部落，强调各少数民族对中国历史都作出贡献。[①] 这也是根据中国的国情做出的决策，而不是教条地遵循马克思主义理论，也不是照搬苏联的模式。如此看来，今天有人将中国特色民族政策视为对苏联模式的照抄照搬，是不正确的。

有必要强调的是，我国现在处于并将长期处于社会主义初级阶段。民族政策的制定和实施必须立足于社会主义初级阶段的基本国情，各种方针政策都必须从初级阶段的实际出发，不能脱离实际，超越国情。

第二，尊重少数民族和民族地区的实际。

在制定和执行民族政策的具体过程中，我们党始终注意尊重民族地区的实际情况，一切从各民族和各民族地区的实际出发，对少数民族与民族地区的特殊情况特殊对待。新中国成立后，鉴于民族地区的特殊性，党和国家实行了“慎重稳进”的方针，积极稳妥地从事少数民族地区的社会改革和各项工作，采取不同于内地和汉族地区的方法步骤，成功地进行了民族地区的民主改革和社会主义改造，进行了宗教制度改革，使各族人民走上了社会主义道路。

在推翻国民党反动统治，建立新中国的斗争中，我国新疆、西藏等边疆少数民族聚居区都是以和平方式解放的。尤其是在西藏，1951 年，中央人民政府与西藏地方政府签订了“十七条协议”，在和平解放西藏之后的 8 年中，保留了落后的封建农奴制度。1959 年西藏反动上层发动全面武装叛乱后，党才在西藏领导广大群众进行了民主改革。改革中，对未参叛的农奴主实行了赎买政策，同少数民族上层建立了广泛的统一战线。

显然，我国各民族之间既有特殊性，也有共同性。因地域辽阔，民族之间发展不平衡，民族差别至今仍明显的存在。如果不能准确把握各民族的共同性和特殊性，就有可能导致制定民族政策出现失误或执行民族政策

---

① 龚学增主编：《当代中国民族宗教问题研究》，中共中央党校出版社 1998 年版，第 20 页。

发生偏差。如1958年在“共产风”的影响下，就曾忽视民族特点，夸大各民族之间的共同性，过快地估计了民族消亡进程。特别是“文化大革命”把这些“左”的做法推向极端，人为地搞“民族融合”，在政策上搞“一刀切”，使我国的民族关系受到很大损害。因此，粉碎“四人帮”后，民族工作中的一个很重要特点是重申尊重少数民族的特殊性。如1984年党中央批转的《西藏工作座谈会纪要》指出：“必须看到：西藏在我国是一个具有很大特殊性的地方，它不仅同内地各省的情况有很大的差异，而且同内蒙古、新疆等民族自治区相比也有许多的不同。西藏的特殊性主要表现在：（1）是世界屋脊，高寒缺氧，地广人稀，地处祖国西南边陲，交通不便，基本上长期处于封闭状态。（2）过去长期处于封建农奴制社会。政教合一的僧侣、贵族统治达数百年之久。在跃进到社会主义以后，历史上遗留下的痕迹仍然很深。（3）基本上是单一民族——藏族聚居的地区。藏族人民勤劳、朴实、智慧、勇敢，在长期的历史发展中形成了独特的民族心理素质、民族情感和风俗习惯。（4）基本上全体藏民都信仰喇嘛教，宗教在群众中有长期的、深刻的影响。由于以上各点，它就成为一个斗争复杂、举世瞩目、非常敏感的地区。我们在那里的一举一动很容易在世界上引起反响。西藏的这种特殊性是长期的历史所形成的，忽视甚至否认这种特殊性，我们就要犯错误，就要脱离西藏群众，并且会为国外的敌对势力和国内的敌对分子所利用，从而损害国家和各族人民的利益。”①《纪要》认真总结了西藏的特殊性，再次重申了我们的一切工作都要从这些特点出发，采取特殊政策和灵活措施。

五 在调查研究总结经验教训的基础上与时俱进

中国特色民族政策体系的形成与发展，是我们党坚持实事求是、一切从实际出发的原则，根据不同历史时期的形势，不断完善创新的结果。其中重要的经验是注重调查研究和总结经验教训，并在此基础上根据时代和

① 中共中央文献研究室、中共西藏自治区委员会编：《西藏工作文献选编（1949—2005年）》，中央文献出版社2005年版，第361页。

形势发展的需要及时对政策进行调整，使中国特色民族政策与时俱进。

第一，注重政策调查研究。

没有调查，就没有发言权。中国共产党在解决民族问题上十分注重调查研究。在新民主主义革命阶段，我们党就十分重视以马克思主义观点为指导，对国内少数民族的社会历史情况进行调查研究。抗日战争初期，在延安成立了民族问题研究会，撰写出《回回民族问题》和《内蒙古民族问题》、《内蒙古社会经济问题》等著作。这些调查和研究保障了我们党民族政策的科学性，也极大调动了各族人民的革命积极性，推动了中国革命的发展。

新中国成立后，中央人民政府从1950年到1952年，先后派出4个赴民族地区的访问团和两个民族工作视察组，分赴西北、西南、中南、东北、内蒙古等地区进行慰问、调查、检查当地的民族工作。当时各地的党政机关和一些专家、学者也对一些少数民族或民族地区的情况做了一些调查，写过一些材料和专著，但受条件的限制，这些调查还是零星的、不系统的。

民族地区社会主义改造前，我国开展了一次大规模的全国性的调查工作。1956年6月，全国人大民族委员会和中央民族事务委员会共同召开了全国少数民族社会历史调查工作会议，请少数民族较多的省、自治区民委主任、中央民族学院和几个地区民族学院的领导同志、有关大学和研究机构的专家学者参加，研究了全国少数民族社会历史调查的组织、计划和草拟的调查提纲。会议讨论的意见，报告全国人大常委会党组和彭真同志，得到同意后，开始了全国性的调查工作。当年就组织了内蒙古、新疆、西藏、云南、贵州、四川、广西、广东8个调查组，抽调民族学家、社会学家、历史学家、经济学家以及社会科学研究人员、民族工作干部、大专院校师生200多人参加，第一批调查了20个民族，整理出不同民族从原始社会末期到奴隶制社会和封建社会各个历史发展阶段的第一手资料约1500万字。

1958年，全国少数民族社会历史调查工作改由中国科学院哲学社会科学部（现为中国社会科学院）民族研究所主持，调查工作继续展开，又新增了甘肃、青海、宁夏、辽宁、吉林、黑龙江、湖南、福建8个调查组，共16个调查组，调查组人员最多时达到千人以上。调查组前后共写出调查资料340多种，2900多万字；整理档案资料和文献摘录100多种，1500多万字。这为我国民族识别、少数民族和民族地区进行民主改革方针的确立提供了科学依据。

第二，注重总结经验教训。

除了注重民族问题的调查研究之外，我们党还十分重视对民族政策执行效果的监督检查和经验总结。新中国成立初期，先后于1952年和1956年两次在全国范围内开展了以批评大汉族主义为中心的民族政策执行情况的大检查。大检查使有关地区的各级党政部门和领导重视民族问题，自觉加强民族工作。在大检查过程中，注意总结执行民族政策的经验教训。中央统战部对检查经验进行了系统的总结，形成了《关于过去几年内党在少数民族中进行工作的主要经验总结》（简称《总结》）。《总结》指出，大汉族主义和大汉族主义残余，几乎到处存在；少数民族干部中，相当多地存在地方民族主义或地方民族主义残余。二者都必须予以纠正。通过检查，纠正了影响民族政策执行的大汉族主义思想倾向，也克服了地方民族主义倾向。

“文革”十年动乱，使我国的民族政策受到严重破坏。“文革”结束后，在总结教训的基础上，党和国家在理论上否定了社会主义时期“民族问题的实质是阶级问题”的错误理论，把民族工作的重心转移到经济建设上来；在实际工作中坚持“慎重稳进”的方针，对过去行之有效的民族政策进行了全面恢复，并为适应新的情况出台了新的政策或赋予既有政策新的内容。

鉴于民族法制的不完善，1982年颁布的新宪法恢复了1954年《宪法》中关于民族区域自治的一些重要原则，并增加了新的内容。1984年颁布的《民族区域自治法》使我国的民族法制建设进入了新阶段。

进入21世纪，中国共产党在毛泽东思想和邓小平理论的基础上，对社会主义建设新阶段民族工作的具体形势作出了准确判断，应时提出了新世纪新阶段民族工作的主题，即“各民族共同团结奋斗、共同繁荣发展”。2005年5月，在中央民族工作会议上，胡锦涛同志全面系统地阐述了“两个共同”思想的科学内涵。客观地说，“两个共同”是在全面建设小康社会的新形势下提出的，作为新时期民族工作的主题，它也是在深刻总结历史经验、应对新时期复杂的国际环境和国内矛盾的基础上提出来的。

纵观全球，当今世界一些热点地区所发生的冲突和战争，大都与民族宗教问题或外国势力插手有关。凡是民族问题处理得不好的地方，都不同程度地出现了问题或乱子。自冷战结束后，国际社会中各种民族主义思潮和活动趋于活跃。随着世界全球化趋势的发展，民族问题日益成为受世界格局变化影响并影响世界政治和多民族国家政治稳定、社会发展的重要因素。同时，我国国内经过 30 余年的改革开放，社会结构深刻变化，社会转型全面展开，各种社会矛盾凸显；区域间的发展差距扩大，少数民族和民族地区发展滞后的问题突出；民族分裂势力、宗教极端势力、暴力恐怖势力的破坏活动有所增加。这些新情况新问题直接影响平等、团结、互助、和谐的社会主义民族关系的巩固和发展。正是基于对国际国内社会环境新特点和新变化的深刻认识，党中央审时度势，顺应时代发展要求和少数民族的期望，提出了“两个共同”这一新时期民族工作的主题，以团结奋斗促繁荣发展，以繁荣发展保障平等团结，动员和带领各族人民共同推进中国特色社会主义伟大事业，共同享受殷实富足、健康文明的新生活。

六　坚定对中国特色民族政策的高度自信

综上所述，中国特色民族政策的形成发展与创新的过程说明了一个基本的道理，即不论在历史上，还是现实中，为解决国内民族问题，通过民主革命和社会主义建设的实践，中国共产党所探索出来的正确道路，并非是对“苏联模式”的生搬硬套。严格地说，这一历史过程，其实就是马克思主义民族理论中国化的过程，是中国共产党依据中国历史和现实的实际，审时度势地正确把握国内外革命形势，正确认识国内民族问题的性质和地位，树立马克思主义的正确民族观，并创新性地将其付诸实践的过程。

在这一历史进程中，通过实践，我们党不仅发展了马克思主义的民族理论，同时也构建了一个体系完备、内容丰富、结构合理、实施有效的中国特色民族政策体系。这一体系建立的历史过程，也是我们党坚持马克思主义实事求是精神，不断探索，不断创新的历史过程。它具体表现为我们党处理民族问题的各类政策和制度。这些政策和制度既全面考虑了我们这个多民族的统一国家走上社会主义道路的基本事实，又全面考虑了我国五十六个民族在发展水平和文化风俗上存在多样性与差异性的基本事实；既深刻总结了我国历史上处理民族问题的经验教训，也积极借鉴了世界上一些国家处理民族问题的经验教训，因而具有历史和现实的科学依据，具有历史与现实的合理性。

在历史与实践的发展中，中国特色民族政策已经形成了自己独有的特点，具体表现为政策制定的科学性与合理性、政策内容的丰富性和具体性、政策体系的完备性和系统性、政策过程的稳定性和调适性、政策执行的原则性和灵活性，等等。这些独有的特色显然是中国共产党坚持马克思主义精髓——实事求是——的体现。在 1992 年年初的南方谈话中，邓小平指出："实事求是是马克思主义的精髓。要提倡这个，不要提倡本本。我们改革开放的成功，不是靠本本，而是靠实践，靠实事求是。"① 正是坚持实事求是的原则，中国特色民族政策体系保证了我国平等、团结、互助的社会主义民族关系的形成和巩固，保证了各民族在共同团结奋斗、共同繁荣发展的道路上不断前进，保证了我们多民族国家的政治统一、经济发展和社会稳定。事实充分说明，我们的民族政策是完全正确的，与世界其他国家相比，我们处理民族问题也是最成功的。

中国特色民族政策的成功实践已经证明，马克思主义可以解决我国的民族问题。面对新世纪新阶段出现的新情况新挑战，我们应当有充分的理由确立三个方面的自信，即对马克思主义民族理论的自信，对党创立的民族区域自治制度的自信，对党和国家民族政策的自信。"既然理论、制度、政策上符合国情、符合民心、行之有效，我们就要态度坚决、信心满满，就要旗帜鲜明、理直气壮。自信就是力量。任何怀疑、动摇、不自信，都会使我们失去方向、失去动力、失去凝聚力和战斗力。当然，在确立的前提下，我们还需要不断完善、不断创新和发展，使我们的理论、制度、政策不断适应新的时代。"②

［原载《中南民族大学学报》（人文社会科学版）2016 年第 2 期］

① 《邓小平文选》第 3 卷，人民出版社 1993 年版，第 382 页。

② 丹珠昂奔：《确立"三个自信"做好民族工作》，《中国民族报》2013 年 6 月 3 日。

坚持中国特色民族政策的现实意义与路径选择[①]

我国是一个多民族国家，民族问题是关系国家统一、社会和谐稳定、经济社会发展的重大问题。在革命与建设的实践中，我们党将马克思主义民族理论与我国的具体国情相结合，经过长期的探索，形成了中国特色的民族政策体系，找到了一条解决国内民族问题的正确道路，在实践中取得了重大成就。进入21世纪以来，随着市场经济的发展和社会转型的深入，各种社会矛盾凸显，民族政策也面临诸多新情况新问题新挑战，学术界和社会上出现了对民族政策质疑和误解的声音。在这样的背景之下，解决好为什么要坚持以及如何坚持中国特色民族政策的问题，具有重要的现实意义。

一　坚持中国特色民族政策的现实意义

（一）坚持中国特色民族政策是促进少数民族和民族地区发展的保障

民族问题错综复杂，但最重要、最根本的是解决民族的发展问题。周恩来同志曾指出："最根本的问题就是帮助少数民族发展生产，改善生活。如果少数民族在经济上不发展，那就不是真正的平等。所以，要使各民族真正平等，就必须帮助少数民族发展经济。"[②]

改革开放以来，我国少数民族和民族地区的经济社会发展取得了巨大

---

① 本文与陈蒙合作。

② 周恩来：《不信教的和信教的要互相尊重》，国家民族事务委员会政策研究室：《中国共产党主要领导人论民族问题》，民族出版社1994年版，第123页。

成就，但从比较的视角看，发展不平衡与发展差距问题依然存在。不仅少数民族与汉族之间、各少数民族之间、各个地区之间的发展差距仍然存在，而且在社会主义市场经济条件下，在一些民族之间以及局部地区之间还呈现出差距逐步拉大的趋势。民族地区经济结构不合理，自我发展能力不足，地方财政压力大，公共服务水平低，难以满足少数民族群众日益增长的物质文化和精神生活需要。目前，我国80%的贫困人口集中在西部地区，民族地区人均GDP只有全国平均水平的78%，东西部人均GDP的差距更是高达2.1万元；民族地区的城镇化率远低于全国平均水平。① 2012年，全国各省（自治区、直辖市）GDP总量排名上，民族八省区中，除内蒙古居于第15位、广西居于第18位之外，其余6个省均居于最后8位；人均GDP排名上，除内蒙古外，其余省区均低于全国平均水平，其中广西、西藏、云南、贵州均居于最后5位；② GDP含金量排名上，青海、新疆、内蒙古、西藏居于最后4位。③ 2011年，西部地区（主要是少数民族地区）城镇人均可支配收入18159.40元，东部地区为26406.04元，中部地区为18323.16元，东北地区为18301.31元，全国平均水平为21810元，西部大体上与中部和东北持平，但是低于东部8246.64元，与全国平均水平也有一定的差距；西部地区农村人均纯收入为5246.75元，东部地区为9585.04元，中部地区为6529.93元，东北地区为7790.64元，全国平均水平为6977元，西部分别低于东部、中部和东北4338.29元、1283.18元、2543.89元，与全国平均水平的差距也仍然明显。④ 国家民委经济发展司于2012年11月28日发布的2011年民族地区农村贫困监测结果也显示：随着扶贫标准线的上调，2011年民族八省区的贫困发生率比2010年高出17.8个百分点，达到26.5%，与全国平均水平的差距

① 黄小希：《没有少数民族和民族地区的小康，就没有全国的小康——专访国家民委主任王正伟》，http://news.xinhuanet.com/politics/2013-04/17/c_115426843.htm。

② 各省（自治区、直辖市）GDP总量排名、人均GDP排名为笔者根据《2012年31省份GDP含金量大排名》一文提供的相关数据整理。参见李勇、王红茹《2012年31省份GDP含金量大排名》，《中国经济周刊》2013年第8期。

③ 李勇、王红茹：《2012年31省份GDP含金量大排名》，《中国经济周刊》2013年第8期。

④ 中华人民共和国国家统计局：《中国统计年鉴（2012）》，http://www.stats.gov.cn/tjsj/ndsj/2012/indexch.htm。

也在拉大，比全国平均水平高 13.8 个百分点。[①]

“少数民族和民族地区的经济社会发展，直接关系到我国整个现代化建设目标的顺利实现。民族地区的现代化同全国其他地区的现代化，少数民族的振兴同整个中华民族的振兴，是密不可分、相互促进的。”[②] 考虑到少数民族和民族地区的发展实际，“到 2020 年能否全面建成小康社会，少数民族和民族地区是短板、难点和重点”[③]。从某种意义上说，中国特色民族政策就是帮助少数民族与民族地区加快发展，实现共同富裕的政策。我们认为，加快发展是解决民族问题的根本途径，而中国特色民族政策是实现少数民族与民族地区科学发展的根本保障。在新的历史时期，只有坚持中国特色民族政策，才能妥善处理发展中的各种矛盾和利益纠纷，促进少数民族和民族地区又好又快地发展。那种脱离、抛开中国特色民族政策搞发展，眼中只有 GDP，只会误入歧途，加剧民族地区的各种社会矛盾（包括民族矛盾），破坏平等、团结、互助、和谐的民族关系；那种取消对民族地区的特殊帮扶优惠政策、否定民族区域自治制度等主张不符合我国国情，断不可行。

中国特色民族政策的基本特点之一，就是实事求是，从基本国情出发，从少数民族与民族地区的实际出发。我们认为，加快少数民族与民族地区经济社会发展，必须充分考虑少数民族与民族地区的发展要素、发展基础和民族的生活方式与民族文化的适应性，做到适度发展，科学协调发展。在那些地处边远，传统聚居，民族生活方式和民族文化传统保存较为完整的地区，发展什么，怎么发展，都要做深入的研究与考量，不可盲目追求发展速度。盲目地大干快上，违反民族地区经济社会发展规律的高速度是不可持续的，是会出乱子的。

（二）坚持中国特色民族政策是维护社会稳定和社会主义民族关系的基础

中国特色民族政策实施 60 余年来，少数民族的各项权利得到了充分

---

① 《民族八省区农村贫困人口近 4000 万》，《中国民族报》2012 年 11 月 30 日。

② 江泽民：《论民族工作》，《江泽民文选》第 1 卷，人民出版社 2006 年版，第 182 页。

③ 黄小希：《没有少数民族和民族地区的小康，就没有全国的小康——专访国家民委主任王正伟》，http://news.xinhuanet.com/politics/2013-04/17/c_115426843.htm。

保障，少数民族和民族地区经济社会发展有了长足的进步。民族平等的落实、民族团结的加强、民族互助的开展和民族发展的实现，为民族和谐提供了动力来源和保障机制。坚持中国特色民族政策是维护社会稳定和社会主义民族关系的重要基础性条件。

平等、团结、互助、和谐的民族关系不可能自然而然地形成，也不可能一蹴而就地形成，而是在一定的条件和环境中循序渐进地生成的，亦需要国家、社会、各民族群体及其成员的共同维护和发展。随着改革的深入，中国社会进入深刻的转型期，民族交往交流日渐频繁，民族关系面临一系列新情况。各民族间因利益分配、风俗习惯、宗教信仰等因素引发的矛盾纠纷和涉民突发事件有所增加；少数民族流动人口权益保障尚存在不少问题需要解决；涉民问题存在被“标签化”和“扩大化”的倾向（“拒载”、“拒住”、“切糕”等事件都是“标签化”的体现）；民族地区脆弱的生态环境进一步恶化，资源环境的承载能力与民族地区人口增长之间的矛盾日渐突出，成为威胁民族关系和社会安定的一重大隐患；境内外敌对势力相互勾结制造的暴力恐怖事件也时有发生，严重影响民族关系和社会稳定。这些问题如得不到妥善处理，不仅会阻碍民族团结和谐关系的发展，而且会严重影响社会主义民族关系的巩固和发展。

在社会转型时期，民族间往来互动增多，出现一些新情况和新问题，在一定程度内可以说是正常的，关键在于如何妥善应对和解决。在这种情况下，我们必须坚定不移地坚持中国特色民族政策，为化解民族间的权益纠纷与矛盾冲突提供理性的制度化支撑。要正视发展差距，扶助少数民族和民族地区加快发展，促进社会公平正义的实现；鼓励民族互助互信、真诚相待、坦然相处，增进认同理解；尊重包容民族差异性和文化多样性，推动各民族自由而平等的交往；重视环境保护和生态补偿，尊重自然、善待自然，通过对生产方式和生活方式进行改造，实现与自然和谐相处。只有坚持中国特色民族政策，发挥其在维护社会稳定和良性民族关系方面的基础性作用，才能从根源上减少乃至杜绝隐患，巩固和发展平等、团结、互助、和谐的民族关系。

（三）坚持中国特色民族政策是维护国家统一和保障国家安全的关键

如果汉族和个别少数民族经济社会发展程度高，生活水平高，政治参与水平高，而大部分少数民族经济社会发展落后，并且长期得不到明显改善，实则不利于民族团结，必然引起民族心理失衡，少数民族群体及其成员对党和国家的认同感会下降。这种状况的存在，不仅难以真正实现宪法和法律规定的“各民族一律平等”，而且极有可能产生民族矛盾、民族隔阂和狭隘的民族主义，甚至可能诱发政治冲突，一定程度上对国家的安定统一构成实质性的威胁。正如邓小平同志指出的那样，“如果搞两极分化，情况就不同了，民族矛盾、区域间矛盾、阶级矛盾都会发展，相应地中央和地方的矛盾也会发展，就可能出乱子。”[①]“冷战”结束以来，民族主义在全球范围内再次上升为影响国家统一乃至地区和平的主要因素，我国境内外的民族分裂分子也多次进行分裂破坏活动，对国家统一和民族团结不断发起挑战，这需要引起我们的高度警觉与重视。

进入21世纪以来，随着对外开放程度的不断加深，中国社会的文化、价值观念日趋多元，人们的利益诉求也日趋多元，相关社会矛盾凸显；以网络为代表的新媒体的普及，各种信息传播速度和广度都有了空前的发展，一些不利于民族团结和国家认同的信息也借机传播；经过60余年的发展，受代际更替和其他因素的影响，少数民族更加关心具体的民族利益问题；国外敌对势力从未放弃利用民族问题，加强对我国的分化、西化行动；“三股势力”不时打着民族、宗教的幌子，煽动、制造暴力恐怖事件或从事分裂破坏活动，影响和威胁国家统一和民族团结的大局。近年来，我国周边一些国家的民族主义借美国重返亚太而日渐蔓延，围绕领土主权和海洋权益的纷争，呈现愈演愈烈之势。国际环境的变化不仅造成地区紧张局势持续升级，也给国内民族问题的妥善处理带来一定影响。

在多民族国家共同体中，各个民族全面而自由地发展，是组成多民族国家共同体的价值原点和终极关怀。新形势下的新情况和新问题，要求我们必须毫不动摇地坚持中国特色民族政策，帮助少数民族和民族地区加快经济社会发展，保障少数民族群体及其成员的合法权益，以积极的态度面对民族问题，从容应付来自境内外各种民族主义思潮和敌对分裂势力的威胁与挑战，保障国家安全，维护国家统一，增进国家认同。在如此复杂的形势下，动摇、否定中国特色民族政策，只会造成思想混乱和社会混乱，

---

① 《邓小平文选》第3卷，人民出版社1993年版，第364页。

给敌对势力以可乘之机，危害各民族的根本利益，危害中华民族的根本利益。

（四）坚持中国特色民族政策是实现国家总体发展目标的客观要求

我国民族团结进步事业，是中国特色社会主义事业的重要组成部分，民族团结是中国特色社会主义事业的重要保证。只有全面贯彻执行中国特色民族政策，促进各民族共同团结奋斗、共同繁荣发展，社会主义国家的总体发展目标才能得到顺利实现。坚持中国特色民族政策是实现国家总体发展目标的客观要求。

小康社会的建成离不开少数民族和民族地区的大发展与现代化，和谐社会的构建离不开各民族间的团结和睦。民族关系是关系社会主义和谐社会建设的重大问题。维护和发展和谐民族关系，与社会主义和谐社会所要实现的价值目标在根本上是一致的。良性的民族关系是构建和谐社会的重要前提和基础，"和谐的民族关系是实现和谐社会的内容和保障"[①]。坚持中国特色民族政策，实现各民族的求同存异、和谐发展、和衷共济与共生共荣，能够极大地促进整个社会的和谐发展与进步，以民族关系的和谐推进社会主义和谐社会建设。

坚持中国特色民族政策是实现"中国梦"的重要保障，是实现中华民族伟大复兴的重要前提和基础。要实现"中国梦"，就要坚持中国特色社会主义道路，增强全国各族人民的理论自信、道路自信、制度自信；就要继承和发扬爱国主义传统，增进各族人民在政治上对国家的忠诚和在情感上对国家的热爱；就要凝聚和发挥全国各族人民大团结的力量，在逐梦之路上获得广泛的价值认同和情感支撑；就要更加珍惜来之不易的安定和谐的国内环境，统筹考虑国际环境变化对民族地区发展产生的影响，着力解决少数民族和民族地区发展中的实际困难。为此，就要坚持中国特色民族政策，维护好各民族"共同团结奋斗，共同繁荣发展"的大局。

---

① 金炳镐：《民族理论通论》，中央民族大学出版社 2007 年版，第 252 页。

二 坚持中国特色民族政策的内涵与路径

中国特色民族政策是中华民族多元一体格局与权利实现差序格局契合的体现。中国特色民族政策，尤其是其中的纲领性政策，如民族平等团结政策、民族区域自治政策、帮助各少数民族地区加速经济和文化的发展政策、民族语言文字政策、尊重少数民族保持或改革自己的风俗习惯的自由政策等，由作为国家根本大法的宪法所规定，体现了民族平等、公平正义、少数民族权利保护的价值理念，具有本质论、价值论和实践论上的正当性与合理性，是必须坚持的根本道路。在新世纪新阶段，坚持中国特色民族政策，首先就是要坚持纲领性政策不动摇。只有坚定不移地坚持纲领性民族政策，并赋予其新的时代内涵，才能从根本上保证国家民族工作理论与实践的正确方向。对那些已为实践证明对少数民族与民族地区发展具有重要价值的基本民族政策，如民族地区财政转移支付政策、民族地区扶贫开发政策、民族地区税收优惠政策、民族地区环境保护政策、民族地区资源开发与生态补偿政策、扶持人口较少民族发展政策等，也应继续实施并不断完善其内容。对那些因地制宜、行之有效的具体政策和措施，也应坚决贯彻执行，并在实践中不断完善创新。坚持中国特色民族政策，要以两个“共同”为基本原则，以实践为检验标准，在宪法和法律的框架下妥善进行。具体说来，应注意以下几方面的工作。

第一，将民族政策的坚持纳入法治化轨道。

坚持中国特色民族政策是一件严肃而复杂的工作，必须遵循依法治国的精神，在维护国家法制统一和国家总体利益的前提下，坚持贯彻宪法和法律的相关规定，以促进各民族共同团结奋斗、共同繁荣发展为立足点，将宪法和法律规定的民族平等与民族团结、实行民族区域自治、维护少数民族的合法权益、加快少数民族和民族地区经济社会发展等原则性的规定具体化，使之覆盖民族事务治理与民族工作的不同方面与不同层面。

要加快民族政策的法制化进程，增强民族政策的权威性。对现有民族政策要进行仔细梳理和系统整理，对于在实践中证明行之有效并在将来能够继续发挥作用的政策措施要尽快上升为立法；对于已经不符合市场经济精神并且在实践中已经过时的政策措施要及时废止；对于仍然有效但在具体操作上可能违背市场经济和法治社会的相关原则的政策措施，要加以修改完善并在必要的时候将其法律化，使得整个民族政策体系科学化、完善化、法治化。要增强自治权的权威性，使民族区域自治政策落到实处。尚未制定自治条例的民族自治地方要结合当地的实际情况和民族特色，早日制定和实施自治条例；已经制定自治条例的民族自治地方要根据当地民族工作实践，及时做好自治条例的修改完善工作；国务院有关部门和有关省、区、市，应按照《民族区域自治法》和《国务院实施〈中华人民共和国民族区域自治法〉若干规定》的要求，尽快制定实施《民族区域自治法》的配套法规和规章。[①] 同时，要加强民族地区财政转移支付、民族地区扶贫开发、民族地区税收优惠、民族地区资源开发与生态补偿等方面的立法，制定配套法规，完善具体实施办法，保障这些政策的贯彻落实。

把坚持民族政策纳入法治化轨道，还要求民族政策的制定出台和调整完善必须按法定的程序进行，以此保证政策的合法性、有效性和正当性。要依据《宪法》、《民族区域自治法》和相关行政法律法规的规定，深入基层，坚持从本国的国情与民族地区的实际出发，认真调查研究，听取各方意见，在充分论证和反复比较的基础上，有针对性地制定、修改或完善政策。要全面考量各方利益，尊重公众的理性选择，健全公众参与的良性机制，最大限度保证民族政策的"立"、"改"、"废"能够及时反映并满足发展变化着的民族工作实践的要求。

当然，推动民族政策法制化，并不意味着要将所有的政策都以立法的形式出台。政策与法律是有区别的，是两种不同的社会规范体系。法律具有静态性和稳定性，政策具有相对的动态性和灵活性，二者所调节的社会关系也不完全相同。民族关系具有综合性、复杂性、多变性的特点，单独依靠立法调整往往难以适应民族关系的现实变化。在应对现实中发生的新变化、新情况时，政策比法律要来得快，能够有效弥补民族法律法规调整之不能或不足。因此，推进完善民族政策法律化也不能绝对化，犯"唯立法论"的错误，要留给具体政策为适应现实需要所必需的灵活应变的能动空间。要结合具体的民族政策出台的背景、相关少数民族和民族地区

---

① 《中国特色民族法律法规体系已基本形成——访全国人大民委主任委员马启智》，《中国民族报》2011 年 9 月 9 日。

的发展水平、国际国内的政治经济环境等实际情况，把握好民族政策法制化的度。

第二，健全完善民族政策执行机制。

民族政策的执行情况，直接影响到党和国家民族工作的成败，决定着民族之间的信任和团结。坚持中国特色民族政策，不仅要从政策本身下功夫，而且要在政策的执行上做文章。中国特色民族政策的执行效果如何，很大程度上取决于政策执行机制。坚持中国特色民族政策，就要把完善政策执行机制作为一项至关重要的工作来抓。

首先，要明确规定政策的执行主体及其职责范围。明晰相关部门在落实民族政策的工作中拥有的权力，享有的权利，以及需要积极履行的义务和执行不力需要承担的责任。从横向上看，遇到一项政策需要多个部门配合执行时，需要细化政策由谁来组织实施和协调、由哪些部门分别落实以及各个部门的具体职责范围，防止各个主体之间互相推诿或大包大揽。实践中应建立健全各个执行主体的沟通和协调机制，加强信息互动和资源共享，提高民族政策执行的效率和效益。同时，要增强执行机构的稳定性，保证民族政策执行的连续性。从纵向上看，要坚持分级负责的原则。贯彻落实民族政策是各级政府共同的职责。各级政府宜将民族政策法规的原则要求结合实际具体化、指标化，让少数民族和民族地区切实感受到民族政策的阳光雨露。在分级负责的同时，也要适当减少民族政策的执行层次，以减少因执行层次过多可能带来的执行效率低下的缺陷。这样，方能达到严密有序、责任清晰、权限明确、协调互动和运转高效。

其次，要在民族政策的执行中理顺党政关系。建立适应新形势下民族工作实践的党政关系新模式，进一步合理、科学地配置权力资源，既要更好地体现党的领导核心作用，又能使政策执行主体的执行力得以强化，以提高民族政策执行的整体活力和效能，推动民族政策落到实处。具体来说，在民族政策的执行中，要改革和完善党的工作机制，改变长期以来存在的高度集权的领导模式，真正做到党政关系规范化。党组织要按照“总揽全局、协调各方”的原则，做好宏观工作的指导，把握正确的政治方向，集中力量抓好全局性问题，统筹协调各方关系和利益，使民族政策得以在一个良好的政治生态中推行实施。在政策的具体执行中，作为执行主体的相关职能部门要依照法定程序，充分发挥自身职权，采用科学的执行方法和手段，顺利实现政策预定的目标。

最后，要建立行之有效的民族政策执行激励机制。实践中，宜将物质的、政治的、精神的等多种激励手段有机结合起来，满足政策执行主体适当的利益诉求，激发民族政策执行主体的积极性、主动性和创造性，提升政策执行能力，改进政策执行方式，提高政策执行效能，以便取得良好的政策执行效果。

此外，还必须做好三点工作。一是要合理配置民族政策的执行资源，避免资源浪费，提高民族政策执行的效益；二是要建立完善对民族政策执行主体的业务培训机制，大力提高执行主体的政治意识、法治意识、责任意识、文化素质和业务能力；三是要根据实际情况，采取适当的政策执行方法，坚持原则性与灵活性相结合，在执行过程中充分尊重少数民族的文化习俗。

第三，完善民族政策监督机制，保证民族政策落到实处。

政策监督是政策过程中的基本环节和重要功能活动，对政策的良好运行意义重大。坚持中国特色民族政策，就必须健全和完善民族政策监督机制。

中国特色民族政策是国家公共政策体系的有机组成部分。完善民族政策监督机制的第一步，是要健全公共政策监督体制，为民族政策监督提供制度保障。具体来讲，要通过立法赋予权力机关更多的监督公共政策运行的权力，强化人大及其常委会监督权的法律地位，增强人大监督的严肃性和权威性；要提高行政监督主体的业务素质，依法明确监督主体的职责，规范监督主体的行为；要适当调整行政监督主体与被监督者之间的行政隶属关系，赋予相对独立的地位，提高行政监督的独立性和威慑力；要充分发挥司法监督的功能，司法机关要按照社会治理创新的要求，结合政策具体实施情况对政策执行予以监督，在必要的时候以司法建议等形式促进政策落实；要加大社会监督的力度，防范公权机关对社会监督的越轨干涉，保障媒介监督的正当权利，规范新闻舆论监督的程序；要赋予社会公众和社团组织更大的监督权，强化公众监督的法律保障，拓宽社会监督的有效途径；要加强各种监督形式的配合协作，形成一个多层次、多功能、内外沟通、上下结合的公共政策监督网络，使监督体系更趋科学和高效，从整体上发挥各种监督之合力，保证政策执行监督真正落到实处。

在此基础上，针对民族政策适用对象和领域的特殊之处，还应当建立健全民族政策的专门监督机制。各级权力机关下设的民族委员会和各级政府的民族事务管理机构要结合自身职能，主动承担起这一工作。各级人大和政府职能部门要建立健全民族政策定期检查制度和民族政策监督员制度，强化对民族政策执行行为的检查监督，将民族政策执行监督制度化、法治化。关于民族政策监督员队伍的组成，既应注意监督员构成的广泛性，又要注重提升监督员队伍的专业化水平，以期理论结合实际，对民族政策的执行实施进行深层次的监督。同时，亦应健全民族政策执行情况报告制度，相关的民族政策执行主体应定期或不定期向同级人大常务委员会报告民族政策的执行情况，主动接受监督。对民族政策的执行情况，要实行全过程监督，形成事前监督、事中监督与事后监督有机组合的动态监督过程，减少由单一的事后监督可能造成的监督滞后的问题，增强民族政策监督的有效性，最大限度地保证民族政策的效力得到应有发挥。

第四，强化责任追究机制，保证民族政策有效实施。

责任追究机制是政策得以有效施行的基本保障，然而中国特色民族政策体系却没有涉及明确的、专门的责任追究机制。责任追究机制的缺失使得民族政策的强制性过弱，可诉性不强，导致一些政策在实践中未能得到有效执行。强化责任追究机制，作为改善与加强民族政策贯彻执行的重要途径和方法，其最终落脚点在于依法规范执行主体的政策执行行为，促使其在法定职权范围内，严格依照政策所规定的内容和方式，将其贯彻落实。坚持中国特色民族政策，就必须把明确责任追究机制作为一项非常重要的基础工作来对待，对于民族政策执行中发现的违反政策法规的问题，要坚持实事求是、过错与处罚相适应的原则，严格依照法律和纪律进行相应的处理。

首先，要在民族政策体系中专门而明确地设置相关责任，并规定落实这些责任的制度化途径与方法。要规定政策执行主体的职责、权限及范围，以及扭曲政策、违规操作或失职腐败所应承担的责任，并将责任层层分解细化，尽可能完善和具体，落实到岗到人，使职责分明，各司其责，各负其责。

其次，要对享受民族政策的主体是否适格进行广泛监督，对资格造假者要依法追究法律责任。在政策制度设计方面要明确规定适格主体所必须承担的社会义务，以及不履行该义务而必须承受的不利后果，做到权利、义务与责任相适应。

最后，民族政策涉及的社会关系范围广泛，必须运用民事的、刑事的、行政的、经济的等多种法律调整手段予以规制。就责任追究的制度设计而言，仅在单一的民族政策体系内设置相关责任及其追究机制是远远不够的，还必须在民法、刑法、行政法、经济法等部门法律文件中，确立对落实政策不到位或违规操作政策等行为的责任和制裁措施，发挥各部门法之合力，保障民族政策的规范运行和全面落实。

最后，要完善法定民族政策的可诉性，加强司法机关在民族政策责任追究机制中的作用，积极发挥审判监督职能，通过相关诉讼程序，追究民族政策执行主体违规操作的法律责任。

第五，加强中国特色民族政策的宣传教育工作。

坚持中国特色民族政策，必须加强政策的宣传教育，统一思想认识。当前，社会上出现对中国特色民族政策的质疑和误解，原因是多方面的。既有面对新形势新情况的困惑，也有面对新问题新挑战宣传教育未跟上的问题。这不仅造成了人们思想认识的混乱，也给民族工作的开展制造了某种不和谐的因素。坚持中国特色民族政策，要求我们加强新时期的民族政策宣传教育工作，回应挑战。

首先，要在理论上积极回应质疑和否定中国特色民族政策的观点。要从民族学、政治学、法学等多学科的角度认真开展研究工作，解决好认识问题，统一思想，增强对中国特色民族政策的理论认同。

其次，要加大力度进行中国特色民族政策的宣传教育工作。不仅要发挥大众传媒的作用，也要积极利用课堂教学的优势；既要坚持传统的宣传教育的基本做法，也要进行宣传教育方式的创新。要以事实说话，广泛宣传中国特色民族政策取得的伟大成就；要因地制宜、因时制宜、因民族制宜，多措并举，构建多元化、多类型、多层次的民族政策宣传渠道。宣传教育不能仅仅满足于让人们知道民族政策，更要引导人们积极参与民族政策实践，在实践中认知和感受民族政策的正当性和合理性。

最后，要坚持“维护法律尊严、维护人民利益、维护民族团结、维护国家统一”的方针，与破坏民族政策的行为做坚决斗争。民族事务法治化是时代发展的大势所趋。针对破坏民族政策的行为，必须严格依照法律规定，坚持是什么问题就按什么问题处理，做到依法办事。当然，处理影响民族团结的问题，不仅是一个法律问题，也是一个政治问题，“具有很强的政治性、政策性、群众性，必须讲原则、讲法制、讲政策、讲策略，严格区分和正确把握矛盾性质”①，具体问题具体分析，做到有理、有据、有力、有节。要将依法办事与教育关怀相结合，在与大汉族主义、地方民族主义等有违民族政策的行为作坚决斗争的同时，也要增加情感投入，争取广大干部群众对中国特色民族政策的情感认同。

第六，处理好坚持与完善创新的辩证关系。

随着市场经济的发展和社会的转型，少数民族和民族地区的确面临着一系列新情况、新问题，民族政策的运行环境已经发生了显著的变化。既有民族政策体系中，一些具体政策出现了很大的反差和不适应，其不足之处逐渐凸显出来。因而，坚持中国特色民族政策必须处理好与政策发展的关系。

坚持并不等于一成不变。实事求是是马克思主义活的灵魂，与时俱进是马克思主义的基本品格。坚持中国特色民族政策，绝不能犯本本主义和教条主义的错误，要实事求是，坚持实践是检验真理的唯一标准。实践是不断运动变化着的，我们要在实践中探索真理、发现真理、检验真理和发展真理。坚持和与时俱进是事物的两个方面，相辅相成，辩证统一。坚持正是为了发展，完善则是为了更好地坚持。要打破思想束缚，以科学、理性的态度去对待既有的民族政策。要深入研究新情况新问题新挑战，对那些与发展需求不相适应的具体政策，要及时进行调整和完善，或修改或废止，适时出台新的政策替代之，满足发展的需要。对实践证明不完备的制度政策，应及时出台配套的法规与具体实施办法与措施。对于相关的国际经验，我们也应抱虚心学习的态度，认真研究，既不简单照抄照搬，也不盲目否定排斥，要合理吸收其他国家处理民族问题的成功经验，为我所用。坚持是完善创新的前提与基础，完善创新是坚持的本质要求。只有根据实践的要求，不断完善创新，中国特色民族政策才能保持旺盛的生命力。

---

① 中共国家民委党组：《民族团结：中国特色社会主义的重要保证》，《人民日报》2008 年 12 月 31 日。

坚持中国特色民族政策，既要保持其相对的稳定性，又要不断充实完善其内容。完善创新和与时俱进并不意味着简单地对现行民族政策予以否定性评价，更不意味着对其进行“推倒重构”式的变革，而是“在总体肯定与坚持的前提下，根据实践的要求和现实的需要，在认真总结既有经验和深入调查研究的基础上，进行审慎的修改、完善与创新”①，“不能回避在实践中存在政策落实的缺失问题，也不能因为这种缺失而对政策本身随意提出质疑或否定”②。一切有利于“两个共同”的政策措施都必须坚决贯彻执行，一切有碍于“两个共同”的政策措施都必须予以改进和完善。

总之，坚持中国特色民族政策是一项系统工程，不仅要注重政策的制定与完善，关注政策的价值蕴含和精神意蕴，而且要重视政策的贯彻执行。从方法论上讲，既要坚持实事求是的务实作风，又要坚持和而不同的包容态度。“同条而共贯，相扶而成治”，实践中不能孤立地以 GDP 为标准，要注意经济社会的全方位持续协调发展。中国特色民族政策只有与中国社会的政治因素、民族因素、经济因素、文化因素、思想因素等紧密联系，才能真实反映并有效作用于中国的民族工作实践。这正是坚持中国特色民族政策的要义所在。

［原载《中南民族大学学报》（人文社会科学版）2013 年第 5 期］

① 雷振扬：《中国特色民族政策与时俱进论》，《中南民族大学学报》（人文社会科学版）2009 年第 5 期。

② 郝时远：《坚持民族区域自治制度必须完善民族政策》，《中国民族报》2011 年 5 月 6 日。

坚定不移地坚持和完善民族区域自治制度

民族区域自治制度是我国的一项基本政治制度。党的十八届三中全会作出的《中共中央关于全面深化改革若干重大问题的决定》，站在“完善和发展中国特色社会主义制度”的高度，明确指出，要“坚持和完善人民代表大会制度、中国共产党领导的多党合作和政治协商制度、民族区域自治制度以及基层群众自治制度”。当前，我国正处在社会转型的关键时期，各类社会矛盾凸显，民族工作领域出现了一系列新情况新问题和新挑战。新的形势要求推进民族事务治理体系建设和治理能力现代化。坚持和完善民族区域自治制度，是实现民族事务治理现代化的关键之举。

一　民族区域自治制度是适合中国国情的正确选择

每一个国家都有与众不同的特点，一项好的政治制度，关键是要与具体的国情相符合。习近平同志指出：“一个国家选择什么样的治理体系，是由这个国家的历史传承、文化传统、经济社会发展水平决定的，是由这个国家的人民决定的。我国今天的国家治理体系，是在我国历史传承、文化传统、经济社会发展的基础上长期发展、渐进改进、内生性演化的结果。”[①] 我国的民族区域自治制度就是如此，它是中国共产党尊重历史、合乎国情、顺应民心的正确选择。

中国是统一的多民族国家，这是中国最基本的国情之一。从中华民族

① 习近平：《改进完善国家治理体系我们有主张有定力》，《人民日报》2014 年 2 月 18 日。

多元一体格局发展沿革的逻辑中，可以阐明民族区域自治制度的正当性。其一，统一的中央集权制多民族国家的长期存在是实行民族区域自治的历史渊源。其二，历朝历代“和而不同”的治世理念和“因俗而治”的治理方式是实行民族区域自治的文化基础。其三，近代中国反侵略、反分裂斗争使各民族休戚与共的命运共同体特征凸显，所形成的共创中华的爱国主义理念是实行民族区域自治的政治基础。其四，中国各民族大杂居、小聚居、交错杂居的分布格局，各民族在经济、文化、社会发展方面的多样性和互补性，以及区域间资源分布和生产力发展水平的不平衡性，需要各民族人民紧密团结、互帮互助，这是实行民族区域自治的现实条件。不论从历史渊源、文化基础、政治基础抑或现实条件来看，民族区域自治制度的实施并非偶然，而是符合国情的正确选择。

二　民族区域自治制度是中国共产党长期探索的重要成果

作为解决我国民族问题的一把钥匙，民族区域自治制度是中国共产党把马克思主义民族理论与中国实际相结合的一个创举，是马克思主义中国化的重要成果。但是，这把钥匙并不是一开始就被掌握的，而是党在新民主主义革命过程中，通过对国内民族关系和民族问题实际的不懈探索逐步找到的。

在中国共产党第二次全国代表大会之后的相当长时期，党的民族纲领是强调民族自决权，主张实行联邦制。随着对国情认识的深化，党逐步意识到联邦制不仅不利于国家建设和长远发展，而且可能成为帝国主义分裂中国的工具，进而抛弃联邦制的构想，主张实行统一国家内的民族区域自治。1947 年内蒙古自治政府的建立是新中国成立前民族区域自治政策的一次影响深远的实践。1949 年 9 月，《中国人民政治协商会议共同纲领》规定：“各少数民族聚居的地区，应实行民族的区域自治。”民族区域自治载入起着临时宪法作用的《共同纲领》，实现了从党的民族政策到国家政治制度的转变，标志着这一制度作为国家的重要政治制度在我国的确立。中国共产党确立民族区域自治制度，既不是从本本出发，也不是简单照搬苏联模式，而是在长期的革命实践中逐步探索出来的。这一探索过程正是把马克思主义基本原理与中国民族问题实际相结合的过程，是把实事求是的思想路线不断运用到民族工作实践的过程。

民族区域自治制度的确立，源于中国共产党对马克思主义思想精髓的准确把握，源于对中国国情的正确认识，源于民主革命时期对民族区域自治的探索与实践。因而，民族区域自治制度既具有马克思主义理论的科学性，又具有适合中国国情的实在性，它比任何一项凭空想象抑或直接引进的制度都具有存在的生命力和实施的必然性。

三 民族区域自治制度的特点和优势

从国家治理的角度看，民族区域自治制度是我国解决国内民族问题、实现国家统一和安全、建设中国特色社会主义的一项重要的顶层制度设计。1984 年颁布的《中华人民共和国民族区域自治法》标志着民族区域自治的法制建设进入了一个重要的阶段。2001 年，修正后的《民族区域自治法》以基本法律形式将民族区域自治制度上升为国家的基本政治制度。经过 60 多年的实践，民族区域自治已经形成了政策、法律和制度相结合的治理机制，显示出旺盛的生命力。

在实践过程中，我国民族区域自治制度形成了自己独有的特点。一是坚持统一与自治的结合。把国家的整体利益和各民族的具体利益结合起来，做到了原则性和灵活性的正确结合，既保证了国家的统一，又保障了民族自治地方的自治权，避免了政策执行中的“一刀切”，做到尊重少数民族和民族地区发展的多样性，确保政策目标的有效实现。二是坚持民族因素与区域因素结合。既保障了自治民族的自治权利，也保障了非自治民族的平等权利；既实现了少数民族自我管理的权利，也实现了少数民族参与国家事务管理的权利。三是政治因素和经济因素的正确结合，不仅加强了民族间的团结合作和经济上的互补互助，也有利于促进中国特色社会主义建设的全面发展。这些特点在实践中体现出我国民族事务治理在制度、方法和运行上所具有的优势。

第一，民族区域自治制度的政治优势。一是消灭了民族压迫与民族歧视制度，实现了民族平等；二是实现了少数民族当家作主，少数民族的各项权利得以有效保障；三是真正将民族地区纳入了有效治理，完成了实质意义上的政治整合；四是强化了少数民族群体及其成员的国家认同和中华民族认同，维护了国家的统一安全和社会的和谐稳定；五是构建了平等、团结、互助、和谐的社会主义民族关系，增强了社会发展活力。

第二，民族区域自治制度的经济优势。在民族区域自治制度框架之下，国家在保障民族自治地方行使发展经济的自治权利的同时，对欠发达的民族地区实行了全方位的发展援助和扶持政策，促进了少数民族与民族地区的跨越式发展。进入 21 世纪以来，在西部大开发战略的推进下，民族自治地方基础设施建设成就显著，综合经济实力长足发展，公共服务能力明显提升，民生保障不断加强，人民生活水平稳步提高。民族自治地方的地区生产总值，由 2000 年的 7486 亿元增长到 2012 年的 54080 亿元，2001—2012 年的 12 年间年平均增长速度达 13.0%，高于同期全国平均增长速度（10.1%）；人均地区生产总值由 4451 元增长到 30862 元，年平均增长速度达 17.5%。2013 年，民族八省区农牧民人均纯收入和城镇居民人均可支配收入分别为 6579 元和 22699 元，分别比 2012 年提高 13.9% 和 10.5%（见图 1）。

第三，民族区域自治制度的文化优势。在尊重民族文化多样性的基础上，民族区域自治制度提供了保护和发展少数民族文化的政策机制，中央和地方各级政府采取各种政策性措施促进和帮助少数民族发展文化。少数民族优秀文化得到了发展弘扬，实现了“各美其美，美人之美，美美与共”；少数民族文化权利充分实现，群众精神文化生活极大丰富；少数民族文化的对内对外交流逐步加强，推动了中华民族文化的创新发展，体现了民族区域自治制度的优越性。

实践是检验真理的唯一标准。一项政治制度是否具有正当性，是否真的符合国情，关键要经受社会实践的检验。新中国成立 60 多年来，民族区域自治作为解决民族问题的基本政治制度，经受了历史的、实践的检验，经受了“第三次民族主义浪潮”冲击的考验，取得了巨大的成就，被证明是符合国情民情的好制度，已经成为中国特色社会主义的一大优势。在全面深化改革的进程中，我们应当确立制度自信，坚定不移地坚持这一具有中国特色的政治制度。

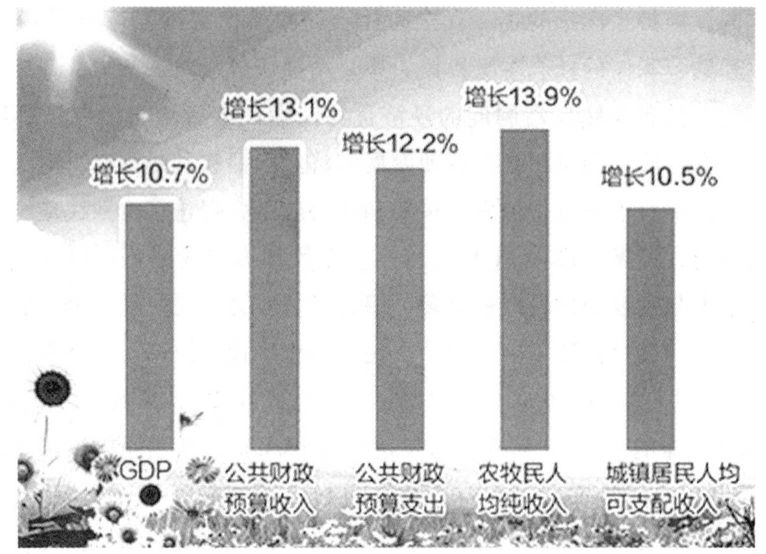

图1 2013年民族地区主要经济指标比上年均有较大幅度提高，民族八省区地区生产总值共计64533亿元，增速为10.7%

资料来源：《经济日报》2014年2月26日。

四 进一步完善民族区域自治制度

习近平同志强调："我们全面深化改革，是要使中国特色社会主义制度更好；我们说坚定制度自信，不是要固步自封，而是要不断革除体制机制弊端，让我们的制度成熟而持久。"在社会转型的关键时期，必须把坚持和完善民族区域自治制度作为中国民族事务应对国际国内形势的新变化和新挑战的必由之路。为此，必须从全面深化改革的系统性、整体性和协同性的高度出发，通过创新民族事务治理的体制机制，强化民族事务治理的社会动员、社会组织、监督管理、服务协调和资源配置功能，健全民族事务治理的法律制度、激励制度和协作制度，进一步推动民族区域自治制度与时俱进。

一是进一步推进民族区域自治的制度化、规范化、程序化。要抓紧《民族区域自治法》配套法规建设，就自治权行使的标准、限度、程序作出科学的界定，增强《民族区域自治法》的可操作性和自治权规定的权威性。要加快民族自治地方依法制定自治条例和单行条例的进程，尚未制定自治条例的要结合当地的民族特色和实际情况，早日制定和实施自治条例，尤其是五个自治区，要做好和中央各部委的沟通协商，根据民族和地区特点依法尽快制定自治条例；已经制定自治条例的民族自治地方要根据当地民族工作实践，在深入调研和充分论证的基础上做好修改完善工作。

二是建立健全《民族区域自治法》的执行监督机制和责任追究制度。要探索建立健全各级人大监督制度，实行定期与不定期的执法监督检查；加强行政监督、社会监督、舆论监督、司法监督，形成有效的民族区域自治制度执行的监督网络，强化对国家机关违反民族区域自治法责任的追究，改变在民族区域自治制度执行过程中，对失职行为无人负责，无人被追责的状况，进一步推进民族事务治理的法治化，为民族区域自治制度更好地贯彻落实提供制度和法律的保障。

三是根据全面深化改革的精神，解决好《民族区域自治法》执行中的若干具体问题。要制定配套政策，完善具体实施办法，解决好民族自治地方资源配置、财政转移支付、配套资金减免、税收优惠保障、城镇化背景下自治地方建制、资源开发和生态建设补偿等问题；大力培养选拔少数民族干部，加强党在少数民族群众中的工作，密切党群干群关系，加强民族地区基层政权建设，进一步推动民族区域自治制度治理功能的实现。

四是进一步强化民族区域自治制度的经济功能，促进少数民族和民族地区同步迈入小康社会。不把经济搞好，民族区域自治就是空的。民族自治地方要坚持社会主义市场经济改革方向，加快完善现代市场体系，充分发挥市场在资源配置中的决定性作用；加大民族地区改革开放的力度，扩大内陆沿边开放，构建开放型经济新体制，以开放促进发展；调整完善扶持与对口支援政策，将政策优惠照顾与自我发展能力培育紧密结合起来；积极推进民族地区社会事业改革创新，继续加大民生保障投入，逐步实现基本公共服务均等化，充分保障少数民族的生存权和发展权，为坚持完善民族区域自治制度创造良好的社会条件。

总的来说，坚持和完善民族区域自治制度，就是要促进民族地区生产力的进一步解放和各民族共同团结奋斗、共同繁荣发展，就是要提升国家民族事务治理水平，维护国家的长治久安，构建平等、团结、互助、和谐的社会主义民族关系，就是要“完善和发展中国特色社会主义制度，推进国家治理体系和治理能力现代化”。我们要根据实践的要求和现实的需要，认真总结既有经验，深入研究新情况新问题，对民族区域自治制度进行完善和创新，充分发挥民族区域自治的制度优势，为实现中华民族伟大复兴的中国梦提供制度支撑。

（原载《光明日报》2014 年 8 月 1 日）

积极探索中国特色民族政策的与时俱进

我国少数民族有1亿多人口，民族自治地方占国土面积的64%。民族问题是建设中国特色社会主义必须处理好的一个重大问题。新中国成立以来，我们党坚持把马克思主义民族理论同中国民族问题的具体实际相结合，形成了具有鲜明中国特色的社会主义民族政策体系，开辟了具有中国特色的解决民族问题的正确道路，取得了举世瞩目的伟大成就。在改革开放的背景下，中国特色民族政策面临一系列新情况、新问题，民族政策只有与时俱进，完善创新，才能适应时代发展的要求，保持旺盛的生命力。

一　中国特色民族政策是解决我国民族问题的重要保障

中国特色民族政策体系，“既全面考虑了我们这个多民族的统一国家走上社会主义道路的基本事实，又全面考虑了我国56个民族在发展水平和文化风俗上存在多样性与差异性的基本事实，既深刻总结了我国历史上处理民族问题的经验教训，也积极借鉴了世界上一些国家处理民族问题的经验教训，因而具有历史和现实的科学依据”①。它既是我们党应用马克思主义民族理论解决民族问题的实践的产物，也是我们党在社会主义制度下不断理论创新和政策创新的结果。

新中国成立以来的实践证明，中国特色民族政策符合我国国情。它保

---

①　江泽民：《在中央民族工作会议暨国务院第三次全国民族团结进步表彰大会上的讲话》，《人民日报》1999年9月30日。

证了我国从根本上消灭民族压迫、民族剥削制度，建立、巩固和发展了平等、团结、互助、和谐的社会主义民族关系。它促进了各民族的共同发展繁荣与少数民族生活水平的提高。新中国成立以来，特别是改革开放以来，我国少数民族地区的经济社会状况发生了巨变。据统计，民族地区GDP 总量由 1978 年的 324 亿元增加到 2007 年的 25068 亿元，按可比价格计算增长了 15. 3 倍，年均增速 10. 1%。民族地区地方财政一般预算收入由 1978 年的 52 亿元增加到 2007 年的 2124 亿元，增长了 39. 6 倍，年均增速 13. 6%。民族地区城镇居民人均可支配收入由 1980 年的 414 元增加到 2007 年的 11490 元，增长了 26. 8 倍。农村居民人均纯收入从 1980 年的 168 元增加到 2007 年的 2937 元，增长了 16. 5 倍[①]。民族地区贫困人口比例大幅降低，已有 3600 万少数民族和民族地区贫困人口解决了温饱。2005 年末，少数民族地区农村绝对贫困人口下降为 1170. 4 万[②]。中国特色民族政策，还促进了少数民族文化、教育事业的发展。少数民族优秀传统文化得到有效保护和利用，少数民族风俗习惯得到尊重，少数民族宗教信仰自由得到保护，少数民族的人权状况得到极大的改善。有中国特色的民族政策，促进了各民族的大团结，维护了祖国的统一，保证了我国的经济发展和社会稳定。

新中国成立以来的实践证明，我们走出了一条符合自己国情的解决民族问题的正确道路。有中国特色的民族政策，使我国成为世界多民族国家成功解决民族问题的典范。正如江泽民同志曾经指出的那样："事实充分说明，我们的民族政策是完全正确的，与世界其他国家相比，我们处理民族问题也是最成功的"。"这些基本政策和制度是我们的重要政治优势，是我们做好民族工作的根本保证，必须继续坚定不移地贯彻执行，任何时候都不能有丝毫动摇和改变。"[③]

---

① 王海青：《30 年来，民族地区 GDP 年均增长 10. 1%》，《中国民族报》2009 年 1 月 13 日。

② 国家民族事务委员会经济发展司、国家统计局国民经济综合统计司：《中国民族统计年鉴：2006》，民族出版社 2007 年版，第 148 页。

③ 江泽民：《在中央民族工作会议暨国务院第三次全国民族团结进步表彰大会上的讲话》，《人民日报》1999 年 9 月 30 日。

二　中国特色民族政策需要与时俱进完善创新

重要组成部分，必然要随着社会的发展而不断发展完善。改革开放以来，我国经济社会发生了巨大变化，民族政策在实施过程中也面临一系列新情况、新问题，需要与时俱进。

1. 社会主义市场经济的发展要求民族政策与时俱进。我国的民族政策体系基本框架初步定型于新中国成立初期，主要是在社会主义计划经济体制下制定出来的。改革开放以来，我国民族政策运行环境发生了重大变化。社会主义市场经济体制的建立，在给经济注入生机与活力的同时，也给民族政策体系带来了前所未有的冲击。市场经济强调市场在资源配置中的基础地位与作用，强调通过市场竞争与优胜劣汰来提高效率，优化资源配置。这种体制性的变革，使主要形成于计划经济体制时期的对民族地区的经济优惠政策出现很大的反差和不适应。由于政策执行的环境发生了显著的变化，原有的一些具体的经济扶持与税收优惠政策被国家普遍性的政策调整所抵消或失去效能，而新出台的一些对民族地区经济社会发展的帮扶政策，在执行中还存在不完善、操作性不强等问题。与此同时，市场经济规则的施行，以及民族地区在地理环境、基础设施与发展条件等方面与东部沿海地区的差距，导致少数民族地区与东部发达地区的发展差距进一步扩大，民族地区在市场竞争中的弱势地位进一步凸显。市场经济的发展和社会利益关系的调整，使各民族在根本利益一致的前提下，因利益分配、风俗习惯、宗教信仰等因素引发的摩擦和纠纷有所增加。市场经济发展带来的种种新的矛盾和问题，要求对民族政策进行必要的完善与创新。

2. 对外开放与加入 WTO 要求民族政策与时俱进。2001 年 12 月 11 日，我国加入世界贸易组织，这是我国融入世界经济体系的重要标志，也是我国发展市场经济的重要成果。加入世贸组织，意味着承担相应的责任，在对外贸易中，要遵守相关的规则，减少甚至取消相关的出口补贴，消除关税壁垒和贸易保护，实现所谓自由贸易。这对于少数民族地区的边境贸易形成巨大的冲击，使原有的一些政策优惠被取消或大幅削减；使出口受到较大的影响。同时，由于周边国家继续实行甚至加大扶持的力度，使其对我国的相关产品出口增加，形成对我国民族地区产业升级的制约。加入 WTO 后民族地区面临的形势，对我国相关民族政策的调整完善提出了新的要求。

3. 社会发展的新任务要求民族政策与时俱进。在新世纪新阶段，随着改革的深化，党和政府提出一系列新的社会发展目标与任务，如全面建设小康社会、建设社会主义新农村、实施可持续发展战略、加强民主法治建设、实现区域协调发展、走共同富裕之路、实现基本公共服务均等化等。这些新的目标任务，对加快民族地区的发展，提出了新的要求。我国民族地区地处边远，占地面积大，自然环境恶劣，发展的基础差，贫困率高。这些新目标、新任务的实现，要求我们根据民族地区的实际，对原有的一些具体的民族政策进行必要的调整和完善。政策实践环境的变化，要求民族政策随之而动，根据新的实践环境及其衍生的发展任务的需要，创新有中国特色的民族政策。

4. 民主法治建设的发展要求民族政策与时俱进。在经济体制改革影响加大的同时，我国的民主法治建设的发展也对民族政策提出新的要求。依法行政是社会主义法治的基本内涵，公平正义是社会主义的本质要求。在新的历史条件下，民族区域自治制度的建设，对具体民族政策的配套提出了更高要求；民族地区和少数民族利益表达制度的建设还存在不规范的地方，依法行政的体制机制还需要进一步健全。依法治国方略和以人为本理念的确立，要求我们对已有的政策进行全面的检视，将政策制度化、法制化，真正以人为本，切实维护少数民族地区和少数民族群众的合法权益；要求我们对既有的具体民族政策进行必要的评估和梳理，从实际出发制定新的民族政策或对原有政策进行必要的补充和完善，使之更加符合法治的要求，更好地发挥应有的政策效能，促进少数民族和民族地区又好又快发展。

5. 民族地区发展面临的困难要求民族政策与时俱进。改革开放以来，我国少数民族地区发生了巨大的变化，民族地区的经济社会发展取得了显著成绩，少数民族群众的生活水平明显提高。但是，少数民族和民族地区整体发展水平与东部发达地区差距扩大，发展不均衡、不协调的问题仍然突出。据国家民委公布的 2007 年民族自治地方农村贫困监测结果显示，我国剩余贫困人口越来越集中分布在少数民族贫困地区。“民族自治地方绝对贫困及低收入人口占全国同口径人口的比重明显上升：2007年，民族自治地方农村绝对贫困人口占全国农村绝对贫困人口（1478.8万人）的比重为52.3%，比上年（44.1%）上升8.2个百分点；贫困发生率比全国（1.6%）高4.8个百分点。”① 民族地区社会事业发展滞后，政府基本公共服务落后的状态依然存在。

除此之外，由于民族地区的对外开放，人口流动增加，人们的价值观念日益多元化，因民族风俗习惯和宗教信仰等引起的矛盾纠纷也有所增加。在新的历史条件下，帮助少数民族和民族地区克服发展过程中的困难，进一步加快经济社会发展，更好地保护少数民族的合法权益等，都要求完善与创新有中国特色的民族政策。

6. 国际环境变化带来的挑战要求民族政策与时俱进。20世纪80年代末90年代初，以苏东剧变为开端，出现了全球范围的第三次民族主义浪潮。它有两个非常突出的特点：一是民族意识、宗教意识、分裂和独立意识凸显；二是否定马克思主义，否定社会主义，否定共产党领导。冷战结束后，西方敌对势力奉行对我国的分化西化政策，在国际人权领域，不断打出“人权牌”、“西藏牌”、“宗教牌”等来牵制我国，挑拨我国的民族关系；境内外民族分裂势力相互勾结，利用各种手段对我国进行分裂渗透等破坏活动；在国际敌对势力的支持下，境内外民族分裂势力不断挑起矛盾、制造事端，对我国社会稳定构成威胁。周边国家的各种泛民族主义思潮对我国的民族团结与和谐社会建设构成了新的挑战。苏联、南斯拉夫解体的深刻教训和错综复杂的国际形势，要求我们更理性地认识社会主义国家的民族问题，更深刻地反省社会主义国家民族政策的决策机制与实施保障，更冷静地判断国际形势对民族问题的影响。在新的历史时期，我们应当有世界眼光，认真地审视我国既有的具体民族政策，以积极的态度来对待和处理民族问题，审时度势，完善创新民族政策，应对来自国际的挑战，更好地维护民族团结，为现代化建设创造和谐稳定的社会条件。

7. 民族政策只有与时俱进，不断完善创新，才能保持旺盛的生命力。与时俱进是辩证唯物主义和历史唯物主义世界观、方法论的重要内容，是

① 郭荆发：《我国剩余贫困人口越来越集中分布在少数民族贫困地区》，《中国民族报》2008年10月10日。

马克思主义的基本理论品质。客观世界的变化运动是没有穷尽的，人们在实践中对于真理的认识，也永远不会完结，人类对自然和经济社会发展规律的认识也永无止境。正因为事物的变化是永恒的，因此，人们要想适应这种变化，进而能够驾驭这种变化，就必须与时俱进。

总之，我国的基本民族政策是正确的，必须坚持并认真贯彻执行。同时，要从实际出发，对具体的民族政策进行评估和梳理，予以完善和创新。笔者认为，在新形势下，需要调整、完善的主要是一些具体的政策。这些具体政策，有的是因为政策制定时考虑不周，存在明显的漏洞，实践证明不能达到政策设计效果，需要进行调整或完善；有的是原有政策在过去是正确的，是行之有效的，但因为经济体制和政策执行环境发生了变化，已不能发挥效能，需要进行调整或完善；有的是因为针对某一特殊情况制定的特殊政策，已经完成使命，目的已经达到，该项政策已经过时，需要废止；有的则完全是因为社会出现了新的情况和问题，或为实现新的目标追求，需要制定新的民族政策来进行导引或规范。所以，对我国现行的具体民族政策，要进行实事求是的分析研究，具体问题具体分析，在总体肯定与坚持的前提下，根据实践的要求和现实的需要，在认真总结经验和深入调查研究的基础上，进行审慎的修改、完善与创新。

三　完善创新中国特色民族政策必须遵循的几项原则

政策和策略是党的生命。我们必须看到，民族工作无小事，对民族政策的完善创新必须审慎从事。政策的调整是一件极其重要的工作，必须采取审慎而科学的态度。坚持、完善与创新中国特色民族政策，必须遵循以下几项基本原则。

1. “两个共同”原则。2003 年 3 月，以胡锦涛同志为总书记的党中央，在深刻把握党的三代领导集体关于民族问题的基本理论和基本政策，系统总结 50 多年民族工作的成就和经验的基础上，提出“共同团结奋斗、共同繁荣发展”是新世纪新阶段民族工作的主题。这是我们党在民族理论和民族政策上的新发展，是马克思主义民族理论中国化的一大创新。2005 年 5 月召开的中央民族工作会议，对“两个共同”的主题又作了深刻的阐述。回顾新中国的发展历史，我们可以毫不夸张地说，没有各民族的团结奋斗，没有各民族的繁荣发展，就没有繁荣富强的新中国，就没有改革开放的顺利推进和现代化建设的新局面。“两个共同”是建设中国特色社会主义的应有之义，体现了社会主义的本质要求。只有全国各族人民共同团结奋斗，社会主义制度才能不断焕发出新的生机和活力。我国各族人民也只有在中国特色社会主义事业蓬勃发展的进程中，才能逐步走上共同繁荣发展的富裕之路。“两个共同”是实现全面建设小康社会目标的必然要求，是增强中华民族凝聚力的重要途径，是做好新世纪新阶段民族工作的根本指针。抓住“两个共同”这一主题，才能抓住民族问题的规律，抓住民族团结进步的核心，抓住新形势下正确处理民族问题、切实做好民族工作的根本，才能在全面建设小康社会的历史进程中不断开创民族工作的新局面。“两个共同”是评价和衡量一项民族政策的标准和最基本的原则。民族政策的坚持、完善与创新，只有坚持“两个共同”的原则，才能把握正确的政治方向和发展目标，才能在纷繁复杂的社会变革过程中，始终坚持各民族的根本利益。

2. 实事求是原则。实事求是，从实际出发，是我们党的思想路线的核心内容，也是我们探讨民族政策的坚持、完善与创新的最基本的原则。遵循这一原则，一要从我国的国情出发，从民族地区的具体实际出发；二要从我国民族政策执行的实际出发，认真地总结实践的经验教训，检查民族政策执行的各个环节；三要了解民族地区发展变化的具体情况，了解民族地区发展的新形势、新要求。只有尊重实践，贯彻从实际出发的原则，我们才能抓住民族地区发展的关键，才能审时度势，提出切合实际的民族政策改革完善的方案。只有对既有民族政策的执行情况作出实事求是的评估，找出存在的问题与不足，才能准确把握改革调整的对象。只有了解民族地区发展变化的新情况、新要求，才能拿出切合实际的对策与措施。只有从全国发展的大局出发，才能更清楚地看到民族地区的发展差距，才能更好地理解加快民族地区发展的必要性与紧迫性，以及从政策上给予民族地区更多的支持与帮助的必要性与紧迫性。在探讨民族政策的坚持、完善与创新时，要将政策研究部门、专家学者的研究与民族地区干部群众的意见和建议有机地结合起来，要建立健全民族政策的评价机构和科学的评价机制、评价指标体系，使民族政策的坚持、完善与创新真正建立在科学的基础之上。

民族政策的制定与实施，在一定的意义上也体现利益博弈的关系。在我国，党和国家制定民族政策的根本出发点和归属，是保障维护发展少数民族和民族地区的利益，是保障维护发展包括少数民族在内的整个中华民族的利益。在我国，国家利益与民族利益应该是一致的。但是，由于地区发展的差异以及各民族急需解决的发展问题各不相同，因此在关注的焦点问题上，可能产生利益的冲突。比如，国家有关于开发民族地区资源，要给予民族地区适当补偿的政策，但对于具体补偿额的确定，就可能存在分歧。关键是如何确定一个度的问题。从民族自治地方来讲，总是希望比例高一些，甚至将有关的资源税都留给地方。对这类问题，就要从历史和现实的实际出发，综合考虑各方面的利益，不能简单地说是政策问题。再比如说，现行的分税制体制，民族地区也要将增值税的一定比例上缴中央财政，而民族地区则认为现行的税收返还政策不合理，希望将民族地区的增值税全额留存地方。2005 年颁布的《国务院实施〈民族区域自治法〉若干规定》要求："国家加快建立生态补偿机制，根据开发者付费、受益者补偿、破坏者赔偿的原则，从国家、区域、产业三个层面，通过财政转移支付、项目支持等措施，对在野生动植物保护和自然保护区建设等生态环境保护方面做出贡献的民族自治地方，给予合理补偿。"这一规定显然是十分正确的，也是必要的。但问题是，国家的生态补偿机制何时能够建立并付诸实施？什么样的补偿额度才是合理的补偿？对于这类复杂问题，显然是需要认真研究，不可简单从事。

3. 法治原则。坚持法治原则，就是民族政策的调整完善，要严格依法办事。一是在民族政策的完善与创新过程中，要坚持贯彻宪法和法律的精神与原则，将宪法和法律规定的民族平等与民族团结，维护少数民族的合法权益，实行民族区域自治，促进民族地区经济社会发展等规定具体化，具体的民族政策不能与宪法和法律相抵触、相违背。二是将民族政策法制化，要对既有的民族政策进行必要的清理，按照法律法规的层次要求进行分类编纂，汇编成册，利于贯彻执行；对于成熟的民族政策要以法律法规的形式确定下来，使之成为具有国家强制力的政策规范。三是民族政策的完善创新要按法定的程序进行。作为党和国家处理民族问题的政策，其变动是一件极其严肃的事情，不可随意为之。其立留废改，必须深入实际，调查研究，广泛听取民族地区干部群众的意见和建议。对拟立改的方案要进行充分的论证、比较，对拟废止的政策也要认真地总结经验，分析废止的原因，以利后续政策更好地实施。

4. 效益原则。坚持民族政策的效益原则，就是在评价某项具体的民族政策时，要关注政策目标的达致程度，关注民族政策的实际效果是否与理想目标相符，在多大程度上相符，还有什么距离和偏差。坚持效益原则，就是要对民族政策产生的绩效进行分析，也就是要明了一项民族政策执行后，什么问题得到了解决，解决程度如何，以此衡量这项民族政策是否充分实现了政策设计的要求。在评估中，既要分析民族政策的正效应，即对民族政策的积极影响加以描述和分析，也要注意对民族政策的副效益与从效益进行分析研究，以便对民族政策的效益进行客观而全面的评价。坚持民族政策的效率原则，还要关注政策效益与政策投入之间的比率。民族政策效率标准经常以单位成本所能产生的最大价值为评估的基本形式。其主要内容包括一项民族政策的资源投入量是多少；投入一定资源后有无产出，产出多少；对投入产出进行比较，考察效率高低，探讨有无其他代价更小，同时最有效的方法和途径。

生产力标准是评估一项政策特别是经济政策的重要标准。一项具体的民族经济政策绩效的好与差，归根结底取决于它能否解放生产力，促进生产力的发展，促进少数民族群众生活水平的提高。更确切地说，社会生产力的发展表现为劳动生产率的提高、科技的发展、国力的增强和人民生活水平的提高。党的十一届三中全会后实行的改革开放政策，极大地促进了民族地区的发展和繁荣，使少数民族群众解决了温饱问题，走向富裕，使他们真正感受到社会主义的优越性，因而也更拥护党的民族政策。生产力标准是我们评估民族政策的重要标准之一。但是，对生产力标准的理解也不能机械化。有的民族政策如经济、科技政策的实施可以直接外化为生产力；而有的政策如教育政策等则通过人才培养和改变人们的思想观念，促进生产力的发展。坚持生产力标准，并不是简单以 GDP 为标准，还要注意经济社会的协调发展与可持续发展，注意基本公共服务与人民生活水平的提高，注意团结和谐互助的民族关系的建构。在政策绩效的评估中，要将价值分析与实证分析结合起来，将价值判断与事实判断结合起来，注意运用计量分析的方法，使评估建立在科学的基础之上。在对民族政策绩效进行科学分析的基础上，对那些绩效差甚至没有绩效的政策就要果断地进行改革或废止；对那些绩效不明显或政策成本过高的具体民族政策就要从实际出发，进行必要的调整、补充完善，促使其政策价值的实现，更好地促进民族地区的经济社会发展和人民生活水平的提高。

5. 统筹协调原则。民族问题是社会问题的一部分，民族问题的解决，是一个复杂的社会系统工程。因此，对民族问题的认知与政策的设计，必须有系统、协调的观念与意识。我们对现行民族政策的评估与检视，不仅要有历史的发展的观念，而且要将政治、经济、文化、历史、地理、自然、周边环境等因素联系起来思考。我们有一些民族政策之所以执行得不好，重要的原因之一就是它受相关因素的制约，或者政策本身顾及了一个方面，忽略了其他的方面；一些政策不配套，在执行中缺乏可操作性，或与其他部门、其他政策相冲突，造成政策的抵消效应。坚持统筹协调原则，首先，要从全国大环境大政策的角度，从全国一盘棋的角度，看待民族政策的坚持、完善与创新问题。要将民族地区的发展纳入统筹区域发展、统筹城乡发展的视域，从科学发展观的立场，从全国的现代化建设的立场，来思考如何缩小民族地区的发展差距，实现跨越式发展问题。只有如此，才能给予民族地区更特殊的政策，在具体政策的设计与调整中给予民族地区更多的照顾与政策倾斜。在此基础上，政府各职能部门，要沟通协调，使具体民族政策的完善与创新能够发挥政策的综合效应，避免政出多门，相互抵触。国家在出台相关政策时，应统筹考虑民族地区的特殊性，防止一刀切现象的发生。其次，要统筹协调有关民族地区的经济、政治、文化、社会政策，在民族政策的坚持、完善与创新过程中，要做好政策的配套工作，尽量减少政策执行中的梗阻现象。既要重视民族政策的制定，也要高度重视民族政策的执行，加强民族政策执行的监督检查、反馈等制度、体制机制的建设。要妥善处理公平与效率的关系。再次，要统筹考虑民族地区的眼前发展与长远发展的关系，经济发展与环境保护，经济发展与基本公共服务均等化等关系。防止走先开发后治理的环境破坏老路。要统筹城乡发展，注意克服城乡二元社会格局造成的消极影响，推进社会保障等制度的建立与完善。将环境保护、民族传统文化保护、基本公共服务均等化等放在重要的位置，给予高度的重视。同时，要统筹不同民族地区之间的发展，既要注意民族政策的统一与协调，也要注意地区之间发展的差异；既要防止在政策支持上的畸轻畸重，使扶持差异过大，也要防止不顾历史与现实的发展差异，盲目地一视同仁；既要重视民族聚居区的发展，也要重视散杂区民族的发展；既要重视人口较多的民族的发展，也要给予人口较少民族的发展特别的关注。最后，要统筹考虑国际环境变化对民族地区发展产生的影响，有针对性地解决边境民族地区发展中的特殊问题。特别是要综合考虑我国加入 WTO 后，对民族地区产业政策和边境贸易的冲击和影响，有针对性地调整相关的民族政策，促进民族地区又好又快地发展。

总之，民族政策的坚持、完善与创新要以科学发展观为指导，坚持民族平等团结的基本原则，坚持各民族共同团结奋斗、共同繁荣发展的宗旨。

［原载《实践》（思想理论版）2010 年第 8 期］

社会转型与民族政策的完善创新

近年来，随着改革开放的深入和社会转型的深化，民族地区发展面临一系列新情况新问题。社会上和学术界对民族地区发展和民族政策效能的关注度提高，各种各样的看法和观点纷纷亮相，一些观点甚至颇具颠覆性。时代在变，民族地区的面貌在变，人们的思想观念也在变。民族政策如何适应社会转型之变，满足民族发展之需，是当下亟待深入研究，着力解决的重大课题。

一　社会转型对民族发展与民族政策的影响

20世纪80年代以来，随着改革开放的逐步深入和市场经济的发展，我国进入了一个深刻的社会转型期。经济方面：从计划经济体制转变为社会主义市场经济体制，经济结构从单一转向多元；市场逐步发挥配置资源的决定性作用；国内经济深度融入世界经济体系，WTO规则深刻影响国内经济活动；市场竞争机制与利益分配机制改革，激活各种社会生产要素，经济持续快速发展，社会基础设施与民众生活得到较大改善；整个社会逐步由传统农业社会进入新型工业社会。政治方面：政治体制发生巨大变化，革命政治转向发展政治，集权政治逐步转向协商民主政治；以阶级斗争为基础的群众性政治运动被否定，高度集权的人治化治国模式逐步向开放民主的法治化治国模式转变；党内民主带动社会民主，基层自治型民主稳步发展，政治开放度、包容度、自由度明显增强；依法治国上升为国家战略，人权保障写入宪法，中国特色社会主义法律体系基本形成；新兴社会组织和社会力量发展，执政党致力于吸纳更多社会力量以扩展执政基础；新闻媒体介入监督序列，对发展社会主义民主政治发挥越来越重要的作用；整个国家从封闭半封闭性社会转向开放性社会，综合国力明显增强，成为影响国际政治的重要力量。文化方面：从封闭走向开放，文化产品从单一贫乏走向丰富多彩；文化与科技发展联系紧密，传播渠道和手段更加多样化，传播速度快，内容不断拓展；人们的价值观从神性崇拜向世俗转变，从一元性意识形态统领，向阶层多元、利益多元基础上的多元价值观转变；社会群体与个体的权利意识、利益意识、竞争意识、民主意识、法治意识等明显增强，思维方式明显转变。社会方面：社会结构从简单转向复杂，区域发展差距和社会贫富差距扩大，社会利益格局发生重大变化，社会分层日趋明显；社会阶层之间的流动与人口地域之间的流动性增强，生计方式呈现多样化，竞争择业成为社会生活的常态；传统的熟人社会正逐步转变为陌生人社会；人们的行为方式更加开放，更加自我，更加时尚。这种全方位的社会转型，使我国的社会面貌在三十多年间发生了翻天覆地的变化，构成了具有深远影响的社会大变局。

需要指出的是，我国的社会转型恰逢世界局势和国际关系的巨变：苏联解体，东欧剧变，冷战结束，世界向多极化转变；世界一体化进程加快，传统的地缘政治格局发生深刻变化；第三次民族主义浪潮兴起，周边国家的民族主义活跃，国际恐怖势力、极端宗教势力、民族分裂势力活动猖獗。国际局势的变化，对我国社会转型造成较大影响。

我国是一个多民族国家，民族问题关系党和国家事业发展的全局。在社会深刻转型的过程中，民族问题，特别是民族发展、民族关系问题发生了新的变化，面临新的挑战。主要表现为：少数民族与民族地区要求加快发展的需求，与自身发展能力不足的矛盾进一步凸显；民族地区与发达地区的发展差距呈继续扩大的趋势，公共服务均等化问题突出；少数民族与民族地区的利益诉求更加多样化，统筹的难度增加；民族之间的交往交流更加频繁和深入，由此产生的冲突和矛盾摩擦增多；随着对外开放和现代化建设的推进，交通、信息、人流、物流的增加，民族文化受到严重冲击，传承与保护面临复杂的局面；随着工业化的发展，民族地区的资源环境受到巨大的压力，环境保护和资源开发利益补偿成为广受关注的问题，民族地区如何将资源优势转化为发展优势的难题亟待破解；随着代际更替和价值观念的变化，民族认同和国家认同出现新的情况；随着政治经济体制的改革，传统的国家与社会的治理和控制方式发生变化，原来行之有效的一些民族工作手段与方法失去效用或功能逐步弱化；苏联、南斯拉夫等多民族国家解体，周边国家民族主义风潮的兴起，世界第三次民族主义浪潮的冲击，对我国处理民族问题产生消极影响；国际敌对势力对中国崛起实施围堵政策，大打民族牌、宗教牌、人权牌，通过各种方式支持国内的民族分裂势力，企图搞乱政局，从中渔利；国内外“三股势力”相互勾结，利用社会转型出现的新情况，兴风作浪，频频制造事端，从事破坏民族团结和制造民族分裂的活动，威胁民族团结与社会稳定，等等。

社会转型带来的上述变化，使以调节民族关系，解决民族问题为己任的具有中国特色的民族政策的执行环境与政策调节对象都发生了变化，面临一系列新问题新挑战。在社会转型与市场经济条件下，如何落实宪法规定的处理民族问题的纲领性政策，维护和发展社会主义民族关系？如何根据少数民族的特点，帮助各少数民族地区加速经济和文化的发展？如何将各民族法律上的平等转变为事实上的平等？如何落实《民族区域自治法》明确规定的资源开发利益补偿和生态保护利益补偿？在城镇化背景下，如何加强少数民族流动人口的服务与管理？如何坚持和完善民族区域自治制度？如何适应社会转型的新特点和少数民族与民族地区发展的新情况，调整完善既有的政策，出台新的政策？对当下社会上出现的对中国特色民族政策的质疑甚至否定的声音，应做何回应？等等。这一系列问题，事关重大，需要认真思考，严肃对待，正确处理。

二　民族政策只有完善创新才能适应社会转型与民族发展的需要

面对社会转型带来的新情况、新问题、新挑战，民族政策只有与时俱进，完善创新，才能适应社会转型之变，满足少数民族与民族地区发展之需，保障“两个共同”，巩固和发展平等团结互助和谐的社会主义民族关系。

政策的适时调整和完善创新，是保障政策科学有效的重要条件。现代政策科学认为，由于决策主体知识的有限性、决策环境和决策信息的受限性、社会的复杂性与动态发展性，任何一项政策都不可能完美无缺和一成不变。政策需要适时调整与完善创新，至少有三种情况：一是某项政策可能在制定时就因考虑不周，存在瑕疵，在实践中暴露出缺陷与不足，需要做调整与完善；二是某些政策可能在制定时考虑比较周全，在一定时间内执行效果较好，但后来因为社会的发展，原来的政策对象和政策环境发生了变化，政策需要根据变化了的情况进行调整完善；三是由于社会的发展，出现了过去没有的新情况新问题，既有的政策不能有效解决新的问题，这就需要在研究新情况新问题的基础上，制定出新的政策。一般来说，某项政策总是针对特定问题，以特定的时间和空间为实施的条件。随着时空条件的变化或决策主体对问题认识的深化，政策需要做出调整完善。社会是发展的，实践是动态的，而政策是相对稳定的，决策主体应该根据社会与实践的发展，适时对既有政策加以修正、补充、完善，使之更具针对性和时效性，在更高水准上推进政策目标的实现。因此，以发展的眼光看问题，任何公共政策都不可能一成不变。一项政策要保持其生机与活力，必须立足实践，在保持相对稳定性和连贯性的同时，与时俱进，完善创新。审慎决策基础上的动态发展，是现代公共政策的要求，也是中国特色民族政策的本质要求。在社会全面转型，社会结构、利益格局、价值观念深刻变化的特殊时期，更是如此。

民族政策的完善创新是适应社会转型的现实需要。我国民族政策体系的基本框架初步定型于新中国成立初期。在过去相当长的时期，我国实行社会主义计划经济体制，一些对少数民族的扶助政策带有浓厚的计划经济色彩。改革开放以来，我国民族政策的运行环境发生了重大变化，一些具体政策的不足凸显出来。市场经济强调市场在资源配置中的决定性作用，强调通过市场竞争来提高效率，优化资源配置。改革使原有的一些对民族地区的优惠政策，被国家的普惠性政策所抵消；而新出台的一些帮扶政策，在执行中也存在不完善等问题。因此，在市场经济条件下，许多具体的民族政策都需要与时俱进，调整完善。此外，在社会转型和市场经济条件下，产生了许多原来不曾遇到的新问题，如民族地区资源开发利益补偿、民族地区基本公共服务均等化、少数民族人口大量流入内地与沿海城市，等等。这些问题都需要有新的政策来调整规范，予以解决。

民族政策只有与时俱进完善创新，才能保障民族地区跟上全国全面建成小康社会的步伐。只有调整完善帮扶政策，调动受援民族地区和少数民族群众的积极性，才能加速民族地区经济发展，提高少数民族的生活水平和社会保障能力，解决民族地区的基本公共服务问题，缩小民族地区与发达地区的发展差距；只有创新民族政策，推进少数民族的参与式发展，使少数民族在发展中获得实实在在的利益，才能有效解决少数民族地区的民生问题，巩固党和国家在民族地区的群众基础，增强少数民族群众对党和国家、对社会主义制度的认同，有效化解各种社会矛盾，维护民族地区的社会稳定。习近平总书记在第二次中央新疆工作座谈会上，提出“要加强民族交往交流交融”，“推动建立各民族相互嵌入式的社会结构和社区环境”,[①] 也需尽快出台相关政策予以落实。只有完善创新城市民族政策，才能保障少数民族流动人口的合法利益，增进各民族之间的和谐关系。

民族区域自治是我国的基本政治制度和基本的民族政策，但是相关的具体政策还需要进一步完善创新。一是推进民族区域自治的制度化、规范化、程序化。要抓紧《民族区域自治法》配套法规建设，就自治权行使的标准、限度、程序作出科学的界定，增强《民族区域自治法》的可操作性和自治权规定的权威性，推进民族事务治理的法治化。二是建立健全《民族区域自治法》的执行监督机制和责任追究制度。要探索建立健全各级人大监督制度，实行定期与不定期的执法监督检查；加强行政监督、社会监督、舆论监督、司法监督，形成有效的监督网络，强化对违反民族区域自治法责任的追究。三是根据全面深化改革的精神，解决好《民族区域自治法》执行中的若干具体政策问题。如民族地区财政转移支付、配套资金减免、税收优惠保障、城镇化与地方建制、资源开发与生态保护补偿、少数民族干部培养选拔、加强党在少数民族群众中的工作、加强民族地区基层政权建设，等等。四是进一步强化民族区域自治制度的经济功能，促进少数民族和民族地区同步迈入小康社会。要加快完善民族地区现代市场体系；加大民族地区改革开放的力度；调整完善扶持与对口支援政策，将政策优惠照顾与自我发展能力培育紧密结合起来；加大民生投入，保障少数民族的生存权和发展权；等等。必须从全面深化改革的系统性、

---

① 《习近平在第二次中央新疆工作座谈会上强调坚持依法治疆团结稳疆长期建疆　团结各族人民建设社会主义新疆》,《人民日报》2014 年 5 月 30 日。

整体性和协同性的高度出发，通过创新民族事务治理的体制机制，强化民族事务治理的社会动员、社会组织、监督管理、服务协调和资源配置功能，健全民族事务治理的法律制度、激励制度和协作制度，进一步推动民族区域自治制度与时俱进。

民族政策的完善创新也是应对国内外敌对势力分裂破坏活动的需要。改革开放以来，随着国际形势的变化和我国的和平崛起，国际敌对势力极力对我实施西化、分化、围堵政策，大打民族、宗教、人权牌，扶持民族宗教分裂势力。国内的“三股势力”也遥相呼应，大肆进行暴恐、民族分裂活动，破坏民族地区的发展稳定。完善和创新中国特色的民族政策，有利于化解民族矛盾，增强民族互信，促进民族发展；有利于提高少数民族群众的生活水平，增强民族团结，增强少数民族对国家和中华民族的认同。民族工作做好了，就会使国际敌对势力无可乘之机，就会使“三股势力”无立足之地，使敌对势力攻击我国民族政策的蛊惑之言不攻自破。

总之，民族政策与时俱进，完善创新，既是时代的呼唤，也是更好地发挥中国特色民族政策效能的迫切需要。社会转型，客观上要求坚持动态、发展的观点，使民族政策符合时代特征和民族地区的实际，确保民族政策的有效性，充分发挥民族政策的优势，为实现中华民族伟大复兴的中国梦提供支撑。

三 民族政策的完善创新要注意解决的几个问题

中国特色的民族政策，是我国各民族平等团结的基础，是民族发展的保障。民族政策的完善创新，要坚持宪法确定的基本原则，科学有序地进行。具体说来，要特别注意处理好以下四个问题。

（一）坚持完善创新的正确方向

民族政策的完善创新不是推倒重来，也不是照抄照搬西方国家处理民族问题的所谓经验，而是立足基本国情的自我完善与发展。习近平同志在第二次中央新疆工作座谈会上指出：“要坚定不移坚持党的民族政策、坚持民族区域自治制度。"① 中国特色民族政策是中国共产党在革命与建设实践中，经过长期艰苦的探索，形成的符合国情的正确选择，是马克思主义中国化的产物；中国特色民族政策经受了实践的检验，取得了巨大的成就，已被实践证明是正确有效的，是我国制度优势的重要体现。在新的历史时期，面对社会转型带来的新情况新问题，我们必须坚持各民族平等团结、民族区域自治制度、帮助各少数民族地区加速经济和文化的发展、尊重少数民族的风俗习惯等纲领性民族政策不动摇；坚持宪法规定的处理民族问题的基本原则、基本政策目标，以及解决民族问题的基本政治制度不动摇；坚持那些实践证明符合国情，行之有效，受到少数民族群众衷心拥护的政策不动摇。如果脱离基本国情，盲目照抄照搬西方国家的制度与所谓处理民族问题的政策和经验，就会搞乱人们的思想，迷失前进的方向，民族矛盾和其他社会矛盾就会激化，社会主义民族关系和社会稳定发展就会受到破坏。近年来，有人质疑民族识别，急于推进民族融合；质疑民族区域自治制度，要求削弱、取消民族自治地方的自治权利；质疑民族优惠政策，主张以所谓公民的统一标准确定扶助的对象；质疑民族地区现代化发展，认为"民族问题更深的根源就是现代化"，等等。这类观点也许是出于解决问题的"好心"，但如果付诸实践，很可能办"坏事"，造成民族关系的紧张和民族工作的被动，甚至给敌对势力可乘之机。坚持民族政策完善创新的正确方向，从本质上讲就是民族政策的完善创新，必须坚持党的领导，坚持有利于国家的统一和社会的和谐稳定，有利于各民族共同团结奋斗，共同繁荣发展，有利于提高少数民族的生活水平。

当然，坚持中国特色的民族政策，并不等于思想僵化，故步自封。我们必须客观地面对已经发生的变化，研究社会转型给民族问题与民族政策造成的影响，正视少数民族与民族地区发展的新要求，研究面临的新情况新问题新挑战，与时俱进，不断完善创新中国特色民族政策，提出应对新情况新问题的新政策新办法。如果我们对已经发生的变化和出现的新情况新问题视而不见，不去调整、完善和创新民族政策，就不能有效地发挥政策对民族发展的引领保障作用，以及对民族关系的调节作用，坚持中国特

---

① 《习近平在第二次中央新疆工作座谈会上强调坚持依法治疆团结稳疆长期建疆 团结各族人民建设社会主义新疆》，《人民日报》2014 年 5 月 30 日。

色民族政策也将成为一句空话。因此，面对社会转型带来的新变化，我们必须坚持与完善中国特色的民族政策。坚持是完善创新的前提与基础，完善创新是坚持的必然要求与重要保障；只有与时俱进完善创新，中国特色民族政策才能保持旺盛的生机与活力。

（二）开展全面深入的民族问题调查研究

毛泽东同志曾指出："你对于那个问题不能解决吗？那末，你就去调查那个问题的现状和它的历史吧！你完完全全调查明白了，你对那个问题就有解决的办法了。""没有调查，没有发言权。"① 政府政策以规范社会行为，解决社会问题，引导社会发展为使命。全面准确地了解掌握社会发展状况，是制定政策、调整政策的基本前提和基本要求。如果情况不明或所了解的情况不全面、不科学，就可能导致政策定位不准确，政策脱离实际，不具有操作性与可行性，甚至导致行为失范，阻碍社会发展。在社会转型过程中，少数民族与民族地区究竟发生了什么变化，出现了什么新情况新问题？导致变化及新情况新问题的原因是什么？什么是主要原因，什么是次要原因？什么是内部原因，什么是外部原因？新情况新问题对民族发展和民族关系产生了什么影响？现有政策在哪些方面不适应？等等，都需要进行广泛深入的调查研究。只有深入调查，摸清情况，才能有的放矢，对症下药。不做深入调查，不知底里，"瞎说一顿"，不仅不能解决问题，反而会造成更大的混乱。毛泽东同志所倡导的"注重调查！反对瞎说！"② 在今天具有特别重要的意义。

近年来，有关国家机关、社会组织和专家学者，对少数民族和民族地区进行了不少的调查研究，撰写了为数可观的研究论著和政策咨询报告，就一些具体民族政策的完善创新提出了对策建议。但总体来看，已有的调查研究受组织、体制、经费、人员、方式方法等制约，基本是分散、局部、个案的，既不系统，也不够深入。由于缺乏与决策部门的联系沟通，研究成果的影响有限，被转化为决策实践的极少，许多研究成果成为少数

---

① 《毛泽东选集》第1卷，人民出版社1991年版，第109—110页。

② 同上书，第109页。

人的自说自话，一些专家甚至抱怨是“喧嚣的失语”，“说了很多，但没用”①。这种状况必须改变。我们建议，由国家权威部门出面组织，国家相关职能部门和民族地区协同配合，相关学科的专家学者具体操作，开展全面深入的民族发展现状及民族政策执行情况的调查。调查可以分专题进行，如民族地区产业发展与国家扶持政策、民族地区财力建设与国家对民族地区的财政转移支付及税收优惠政策、民族地区资源开发与国家的利益补偿政策、民族地区基础设施建设、民族地区基本公共服务、各民族交往交流交融状况、少数民族流动人口权益保护、社会转型与民族文化的传承与保护、民族地区教育发展与人力资源开发、民族地区小康建设水平与全面小康建设的差距，等等。民族问题调查研究，要采取科学的方式方法。要将现代科技手段与传统的调查方法有机地结合起来，既重视发展数据与统计资料的收集、整理、分析，也重视实地考察和深度访谈，广泛听取少数民族干部群众的意见。要保证调查数据资料的全面系统、真实可靠，为民族政策的完善创新提供科学的依据。

（三）进行科学的民族政策评估

按照现代公共政策学的理论，公共政策的运行是一个包括政策制定、政策实施、政策评估、政策调整等内容的复杂过程。“由于众多原因，政策过程涉及一系列随着时间的推移而发展的复杂的互动因素”②，“许多政府规划实施的经验证明，需要对公共政策的实际效果进行仔细的评估”。③“政策评估的目的是评价人们所执行的政策在实现其预定目标上的效果，该政策在多大程度上解决了政策所指向的问题，以及该效果的取得是政策本身的作用还是政策以外其他因素所导致的等。”④ 从上述视角来看，一项具体的民族政策制定得是否科学、政策的内容是否符合少数民族与民族

---

① 关凯：《中国民族问题背靠三重知识结构》，2014－08－13 凤凰大学问：（125）。http：//news. ifeng. com/exclusive/lecture/special/guankai/。

② ［美］萨巴蒂尔编：《政策过程理论》，彭宗超等译，生活·读书·新知三联书店2004年版，第3页。

③ ［美］托马斯·R. 戴伊：《理解公共政策》，谢明译，中国人民大学出版社2011年版，第284页。

④ 陈振明主编：《政策科学——公共政策分析导论》，中国人民大学出版社2003年版，第308页。

地区的实际、政策实施的绩效是否达到了设定的目标、政策在实施过程中存在什么问题、政策是否需要进行调整以及如何调整等问题，都需要通过科学的政策评估来回答。① 科学的政策评估是政策调整或完善创新的重要环节。

民族政策评估，就是在全面深入调查研究的基础上，通过定性与定量的方法，对具体民族政策执行的过程与效果进行科学的分析评价，找出存在的问题，分析问题的原因，提供调整完善的方案。比如，近年来，社会上对少数民族高考加分或降分录取的政策关注度较高，有各种各样的质疑。有人认为，加分政策致使少数民族学生的学习动力不足，对成绩优秀的少数民族学生的能力提高不利，不利于他们今后的就业和发展等。主张逐步取消对少数民族考生和汉族考生在录取标准上的族别差异，以体现公民之间的平等与公平原则。② 那么，这些看法是否反映了真实情况？该政策是否需要调整完善？如果需要，又该如何调整完善？这些问题，就需要通过科学的政策评估来回答。再如，扶持人口较少民族政策也面临不少质疑。有人认为，这一政策以人口多少作为确定扶持对象的标准，将一些实际发展水平更低的民族或汉族排除在扶持范围之外，明显不公平；特殊的扶持措施，助长了一些被扶持对象"等、靠、要"思想。主张以区域的、统一标准的扶持，替代以民族身份为标准的扶持。那么，扶持人口较少民族政策实施的绩效如何？实践中存在哪些问题需要解决？现阶段是否有被替代的必要和可能？这些问题也需要在深入调查研究的基础上，进行科学的评估。只有科学评估，才能对政策效能做出正确的判断，对存在的问题有明确的认识，对调整完善的措施有周全的考量，才能有效回应社会上对政策的质疑。

民族政策评估需要规范地进行。在过去相当长时期，我国对民族政策评估重视不够。迄今为止，我国还未出台政策评估立法，政策评估可以说还无法可依。但是，形势的发展不容等待，民族政策评估可以先行先试。对具体民族政策的评估，要着力解决以下几个问题：一是确立权威的评估主体。也就是要解决由谁来评估的问题。不能由政策的制定者、主持执行

---

① 参见雷振扬《关于建立健全民族政策评估制度的思考》，《民族研究》2013 年第 5 期。

② 马戎：《中国民族关系现状与前景》，社会科学文献出版社 2014 年版，第 282—283 页。

政策的人，及其利益相关者来评估，而应由国家权威部门牵头，聘请相关专家，组成相对独立的评估机构来开展评估。2014 年 6 月，为推动已出台政策措施的落实，国务院启动全面大督察，并在自查和实地督察基础上引入第三方评估，迈出了推进政府治理方式改革、打造现代政府的重要一步，值得参考借鉴。[①] 二是科学设定评估指标体系。也就是解决评估的标准问题。如对少数民族高考加分政策的评估，可能要设立政策的受惠面、加分幅度、受惠学生入学后的学业成绩、毕业后的就业状况、该政策对实现社会公平所作出的贡献、未享受加分政策社会群体的感受等具体指标，通过这些指标，全面测度该政策的绩效。三是严格规定评估程序。也就是确定评估的步骤、工作顺序、必经环节、评估议决规则，等等。通过严格程序，保障评估结果的客观公正。四是正确使用评估方法。要在全面深入调查研究的基础上，将定性评估与定量评估有机结合起来，实现两种方法的优势互补。五是做好评估结果的反馈使用。要将评估结果（包括政策建议）以规范的评估报告形式，上报委托部门，供中央决策参考。有权部门应高度重视政策评估结果，督促政府职能部门研究政策调整完善的具体措施，对评估发现的问题，要力行力改，善做善成。

（四）统筹协调推进民族政策的完善创新

民族政策的完善创新要与国家治理体制机制的改革相协调。民族问题是社会总问题之一部分，民族问题的解决，是一个复杂的社会系统工程。民族政策效能的发挥，与整个国家的治理体制机制密切相关。“政策是制度的输出”，“政治活动通常是以特定的政府制度为中心……公共政策的制定、执行和贯彻均要依赖这些机构”。[②] 在我国，虽然民族问题、民族政策具有一定的特殊性，但我国是单一制国家，民族政策受国家体制机制的约束。比如，《民族区域自治法》规定的自治权的行使、自治条例的制定、民族地区资源开发利益补偿等，就与我国现行的立法体制、中央政府

---

① 韩洁、刘奕湛、安蓓：《国务院督查引入第三方评估的启示：政府管理方式的重大创新》，http：//news. xinhuanet. com/politics/2014 -08/31/c_ 1112296843. htm。

② ［美］托马斯·R. 戴伊：《理解公共政策》，谢明译，中国人民大学出版社 2011 年版，第 11 页。

职能行使、事权与财权划分、国家税收制度等体制机制相关。如果仅就民族政策谈民族政策，不重视国家层面的体制机制的改革，民族政策的完善创新就难以做到。民族政策的完善创新，需要中央顶层设计的引领，需要其他相关政策改革的支持与配合。党的十八届三中全会审议通过的《中共中央关于全面深化改革若干重大问题的决定》提出"推进国家治理体系和治理能力的现代化"，为新时期民族政策的完善创新提供了有利的契机。例如，近期出台的《国务院关于进一步推进户籍制度改革的意见》，就为落实习近平同志提出的"加强民族交往交流交融"，"推动建立各民族相互嵌入式的社会结构和社区环境"，创造了条件。中共中央政治局审议通过的《关于深化考试招生制度改革的实施意见》，提出改进招生计划分配方式，提高中西部地区和人口大省高考录取率，增加农村学生上重点高校人数等，就为完善少数民族高等教育政策创造了条件。民族政策的完善创新，要紧跟国家全面深化改革的步伐，抓住契机，有所作为。

民族政策的完善创新要协调多种利益关系。"政策是团体利益的平衡。"政治体系的重要任务之一，就是通过制定政策，确立游戏规则，平衡各方利益，推动政策实施。[①] 公共选择理论认为，在政策过程中，利益团体的行为动机及原则是按"经济人"假设行事的，即追求自身利益的最大化。"而公共政策制定，实际上是对社会价值和资源（利益）的调整和重新分配。"[②] 民族政策的调整、完善创新，既要注意维护国家利益、全局利益、长远利益，也要兼顾地方利益、局部利益、眼前利益，不能只强调一方面，轻视另一方面，顾此失彼。在政策调整完善过程中，要脚踏实地，高瞻远瞩，既有国家意识，又有百姓情怀，理性地进行政策方案的选择。从基本立场和方法论的角度看，就是要坚持实事求是，从实际出发，要使政策代表各族人民的根本利益，具有可操作性。

民族政策的完善创新既要解放思想又要实事求是。近年来，在学术界关于民族问题、民族政策的讨论中，一些专家提出了很有见地的新观点、

---

① ［美］托马斯·R. 戴伊：《理解公共政策》，谢明译，中国人民大学出版社 2011 年版，第 17 页。

② 陈振明主编：《政策科学——公共政策分析导论》，中国人民大学出版社 2003 年版，第 93 页。

新思路，对于完善创新民族政策具有启发和参考的价值。但是，讨论中也的确存在以偏概全、主观推断的方法论缺陷，存在脱离实际、脱离国情的不当质疑与误判，甚至存在不顾基本事实，不负责任地发牢骚，造成对民众的误导。民族政策关系重大，比较敏感，对于不负责任的质疑，有必要进行适当的引导，以免酿成事端。民族政策需要完善创新，但不能以反思为由，诋毁中国特色的民族政策。笔者以为，有关民族问题、民族政策的讨论，既要解放思想，畅通渠道，集思广益，也要实事求是，客观公正，内外有别。民族政策完善创新要积极有序地推进，要防止造成混乱，使问题复杂化，给敌对势力可乘之机。

总之，我国的社会转型尚在进行之中，少数民族与民族地区的发展没有尽头，我们要以高度负责的科学态度，做好社会转型期民族政策的完善创新工作，为实现中华民族伟大复兴的中国梦贡献智慧与力量。

［原载《中南民族大学学报》（人文社会科学版）2014 年第 6 期］

建立健全民族政策评估制度

在我国，民族政策是党和国家的大政策，属于公共政策的范畴。按照现代公共政策学的理论，公共政策的运行是一个包括政策制定、政策实施、政策评估、政策调整等内容的复杂过程。“由于众多原因，政策过程涉及一系列随着时间的推移而发展的复杂的互动因素”①，政策过程和政策效果受决策主体能力、决策程序、政策运行环境、执行主体的政策偏好、目标主体的利益博弈等诸多因素的影响。一项政策获得通过，政府投入相应的资金和人力，并且采取了执行政策的行动，但该政策的目标并不一定能够实现，获得社会所期望的政策效果。“许多政府规划实施的经验证明，需要对公共政策的实际效果进行仔细的评估。”② 公共政策理论认为，“政策影响”和“政策产出”是两个不同的概念。在评估政策影响时，不能仅仅满足于政府的行为，而“必须辨别出政府的各项措施给社会带来了哪些相应的变化”，对政策目标群体究竟产生了何种影响。“政策评估就是要了解公共政策的结果”，“我们不能只满足于计算出一只鸟煽动了多少次翅膀，而必须知道这只鸟已经飞行了多远”。③ “政策评估的目的是评价人们所执行的政策在实现其预定目标上的效果，该政策在多大程度上解决了政策所指向的问题，以及该效果的取得是政策本身的作用还

① ［美］萨巴蒂尔编：《政策过程理论》，彭宗超等译，生活·读书·新知三联书店2004年版，第3页。

② ［美］托马斯·R. 戴伊：《理解公共政策》，谢明译，中国人民大学出版社2011年版，第284页。

③ 同上书，第285页。

是政策以外其他因素所导致的等。”①

从上述视角来看，一项具体的民族政策制定得是否科学、政策的内容是否符合少数民族与民族地区的实际、政策实施的绩效是否达到了设定的目标、政策在实施过程中遇到什么困难、政策是否需要进行调整等问题，都需要通过科学的政策评估来回答。只有科学地回答这些问题，我们才能更好地理解新世纪新阶段中国特色民族政策的坚持、完善、创新问题。

一 建立健全民族政策评估制度的必要性

按照现代政策科学的界定，政策评估是依据一定的标准和程序，对政策的效益、效率及价值进行判断的一种政治行为，目的在于取得有关这些方面的信息，作为决定政策变化、政策改进和制定新政策的依据。② 政策评估是政策过程的一个重要环节。只有通过政策评估，人们才能够判断一项政策是否收到预期的效果，从而决定这项政策是否应该继续、调整还是终结；同时，通过政策评估，还可以总结政策执行的经验教训。③ 民族政策作为事关党和国家工作全局的大政策，建立健全科学的评估制度，十分必要，意义重大。

第一，民族政策评估是保障政策制定科学性的重要前提。

政策评估的着眼点是政策效果，但政策评估又并不仅仅是对政策实施结果的评估，它实际上包括了政策制定、执行、结果、反馈等全部的政策过程。正如美国著名学者詹姆斯·E. 安德森在《公共政策》一书中所说，“作为某种功能活动，政策评价能够而且确定发生在整个政策过程中，而不能简单地将其作为最后阶段”。④ 政策制定是政策过程的起始点，政策制定是否科学合理，关系整个政策过程的各个环节，对政策效果具有决定性的影响。如果一项政策在制定时，就考虑不周，对各种困难和问题估计不足，政策就不可能得到有效的执行，也就不可能产生预期的政策效

① 陈振明主编：《政策科学——公共政策分析导论》，中国人民大学出版社 2003 年版，第 308 页。

② 同上书，第 309 页。

③ 同上书，第 307 页。

④ 同上书，第 308 页。

果。就民族政策的制定而言，制定时的科学评估论证显得特别重要。一方面，民族政策十分敏感，一项政策的出台，关乎民族团结，民族发展，社会稳定，必须谨慎行事，容不得丝毫的马虎大意。另一方面，民族地区情况复杂，不同民族和民族地区社会发展程度不一，文化差异明显，政策的执行环境与条件也存在较大的差异，民族政策的出台需要统筹各方利益，关照各种情况。对于拟出台的具体民族政策的必要性，是否具有可行性，需要具备什么条件，需要什么样的配套措施，执行中可能出现何种障碍，需要突破的重点难点是什么等等，都需要进行评估论证。只有通过深入的社会调查，广泛收集各方的意见和建议，对政策所及的相关统计数据或信息进行科学的分析研究，以及比较以往相关政策的执行效果和不同的政策方案，才能保证出台的政策符合少数民族和民族地区的发展实际，具有可操作性。否则，即便有为少数民族和民族地区办好事办实事的初衷和良好的愿望，出台的政策也难以反映少数民族与民族地区的发展实际，难以有效地贯彻执行，难以产生预期的效果。对拟出台的民族政策进行科学的评估，是保障政策科学性的需要，也是真正维护少数民族合法权益的需要。未经科学评估的民族政策不得启动和实施，应该成为一项基本的制度。

第二，民族政策评估是验证政策效果的重要手段。

公共政策的重要特点之一，就是它具有很强的目的性，即公共政策总是为解决某种社会问题，达到某种政策目标而制定与实施的。那么，政策目标能否达到，达到的程度如何，就成为检验与衡量政策绩效的基本标志。虽然政策在制定过程中已经通过目标设定与可行性论证评估，但这并不能保证政策在执行中完全达到设计的目标，产生预期的政策效果。原因在于：一方面，政策面对的社会情况千差万别，特别是少数民族与民族地区的情况差异性极大，政策执行的环境与条件各不相同。政策制定时，对政策目标的设定和政策措施的安排，很难将不同民族和民族地区的差异性全盘考虑周全。政策在执行过程中，可能出现预料之外的情况和困难，使政策保障措施难以施行，使政策效果偏离设计目标。另一方面，民族政策具有相对的稳定性，而民族政策调整的对象及其所依存的社会生活条件却处于发展变化之中，这种矛盾可能导致政策效能的降低。比如说，在改革开放初期，国家为解决少数民族与民族地区发展的困难，帮助其加快发展，给予了民族地区一系列税收优惠政策。但是，随着市场经济的发展和国家整体发展战略的调整，后来这些优惠政策有的已变成一种普惠性的政策（如国家于2004年实行除烟叶外全面取消农业特产税的政策，2006年全面取消农业税政策），有的被国家给予东部沿海地区的更加优惠的政策所抵消。这些新情况新问题的出现，及对政策执行与政策目标实现的影响，显然都超出了政策制定时的预判与预期。这种情况的出现，对政策绩效评估提出了迫切的要求。只有通过客观公正、系统科学的政策评估，才能探明政策设计与政策实施之间出现偏移的原因，明了政策目标实现的程度以及所造成的影响，从而为后一步的政策完善或调整提供可靠的依据。如果不进行科学的政策评估，或采取不正确的评估手段与方法，就可能造成对政策效果的误判，贻误政策调整的最佳时机，甚至造成严重的社会问题。

第三，民族政策评估为政策调整提供基本依据。

政策评估是政策过程中重要的一个环节，“就一项公共政策而言，发现误差、修正误差就是政策评估，换言之，政策评估的工作就是发现并修正政策的误差”。[①] 一项政策是否达到预期目标，收到预期效果，只有通过政策评估者的评估才能做出判断。由于社会是不断发展变化的，为解决社会问题而制定的公共政策也要与时俱进，这是唯物主义辩证法在社会政策实践领域的表现。世界上没有一成不变的事物，也没有一成不变的社会政策。作为党和国家解决本国民族问题的具体政策，也是如此。随着时代的进步和社会的发展，我们不仅要赋予纲领性民族政策新的时代内涵，而且要对那些不同历史时期为解决不同的民族问题而制定的具体的民族政策进行及时的调整完善创新。这大致有以下三种情况：一是由于政策目标已经达到，政策任务已经完成，这类政策要及时地予以终止。二是由于政策设计不周或政策执行环境与条件发生了变化，原有的政策在执行中暴露出缺点与不足，需要进行调整补充完善。三是由于时代的进步与社会的发展，少数民族与民族地区的发展出现新情况，民族关系出现新问题，而原有的政策已不能适应新情况，解决新问题，需要制定新的民族政策来予以调整。正如美国著名学者罗伯特·海涅曼等在《政策分析师的世界——理性、价值观念和政治》一书中所指出的，在上述情况下，“决策者经常

① 朱志宏：《公共政策》，台北：三民书局1995年版，第299页。

面临信息超载的局面”，往往“被来自许多反对呼声的研究和建议包围”，难以决策。[①] 要对变化了的情况做出科学的回应，就要求对既有民族政策进行科学评估。只有通过科学的政策绩效评估，才能确定既有政策设定的目标是否达到，政策任务是否真正完成；只有通过科学的政策绩效评估，才能发现政策设计中的不周之处，才能明了政策执行中暴露的缺点与不足，正确地总结政策施行的经验与教训，提出调整与完善的对策方案；也只有通过科学的政策评估，才能对民族关系和少数民族与民族地区发展的新情况新问题有清醒客观的认识，及时了解少数民族和民族地区发展的新需求和新诉求，为新政策的制定与实施提供科学的依据。如果离开了科学的政策评估，就可能使政策决策脱离少数民族与民族地区发展的实际，不能有效发挥民族政策对解决民族问题的引领、保障作用；就可能在新形势新情况新问题面前不知所措，进退失据；就可能在出现对民族政策的怀疑、质疑甚至否定之声时，不能以事实为依据予以有说服力的回应。

第四，对民族政策进行绩效评估符合现代政策科学发展的趋势。

在现代社会，公共政策的影响力越来越强。与此相联系，对公共政策的绩效评估也显得越来越重要。20 世纪中期以来，为了保证政府公共政策决策的科学性和实施的有效性，公共政策绩效评估受到越来越多的国家的重视，一些发达国家的公共政策评估也随着行政改革的推进而越来越规范。

在欧洲，法国率先在国家科技政策领域实施公共政策绩效评估。早在 1985 年，法国政府就颁布法令，规定国家级的科技计划、项目未经政策评估不能启动，从法律上确立了科技政策评估的地位。其后，法国将政策绩效评估推广到各公共政策领域。1989 年 5 月，成立了国家研究评估委员会，2002 年成立了全国评估委员会，负责领导跨部门的评估工作。法国国家评估委员会具有相当的权威性，负责确定评估方法，挑选委员会以外的专家。评估过程中委员会成员独立发表意见并进行辩论，最终以集体意见作为评估结果。整个过程采用异议制，允许被评估机构阐述其观点甚

---

① ［美］罗伯特·海涅曼等：《政策分析师的世界——理性、价值观念和政治》，北京大学出版社 2011 年版，第 56 页。

至对评估结论提出异议。但评估报告一旦确定，被评估机构必须根据评估报告的建议采取措施，并向政府主管部门报告。①

美国是较早实施公共政策绩效评估的国家之一。1993 年 9 月，美国副总统戈尔发布题为《从繁文缛节到结果导向：创造一个运转更好、花钱更少的政府》的报告，提出改进政府绩效评估的方法、原则、程序和操作指南。同年，《政府绩效与成果法案》在参众两院通过，成为美国政府绩效管理的基本法律以及推行政府绩效评估的纲领性文件。2002 年，小布什政府制定并颁布《总统管理议程》，以预算和绩效整合为突破口，系统性地评估联邦各计划以便改进计划的效能，列为政府五项改革重点之一。同年，美国总统管理与预算办公室开始运用《项目分级评价工具》，对每个联邦项目的绩效情况进行评估，此基础上寻求改善项目绩效的途径，实现项目绩效评估与项目预算控制的有效整合。② 到 2003 年 9 月，美国政府正式颁布《政策规定绩效分析》，对实施公共政策绩效评估作了系统、全面的规定。根据第 12866 号总统令，政府部门在废除或修改已有政策或者制定新政策时应做政策规定绩效分析，尤其要分析政策规定的经济效益。③

20 世纪末，日本将政策评价作为行政改革的核心，大力推进政府绩效评估的制度化法制化，以此促进政府决策的科学化。90 年代，日本的地方自治体率先引入政策评价制度。2001 年 1 月，日本政府政策评价各府省联络会议通过了《关于政策评价的标准指针》，对政策评价的对象范畴、实施主体、评价的视角和评价方式作出具体规定。2002 年 4 月，正式实施了《关于行政机关实施政策评价的法律（评价法）》，根据该法案，内阁和政府的各个部都被要求在其权限范围内实行政策评价。日本政府每年实施的政策评价数约达 1 万件，大部分评价结果都已反映到预算要求和

① 参见姚刚《国外公共政策绩效评估研究与借鉴》，《深圳大学学报》（人文社会科学版）2008 年第 4 期。

② 参见徐震《美国公共政策审计评估：分析与借鉴》，《审计研究》2012 年第 3 期。

③ 转引自马朝琦、雷晓康《美国公共政策绩效评估方法及借鉴》，《西北农林科技大学学报》（社会科学版）2006 年第 5 期。

政策制定当中。[①]

上述国家实施法定政策评价以来，政策绩效评估工作取得了很大进展，政策评估已基本融入政府部门的管理周期中。对提高政策决策的科学性和政府效率，起到了重要的作用。

总之，公共政策评估是政府适应现代社会结构复杂化、发展快速化、利益构成多元化的必然选择，是现代国家运行法制化、科学化、民主化的要求，体现了现代行政的发展趋势。坚持与完善中国特色的民族政策，应结合我国的实际，学习借鉴国际社会政策评估的实践经验，改进与完善我国民族政策的评估制度，为在新的历史时期更好地坚持和完善中国特色的民族政策提供服务和支持。

二　我国民族政策评估存在的主要问题

目前，我国的民族政策评估制度尚不健全，存在的问题较多，概括起来主要有以下几个方面。

第一，对政策评估重视不够。

改革开放之前，我国实行高度集中的计划经济体制。用毛泽东同志的话说，在这种体制下，党和政府主要靠开会，作决议、出政策、发指示来治理国家。[②] 虽然在党的历史上早就有关于“政策和策略是党的生命”的提法，并注意到政策的制定、实施需要相关制度的保障问题，但由于体制、环境、认识能力的限制，并未形成对政策进行科学评估的制度和做法。相反，由于历史的行为惯性和思维惯性的作用与影响，在党内和社会上形成了一种思维定式，即既然我们党是伟大光荣正确的党，那么党的政策就必然是正确的，是不容置疑的。所以，对于党和国家的政策，各级组织和公民只有贯彻执行的义务，政策无须进行科学性评估。即便政策出现失误，也往往归责于执行出了问题，也只能由上级来纠正。在反右、“文

① 参见姚刚《国外公共政策绩效评估研究与借鉴》，《深圳大学学报》（人文社会科学版）2008 年第 4 期。

② 毛泽东同志 1958 年 8 月在北戴河中央政治局扩大会议上讲话。参见公丕祥主编《当代中国的法律革命》，法律出版社 1999 年版，第 213 页。

化大革命”等政治运动中，一些正直的知识分子，就是因为对当时的某些政策的异议，而招致打击迫害，甚至付出生命的代价。

随着改革开放和市场经济的发展，以及现代公共政策理论的引入，政策无须评估，上级政策一贯正确的观念，已经受到巨大的冲击。党和政府越来越重视政策制定与执行的调查研究，在具体政策出台时，采取了征询各方面意见，甚至举行有各方面代表参加的听证会等措施。但是，由于历史与认识等方面的原因，“我国公共政策评估的现状可以概括为：刚刚起步，问题重重”。[①] 作为政府绩效评估重要内容的公共政策评估尚未引起党和政府的足够重视，国家至今尚未出台权威的政策评估法律规范，尚未形成科学严谨的政策评估指标体系和制度保障体系。一些领导者不仅缺乏关于政策评估的基本知识，甚至从思想上抵制、反感政策评估，他们担心评估会影响他们的政绩与升迁，评估会制约他们行使手中的权力。在一些人眼里，政策评估会增加政府的负担，甚至是添乱。

在我国整体上对公共政策评估重视不够，缺乏成功经验可供借鉴的大背景之下，对民族政策的科学评估工作更显滞后。其主要原因是，与一般的公共政策比较起来，民族政策具有敏感性、复杂性的特点，评估的难度更大。党和国家的纲领性民族政策，如民族平等、民族团结、民族区域自治政策等，由宪法和国家的基本法律所规定，关系党和国家事业发展的全局，关乎社会的稳定和民族之间的关系。要对这些政策进行评估，非一般机构与组织所能承担。而关于给予少数民族和民族地区优惠照顾与特殊支持的具体民族政策，又关乎少数民族与民族地区的切身利益，对之进行绩效评估，可能又受民族利益、部门利益、地方利益的牵扯，难以开展。搞得不好甚至可能捅娄子、出乱子。所以，对于民族政策的制定与实施的绩效，相关部门和领导一般愿意通过执法检查、社会调查、座谈会、研讨会等形式来听取意见或建议，而不愿承担因政策评估可能带来的工作压力与风险。

由于同样的原因，在现阶段我国公共政策研究领域成果大量呈现的背景下，民族政策评估问题的研究也严重滞后。从整体上看，我国民族政策

---

① 陈振明主编：《政策科学——公共政策分析导论》，中国人民大学出版社2003年版，第332页。

的评估研究，跟不上少数民族与民族地区的发展进程。在中国知网《中国学术文献网络出版总库》键入“民族政策评估”进行搜索，结果只有3篇相关的文章。下载阅读这3篇文章，其内容也是一般地谈进行政策评估的必要性问题，未能就如何进行民族政策评估进行深入的研究。

在我国，公共政策评估研究起步较晚，还远没有建立起系统的理论指导体系和技术支撑体系。这种状况导致两方面的后果：一是缺乏对民族政策绩效评估的必要性的理性认识，对科学的政策评估对政策制定、完善、调整的重要意义认识不清。二是不了解民族政策评估的指标体系应如何建立，评估的基本程序如何确定，应该如何去组织有效的科学评估。因而，民族政策评估与一般公共政策评估一样，还“停留于一般的理论分析，较少有深入的理论构建和量化的数学模型……还主要表现为经验总结、工作汇报和座谈研讨等形式，与真正科学意义上的公共政策评估还有相当距离”。①

第二，以非正式的内部评估为主。

民族政策评估是评估主体依据的一定标准和程序，对民族政策制定的必要性与科学性，以及民族政策所产生的实际效果进行分析评判的过程。政策评估主体，是政策评估的实际操作者与执行者。评估主体的品质与资质，关乎评估的客观性、科学性、公正性。不同评估主体因所采用的评估标准和评估方法不同，所得出的评估结论也会有所不同，甚至大相径庭。正如美国公共行政学的创始人威尔逊所说，“如果研究是由那些执行政策的人主持或者由他们的朋友主持，那么结论是：对社会问题的所有政策干预都会产生预期的效果”。② 由此可见，评估主体与评估方法的选择对评估结果的重要性。

目前，我国的民族政策评估，主要还是一种非正式的评估。所谓非正式评估主要是指对评估主体、评估内容、评估形式、评估程序等未作严格规定，主要由评估者根据自己所掌握的材料自主进行评估。非正式评估的主体，往往是各种政府组织本身，而非专门的评估组织和独立的专业机

① 王建容：《我国公共政策评估存在的问题及其改进》，《行政论坛》2006年第2期。

② ［美］托马斯·R. 戴伊：《自上而下的政策制定》，鞠方安、吴忧译，中国人民大学出版社2002年版，第158页。

构。非正式评估主要有以下几种形式：一是中央领导同志和部门负责人到地方进行调研（包括召开各种座谈会等），了解政策的执行情况和实施效果，对政策绩效作出判断。二是由地方官员根据自己对中央政策推行情况的调查了解，向中央有关部门和国务院反映情况。三是党和政府内设的政策研究机构通过政策调研，向领导人和决策机构提出政策调研报告。四是通过媒体的有关报道和群众来信来访，了解政策执行中存在的问题与政策的实施效果。按照目前我国政府绩效考核制度的安排，每年年底各级政府部门也都要对自己的工作进展情况进行评估，这种评估也属行政机关内部的自主评估。近年来，学者和研究机构的政策评估有所发展，但总体而言尚处于起步阶段。

政府对相关政策的内部评估，有其特有的优势。因为政府是政策的制定者，对政策的指定的目标与价值较为清楚，可以利用的信息较为充分。但是，政府部门作为最重要的公共政策主体，与政策的制定与执行有着直接的利害关系，加上受评估专业知识和相关程序的限制，评估难以做到科学、客观、公正。

第三，政策评估方法不够科学。

现代政策科学认为，政策绩效评估有两种基本形式，即定性评估与定量评估。定性评估，是根据评价对象的现实表现，或文献资料的观察分析，直接对评估对象做出定性结论的价值判断，如评出等级、写出评语等。定性评估不采用数学的方法，而是利用领导或专家的知识、经验做出判断，进行评估和比较，强调观察、分析、归纳与描述，强调政策“质”的价值分析与推论。定性评估的优势是可以对难以量化的政策效果进行总体性价值判断，对政策进行总体性、趋势性评判。但其劣势是可能使评估结果模糊笼统，弹性较大，难以精确把握。而定量评估是采取数学的方法，通过收集和处理数据资料，对评估对象做出定量结果的价值判断。定量评估具有客观化、标准化、精确化等鲜明特征。但定量评估往往只关注可测性的政策行为，强调政策行为和效果的共同性、稳定性和统一性，难以涵盖那些难以量化的品质与行为，可能忽视地区发展和个体发展的差异性与多元标准。有些政策行为的结果勉强量化后，可能对评价结果产生扭曲或负面的影响。

现代政策科学研究和发达国家的成功经验证明，政策绩效评估，要将定性评估与定量评估结合起来，两种方法优势互补，全面准确地反映政策绩效，为政策的完善创新提供科学的依据。但是如上所述，由于现阶段我国民族政策评估主要以内部的非正式评估为主，因此，评估主要是定性的评估，也就是通过各级领导和政府职能部门的社会调查，召开座谈会、研讨会等方式，同时参考相关的统计数据，来了解政策执行的情况与实践效果，在此基础上，对政策做出评价，而缺乏定量的、科学系统的数据分析。至今，我国尚未建立起规范的公共政策评估体系，更未建立起对各类民族政策评估的指标体系。比如，对高等学校招生录取中给予少数民族考生加分照顾政策的评估，就存在这样的问题。近年来，这一政策曾引起较大的社会争议。政策的绩效如何，急需进行科学的评估。但是相关政府职能部门的评估，主要是定性的评估，侧重于阐明政策的政治意义与社会价值，以及对提高少数民族受教育水平，实行社会公平正义的价值。在回应社会质疑的过程中，未能以权威的统计数据来验证政策的合法性、合理性，也未能回应在不同的省区或民族地区实行的不同的加分政策的缘由，指出各地政策的不足之处，因而也未能拿出进一步完善该政策的明确的方案。

第四，政策评估信息不系统。

“政策评估要取得相应的成效，评估资料、信息是否真实、有效、完备是前提。没有充足、有效的信息和资料，就好比‘巧妇难为无米之炊’，难以保障评估结果的科学化。”① 政策评估，特别是定量的分析评估，要以准确、全面的信息，包括统计数据为基础。在我国，评估信息和统计数据存在较多的问题。存在的问题有主观和客观两方面的原因。从主观上看，由于受人治传统的影响，各级组织对政策信息重视不够，留存和积累的相关数据不全面、不系统。一些机构为了某种目的而故意隐瞒必要的信息，甚至提供虚假信息。已有的、可获得的数据资料往往不准确，甚至有故意造假的情况。一些地方为了争取国家的财政支持、补贴，夸大困难的程度，虚报相关数据；而有一些地方为了显示政绩，获得上级的奖励，又虚报取得的成绩，隐瞒存在的问题，报喜不报忧。一些地方对统计

---

① 岑乾明：《科学评估与制度化——政策终结的关键》，《经济与社会发展》2005 年第 7 期。

数据的使用，采取了极不严肃的为己所用的态度。我们在调查中了解到，一些民族自治地方的地方发展统计数据就存在较大的问题。一些地方甚至有两套或三套数据。我们在调查中，经常碰到的情况是，为一组数据要跑多个部门，而得到的答复往往是有关数据很敏感，要请示领导后才能提供，或以种种借口婉拒。许多政策执行结果的信息缺乏，这些都给政策实施数据的收集造成很大的困难，从而影响民族政策的定量评估。

除统计数据不准确、不全面之外，一些民族地区的公共信息不透明，对具体民族政策的宣传以及政策执行的相关信息公开不够，群众的知晓率不高，从而使社会、群众、媒体对政策执行的监督难以实现，也增加了政策评估的难度。统计数据和信息不透明，不仅制约了民族政策的定量评估，也影响了民族政策的实证研究。现有的民族政策研究，主要还是停留在定性的分析研究上，定量的分析研究较少。这种状况直接导致了政策研究与政策实践的脱节，使民族政策研究服务于政策实践的功能被削弱。由于缺乏科学的实证研究和政策评估作支撑，导致决策部门难以对既有政策进行及时的调整、完善与创新。

第五，政策过程评估缺乏有机衔接。

科学的公共政策评估，应涵盖政策制定、政策实施、政策产出和结果反馈等政策周期的整个过程。目前我国对政策制定的评估相对重视。一项涉及少数民族和民族地区发展政策的出台，党和政府都比较慎重。一般先由职能部门调研与动议，并组织对初步方案的拟制与论证，然后再征询相关职能部门、地方以及专家学者的意见，对方案进行修改完善，最后由有权部门按相关程序进行决策。但是，在政策制定出来后，对政策执行过程、政策产出结果的评估以及评估结果的反馈重视不够，未能做到整个政策过程的有机衔接。实际上，由于我国民族地区地域辽阔，区域发展差异较大，在统一政策出台后，执行中必然面临政策执行环境的差异，以及地方、族群利益的博弈，很可能出现相关政策在不同的民族地区执行中变形与扭曲的现象，最后导致政策实施结果的不同。这种状况说明，对政策执行过程与执行结果的评估，以及评估结果的反馈是保证政策绩效的重要环节。但是，在实际的政策过程中，中央对地方往往缺乏必要的监督检查和评估的程序约束。虽然在中央职能部门建立了监督检查、政策法规等民族政策监督检查机构，但一般都缺少政策执行的科学评估的手段与条件。结果往往是等政策执行中出现较大问题以后，才能反映上来，而不能及时发现，及时调整，将问题解决在初始阶段，将政策执行的不良后果减少到最低的程度。在日常工作中，对于相关学术机构和专家学者的政策执行绩效评估及政策建议，有关部门又缺少必要的敏感，往往重视不够。这就极可能造成中央对政策执行中出现的新情况新问题不能及时了解，不能采取相应的调整措施，修补政策漏洞，修正政策目标，增强政策的社会效应。

三　建立健全民族政策评估体系要重点解决的几个问题

第一，民族政策评估法制化。

民族政策评估，是一件十分重要而又十分复杂的工作。其有效开展有赖于党和国家的高度重视。由于政策评估涉及的主体是国家的有权机关，且评价的结果与政府职能部门和相关负责人的政绩或利益密切相关，如果没有权威部门的推进，国家法制的保障，就不可能真正有效实施，更不可能产生应有的效果。正因为政策评估的特殊性，发达国家在推进政府政策评估时，一般都是立法先行，即先由立法机关进行政策评估立法，或由政府权威部门建立相关规则，然后予以推行。为了在我国顺利推进民族政策评估工作，我们建议先由国务院出台《政府政策绩效评估暂行办法》，其中包括对民族政策进行评估的内容。先在部分地区和政府部门试行。在取得经验，完善相关体制机制、程序方法之后，再由全国人大常委会制定《政府政策评估法》。《政府政策绩效评估暂行办法》和《政府政策评估法》要对政策评估的对象、评估主体及其责任、评估人员资质、评估程序、评估方法、评估结果的使用等，作出具体详细的规定。要通过立法，确立政策评估（包括民族政策的评估）在政府运行过程中的重要地位与作用；要明确规定，政府政策的出台都必须经过评估，未经评估任何政策都不得启动实施；政策实施的结果都要接受评估，政策评估是政策终结、调整完善，以及制定新政策的必经环节。法律法规要明确规定相关部门配合评估工作的责任。可以借鉴法国的做法，“评估过程采用异议制，允许被评估机构阐述其观点甚至对评估结论提出异议，但评估报告一旦确定，被评估机构必须根据评估报告的建议采取措施”。[①] 对于不按评估意见进行政策调整，或采取拖延办法消极对待评估结论的政府部门和相关责任人，要规定严格的责任追究办法。在国务院行政立法的基础上，国家民委作为主管民族事务的政府部门，可以就民族政策的专门评估，制定具体的实施办法，对民族政策评估的组织管理和具体实施作出安排，保证《政府政策绩效评估暂行办法》和《政府政策评估法》在民族政策评估中的落实。

第二，重点加强对具体民族政策的评估。

经过半个多世纪的实践与发展演进，我国已经形成了一个覆盖面广，种类和层次较多的民族政策体系。从民族政策的层级与效力来划分，有纲领性民族政策（或总政策）和具体民族政策；从政策制定主体来说，有党中央国务院制定的政策和国务院部委、地方政府制定的政策；从政策的种类来划分，又有政治、经济、文化、社会等不同种类的政策。我们认为，我国的民族政策体系，是以党和国家的纲领性政策为指引和基本价值取向的有机整体，具体的民族政策是纲领性政策的基本精神与价值的体现，服从服务于总政策；总的政策目标的实现，需要具体政策来体现与支撑。总政策绩效的实现，取决于具体政策的推行与落实。因此，政策评估的重点应是各类具体的民族政策。比如，民族区域自治政策是纲领性民族政策，该政策作为一个总的政策，几乎包括了整个民族政策的内容，涉及政治、经济、文化、社会等各个方面。对于民族区域自治政策进行总体性评估，有赖于对该政策之下的若干具体政策的评估，比如说对民族自治地方的建立和自治机关的组成以及自治权行使、民族自治地方根据本地实际情况贯彻执行国家的法律和政策、民族干部培养选拔使用、国家帮助民族自治地方加速经济和文化的发展、保护和发展少数民族文化、发展民族教育、民族语言文字政策、尊重少数民族风俗习惯政策，等等。如果离开了对这些具体民族政策的评估，就不可能形成对民族区域自治总政策的系统科学的判断。换一个角度看，对这些具体民族政策的评估，也即是对民族区域自治政策的评估。当前学界少数学者脱离对民族区域自治的具体政策

---

① 姚刚：《国外公共政策绩效评估研究与借鉴》，《深圳大学学报》（人文社会科学版）2008 年第 4 期。

实践和取得成就的评估考察，仅根据偶发的事件和主观推断，就全盘否定民族区域自治政策，显然是过于武断，缺乏基本的事实依据。按照我国著名政策科学专家陈振明先生的看法，在我国政策评估的起步阶段，对具体政策的评估，也要精选评估的对象。要选择那些条件比较成熟，包括政策目标比较明确，评估资源比较充足，政策效果显而易见，比较容易测定，具有重要价值和显著效益，且决定政策效益的因素可以得到控制，评估结论具有推广价值的政策进行评估。只有这样，才有可能逐步积累评估经验，争取较好的评估效果。[①]

第三，确立民族政策评估的权威主体。

如前所述，政策评估主体是评估工作的具体执行者，对评估工作至关重要。由于民族政策评估的敏感性、复杂性，我们认为在政策评估的起步阶段，其评估主体应以国家权威机构为主，专门的民族问题研究机构为辅，以保证评估的权威性与公正性。待条件成熟后，可以吸纳社会服务机构或民间组织参与评估。关于国家权威评估机构的设立，我们建议由全国人民代表大会民族委员会（以下简称全国人大民委）承担。理由是：全国人大民委是国家最高权力机关全国人民代表大会下设的专门委员会，其重要的职责之一，就是"向全国人大主席团或者全国人大常委会提出属于全国人大或者全国人大常委会职权范围内同本委员会有关的议案"；"对属于全国人大或者全国人大常委会职权范围内同本委员会有关的问题，进行调查研究，提出建议。协助全国人大常委会行使监督权，对法律和有关法律问题的决议、决定贯彻实施的情况，开展执法检查，进行监督"。[②] 对民族政策的制定、执行情况进行评估、反馈，是其行使监督权的必要环节和重要内容。而且目前全国人大民委已经部分行使了民族政策的评估工作，具有组织民族政策评估的权能优势和资源优势。因此，我们建议全国人大民委设立"民族政策评估中心"，专门从事民族政策的评估工作。该中心并不需建立庞大的评估机构，延揽众多的评估人员，其主要任务是制定民族政策评估的规划，审定不同类别民族政策的评估指标体

① 陈振明主编：《政策科学——公共政策分析导论》，中国人民大学出版社 2003 年版，第 338 页。

② 引自全国人大网，http：//www. npc. gov. cn/npc/bmzz/minzu/node_ 1507. htm。

系，拟定评估工作的实施方案，负责选聘相关的专家，具体实施评估工作，最终形成评估报告，并报送国务院和相关政府职能部门。

专门的民族问题研究机构，具有人才与专业优势，对民族政策的发展演进和实施效果有深入的学理和实证研究，具有国际视野，所处地位比较超脱中立，具有开展民族政策评估的诸多有利条件，可以作为国家权威机构评估的重要补充。我们建议在中国社会科学院民族学人类学研究所之下设立民族政策评估机构，适当扩大编制，增加人员，给予特殊的财政保障，使其真正独立行使政策评估职能。

对于上述两种机构的评估活动，应统筹协调，做到评估程序与标准的相对统一，信息资料共享，形成适当的分工与协作，建立某种联席会议机制，做到在评估工作中密切配合，协调互补，共同推进民族政策评估工作的规范化、科学化，促进民族政策更好地发挥效能，为实现“两个共同”的政策目标做出贡献。

无论是国家权威机关的评估，还是专业研究机构的评估，都必须遵循科学民主的原则。要尊重事实，采用严谨科学的评估方式与方法，要认真研究和了解少数民族地区干部群众对民族政策的看法与意见。“公众是政策的直接作用对象，他们对政策的执行效果有着最真实最深刻的体会，因此，尤其要重视公众满意度的测评，赋予公众参与评估的权利，保证公众参与评估的途径畅通。”① 注重民族政策评估的客观性与公正性，防止以偏概全，以主观的评价代替客观的事实。

除上述机构的评估之外，国务院民族工作部门和民族自治地方自治机关的相关职能部门，也应在自己的职责范围内，对具体民族政策的贯彻执行和年度民族工作进行绩效评估，提出评估意见，并向国务院或主管部门报告。

第四，民族政策评估要定性与定量相结合。

由于公共政策本身的复杂性，政策评估方法也各不相同。据帕顿和沙维奇在《政策分析和规划的初步方法》中说，许多专家对最近十年中应用的评估方法进行了分类，已有100种以上的评估方法被确认。政策评估

---

① 吴建南、温挺挺：《政府绩效立法分析：以美国〈政府绩效与结果法案〉为例》，《中国行政管理》2004年第9期。

的总体原则，应该是“根据不同的政策方案选取不同的评估方法”①。如上所述，政策评估有定性和定量分析两种大的方法类型。由于民族政策涉及面广，政策种类多，对之进行评估要根据不同的政策类型，将定性与定量评估结合起来。对于民族平等、民族团结等基本民族政策的评估，要以定性评估为主，辅之以定量分析评估。比如，对民族平等政策的评估，不仅要考察民族平等政策出台的历史背景与演进过程，而且要梳理党和国家在不同时期为实现民族平等总政策而推行的具体政策，调查了解各民族的切身感受，考察民族平等政策贯彻执行产生的实际效果。这种评估，不是简单地对政策进行价值判断，而是需要通过若干评估指标，考量相关具体政策在实现民族平等方面产生的绩效。如通过对各民族公民在政治参与、国民教育、就业保障、职业分布、收入分配、社会福利、生活水准等方面的实际状况的量化分析，展现相关具体政策在促进民族平等方面取得的成效与存在的不足。

对于像少数民族计划生育、扶持人口较少民族、兴边富民、民族地区税收优惠、民族地区资源开发补偿等具体民族政策，评估中要注意通过社会调查访谈、实地观察等传统的方式，了解政策效果和干部群众的反映，但主要应采取定量评估的方法。要通过计量经济学的方法，对具体的统计数据进行科学分析，评估这类具体政策产生的社会效果，看政策的构成要素对结果产生了什么影响，哪些政策要素未达到政策设计的目标，哪些政策要素在执行中被扭曲。通过定量分析评估，明确政策目标的实现程度，找出薄弱环节，进而提出政策调整的对策建议。

第五，根据不同类型的民族政策制定评估指标体系。

政策评估是寻求、论证、确定和校正政策价值的过程。因此，要进行政策评估，必须首先确立标准，评估标准直接决定评估的方向和结果是否正确、是否科学、是否符合实际。政策评估指标体系是政策评估的基本依据或标准。其指标的选取、体系的构成，关系到评估的科学性、可操作性。制定好政策评估指标体系，既是政策评估的重点，也是政策评估的难点。由于民族政策类型多、涵盖面广，不可能用一套指标体系去评估所有

---

① 陈振明编著：《公共政策学——政策分析的理论、方法和技术》，中国人民大学出版社2004年版，第303页。

类别的民族政策。因此，必须根据政策调整对象的特殊性，考虑政策在制定、实施、产生绩效三个阶段的特点，采用不同的评估指标（定性的和可量化的），并为各指标统一赋值或确定权重，建立完整的政策评价指标体系，形成政策评估的基本模型。

科学、客观、有效地评估某项民族政策，必须针对该项政策设计指标体系，以使其中的各项指标能够全面、准确地反映政策的实施效果。我们认为，民族政策评估指标可分为基本指标和特殊指标两种。基本指标具有通用性，是各项政策评估时均要用到的，它反映政策形成的基本条件与价值取向；而特殊指标是根据不同的政策类别和特殊政策目标设定的评估指标。两种指标将政策评估的普遍性要求和政策的特殊性、差别性结合起来。比如说，对少数民族高考加分政策和税收优惠政策的评估，就基本指标来说，都应该列入政策的必要性、政策的合宪性、政策可行性、少数民族干部群众的满意度、政策的社会认同度等。就特殊指标而言，就必须根据二者的不同政策属性和特点来分别选取。比如对少数民族高考加分政策的评估，可能要设立政策的受惠面、加分幅度、受惠学生入学后的学业成绩、毕业后的就业状况、该政策对实现社会公平度所作出的贡献、未享受加分政策社会群体的感受等具体指标。而扶持人口较少民族发展政策的评估特殊指标，则需要设立政策投入、政策产出、政策目标的达成度、政策对人口较少民族经济社会发展的贡献度、政策对少数民族地区民生的影响等可量化指标。

表 1 以扶持人口较少民族发展政策（2005—2010 年）执行绩效的评估为例，将基本指标和特殊指标结合起来，尝试构建评估指标体系。

表 1　　扶持人口较少民族发展政策（2005—2010 年）评估指标体系

一级指标	二级指标	主要观测点（或三级指标）	评估方法
政策制定	政策制定的必要性	前期政策基础，相关政策分析	专家问卷调查分析
	政策目标的合理性	目标内容的具体度	专家问卷调查分析
		目标内容的可行性	

续表

一级指标	二级指标	主要观测点（或三级指标）	评估方法
政策制定	政策方案的科学性	政策方案的现实基础、论证充分度与灵活度	专家问卷调查分析
		政策作用的一致性与连续性	专家问卷调查分析
		正负效果作用	相关群体问卷调查
	决策程序的规范性	决策程序科学完整	专家问卷调查分析
政策实施	政策认同度	政策作用对象的接受、赞同程度	相关群体问卷调查
	政策实施主体的能力	政策实施保证情况；政策人员的沟通与协调能力；政策执行人员的敬业精神、组织能力	专家问卷调查分析及相关群体问卷调查
	政策作用对象的能力	政策作用对象的接受态度；政策作用对象的能力；地方政府的执行力	相关群体问卷调查及数据统计分析
	政策执行的监督约束机制	专门机构对违背政策行为的查处；政策本身的地方适应性调整情况	相关群体问卷调查及数据统计分析
政策绩效	实施效果	经济增长数量与质量	数据统计分析
		人均纯收入、贫困发生率	
		恩格尔系数	
		基础设施：安全饮水；通电、通路、通电话、通广播电视；水利基础设施；基本农田（草场）建设；生态移民；安居项目	
		社会事业发展、公共文化服务体系建设与社会保障等	
		特色产业与可持续发展能力	
		基层组织建设	

续表

一级指标	二级指标	主要观测点（或三级指标）	评估方法
政策绩效	效率	政策投入	投入—产出分析
		政策产出	
	满意度	政策目标群体对政策的评价	相关群体问卷调查与满意度分析
	政策预期	政策目标群体对未来的预期	相关群体问卷调查及数据统计分析
	对民族文化影响	本民族文化的传承与保护状况	相关群体问卷调查
	国家认同与民族认同	受扶持民族对国家的认同； 受扶持民族对中华民族的认同； 受扶持民族对本民族的认同； 该政策对民族关系的影响	相关群体问卷调查及数据统计分析

民族政策评估指标的确定，不仅要考虑不同的政策类型，而且还需考虑不同的政策运行的阶段。对一项民族政策的完整的评估应包括：对政策制定的评估、对政策的实施或执行的评估，对政策的绩效的评估三部分的内容，对每一个部分的评估又包含对许多更小的部分的评估。这就要求评估主体针对不同的评估阶段，调整或设计不同的指标体系。不论是哪一种、哪一类民族政策的评估，其评估指标体系的设立，都必须经过民主、科学的程序，充分听取各方面专家、各界人士，特别是少数民族干部群众的意见，经反复、充分的论证，才能确定，而且需在评估实践中，不断地总结经验，调整完善。

第六，建设民族政策评估信息平台。

如前所述，全面系统准确的信息，是政策评估的基础与前提。民族政策的科学评估，有赖于建立健全科学系统的相关信息系统，以及相关的信息公开、共享的体制机制。针对我国目前在这方面存在的问题，我们建议从以下几个方面开展工作：

一是建立完善的民族地区经济社会发展统计资料数据库。要在进一步完善现有统计口径和统计方式的基础上，健全关于少数民族与民族地区的社会经济发展、基本公共服务与民生状况、自然资源开发与环境保护、人口流动与社会管理等方面的社会抽样调查制度，形成对现有统计系统和统计资料的必要补充。建议仿效国家统计局农村社会经济调查总队和在各省市建立的地方农调队、城市抽样调查队的做法，建立专门的民族自治地方城市与农村发展状况调查队，给予人员编制和经费保障，选取与民族政策、民族发展、民生状况、民族关系密切相关的统计指标和调查科目，确立较为固定的调查观察点，除对民族地区的农业、林业、牧业、渔业、农村住户收支及消费，民族地区城镇居民生活状况等进行统计和抽样调查外，对民族地区经济社会发展中的新情况、新问题、新动向、新舆情，实施专项调查，并利用调查网络，进行不同层次住户与居民的跟踪调查。通过民族发展与民族问题调查队的工作，形成定期、系统的抽样调查统计信息，以供相关民族政策的评估之用，弥补现有统计渠道与统计方式、统计数据的不足，校正现有统计渠道和统计数据因其他因素的干扰而出现的缺失与失真。

二是落实经济社会发展统计数据与调查资料的公开共享制度。《中华人民共和国统计法》第二十条规定，“县级以上人民政府统计机构和有关部门以及乡、镇人民政府，应当按照国家有关规定建立统计资料的保存、管理制度，建立健全统计信息共享机制”。第二十六条规定，“县级以上人民政府统计机构和有关部门统计调查取得的统计资料，除依法应当保密的外，应当及时公开，供社会公众查询”。国家统计部门和民族自治地方的相关部门应严格按照上述规定，履行相关数据公开共享的义务，为民族政策的科学评估创造必要的条件。对于应当公开而拒绝公开的单位和部门，应依法追究其负责人的法律责任。

三是实行统计信息造假责任追究制度。统计数据信息的全面准确，是保证公共政策评估科学性的重要基础，也关乎社会诚信的建设。针对社会上存在的统计数据信息造假的弊端，国家有权机关，应认真贯彻落实《中华人民共和国统计法》关于“统计资料的审核、签署人员应当对其审核、签署的统计资料的真实性、准确性和完整性负责”的规定，对违法违规人员依法追究其相关责任，以保证民族政策评估的统计信息的客观性、准确性，为民族政策的科学评估创造基本的条件。

第七，建立健全民族政策评估结果的反馈与使用机制。

民族政策评估的目的，是为政策的“立、留、废、改”与完善创新提供科学的依据，提高政策实施的绩效，为少数民族和民族地区的经济社会发展服务，为“两个共同”服务，为党和国家事业发展的大局服务。因此，我们不仅要研究如何完善评估指标体系，做好民族政策的绩效评估工作，而且要下大力解决好民族政策评估结果的反馈与使用问题，使评估结果发挥其应有的作用与功能。否则，政策评估就失去了其存在的意义。我们建议，不仅要在相关立法中明确规定，评估机构要将评估结果进行规范化整理，形成高质量的评估报告，上报国务院决策部门或相关职能部门，而且还要明确规定，国务院相关职能部门应在规定的时限内，对评估报告进行研究，专门向国务院常务会议或办公会议进行汇报，并根据评估报告的建议，拿出对被评估政策进行调整、完善，或制订新的民族政策的方案，供最高行政机关进行决策参考。在研究政策评估报告的相关事宜时，可以要求相关职能部门负责人、地方行政首长等参加会议，听取报告提出的意见，进行情况介绍与说明，但不允许以情况特殊为由，拒绝执行评估报告提出的政策改进的对策建议，从而保证政策评估结果的权威性及其对政策改进的时效性。

对于政策评估中发现的政策执行存在的问题，国务院主管部门应当按照行政监督的权限和程序，督促相关单位和部门拿出具体措施，进行整改。对于整改不力，拖着不办的，要依法追究相关人员的行政法律责任；对情节严重，造成严重后果的，要依法追究其刑事法律责任。对于地方性具体民族政策的评估结果，也应按相同的规则进行反馈和整改。

总之，民族政策评估是一项既十分重要又敏感复杂的工作。在当前我国公共政策评估刚刚起步，科学评估的法制环境和体制机制尚待建立的大背景下，民族政策的科学评估面临诸多现实的困难。无论是评估主体的确定，评估指标体系的构建，还是评估统计信息平台的建设，以及评估人员的选择与培训等，都需要我们在政策评估实践中不断研究探索，逐步积累经验，积极改革完善。我们相信，只要党和国家高度重视，这项工作是能够做好做实的。政策评估工作的科学化、规范化，必将为中国特色民族政策的坚持与完善创新提供重要的制度保障。

（原载《民族研究》2013 年第 5 期）

创新民族团结进步政策[①]

加强民族团结，事关实现全面建设小康社会的奋斗目标，事关建设中国特色社会主义事业全局，事关国家长治久安。推动我国民族团结进步事业的发展不仅是一项长期的战略任务，也是一项现实的紧迫任务。为了探索新形势下民族团结进步政策的完善与创新，笔者以江苏省为例子，对该省部分市县的民族团结创建活动进行了较为深入的调查，旨在对散杂居地区的民族团结政策的完善创新提出适当的建议。

一　近年民族团结进步事业面临的新问题

尽管江苏省属于少数民族散杂居地区，民族团结进步事业仍然是一项复杂而艰巨的任务。近年来，随着经济社会的快速发展，民族团结进步事业也不断向前发展。进入 21 世纪以来，江苏省民族团结进步事业的发展也遇到了许多新情况新问题。

少数民族流动人口逐年增多，服务管理难度越来越大。随着经济的快速发展和城市化进程的不断加快，来江苏省工作、学习、经商、务工的少数民族逐年增多，主要来自青海、甘肃、新疆、四川等中、西部省区。他们经营清真饮食、售卖土特产、务工，有的甚至无正当职业。这些人普遍文化水平不高，以初中以下为主，其中还有相当一部分为文盲、半文盲。他们大多数是以亲戚或朋友、同乡关系为纽带，相对集中租住在城郊结合部或廉价旅馆。他们的到来对各民族增进了解，繁荣市场，带动民族地区

① 本文与哈正利合作。

经济发展有积极作用。但由于语言文化、风俗习惯、宗教信仰、民族心理和生活习惯、发展差距等原因，加之有关政策和措施的不到位，少数民族流动人员的到来在短时期内也不可避免地产生了一些消极的影响：一是易与执法部门和当地群众发生冲突。仅 2005 年江苏省就发生了 80 余起涉及少数民族群众的矛盾纠纷，其中涉及少数民族流动人口的有 60 余起；二是涉及少数民族群众的刑事及治安案件上升较快，仅高邮市菱塘回族乡派出所 2009—2015 年就化解和钝化回汉矛盾纠纷 500 多起，制止有可能影响稳定事件 30 多起。[①] 三是危害市场正常经营秩序，易发生重大纠纷事件。在江苏省各地经商的少数民族流动人员相互之间常常因为经济利益和争夺经营地盘等发生矛盾纠纷，有的甚至拔刀相向，随着竞争的日益激烈，此类纠纷呈明显增长态势。

城市少数民族贫困人口有所增加，容易诱发不稳定因素。随着改革开放进程的深入，从外省区流入江苏省的少数民族流动人员不断增加，省内部分农村少数民族进入城市也逐年增多，他们普遍生活比较困难，在城市生存举步维艰；伴随国企改制的深入，少数民族下岗职工越来越多。由于受年龄、饮食习俗、文化、专业技能等方面的局限性，导致就业困难、再就业难，他们与其他城市少数民族贫困群众成了弱势群体中的弱势，就业的不易、生活的艰辛、前途的迷茫、贫富的差距，无一不影响他们的情绪。而且随着城市发展的日益加快，他们与当地汉族群众的差距越来越大，一旦遇到诱发因素，他们长期积压在心中的不满情绪就有可能爆发，给民族团结和社会稳定带来影响。

城市清真网点建设困难重重，清真食品监管力度不够。清真网点建设工作主要在城市，这是落实民族政策，维护少数民族权利的重要方面。目前，江苏省城区的清真饮食网点建设总体上不够理想，多数城市的清真网点偏少，经营上也面临困境，主要是清真饮食行业在当地市场竞争中处于劣势，城市少数民族人口总量本来就少，有清真饮食习惯的少数民族人数就更少，就餐面窄，客流量少，造成生意清淡，且清真食品原辅料价高，经营成本高，加上经营思路保守，创新不够，才出现当前尴尬的局面。此

---

① 《上任 6 年来化解矛盾纠纷 500 多起　少数民族乡群众敬称他为“公义者”》，中国江苏网 2015 - 11 - 26，http：//jsnews. jschina. com. cn/system/2015/11/26/027139022. shtml。

外，由于城区民族工作部门人员少，缺经费，加之执法队伍还不够健全，因此在清真食品监督和管理方面还存在一些急需解决的问题。

民族工作机构和制度有待进一步加强。长期以来，由于一些地方党政领导对城市民族工作的重要性认识不足、重视不够，没有把城市民族工作真正摆上应有的位置，致使贯彻国务院《城市民族工作条例》措施不力；由于有关部门对民族政策和民族工作了解不多，对城市民族工作存在着不愿管、不会管、不敢管的现象，特别是遇到敏感问题时不知如何处理或处置失当。近几年，江苏省县（市）的民族宗教工作机构普遍得到了加强，但城区民族工作机构建设相对滞后，很多城市的区民宗局与统战部合署办公，虽然挂了一个牌子，但人员、经费等都没有落实到位，同时，社区内部也缺乏应有的民族工作的人员和经费，不能适应城市民族工作任务日趋繁重的现状，严重制约了城市民族工作的开展。

二　近年民族团结进步活动的创新举措

由于江苏的少数民族人口主要分布在城市，做好城市民族工作就成为服务于全局和中心工作的重点。江苏省党委、省政府历来重视民族团结进步事业的开展，认为做好城市民族工作是实践“三个代表”的具体体现，是落实科学发展观的必然要求，是保持社会和谐稳定的重要方面。为此，针对新形势下存在的困难和问题，在省委和省政府的指导下，各地立足于地方实际情况，转变观念，积极创新，在民族团结创建活动的实践中，积累了很多值得推广的经验。

健全民族工作机构。2001 年，省编办专门发出通知，对加强市县民族宗教机构建设提出要求；2002 年，全省宗教工作会议再次强调了加强市县民族宗教机构建设。目前，全省 13 个省辖市民族宗教事务局全部列入政府序列，106 个县（市、区）基本列入政府序列，局长由人大任命。全省多数乡镇、街道配备了统战委员兼民族宗教助理。2005 年，省政府同意省民委实行委员制，制定了相关工作制度，形成了由 21 个省级机关部门齐抓共管，共同推进民族团结进步事业的新局面。

推进法制建设，保障民族团结进步事业有序发展。1996 年，江苏省就出台了《江苏省少数民族权益保障条例》，为进一步落实这一条例，增强其可操作性，先后出台了少数民族流动经商人员管理、清真食品生产经营管理、清真饮食网点建设、民族聚居村工作、少数民族扶贫开发、民族教育、社区民族工作、少数民族流动人员服务管理、民族体育、民族乡村新农村建设、民族成分确定等配套文件。同时，有地方立法权的南京和徐州市也相继出台了清真食品和回民殡葬的地方性法规，为民族团结进步事业的发展提供了法律保障。

加大财政投入，加快少数民族的发展。为确保民族团结进步事业的发展，江苏省省财政每年安排450万元专项经费给予积极支持，主要用于民族工作示范社区建设、少数民族流动人员服务管理、扶持清真饮食网点、江浦中学新疆班改善办学条件、少数民族传统体育项目训练基地建设、接待全国各地少数民族参观团队等工作；同时，省民委还会同省有关部门编制了《江苏省少数民族“十一五”经济社会发展扶持项目规划》，并投入近4亿元推进少数民族各项社会事业的全面进步。各级党委、政府在制定和实施“十一五”规划进程中，高度重视城市民族工作，做到同等条件优先、政策适度倾斜，加快少数民族事业发展步伐；各级有关部门在安排各类项目时，优先考虑少数民族和困难家庭，帮助制定发展规划，加快基础设施建设，改善生产生活条件，促进了少数民族经济的发展。

积极推动形式多样的民族团结宣传教育活动。近年来，江苏省从四个方面积极推动民族团结宣传教育活动的开展：一是将其纳入各级党政机关干部培训的内容，在各级党校和行政学院开设课程，用马克思主义民族观武装各级干部，提高他们正确处理民族问题的能力；二是把它纳入农村党员冬训、各窗口服务行业培训内容，让更多的党员和群众了解我国少数民族和我国的民族政策，使“三个离不开”成为全社会的共识；三是把它纳入大专院校和中小学思想政治教育课程中，促使青少年养成自觉增进民族团结进步和谐的良好习惯。

积极推进民族工作进社区。城市少数民族群众无论是常住人口还是流动人员，他们都要生活在街道、社区，因此城市民族工作的落脚点在社区。对此，只有充分发挥社区在教育、帮助和服务、管理等方面的积极作用，通过实施民族工作进社区，切实落实区、街道、社区的三级民族工作责任制，加强城市民族工作网络的建设，才能夯实城市民族工作的基础。完善制度、健全网络，创新民族工作进社区机制。各地在抓好民族工作进社区试点的基础上，在管理网络建设、工作机制创新上进行了较为成功的探索和实践。镇江是开展民族工作进社区较早的市之一，2002 年就在京口区大市口街道进行试点，在街道和社区建立了民族工作领导小组和工作班子，形成强有力的组织领导体系；依托社区服务中心，建立了少数民族就业服务站、法律援助中心、文化宣传队，使服务工作经常化；街道、社区干部经常深入每户少数民族家庭，摸清家庭成员、就业和生活现状，并登记造册输入电脑，建立了社区少数民族家庭的台账，使管理工作信息化。南京、无锡、常州市在加强工作网络建设的基础上，形成了街道党工委为核心、社区居委会为依托、少数民族人士为主体，社区内各单位共同参加、社区各界人士共同参与，纵横相连的社区民族工作新格局。泰州、徐州等市工作虽然起步晚但动作快，他们通过建立组织机构网络，强化社区民族工作机制，成立了由社区民族工作联络员、少数民族各界人士代表、各种志愿者队伍组成的社区民族工作联络组，在街道社区的领导下开展各种活动。目前，13 个市主城区内少数民族人口较多的社区，都已基本形成横向到边、纵向到底的服务体系和工作网络，为进一步推进民族工作进社区奠定了坚实的基础。

确立社区民族工作制度化发展。自 2005 年以来，江苏省在推进民族工作进社区的进程中，逐步探索出了较为规范化的工作制度。（1）工作会议制度。街道每半年召开一次专题研究民族工作的会议，传达学习上级有关会议和文件精神，协调各方关系，解决突出问题，指导工作开展，组织考核奖励。街道民族工作进社区领导小组每季度召开一次会议，通报有关情况，制定工作目标、计划、任务和措施，检查工作进度，联络少数民族上层人士，总结成功经验，研究探索民族工作进社区的新途径。社区民族工作协调小组每月召开一次会议，及时沟通信息，反映社情民意，协调解决少数民族群众工作、生活上存在的困难和问题。（2）联谊走访制度。定期组织辖区内少数民族群众学习党的方针政策和时事政治，重大节庆期间要积极组织开展有民族特色的联谊、联欢、庆祝活动，努力丰富少数民族群众的文化生活。街道党政领导、统战委员和社区负责人要与少数民族群众结对子、交朋友，开展谈心活动。（3）信息交流制度。街道、社区少数民族联络（联谊）组成员要经常向街道反映本辖区内少数民族群众的思想动态和存在的困难问题；街道要及时向上级汇报本辖区民族工作情况，重点是带有倾向性、政策性、敏感性、突发性的问题。街道、社区要定期向本辖区内的少数民族群众通报重点工作和重大举措，认真听取他们的意见和建议。（4）信访接待制度。街道统战委员、社区负责人要认真做好少数民族群众的来信来访和接待工作，对少数民族反映的情况和问题要记录在册，并及时向有关部门汇报。对能够解决的问题，要积极给予协调解决，对不能解决的要做好解释工作。（5）台账资料制度。街道、社区要及时准确地掌握辖区内少数民族群众分布、贫困家庭和社团组织等基本情况，切实做好民族工作信息、台账资料（工作计划、总结、大事记、会议记录、音像等）的收集、整理归档等基础性工作，认真总结工作经验。

加强少数民族流动人口服务管理。切实帮助少数民族流动人员解决实际困难，按照"优先、优惠、优质"的原则，着力帮助他们办实事、做好事、解难事，努力解决他们在经营、子女入学、就医、居住等方面的困难；有关部门要加强协调配合，依法加强对少数民族流动人员的管理，主动加强与少数民族流出地的联系，逐步建立健全人员交流、信息通报、协调联络、突发事件处置等机制，共同做好服务管理和矛盾纠纷的调解处理；要妥善处理涉及少数民族流动人员的矛盾纠纷，依法打击各类违法犯罪活动，切实维护各民族团结和谐、社会稳定。

广泛开展系列民族团结进步的创建活动。多年来，江苏省广泛开展形式多样、内容丰富的各种创建活动，命名了一批民族团结教育基地，设立了一批民族工作示范社区、少数民族传统体育训练基地和清真食品基本供应点，表彰了一批民族团结教育先进单位和个人，宣传了一批民族团结进步模范集体和个人。通过开展系列民族团结进步创建活动，开拓了视野、创新了方法、收到了成效，促进了全省民族团结进步事业的全面发展。

加大清真网点的扶持和管理力度。在加强清真饮食网点建设方面，采取市场为主、政府引导、加大扶持等举措，将其纳入城市商业网点建设的总体规划，进行合理布局，尽可能地满足少数民族群众的需要。依法加强对清真行业的管理工作，加强监督和指导，严厉打击制作和销售假冒清真食品的行为，促进清真行业自身的健康发展。

三　关于民族团结进步政策创新的若干建议

论及民族团结进步事业的内涵，正如胡锦涛同志在第五次全国民族团结表彰大会上所强调的："我国民族团结进步事业，是中国特色社会主义事业的重要组成部分。"团结和进步是相辅相成的统一体。团结是进步的前提，进步是团结的基础。

进入21世纪以来，以市场为纽带的少数民族人口流动呈现多样化、常态化、复杂化趋势，进入大城市务工、经商、求学、旅游的少数民族人口逐年增多，这给民族团结进步事业提出了许多新课题。如何在尊重少数民族生活习俗与加强城市规范化管理之间取得平衡？如何在维护少数民族合法权益与加大城市民族工作力度之间达到统一？如何在建立城市综合民族工作网络上实现突破？如何在维护各族人民根本利益的同时，让各族人民共享改革发展成果？结合江苏的经验，我们认为具体应该从以下几个方面着手：

第一，更新理念，深化民族工作的社会化发展。要深刻认识我国民族团结进步事业，是中国特色社会主义事业的重要组成部分。简言之，民族团结进步事业并非仅仅局限在民族团结教育的层面，而是要牢牢把握各民族共同团结奋斗、共同繁荣发展的主题，紧紧围绕促进民族团结、加快少数民族和民族地区发展、加快民族地区民生保障和民生改善进程，全面推进民族地区社会主义经济建设、政治建设、文化建设、社会建设以及生态文明建设，维护各族人民根本利益，让各族人民共享改革发展成果。

基于此，东部散杂居省区的民族团结进步事业的开展，应当有全局意识、联系的观点、开放的意识、包容和创新的观念。不能将民族团结进步事业局限在局部地区的工作范围内，而要将东部地区和西部地区联系起来考虑。如少数民族流动人员服务管理中，既要考虑建立两地协调的工作机制，同时也要注重将外来少数民族流动人员的服务和管理纳入当地的社区工作中。在江苏很多地区，对外来少数民族务工人员逐步实现"有户籍、有收入、有社保、有医疗、有房住、有组织"及其子女"有书读"等10项同城待遇。典型的是泰州市规定，外来务工人员子女由教育部门统一安排中小学接纳，并免除在泰州市城乡义务教育阶段学校就读的借读费、学杂费和书本费；逐步将外来务工人员纳入住房公积金制度；外来务工人员比较集中的各类开发区（园区）和城区，可以按规划集中建设外来务工人员公寓；优秀外来务工人员还可通过推荐、选举，担任各级人大代表、政协委员和社区民意代表。这一工作方法的创新，让来自西部的少数民族流动人员享受到东部发达地区改革发展的成果，且进一步深化了民族工作的社会化进程。

第二，进一步健全民族工作机构。民族团结进步事业是全局性的、重大的政治问题，党委、政府必须要把它摆到应有的位置，及时研究和解决出现的新情况、新问题，认真落实各项工作措施。这就要求各省、市、区建立健全民委委员工作机制和制度，切实做到齐抓共管。同时，针对城市民族工作面广量大、任务日益加重和经费短缺的情况，着力加强民族工作机构建设，配足专门工作人员和工作经费，改善工作环境，创造良好的工作条件，这在社区民族工作中，是亟待解决的重点问题。因此，除了在城区、市县加强民族工作机构建设外，还要进一步落实社区民族工作的人员和经费。

第三，大力推进社区民族工作。城市少数民族无论是常住人口还是流动人员，他们都生活在街道、活动在社区，城市民族工作的落脚点在社区，着眼点在社区。各地要充分发挥社区在教育、帮助和管理等方面的积极作用，通过推进民族工作进社区，切实落实区、街道、社区的三级责任制，加强城市民族工作网络建设，夯实城市民族工作的基础。对此，国家民委应当考虑出台“民族团结示范社区”的标准，对不同等级的民族团结示范社区，应当配给适当的荣誉和相应的配套经费，以便在全国推进民族团结社区的建设，切实将民族工作落实到社区之中。

第四，切实加强流动人口服务管理。少数民族流动人员是城市弱势群体中的弱势人群。各级政府要努力帮助他们解决生产经营、子女入学、就医、居住等方面的困难；有关部门要密切配合，主动加强与少数民族流出地的联系，逐步建立健全人员交流、信息通报、协调联络、突发事件处置等工作机制；要妥善处理涉及少数民族流动人员的矛盾纠纷，依法打击各类违法犯罪活动。同时，对于东部地区应当考虑在配套经费的支持下，建立外来少数民族人口职业培训机构，定期对外来少数民族务工人员进行职业培训、职业技能竞赛、民族政策和普法教育等。

第五，加大清真网点扶持管理力度。尊重少数民族饮食习惯是党的民族政策的重要内容。各级政府要加大对清真网点的扶持力度，将其纳入城市商业网点建设总体规划，合理布局，促进清真行业的健康发展，切实满足回族等少数民族群众的清真需求；有关部门要依法加强对清真行业的管理，对制作和销售假冒清真食品的行为进行严厉打击。

第六，鼓励民族团结宣传教育和创建活动的创新。随着民族分布格局的变化和少数民族流动人口在东部散杂居地区的增加，除了坚持传统的民族团结宣传教育的基本做法，还要积极鼓励工作方法的创新。不能停留在说教的层面，而要切实将其纳入整个社会精神文明和社会文化建设的工作中去。对此，我们有两个基本建议：一是建立民族团结教育基地。可以考虑在省会城市建立现代化的民族博物馆，免费给各族群众提供了解我国各民族文化和发展的情况，领会文化多样性在国家整体发展中的价值和地位的平台。二是立足社区实际，发掘社区资源开展民族团结教育。也就是说，民族团结教育不一定非要采取一般性的说教，而是要积极发掘社区内部资源，动员各族群众积极参与各类民族团结进步事业。

（原载《广西民族研究》2012 年第 1 期）

加强少数民族权益保障

民族利益与民族关系

民族利益与民族关系是研究和处理民族问题的两个重要的、基础性范畴。但是，在过去很长时间里，由于认识的偏误和教条主义的影响，学术界和实践中对民族利益问题和民族利益对民族关系的影响，未给予足够的重视。随着市场经济的发展和社会的转型，由利益引起的民族问题增多。正确认识和处理民族利益问题，是解决新形势下的民族问题，建构平等、团结、互助、和谐的社会主义民族关系的需要。

一　民族利益的内涵

根据民族利益的不同指向，对其大致有两种理解。一种是国别意义上的或国与国关系意义上的民族利益，表现为国际关系或国家交往中一国不分民族、种族的整体利益，如中华民族的利益。另一种是指多民族国家内部不同民族之间，特别是少数民族在与国家或主体民族的交往中表现出来的利益，如民族地区和少数民族的经济利益、政治利益等。这两种民族利益具有密切的关联，但是就处理多民族国家内部的民族关系而言，二者是应当而且可以区别开来进行分析研究的。本文所研究的，是后一种意义上的民族利益问题。

民族利益是社会利益的一种特殊表现形态。研究民族利益，必须对利益进行必要的分析与界定。利益是推动人类社会发展进步的重要动力，对利益的追求乃是人类社会生存和发展的基础。那么，什么是利益呢?《辞海》对利益的解释是“好处。如集体利益、个人利益”。霍尔巴赫在他的名著《自然的体系》中说：“利益就只是我们每个人看作是对自己的幸福所不可缺少的东西。”[①] 有学者将利益界定为，人们通过一定的社会关系表现出来的需要，没有需要和好处，也就没有所谓利益。“只有当需要与需要对象之间存在矛盾时，需要才转化为利益。”[②] 马克思认为，利益既是一个评价性概念，更是一个事实性概念，“利益是讲求实际的”。[③] “‘思想’一旦离开‘利益’，就一定会使自己出丑。”[④]

由上可见，利益首先是一个多元主体的关系性概念，即只有多个主体构成的社会关系的存在，才会产生利益问题，利益分配、利益矛盾、利益博弈，是利益主体多元的表现。其次，利益与资源的稀缺有关。由于利益存在于需要与需要对象的矛盾之中，即需要对象难以满足主体需要时才产生利益问题，如果某种资源任何主体都可以不受限制地占有或消费，那么利益问题也不会产生。正因为资源的有限性，才有利益的博弈。从理论上分析，在一定的阶段或时期，不同利益主体的利益可能同时增长（增长的幅度可能会有差异），但在许多情况下，一方利益的增长，可能意味着他方利益的消减或暂时的、局部的消减。最后，利益对主体表现为某种好处，这种好处可能是物质的，也可能是精神的；可能是现实的，也可能是潜在的。

既然利益是一个多元主体的相关性概念，并且存在于主体的需要与需要被满足的矛盾状态之中，因此利益又是一个受限性概念。利益的满足，是有条件的。它既需要一定物质的、政治法律的条件，还需要相关利益主体的友善参与与合作，在友善参与与合作不可得的情况下，往往要通过利益主体之间的博弈才能实现。

在多民族国家，民族利益是由于民族之间发展的差异，各民族通过一定的社会关系表现出来的需要，这种需要对民族的生存与发展表现为正向价值，即好处或潜在的好处。我国有56个民族，除汉族之外，其余55个民族为少数民族。在社会主义制度下，我国实现了各民族政治上的平等，各民族共同繁荣发展具备了根本的政治条件，各族人民的根本利益是一致

① 霍尔巴赫：《自然的体系》上卷，管士滨译，商务印书馆1964年版，第271页。

② 张玉堂：《利益论》，武汉大学出版社2001年版，第44页。

③ 《马克思恩格斯全集》第1卷，人民出版社1956年版，第149页。

④ 《马克思恩格斯全集》第2卷，人民出版社1957年版，第103页。

的。但由于民族特点和民族差异、各民族在经济文化发展上的差距将长期存在，民族的个体利益和特殊利益需求也将长期存在。目前，汉族当然也有民族利益问题，但总体而言，民族利益主要表现为少数民族加快发展与提高生活质量的需要，以及我国经济社会发展条件在满足这种发展要求时所表现出的矛盾状态。现阶段，我国民族利益的特殊性在于，少数民族作为多元利益主体的一方，具有弱势性特点：一是资源占有和发展条件的弱势性。这主要表现在少数民族大多地处西部边疆地区，自然地理条件恶劣，远离国家政治经济中心和沿海发达地区，交通不便，基础设施落后，工业化程度低，与中东部的发展差距大。这一特点，使少数民族的发展要求更加强烈。二是自我发展能力的弱势性。由于自然的和历史的原因，民族地区的经济较为落后，发展基础薄弱；少数民族的生活水平相对较低，教育科技发展滞后，开放创新意识还不够强。这种弱势性使少数民族在社会转型和现代化过程中，处于异常脆弱的境地，也使少数民族对利益问题特别敏感。因为在社会转型和现代化过程中，市场竞争加剧，主体民族和非民族地区发展明显加快，而少数民族由于其主体的弱势性使之进一步拉大与前者的发展差距。当前，民族利益集中体现为实现民族平等和加快民族发展。

民族利益可以按不同的标准进行分类。如按利益实现的远近程度和时间来划分，可分为眼前利益和长远利益；按利益对于主体的重要性来划分，可分为根本利益和非根本利益；按主体追求利益的目的与层次来划分，可分为生存利益和发展利益；按主体活动的区域和范围来划分，可分为局部利益和整体利益；按利益的内容来划分，可以分为经济利益、政治利益、文化利益、精神利益、社会利益、生态利益等。这里，我们主要探讨民族利益的不同内容。经济利益“是对经济关系、经济活动及其成果——产品的占有、享有和消费，或者是对一定收入（最普遍的形态是工资，还有利润、利息等）的需要的满足”。[①] 在我国，国家对于少数民族的特殊财税经济优惠政策，对少数民族发展经济的扶持，少数民族人民通过辛勤劳动，发展社会主义市场经济，不断提高物质生活水平等，都可以物化为少数民族的经济利益。政治利益主要表现为少数民族平等参与国

① 王伟光：《利益论》，人民出版社 2001 年版，第 83—84 页。

家政治生活，平等行使管理国家事务和社会事务的权利，充分行使民族区域自治的权利，人身权利和政治权利得到有效的保护。文化利益主要是指少数民族的传统文化、生活方式受到尊重与保护，优秀民族文化得以发扬光大，国家和社会保障和支持少数民族享有接受现代科学文化教育，平等享受现代文明发展成果。精神利益是与经济、政治、文化、社会、环境等利益密切相关的，少数民族在精神上的感受与享受，如平等感、成就感、愉悦感、自豪感等；社会利益包括国家为少数民族提供基本的社会保障和基本的社会公共产品和基本的公共服务，满足少数民族的生产生活需要。生态利益是指少数民族地区的自然生态环境受到妥善的保护，为民族地区和少数民族的永续发展提供必要的环境保障；民族自治地方为国家的生态平衡、环境保护作出贡献的，国家给予利益补偿。民族利益是一个内容十分丰富，不同利益紧密相连的统一整体。一种利益的侵损，可能导致其他利益的连带受损。依据历史唯物主义的观点，在民族利益体系中，虽然各种利益相互影响，相互制约，但经济利益是最根本性的利益，经济利益决定着其他利益的实现与发展。

民族利益是一个发展的概念。民族利益虽然具有相对稳定的内涵，但利益的内容却随时代和社会的发展而发展。在计划经济时代，少数民族也有经济利益的要求，但由于产品经济的影响和市场的缺失，这种利益要求主要表现为向国家要资金，要物资，要优惠，最迫切的需求是解决温饱问题。而在市场经济条件下，民族地区和少数民族除了需要资金和物资的帮助外，更突出的利益要求是要发展的政策，要政府解决因市场失灵导致的利益受损问题、资源开发中的利益分配问题以及其他合法权益的保障问题等。随着时代的发展，新的民族利益需求将会产生。如现代通信传播技术的发展，使民族地区和少数民族群众对国家加大相关基础设施建设力度，更好地满足经济发展和文化消费的要求更加强烈。民族利益与民族共存，只要少数民族存在，就有少数民族利益存在。人类社会是发展的，人类的利益要求也是发展的。一种利益得到了满足，新的利益要求又会产生。社会正是在这种利益要求与利益满足的交互作用中发展前行，民族关系也在这种交互作用中得到改善与发展。那种认为民族利益会引发民族矛盾，因而对民族利益采取回避或视而不见的态度是不科学的。

民族利益并非在任何条件和任何情景下都具有正当性。因为利益是主体多元的概念，是主体需要与社会资源难以满足需要的矛盾状态，所以，在一定的条件下，民族利益也可能演变成一种狭隘的利益。所谓狭隘的利益，就是不顾客观条件，不顾国家的整体利益和社会的共同利益，不顾其他民族的正当利益，片面强调本民族的利益，将民族利益无限放大，走向极端。在权威和秩序的政治架构之内，由于人类理性的作用，民族利益在多数情况下，能够被界定在合理的范围之内。但是，发展差距产生的失落与现实利益的诱惑的确太大，在利益的驱动下或非理性、非程序性力量的推动下，民族利益的确存在被不恰当放大的可能。这是我们在研究和处理民族利益问题时必须予以高度重视的。

民族利益的冲突，除了发生在不同利益主体之间以外，还可能经常发生在民族利益的不同类型之间，如经济利益与文化利益、眼前利益与长远利益、根本利益与非根本利益的冲突。这种利益冲突对于民族地区和少数民族的发展，往往具有十分重要的影响。但由于这种利益冲突是“民族”内部的冲突，因而常常被掩盖和忽略。

二　民族利益对民族关系的影响

“民族关系是多民族国家中至关重要的社会关系。”① 民族关系的好坏，不仅关系到社会的和谐稳定，而且关系到经济社会发展和国家安全。在多民族国家，影响民族关系的因素很多，如国家结构、法律制度、阶级关系、民族政策、历史传统、宗教信仰、文化类型与风俗习惯、国际局势等。分析研究影响民族关系的诸因素，不难发现，各种因素背后都隐含着利益问题，民族利益是决定和影响民族关系的最重要的因素。历史上“民族之间的互市贸易，经济交流，文化上的交融与彼此相互吸收，相互之间的通婚等，都是民族和好关系的表现。但是，这些和好关系的种种表现形式，都是在受着政治、经济利害关系的支配下进行的”。②

民族利益与民族关系，在哲学的意义上属于社会基础与上层建筑的范

---

① 胡锦涛：《在中央民族工作会议暨国务院第四次全国民族团结进步表彰大会上的讲话》，《人民日报》2005 年 5 月 28 日。

② 刘先照主编：《论社会主义民族关系》，民族出版社 1991 年版，第 1 页。

畴。马克思认为，“各民族之间的相互关系取决于每一个民族的生产力、分工和内部交往的发展程度”。[①] 利益是人类活动的基础性条件和根本动力，“人们奋斗所争取的一切，都同他们的利益有关”。[②] 利益既是主体之间关系的纽带，又是主体关系的基础。民族利益与民族发展密切相关，与各民族群众的生产生活紧密相连。民族利益决定民族关系，符合马克思主义的唯物史观。那么，民族利益如何影响民族关系呢？

首先，民族利益影响民族心理。利益对民族心理的影响是双向的，如果民族利益问题得到正确的处理，可能促进民族的心理认同，有利于和谐民族关系的建立和发展；处理不好，则可能导致民族隔膜与民族仇视。毛泽东同志曾经指出，我国“历史上的反动统治者，主要是汉族的反动统治者，曾经在我们各民族中间制造种种隔阂，欺负少数民族”。[③] 因此，“少数民族免不了带着怀疑的眼光看汉族”。[④] 民族之间由于语言、风俗习惯、经济生活等不同，本来就存在认同上的差异，加上历史传统的影响，少数民族对利益问题非常敏感。在现实生活中，如果在利益分配和处理利益问题时，表现出些许的偏颇，就会在少数民族中产生被歧视、被剥夺的心理，强化其对公权机关和其他民族的不信任心理，造成民族之间的隔膜，甚至导致民族主义的发展与蔓延，引发民族冲突。这种基于民族利益而形成的不信任心理，具有很强的扩散性和传承性，是影响民族关系的深层次的原因。其一旦形成，往往很难在短时间改变。民族心理具有脆弱性的一面，利益天平的些许倾斜，就可能给民族的认同与和谐民族关系的建立造成难以逆转的困难。

其次，民族利益影响民族发展。发展是少数民族的根本利益要求，发展也是解决民族问题，改善民族关系的基本条件。在现实生活中，许多的民族矛盾与民族问题，都是因为发展不够和发展的差距而产生。由于历史与自然条件的原因，民族地区的发展有诸多不利因素。实现民族地区的经济社会发展，既需要少数民族自力更生、艰苦奋斗，努力工作，也需要国

① 《马克思恩格斯选集》第1卷，人民出版社1972年版，第25页。
② 《马克思恩格斯全集》第1卷，人民出版社1956年版，第82页。
③ 《毛泽东文集》第5卷，人民出版社1997年版，第288页。
④ 《周恩来选集》下卷，人民出版社1984年版，第249页。

家和社会给予必要的帮助与扶持。如果少数民族的发展要求长期得不到满足，民族地区的落后状态长期得不到改变，民族地区与发达地区的发展差距不能尽快缩小，少数民族的物质文化生活得不到有效提高，就会造成民族地区和少数民族群众对国家、政府的认同降低，就会增加民族矛盾与民族冲突的发生概率，就会影响和谐民族关系的建立和发展。

再次，民族利益问题引发民族事件与民族冲突。民族利益关系到民族的生存和发展，是导致民族之间冲突与摩擦的最基本、最常见的原因。民族利益冲突是不同民族和相关主体围绕利益得失所产生的冲突。从横向关系来看，在日常的生产与生活中，不同民族可能因山界、水源、牧场等物质的利益冲突形成摩擦；也可能因宗教信仰、风俗习惯等文化利益上的侵损，而导致矛盾的加剧。从纵向关系看，少数民族的个体、族群，也可能因为物质的和精神的利益问题与集体、国家产生利益上的矛盾与冲突。民族利益基础上的民族之间的隔膜与仇视，是民族事件与民族冲突的催化剂。这就是为什么现实生活中，个别的伤害案件或个别的不尊重民族风俗习惯的偶发事件，会酿成有很大影响的民族群体性事件的重要原因。

最后，民族利益问题是敌对势力挑拨民族关系的重要切入点。我国的民族问题往往表现为经济问题与政治问题交织在一起，现实问题与历史问题交织在一起，民族问题与宗教问题交织在一起，国内问题与国际问题交织在一起。利用民族利益问题，挑动民族情绪，制造民族事端，是西方敌对势力和民族分裂势力、暴力恐怖势力、宗教极端势力的共同伎俩。一方面，他们以现实中的民族发展差距为由离间民族关系，破坏少数民族对政府的信任；以人口迁移、资源开发、宗教信仰等为借口，挑动民族纷争；打着关心少数民族利益的旗号，进行欺骗宣传，歪曲历史与事实，进行挑拨离间，甚至进行暴力恐怖活动，破坏民族团结和社会稳定。另一方面，他们又以提供经费，资助留学等形式，蓄意拉拢少数民族的青年，企图在少数民族中培养代言人。总而言之，民族利益问题是敌对势力破坏民族关系，进行颠覆破坏活动的重要切入点，必须引起我们高度的警觉与重视。

正是由于民族利益对民族关系影响巨大，社会主义国家必须十分注重处理民族利益问题。十月革命后，列宁针对苏维埃俄国的民族关系状态，一再强调，要充分考虑少数民族的历史与现实、心理与特点，对民族利益予以照顾和统筹安排。他指出，苏维埃政权不仅要使各民族在法律上平等，而且“必须加紧帮助落后的弱小民族”，[①] 要使以前受压迫的民族的劳动群众达到事实上的平等，建立起社会主义民族团结的巩固的经济基础。新中国成立初期，周恩来同志就号召广大汉族干部，要以“还债”的态度，诚心诚意地帮助少数民族地区发展经济、文化事业，以摆脱贫穷落后状态，使各民族共同发展繁荣起来。1953 年，毛泽东同志在接见西藏参观团代表时指出：“帮助各少数民族，让各少数民族得到发展和进步，是整个国家的利益。”[②] 正是基于这种思考，新中国在制度设计和政策安排等方面，注意照顾少数民族的利益；建立了民族区域自治等一系列的制度来保障少数民族的利益；国家努力帮助少数民族发展经济文化事业，提高他们的物质文化生活水平；较好地解决了历史上遗留下的民族压迫和民族歧视，实现了民族平等，建立起团结互助的社会主义民族关系，使我国成为世界处理民族问题的典范。

三　协调利益冲突，建构和谐的民族关系

改革开放以来，随着市场经济的发展和社会的转型，我国的社会结构和利益关系发生了重大的变化，民族利益问题也出现了一系列新的情况：

一是新的民族利益要求凸显。如加快发展，提高物质文化生活水平的利益要求；落实《国务院实施〈中华人民共和国民族区域自治法〉若干规定》，兑现给予民族地区经济社会发展的优惠扶持政策的利益要求；在自然资源开发过程中，照顾民族地区和少数民族的利益要求；在经济文化交往和人口流动过程中，尊重少数民族风俗习惯，保障少数民族合法权益的利益要求；落实民族区域自治制度，维护自治权益的利益要求；保护民族传统文化，发展现代教育科学文化事业，完善社会保障系统的利益要求等。二是民族利益矛盾增加。如民族地区财政赤字逐年增长，地方财政保运转、搞建设难以兼顾的矛盾；民族地区出产的原材料和初级产品价格偏低引起的矛盾；开发利用民族地区自然资源与照顾少数民族利益的矛盾；民族地区人才缺乏与人才流失的矛盾；经济发展与保护少数民族传统文化

① 《列宁全集》第 29 卷，人民出版社 1956 年版，第 88 页。

② 《人民日报》1954 年 6 月 29 日。

和自然生态环境的矛盾；少数民族人口流动与保障他们的合法权益的矛盾；因山界、林界、水源、草场的勘定与利用引发的矛盾等。三是少数民族地区和少数民族群众的利益观念与意识明显增强。在市场经济大潮的冲击下，民族地区和少数民族群众逐步改变封闭状态，与世无争，安于贫困，日出而作，日落而息的生活方式正在发生变化，对利益的关注与追求，逐步成为主导性的价值理念之一。

人类社会由多元主体构成，追求利益是人类的天性。然而，社会可供人类分配与消费的资源却总是不能完全满足社会成员的需要。这种资源的有限性与人类需求的无限性，是人类社会始终面对的矛盾。这种矛盾的存在，既是人类不断进步的重要动力，也是国家、法律等得以产生的重要原因。国家的基本职能之一，就是调整社会利益关系，协调利益冲突，维系社会利益格局的相对平衡。国家通过法律规范和政策引导，使包括少数民族在内的各社会利益主体理性选择自己的行为，而制度则保证各主体获得与自身努力相应的回报；通过对社会资源的再分配，给予少数民族特殊的政策倾斜和照顾，保障少数民族的利益；建立良好的利益调控与矛盾化解机制，运用科学的利益调控方法，促进和谐民族关系的发展。

民族利益要求以及由此引发的矛盾，是世界多民族国家面临的共同问题。总结我国和世界各国处理民族利益问题，协调民族利益冲突的经验，笔者认为，现阶段我们主要应做好以下几方面的工作：

第一，加快发展。在现代社会，解决与协调利益矛盾与利益冲突，不能以禁欲主义和平均主义的思路来处理。发展是解决少数民族利益问题的根本途径。只有加快民族地区经济社会发展，才能满足少数民族不断增长的利益要求，为有效解决利益矛盾，化解利益冲突提供坚实的物质基础。没有发展，不仅新的利益矛盾不能解决，旧的利益矛盾也会激化。为了推动和促进民族地区的经济社会发展，中央和地方各级政府，要切实贯彻落实中央民族工作会议的精神，按照“五个统筹”的要求，从基础设施、结构调整、财政投入、生态建设、扶贫开发、兴边富民、扶持人口较少民族等方面，明确支持少数民族和民族地区加快发展的政策措施、主要任务和具体要求，进一步加大支持与政策倾斜的力度。国家要继续组织和支持经济发达地区和大中城市、大型企业与民族自治地方的对口支援和帮扶工作。通过劳动密集型和资源加工型产业的转移、技术转让、交流培训人才、加大资金投入、提供物资支持等多种方式，帮助民族自治地方加速经济、文化、教育、科技、卫生、体育事业的发展；充分发挥社会主义制度的社会动员与组织优势，为民族地区和少数民族的发展，做实实在在的工作。国家要引导和鼓励经济发达地区的企业按照互惠互利的原则，到民族自治地方投资，开展多种形式的经济合作。在支持与帮助过程中，既要重视财政资金、税收优惠的支持，也要重视科学技术与人力资源开发方面的支持；要注意培养民族地区和少数民族自我发展能力。同时，民族自治地方要科学确定发展思路和发展目标，努力提升自我发展能力，克服等靠要的思想，充分发挥自身优势，探索各具特色的加快发展的新路子。

第二，运用法律的方法协调民族利益冲突。法律本身就是利益博弈的产物。法律具有权威性与稳定性的特点，可以使利益主体产生相对稳定的利益预期。在利益多元与利益冲突的社会，“法律是最优良的统治者”。[①]充分发挥法律在协调利益冲突中的作用，现阶段主要应抓好以下工作：一是完善立法，进一步明确少数民族地区和少数民族的利益主体地位、利益分配原则、利益分配程序以及利益纠纷解决机制。应该说，我国宪法和民族区域自治法在这方面已有一些相关的规定，但是规定不够具体，难以操作；加上市场经济的发展造成了许多新的利益问题，急需在立法上予以完善。比如，按照宪法的规定，民族自治地方的人民代表大会有权依照当地民族的政治、经济和文化的特点，制定自治条例和单行条例。这一规定，显然体现了对民族地区和少数民族利益的特殊保障。但到目前为止，我国五大自治区的自治条例没有一个被通过。其中重要原因，就是民族自治地方的利益主体地位的确立还存在一些问题，自治地方一些重要的自治权利的落实还有困难，自治地方与国家职能部门在利益问题上难以协调。再比如，民族区域自治法规定，“国家在民族自治地方开发资源、进行建设的时候，应当照顾民族自治地方的利益，作出有利于民族自治地方经济建设的安排，照顾当地少数民族的生产和生活。国家采取措施，对输出自然资源的民族自治地方给予一定的利益补偿。”“民族自治地方为国家的生态平衡、环境保护作出贡献的，国家给予一定的利益补偿。”但是，在具体开发与建设过程中，如何照顾民族自治地方的利益，按照什么标准给予利

① 亚里士多德：《政治学》，吴寿彭译，商务印书馆1965年版，第171页。

益的补偿，尚需在深入调查研究，认真听取民族自治地方意见的基础上，做出更加科学合理的法律安排。立法机关应根据公平正义原则，与时俱进，将市场经济条件下民族地区和少数民族的正当利益要求变成法律的规定。二是严格执法。各级政府要按照宪法和民族区域自治法的规定，坚决落实《国务院实施〈中华人民共和国民族区域自治法〉若干规定》，切实履行帮助民族地区和少数民族发展经济社会事业的职责；要加强执法检查监督力度，对不履行法定职责的部门，应依法追究法律责任。三是在发生利益冲突和利益矛盾时，要通过法律的方法进行解决，给予司法救济。过去，我国主要依靠政治方法协调解决利益冲突和矛盾。在市场经济条件下，我们在继续发挥政治协调优势的同时，要高度重视法律协调的作用。对于在经济交往和社会交往中发生的侵损少数民族利益的事件和行为，司法机关和行政执法部门要依法予以处理，切实维护少数民族的利益。

第三，进行科学的利益观教育。要深入贯彻“三个离不开”的重要思想，使全社会理解，没有民族地区和少数民族的发展稳定就没有全社会的发展稳定；没有民族地区和少数民族的现代化，就没有全国的现代化；帮助少数民族地区和少数民族发展，给予其特殊利益照顾和帮助支持，是国家和社会的整体利益、根本利益的要求。发达地区和汉族的干部群众，要以理解和支持的态度，来认识和处理少数民族的利益要求，坚持共同团结奋斗，共同繁荣发展；在利益的分配与调整上，要以“对自己的不平等”来平衡民族之间的利益关系。同时，要使少数民族的干部群众理解，民族利益与国家利益、社会利益密切相关，少数民族的发展和利益的实现，既要有自身的艰苦奋斗，也离不开国家的扶持与其他民族的帮助；民族利益的实现是一个过程，要区分长远利益与眼前利益，在处理利益问题时，要有大局意识和全局观念，积极维护国家的整体利益和社会的共同利益。要强调道德与理性在利益冲突与协调中的作用。在发生利益矛盾与利益冲突时，要理性对待，审慎处理，防止被敌对势力所利用。各级政府和相关职能部门，要以高度的政治责任感和敏锐性，正确对待并慎重处理民族地区和少数民族群众的利益要求。不能把民族地区和少数民族的利益诉求简单地说成民族主义和狭隘的民族利益，而要对之进行认真研究，妥善处理。对于他们合理合法的利益要求，条件具备的，要尽快予以满足；利益要求虽然合理合法，但解决的条件和时机尚不成熟的，要做好工作，创造条件，争取早日解决；利益要求不合理，提出要求的方法不合法的，要做好耐心细致的解释说服工作，防止矛盾激化；对于利用民族利益矛盾和利益问题，煽动闹事，破坏社会主义法制的，要依法进行处理。

第四，打击敌对势力利用民族利益问题制造事端的图谋。在及时、妥善处理民族利益问题的同时，要对西方敌对势力和民族分裂势力、暴力恐怖势力、宗教极端势力利用民族利益问题，进行西化、分化和从事分裂破坏活动的图谋保持高度的警惕。要将维护世界和平与安宁、促进人类共同发展，与维护国家的主权与统一、巩固国内各民族的团结，恰当、有机地结合和统一起来，坚决反对霸权主义和强权政治，反对民族分裂势力、暴力恐怖势力和宗教极端势力。要加大对外宣传力度，积极向世界介绍我国的民族政策和解决民族问题、保障少数民族权益的基本措施，及取得的巨大成就。对于西方敌对势力以民族问题、宗教问题、人权问题为借口，插手我国民族问题，干涉我国内政的行为，要坚决予以揭露和反击；对于民族分裂势力、暴力恐怖势力和宗教极端势力的分裂破坏活动，要保持高压态势，坚决打击，切实维护民族地区的社会稳定和国家安全，维护和发展各族人民的根本利益。

［原载《中南民族大学学报》（人文社会科学版）2006 年第 6 期］

“管理本民族内部事务权利”的历史考察[①]

《中华人民共和国民族区域自治法》（以下简称《民族区域自治法》）在序言中规定：“实行民族区域自治，体现了国家充分尊重和保障各少数民族管理本民族内部事务权利的精神。”国家充分尊重和保障各少数民族管理本民族内部事务的权利，反映了中国实行民族区域自治制度的宗旨和价值。2014 年 9 月，习近平总书记在中央民族工作会议上强调：“民族区域自治是党的民族政策的源头，我们的民族政策都是由此而来、依此而存。”[②] 回溯“少数民族管理本民族内部事务权利”提出和发展的历程，考察权利内涵和行使路径演进的历史脉络，有助于我们深刻认识民族区域自治的性质和特点，适应新时期的新要求，全面正确地坚持和完善民族区域自治制度。

一 “管理本民族内部事务权利”的提出和行使路径的初步探索

中国共产党成立初期，由于理论准备不足，对我国国内民族情况了解不深，加之受苏联模式影响和共产国际干预，提出以实行民族自决和联邦制为主要内容的解决国内民族问题的方针政策。根据民族自决原则，中共在土地革命时期提出少数民族有权利解决自己的一切事情。1931 年 11

---

① 本文与陈蒙合作。

② 转引自丹珠昂奔《沿着中国特色解决民族问题的道路前进——中央民族工作会议精神学习体会》，《中国民族报》2014 年 11 月 7 日。

月，中华苏维埃第一次代表大会通过的《关于中国境内少数民族的决议案》规定：“中华苏维埃共和国绝对地无条件地承认这些少数民族自决权……蒙古、西藏、新疆、云南、贵州等一定区域内，居住的人民有某种非汉族而人口占大多数的民族，都由当地这种民族的劳苦群众自己去决定：他们是否愿意和中华苏维埃共和国分离而另外单独成立自己的国家，还是愿意加入苏维埃联邦或者在中华苏维埃共和国之内成立自治区。”① 1934 年 11 月，红一方面军政治部发布的《中国工农红军政治部关于苗瑶民族中工作原则的指示》指出：“瑶民的事由自己去决定，汉人不得干涉。”该指示所附的《对苗瑶民的口号》第二条即为“实行民族自决，苗民的一切事情由苗人自己解决”。② 1935 年 12 月，《中华苏维埃中央政府对内蒙古人民宣言》宣称：“内蒙古人民自己才有权利解决自己内部的一切问题，谁也没有权利用暴力去干涉内蒙古民族的生活习惯、宗教道德以及其他的一切权利。同时，内蒙古民族……有权按自主的原则，组织自己的生活，建立自己的政府，有权与其他的民族结成联邦的关系，也有权完全分立起来。”③

1936 年 5 月，《中华苏维埃中央政府对回族人民的宣言》指出：“我们根据民族自决的原则，主张回民自己的事情，完全由回民自己解决，凡属回族的区域，由回民建立独立自主的政权，解决一切政治、经济、宗教、习惯、道德、教育以及其他的一切事情，凡属回民占少数的区域，亦以区乡村为单位，在民族平等的原则上，回民自己管理自己的事情，建立回民自治的政府。”④ 属于回族的区域建立独立自主的政权，回族占少数的区域建立回民自治政府，实际上是对《中华苏维埃共和国宪法大纲》关于民族自决权原则规定的具体执行。联系此前中共中央政治局在毛儿盖会议决议中曾指出“中华苏维埃共和国中央政府应公开号召蒙、回、藏等民族起来为成立他们自己的独立国家而斗争”⑤，“回族的事情完全由回

---

① 中共中央统战部：《民族问题文献汇编》，中共中央党校出版社 1991 年版，第 169—170 页。

② 同上书，第 244—246 页。

③ 同上书，第 323 页。

④ 同上书，第 367 页。

⑤ 同上书，第 307 页。

族自己解决"包括了对回族享有独立意义上的自决权利的承认。

1936年8月,《中共中央关于内蒙古工作的指示信》指出:"苏维埃坚决反对干涉蒙古内政,赞助蒙古人的事情应当由蒙古人民自己管理与决定,而主张毫无条件地废除一切中国军阀对蒙古人民的压迫干涉……蒙古人民的事情,应当由蒙古人民自己去管理。"① 此时,中共已经认识到日本打着内蒙古"独立自治"旗号,妄图侵吞内蒙古的巨大阴谋,表明要坚决反对日本侵略者所制造的"蒙古独立",也反对"现在立即组织独立政府或独立队伍"。同时,信中也明确指示"主张民族自决一直到弱小民族组织独立国家与政府","主张红军与其他国民党军队停止彼此间的内战,共同出兵……帮助内蒙人民的独立"。② 这表明中共虽然认识到日本所主张的"民族自决"的虚伪性和危害性,但并没有放弃民族自决的立场,"这种自决是为了内蒙古人民的真正解放,而不是背弃国家投靠帝国主义的'独立'"③。认为只有承认和肯定内蒙古人民有组织独立国家和政府的权利,才能争取蒙古人民在自愿平等的原则上团结起来联合抗日。此处的"蒙古人的事情应当由蒙古人民自己管理与决定"仍然包含了内蒙古人民建立独立国家的内容和路径。

总的来说,这一时期,少数民族"有权利解决自己内部的一切问题"既包括自由自主地保护自己民族的文化和语言,发展自己民族的经济和教育,维持和改革自己民族的生活习惯、道德观念和宗教信仰等不受其他民族干涉的内容,更包含了解决自己民族内部政治问题的一切权利,即根据民族自决原则,与其他民族结成联邦的权利或完全分离独立的权利,抑或建立自治区域的自由权利。"一切问题"、"一切事情"表明少数民族能够按照自己的意愿决定和管理自己事务的范围之广和程度之高。当然,少数民族独立分离是解决内部一切问题的底线,而并非一定要为的选择。事实上,将民族分离独立作为权利的行使路径,也是一种革命斗争的策略需求,对团结和争取广大少数民族群众投入反帝反封建的革命活动有较强的

① 中共中央统战部:《民族问题文献汇编》,中共中央党校出版社1991年版,第418—419页。

② 同上书,第418—421页。

③ 王希恩主编:《20世纪的中国民族问题》,中国社会科学出版社2012年版,第309页。

舆论导向作用。虽然中共在理论和纲领上高举“民族自决”的大旗，但在实践中并没有鼓励民族分离和制造国家分裂。土地革命时期，中共根据民族自决原则，尝试建立了一些冠之以“民族共和国”的民族政权。这些政权要求脱离和推翻实行民族压迫的国民党政权，它们拥护和接受中国共产党的统一领导，实际上是在民族自决原则下建立的民族自治政权，而不是完全独立的民族国家，并没有导致国家主权和领土的分裂。因此，从逻辑上讲，“少数民族解决内部一切问题的权利”包含了少数民族同中国分离并建立独立国家的权利内容和实现方式，但在处理民族关系的过程中，并没有严格地通过此种路径行使权利，为后来将少数民族自由分离独立的权利从少数民族自己管理自己事务的权利中剥离出来奠定了实践基础。

二 “管理本民族内部事务权利”行使路径的调整与徘徊

20 世纪 30 年代中期以后，随着日本侵华的加剧，中国民族民主革命的任务发生了变化，中共解决国内民族问题的主要思路也发生了变化，“管理本民族内部事务权利”的内容和行使路径亦有了一定程度的调整。

1937 年 2 月，《中共中央关于内蒙古问题给少数民族委员会的信》指出：“目前的中心任务则为抗日援绥，为使这一任务迅速完成，不能放弃蒙民中的特殊要求之争取，减轻汉族对于蒙民之压迫，蒙民自己管理自己的政治生活等，以动员与团结内蒙古之蒙民。但这种特殊要求，并不能违背抗日的中心任务。”① 该信虽然肯定了 1936 年 8 月《中共中央关于内蒙古工作的指示信》中总的方针仍然是正确的，但其提法却至少发生了两点明显的变化。一是明确指出“在目前宣传蒙人的独立或分裂非常不妥”②，转而强调蒙汉民族的联合。从这个时候开始，中国共产党不再强调境内各少数民族在独立或分裂意义上实现自决，“党关于民族问题的文献中就几乎不再有赞成民族独立的论述。以 1937 年为界，中国共产党尽

---

① 中共中央统战部：《民族问题文献汇编》，中共中央党校出版社 1991 年版，第 452 页。

② 同上书，第 451 页。

管仍然举着'民族自决'的旗帜，但它已和'民族独立'不再等同了"①。二是从"必须把反中国军阀的压迫的斗争与抗日斗争联系起来"②到"拥护阎傅抗战"③。由于"西安事变"的和平解决，"十年内战"结束，第二次国共合作和抗日民族统一战线初步形成。在此背景下，仍然实行抗日与反军阀斗争并提的策略，既与当时国内政治环境不符，也在客观上有利于日本加剧侵华。这表明随着形势变化，党的民族政策已经开始进行调整。这里的"蒙民自己管理自己的政治生活"已经排除了蒙民独立建国的内容和方式，而主要是指蒙民进行自我管理，同时减轻汉族对蒙古族的民族压迫。

1938 年 9 月至 11 月，中共扩大的六届六中全会在延安召开。毛泽东在大会上作了《论新阶段》的政治报告，指出："允许蒙、回、藏、苗、瑶、夷、番各民族与汉族有平等权利，在共同对日原则之下，有自己管理自己事务之权，同时与汉族联合建立统一的国家"，"对国内各民族，给予平等权利，而在自愿原则下相互团结，建立统一的政府"。④ 报告以全中华民族联合抗日为统领，从中国是统一多民族国家的历史事实出发，赋予少数民族在中华民族大家庭内部的"平等权"和自己管理自己事务的"自治权"，强调少数民族与汉族平等联合，建立统一的国家和政府。"这是中共第一次在重要文件中将国内各民族置于'联合建立统一的国家'和'建立统一的政府'大前提之下……一是将'少数民族'概念置于'中国'这一历史共同体之内，二是从完全的民族本位转变为民族与国家的'二元本位'……将民族平等置于多民族国家的统一之下，国家'允许'和'给予'各民族平等且自己管理自己的权利。"⑤ 虽然此时中共并未排除先前曾经主张过的民族自决和联邦制的思路，但所谓的民族自决和联邦制从此被限定在各民族共同建立统一国家的前提之下。

1940 年 4 月、7 月，中共中央西北工作委员会先后拟定了《关于回回民族问题的提纲》和《关于抗战中内蒙古民族问题提纲》，分别强调回

① 王希恩主编：《20 世纪的中国民族问题》，中国社会科学出版社 2012 年版，第 309 页。

② 中共中央统战部：《民族问题文献汇编》，中共中央党校出版社 1991 年版，第 420 页。

③ 同上书，第 450 页。

④ 同上书，第 595—597 页。

⑤ 王怀强：《民族区域自治绩效研究》，博士学位论文，南京大学，2011 年，第 24 页。

族、蒙古族在政治上与汉族享有平等的权利，在共同抗日的原则下，有管理自己事务之权，并号召各民族在平等原则之下共同联合抗日，建立统一的三民主义的新共和国。[①] 在坚持中共六届六中全会所提方针的基础上，提出了较为丰富的保障少数民族行使自己管理自己事务权利的政策措施，如中央和地方政府中应当有适当数量的少数民族人士参加为委员和行政工作人员，国民参政会和地方各级参议会中应当有适当数量的少数民族人士作为参政（议）员，民族杂居的地方设立由当地少数民族人士组成的委员会管理民族事务，等等。

1941 年 5 月，《陕甘宁边区施政纲领》颁布，规定："实行蒙回民族与汉族在政治、经济、文化上的平等权利，建立蒙回民族的自治区，尊重蒙回民族的宗教信仰与风俗习惯。"[②] 1941 年 6 月，《解放日报》发表《实行正确的民族政策》的社论，指出："正像陕甘宁边区施政纲领中的规定而在实际上已经执行了的，必须允许国内各少数民族与汉族……有平等权利，在共同抗日的原则下，承认他们有管理本民族各种事务之权，建立蒙回民族自治区。"[③] 这表明建立少数民族自治区是少数民族管理本民族各种事务权利的实现方式。在施政纲领的指导下，陕甘宁边区建立了 5 个回族自治乡，1 个相当于县的蒙古族自治区，保障了少数民族自己管理自己事务的权利。

伴随民族政策纲领的调整，中共把少数民族自己管理自己事务同少数民族独立自决明确区分开来，并将其同少数民族平等自治紧密联系起来。少数民族管理自己事务的权利被置于建立统一国家的前提之下，不再具有少数民族分离独立的权利内容。权利的行使路径在于按照民族平等的原则，中华各民族联合抗日，少数民族实行自治，汉族和少数民族共同建立统一国家。值得注意的是，中共在此后一段时间并没有放弃民族自决和联邦制的主张。抗日战争后期，面对即将到来的胜利以及胜利之后如何建构国家的问题，国民党政府坚持一党专政和高度集权，奉行大汉族主义的民

① 中共中央统战部：《民族问题文献汇编》，中共中央党校出版社 1991 年版，第 653—655、665—667 页。

② 同上书，第 678 页。

③ 同上书，第 682 页。

族立场。中共则根据民主自愿原则，提出组建联邦制共和国的建国构想。1945 年 4 月，毛泽东在中共七大上作了《论联合政府》的政治报告，“要求改善国内少数民族的待遇，允许各少数民族有民族自决权及在自愿原则下和汉族联合建立联邦国家的权利。”① 1945 年 6 月，中共七大通过的《中国共产党党章》明确提出：“为建立独立、自由、民主、统一与富强的各革命阶级联盟与各民族自由联合的新民主主义联邦共和国而奋斗。”② 因此，纵观整个抗日战争阶段，并不能确定中共是主张在统一国家内通过单一制下的民族区域自治实现少数民族自己管理自己的权利，还是通过联邦制来实现该权利。

抗日战争胜利以后，中共坚持采用民族区域自治的思路去处理境内现实的民族问题，用民族区域自治来保障和实现少数民族自己管理自己事务权利的趋势日渐明朗。但是，民族区域自治的实现形式有联邦制下的民族区域自治和单一制下的民族区域自治，这一时期中共在一些纲领性文件中仍然保持了“民族自决和联邦制”的提法。因而，并不能简单地排除联邦制下实行民族区域自治来保障少数民族自己管理自己事务权利的可能。

1945 年 10 月 23 日，中共中央针对内蒙古工作给晋察冀中央局明确指示：“对于内蒙古的基本方针，在目前是实行区域自治。”③ 1945 年 10 月 27 日，中共晋察冀中央局所作的名为《察哈尔各盟旗近况及察锡两盟的工作经过》的工作报告中指出：“一本中国共产党历来宣布的民族平等自决原则，建立蒙汉回各族人民团结互助、共谋发展的新政权，各族人民得自由决定自己政治经济社会制度与生活方式。”④ 从两份文件发布的时间可以发现，晋察冀中央局的工作报告应是遵循中共中央的指示精神而做的，虽然是本着实行区域自治的方针强调建立各族人民团结互助的新政权，但又强调了民族自决原则。“各族人民得自由决定自己政治经济社会制度与生活方式”就是各民族自己管理自己事务的写照，包含了各民族可以实行不同政治经济文化社会制度的意思，这在单一制的国家结构中是

① 毛泽东：《论联合政府》，渤海新华书店 1948 年版，第 47 页。

② 中共中央统战部：《民族问题文献汇编》，中共中央党校出版社 1991 年版，第 748 页。

③ 同上书，第 964 页。

④ 同上书，第 970 页。

难以实现的。联系到这个工作报告作出的时间距中共七大通过《中国共产党党章》仅四个月，“各族人民得自由决定自己政治经济社会制度”应当是对七大提出的联邦制政治路线的自然延伸和具体诠释。

1946年2月，针对内蒙古人民革命党在东蒙问题上过左的纲领和活动，中共中央指示：“我们对蒙古民族问题应取慎重态度，根据和平建国纲领要求民族平等自治，但不应提出独立自决口号。”①

1947年4月，内蒙古人民代表会通过的《内蒙古自治政府施政纲领》规定“内蒙古自治政府系本内蒙古民族全体人民的公意与要求……而成立”②，表明自治政府的成立体现了蒙古族人民管理自己民族事务权利的充分行使。内蒙古自治政府是中共领导下我国建立的第一个省级民族自治地方，但它的成立“并不涉及未来整个国家应该实行怎样的基本政治制度，并不表明中共已决定放弃联邦制……内蒙古自治政府是中国的组成部分，也并没有排斥未来用联邦制的形式来联合”。③ 1947年10月发布的《中国人民解放军宣言》的八项政策中第七项规定：“承认中国境内各少数民族有平等自治及自由加入中国联邦的权利。”④ 1948年8月，高岗在内蒙古干部会议上发表讲话：“在全国解放后，则将‘按照自愿和民主的原则，由中国境内各民族组成中华民主共和国联邦’（毛主席《论联合政府》）。内蒙古自治政府，将是这个联邦在国境北部的主要组成部分。”⑤因此，在内蒙古自治政府成立及之后的一段时间里，少数民族管理自己事务权利仍然包含了单一制国家内部地方性的民族区域自治和联邦制下的民族区域自治这两种可能的实现形式。

实际上，在《中国人民政治协商会议共同纲领》的起草过程中，周恩来起草的《新民主主义的共同纲领（草案初稿）》（1949年8月22日）明确提出：“做到中国境内各民族的平等联合，使各民族在国家政权中皆享有平等地位，实现各民族的自治权，并根据自愿与民主的原则，组成中

---

① 中共中央统战部：《民族问题文献汇编》，中共中央党校出版社1991年版，第1000页。

② 同上书，第1111页。

③ 陈扬勇：《〈共同纲领〉与民族区域自治制度的确立：兼谈新中国民族区域自治政策的形成》，《中共党史研究》2009年第8期。

④ 朱德、彭德怀：《中国人民解放军宣言》，晋察冀新华书店1947年版，第4页。

⑤ 中共中央统战部：《民族问题文献汇编》，中共中央党校出版社1991年版，第1144页。

华各民族联邦”，“各少数民族皆有权成立各级政权中的民族自治区，实行民主的民族联盟”。[①] 这也表明，直到新中国成立前夕，在以何种路径行使少数民族自己管理自己事务权利的选择上，中共还没有放弃联邦制的主张。但是，在1949年9月5日、11日、13日对《中国人民政治协商会议共同纲领（草案）》的修改过程中，中共明确放弃了建立民族联邦共和国的设想，转而提出了在统一多民族国家内采用单一制的国家结构形式来实行民族区域自治的制度建构。[②]

1949年9月29日，中国人民政治协商会议第一届全体会议通过了起临时宪法作用的《中国人民政治协商会议共同纲领》，其中第五十一条规定“各少数民族聚居的地区，应实行民族的区域自治，按照民族聚居的人口多少和区域大小，分别建立各种民族自治机关”，标志着民族区域自治作为一项重要的政治制度在我国最终确立。至此，少数民族自己管理自己事务权利的政治制度建构最终形成，即在单一制国家结构形式下实行民族区域自治，来尊重和保障各少数民族管理本民族内部事务的权利。

三 “管理本民族内部事务权利”行使路径的定型与法制化

新中国成立以来，根据《中国人民政治协商会议共同纲领》第五十一条的规定，国家大力推行民族区域自治保障少数民族管理本民族内部事务的权利，并制定了专门的法律法规将该权利及其行使路径法制化。

1952年8月，中央人民政府公布《中华人民共和国民族区域自治实施纲要》（以下简称《纲要》），《纲要》第三条规定：“中国人民政治协商会议共同纲领，为中华人民共和国各民族现阶段团结奋斗的总道路，各民族自治区人民管理本民族内部事务，须遵循此总道路前进。”第十四条规定：“各民族自治区自治机关的具体形式，依照实行区域自治的民族大多数人民及与人民有联系的领袖人物的志愿。”第十八条规定：“各民族

① 中共中央文献研究室、中央档案馆：《建国以来周恩来文稿》，中央文献出版社2008年版，第296—304页。

② 同上书，第367—368页。

自治区的内部改革，依照各民族大多数人民及与人民有联系的领袖人物的志愿。”乌兰夫在《关于〈中华人民共和国民族区域自治实施纲要〉的报告》中指出：“一切聚居的少数民族，都有权利实行民族的区域自治，建立自治区和自治机关，按照本民族大多数人民及与人民有联系的领袖人物的志愿，管理本民族的内部事务。这就是少数民族当家做主的权利。”[①] 纲要作为规定民族区域自治的专门性法规，明确规定了“各民族自治区人民管理本民族内部事务”的法律依据，在“管理本民族内部事务权利”的法制化的进程中具有重要意义。这里强调“自治机关”和“内部改革”，表明在人民民主政权中，少数民族管理本民族内部事务的权利由自治机关代表少数民族人民大众行使。“内部改革”是一个把管理本民族内部事务的权利从集中于少数民族上层人士逐步转变为广大少数民族群众实实在在享有的历史变革，是对传统民族治理体制的超越。如果不进行内部改革，广大少数民族群众就不能享受到管理本民族内部事务的权利，这与人民民主的现代国家性质不符。

1954 年 9 月 20 日，第一届全国人民代表大会第一次会议通过《中华人民共和国宪法》，其中第三条第四款规定“各少数民族聚居的地方实行区域自治。各民族自治地方都是中华人民共和国不可分离的部分”，第六十七条规定“自治机关的形式可以依照实行区域自治的民族大多数人民的意愿规定”。刘少奇在会议上作了《关于中华人民共和国宪法草案的报告》，指出：“必须让国内各民族都能积极地参与整个国家的政治生活，同时又必须让各民族按照民族区域自治的原则自己当家作主，有管理自己内部事务的权利。”[②] 1956 年 9 月，周恩来指出：“应该大量培养和提拔民族干部，不断地提高他们的政治觉悟和管理各种事务的能力，使他们在工作中能够真正当家作主，有职有权。”[③]

总的来说，新中国成立后，我国的民族工作路线是正确的。但是，20 世纪 50 年代中期以后，民族工作也曾受“左”的思想影响，导致少数民

---

① 全国人大常委会秘书处秘书组、国家民委政法司：《中国民族区域自治法律法规通典》，中央民族大学出版社 2002 年版，第 94—95 页。

② 国家民委政策研究室：《中国共产党主要领导人论民族问题》，民族出版社 1994 年版，第 107—108 页。

③ 同上书，第 141 页。

族自主管理本民族内部事务的权利难以实现。刘少奇曾就此指出，"在汉族人民中，以至在汉族干部中，还存在一种大汉族主义思想……不承认少数民族有管理自己内部事务的权利"①。尤其是"文化大革命"期间，阶级斗争扩大化，党和国家的各项民族政策被扭曲和破坏，少数民族管理本民族内部事务的权利受到严重践踏。正如乌兰夫所指出的，"30年来正、反两方面的经验，使我们深深懂得了一个问题，即少数民族的平等自治权利和民主权利，没有完备的法律来加以保障是不行的"。② 1981年6月27日，党的十一届六中全会通过《关于建国以来党的若干历史问题的决议》明确指出："必须坚持实行民族区域自治，加强民族区域自治的法制建设。"③

1982年宪法的制定过程中，彭真指出："草案关于民族自治地方自治权的规定，体现了国家充分尊重和保障各少数民族管理本民族内部事务的民主权利的精神。"④ 1984年5月31日，第六届全国人民代表大会第二次会议通过了《民族区域自治法》，在民族区域自治法制化进程中迈出具有里程碑意义的一步。"实行民族区域自治，体现了国家充分尊重和保障各少数民族管理本民族内部事务权利的精神"被载入国家基本法律。《民族区域自治法》就自治权的行使和保障作了详细规定，为尊重和保障各少数民族管理本民族内部事务的权利提供了具体路径。此外，在我国一些重要的部门法中，也制定了为兼顾少数民族特殊性而规定以变通适用为内容的指向性条款，如《刑法》第九十条、《民法通则》第一百五十一条、《婚姻法》第五十条、《继承法》第三十五条、《妇女权益保障法》第六十条等。这些法律规定的"根据当地民族特点，制定变通或补充规定"的内容都是对少数民族管理本民族内部事务权利的具体保障。

1989年9月，江泽民在庆祝中华人民共和国成立四十周年大会上发

---

① 国家民委政策研究室：《中国共产党主要领导人论民族问题》，民族出版社1994年版，第110页。

② 全国人大民族委员会：《第一届至第九届全国人民代表大会民族委员会文件资料汇编（1954—2003）》，中国民主法制出版社2008年版，第529页。

③ 中国共产党中央委员会：《中国共产党中央委员会关于建国以来党的若干历史问题的决议》，人民出版社1981年版，第57—58页。

④ 中共中央文献研究室：《十二大以来重要文献选编》（上），中央文献出版社2011年版，第136页。

表讲话，指出："通过实行民族区域自治，保证了少数民族当家作主管理本民族内部事务的权利。"① 2005 年 5 月，胡锦涛在中央民族工作会议上指出："在国家统一领导下实行民族区域自治，体现了国家尊重和保障少数民族自主管理本民族内部事务的权利。"② 2014 年 9 月，习近平在中央民族工作会议上强调："我再次明确说一遍，取消民族区域自治制度这种说法可以休矣。"③ 习总书记的讲话，为新时期少数民族如何行使管理本民族内部事务的权利指明了方向。要把团结统一作为权利行使的前提和基础，坚持团结统一与自主管理的结合，民族因素与区域因素的结合。既不能实行无地域限制的民族自治，又不能在自治区域内为行使管理本民族内部事务的权利而侵害其他民族的正当权利。

四 对"管理本民族内部事务权利"行使路径历史演进的认识

对"管理本民族内部事务权利"及其行使路径的历史演进进行考察，可以得出以下四点认识：

第一，权利赋予是一贯政策。《民族区域自治法》规定的"尊重和保障各少数民族管理本民族内部事务权利"是中共的一贯主张，是与中国革命和社会主义建设时期民族工作的成功实践相统一的。事实上，中国共产党在革命时期关于"少数民族自己管理自己事务权利"的探索也成为《民族区域自治法》规定"少数民族管理本民族内部事务权利"的历史依据和合法性依据。革命时期的文件中关于"允许少数民族有自己管理自己事务之权"的规定，对于号召少数民族参与革命起到了重要的作用。笔者认为，这些权利规定在一定程度上类似于金里卡教授所讲的"历史协定"。"尊重这类协定十分重要……也是政府行为要取信于民的问题。

---

① 国家民委政策研究室：《中国共产党主要领导人论民族问题》，民族出版社 1994 年版，第 218 页。

② 胡锦涛：《在中央民族工作会议暨国务院第四次全国民族团结进步表彰大会上的讲话》，《人民日报》2005 年 5 月 28 日。

③ 转引自丹珠昂奔《沿着中国特色解决民族问题的道路前进——中央民族工作会议精神学习体会》，《中国民族报》2014 年 11 月 7 日。

在充分信任之下签订的历史协定，给这部分公民带来了法律期盼，他们相信政府签订的协定，否定这些协定会严重丧失信任。”[①] 作为党在民主革命时期的政治承诺，“尊重和保障各少数民族管理本民族内部事务的权利”是民族区域自治的核心价值，必须得以尊重和信守，否则就会丧失少数民族的信任。在当前深刻的社会转型期，民族工作领域面临一系列复杂的新形势和新问题，丧失信任无疑会给国家的民族事务治理带来麻烦。正如习近平总书记强调的：“在改革问题上绝不能出现颠覆性错误，大的制度和方针政策不能搞180度的大转弯，否则没有不跌跟头的。”[②] 当然，少数民族的“内部事务”并非是一成不变的“历史存在”，在一个现代统一的多民族国家中，各民族的内部事务必然在国家统一事务中发生重要变化。[③] 随着社会的发展，“少数民族管理本民族内部事务的权利”也会不断被赋予新的时代内涵，但其所体现的民族平等、少数民族权利保护以及尊重差异、包容多样等价值理念将一直是我国民族事务治理所坚持的基本理念。

第二，权利行使路径的选择以完成历史使命为中心。在中国革命的不同历史阶段，革命的形势任务、党的历史使命在不断变化，少数民族管理自己事务的权利内涵和行使路径也在发展变化。土地革命时期的“解决自己内部一切问题的权利”包含了根据民族自决原则，与其他民族结成联邦的权利和完全分离独立的权利。随着日本加紧侵华的进程，抵御外侮成为中国革命的中心任务，中共逐步改变了解决民族问题的主张和策略，不再强调少数民族有脱离中国独立的权利，转而在建立统一国家的前提之下，寻求少数民族管理自己事务权利的实现路径。抗日战争和解放战争期间，在通过何种路径实现少数民族管理自己事务权利的选择上，中共在单一制和联邦制之间徘徊，并一度倾向于采用联邦制。新中国成立前夕，面对成为执政党并组建全国性政权的现实，党全面而审慎地分析研究了中国国情和国内外政治形势。在此基础上，党果断放弃了通过联邦制实现少数

① ［加］威尔·金里卡：《多元文化的公民身份》，马莉、张昌耀译，中央民族大学出版社2009年版，第172页。

② 转引自丹珠昂奔《沿着中国特色解决民族问题的道路前进——中央民族工作会议精神学习体会》，《中国民族报》2014年11月7日。

③ 郝时远：《在实践中不断完善民族区域自治制度》，《中国民族报》2011年5月13日。

民族自己管理自己事务权利的政治构想，选择了单一制的国家结构形式；决定在统一多民族国家范围内，采用民族区域自治作为实现少数民族管理本民族内部事务权利的基本制度。

第三，权利行使路径的变化以政治经济社会环境的变化为前提。从“少数民族有权利解决内部一切问题”到“少数民族有自己管理自己事务的权利”再到“少数民族管理本民族内部事务的权利”，也是一个以社会—政治—经济结构的变化为前提的演进过程。即便在新中国成立以后，社会—政治—经济结构的变化对少数民族管理本民族内部事务权利的具体实现方式仍有较大影响。建政初期，一些边远少数民族地区还处于该民族部分上层人士的实际控制之中，少数民族领袖在本民族群众当中享有很高的威望，中央政府的权威尚未真正建立。这些边远少数民族地区事实上处于“国家—少数民族上层—少数民族群众”这样的一种政治结构之中，在社会经济生活中，少数民族上层也处于绝对的主导地位，为此便有了“按照本民族大多数人民及与人民有联系的领袖人物的志愿”的提法和做法。1954 年宪法虽然没有明确规定“少数民族领袖人物的意愿”，但也是基于制宪的规范性和严谨性方面的考虑，而不是有意忽视之。从这部宪法颁布以后几年党和国家的政策来看，也没有弱化少数民族上层人士的实际作用。随着民主改革和社会主义改造在民族地区的推行，这些地方的政治、经济、文化、社会基础发生了巨大改变。少数民族上层人士和广大群众都成为平等的中华人民共和国公民，享有宪法和法律赋予的平等权利和义务。于是，立法就不再特别强调按照少数民族领袖人物的意愿，而是突出强调依据本民族广大人民的意愿管理民族内部事务。在经济社会高速发展的今天，民族交往交流交融成为民族关系的主流，强调少数民族管理本民族内部事务权利的行使必须以维护团结统一为前提和基础，不得阻碍各民族的相互嵌入和民族交往交流交融的进程。

第四，权利行使路径的调整以党的认识能力和认识水平的提升为基础。少数民族管理本民族内部事务权利的行使路径，是在党对中国国情特别是国内少数民族的境况不断探索和深化认识的基础上发展和演进的。从“解决内部的一切问题”到“管理本民族内部事务”，本身就是一个从自决到自治的变化过程，也是党的认识能力和认识水平逐步走向成熟的过程。伴随中共马克思主义理论水平不断提高，党内“左”倾错误得到纠正，主观主义、本本主义、教条主义受到批判，实事求是的科学态度成为基本精神。中国革命实践使得党对国内民族的历史与现实状况有了更加深入的认识，逐步意识到中国社会的民族问题与苏联的民族问题有着根本区别：两国的民族构成特点、民族分布格局、民族发展程度，以及革命进程中民族关系发展状况均有较大差异。中华民族是包括汉族和各个少数民族的大家庭，中国历史的演进造就了各民族在分布上交错杂居、文化上兼收并蓄、经济上相互依存、情感上相互亲近的宜合不宜分的关系。如果采取联邦制，就可能造成各民族互相分离，不仅会使其经济社会发展受到重大损害，甚至还有可能导致民族分裂和边疆危机。对国情差异的深刻认知促使党在审慎分析和考量之后，选择了不同于苏联联邦制的单一制下的民族区域自治制度，来作为保障少数民族管理本民族内部事务的基本制度。少数民族管理本民族内部事务权利行使路径的探索与调整，是中国共产党对中国国情和解决民族问题道路认识不断深化的结果。

［原载《中南民族大学学报》（人文社会科学版）2015 年第 5 期］

社会发展与少数民族权益保障

我国是一个由56个民族组成的社会主义国家。少数民族人口多，民族区域面积大、资源丰富、战略地位十分重要。民族团结和民族发展关系到社会的稳定和整个国家的经济社会发展，而民族团结和民族发展又离不开对少数民族权益的保障。

一　我国少数民族权益保障取得的成就

新中国成立以来，党和国家十分重视少数民族的权益保障工作。《中华人民共和国宪法》确立了各民族一律平等，国家保障各少数民族的合法的权利和利益，帮助少数民族地区加速经济和文化的发展，实行民族区域自治等基本原则和制度；国家实行了一系列保障少数民族权益的具体政策和措施，使少数民族权益保障工作取得了巨大成就。

在公民权利和政治权利保障方面：国家在西藏等少数民族地区，废除了农奴制度和其他封建特权制度，使广大昔日的农奴和奴隶获得了翻身解放，成了国家和社会的主人；通过建立民族区域自治制度，保障了各民族自主管理本地区各项社会事务的权利；少数民族参与行使国家最高权力的权利受到特殊的保障，每个民族都有代表进入国家最高权力机关，在全国人大代表中，少数民族代表占代表总数的比例高于少数民族人口占全国总人口的比例；少数民族享有广泛的参政权和言论、出版、集会、结社、游行、示威的权利，人身自由和人格尊严不受侵犯；国家实行宗教信仰自由政策，尊重和保护少数民族的宗教信仰自由，不仅少数民族群众按照所信仰的宗教教义、教规和习惯进行的宗教活动受到国家的保护，而且政府还拨专款对有关宗教活动场所进行维修，资助各种宗教团体和宗教界人士开展正常的教务、学术交流活动，培养宗教人才。

在经济社会权利保障方面：国家通过对少数民族地区实行优待、扶持政策，帮助少数民族发展经济社会事业，使民族地区的经济有了很大发展，人民生活水平显著提高。国家先后在民族地区投资兴建了一批与人民生活和生产密切相关的企业，为民族地区初步奠定了现代工业基础，优化了经济结构；通过“民族地区补助费”、“民族地区财政预备费”、“民族地区机动金”，以及给予税收上的照顾等，保障和促进了民族地区的经济社会发展。据统计，民族地区的工农业总产值从 1952 年到 1996 年增长了 22.6 倍，其中工业产值增长 119.9 倍[①]。民族地区的能源、交通、通信等基础设施有了较大的改善，少数民族的医疗保障水平有了较大的提高，少数民族公民的平均期望寿命已由 40 年以前的 20 岁、30 岁，增加到 60 岁以上，少数民族总人口也由新中国成立初期的 3500 多万增加到现在的 9000 多万。

在文化权利保障方面：为了提高少数民族的文化素质，国家在民族地区建立了较为完善的教育体系。不仅建立了普通小学、中学，而且建立了有民族特点的民族小学、民族中学、民族师范和民族高等院校，在一些普通高校还开设了民族班、预科班。到 20 世纪 90 年代中期，全国少数民族在校生达 1690 多万人，其中普通高校就有近 19.6 万人[②]。现在，55 个少数民族都有大学生，许多少数民族还有自己的硕士和博士。少数民族语言文字受到保护，民族传统文化和习俗受到尊重。国家投入巨资对一些少数民族的重点文物进行了维修、重建，民族古建筑和其他文物古迹受到专门的保护；少数民族的传统节日得到延续和充实，民族歌舞、戏曲、民间文学、传统工艺美术和传统医药学等得到传承与发展。

在少数民族权益的司法保障方面：国家依法打击、惩治各种侵害少数民族合法权益的违法犯罪行为。我国法律规定，少数民族公民享有与其他民族平等的诉讼地位和诉讼权利，司法机关在检察审理案件时，对于一切公民，不分民族、种族，在适用法律上一律平等；各民族公民都有用本民

① 《中国民族统计年鉴（1997）》，民族出版社 1997 年版，第 271 页。

② 同上书，第 446 页。

族语言、文字进行诉讼的权利；在少数民族聚居或在多民族共同居住的地区，人民法院应用当地民族通用的语言文字进行审理和发布法律文书；人民法院对不通晓当地民族通用的语言、文字的诉讼参与人提供翻译；民族自治地方的人民法院、人民检察院的领导和工作人员中，应当有实行自治的民族的人员；对少数民族公民在执行刑罚的过程中，要尊重其民族习俗等等。

二 少数民族权益保障面临的问题

在充分肯定我国少数民族权益保障工作取得重大成就的同时，我们也应清醒地看到，由于历史的原因和受国家经济社会发展水平的制约，我国少数民族权益保障工作还有不少需要完善的地方。尤其值得注意的是，随着改革的深化，市场经济体制的逐步建立和社会发展速度的加快，我国少数民族的权益保障面临一系列新的情况和问题，必须引起我们的高度重视。

改革开放以来，国家对少数民族地区原有的一些优待政策不复存在，民族地区与全国，特别是与沿海开放地区的发展差距进一步扩大。如上所述，新中国成立后国家曾给予少数民族地区一系列优惠政策，促进了民族地区的经济社会发展。在市场经济建设过程中，这些优惠政策或被取消，或被国家给予其他地区的优惠政策抵消，或自然地失去效用。如在 20 世纪 90 年代初实行的分税制财政体制，改变了过去在财政税收上对民族地区的照顾，实行了“三分一返”（分收入、分支出、分设税务机构、税收返还）和“存量不动，增量调整”的新做法。国家在划分收支范围，分配财力上“一刀切”；增值税中央与地方的分享比例全国同一；增值税和消费税增量返还系数全国同一。这种新体制固化了民族地区的财政困难，保留了原“包干”体制遗留下的财力分配不合理因素，使中央财政“抽肥补瘦”力度削弱，横向平衡能力降低；使民族地区的财政困难加剧，“保吃饭难”、“发工资难”的问题日益突出。据统计，在实行分税制第一年的 1994 年，民族 8 省区（西藏除外）地方财政赤字就比 1993 年增长 30% 以上[①]。由于财政困难，严重影响了民族经济的发展。改革开放发展

① 王福临主编：《共同富裕之路》第 3 卷，中国华侨出版社 1997 年版，第 50 页。

到20世纪末，民族地区从纵向比较看，经济社会发展速度是较快的，但是与全国特别是沿海开放地区作横向比较，其差距不是缩小了，而是扩大了。以民族地区与全国的工农业总产值的差距为例，1981—1986年，差距拉大5452.8亿元，而1986—1994年，差距拉大74761.8亿元，为前者的13.7倍。[①] 1980年，广西人均国内生产总值比全国低178元，到1993年扩大为872元[②]。1991年，民族8省区累计国内生产总值占全国的10.19%；东部6省（辽宁、江苏、浙江、福建、山东、广东）占全国的37.45%。到1994年，民族8省区降为占全国的9.8%，东部6省上升到占全国的42.25%[③]。经济发展的滞后状态，不仅使民族自治机关自治权的实现受到严重制约和影响，而且使广大少数民族群众生活水平的改善比较缓慢，直接或间接地影响了少数民族其他权利的实现与保障。

随着市场经济建设和社会的发展，少数民族的公民权利和政治权利保障的内涵和外延都有扩展。在市场经济体制逐步取代计划经济体制，法治逐步取代人治的社会大背景下，少数民族群众的公民主体意识有了增强，民族自治地方要求进一步保障其法定自治权的愿望更加强烈。按照宪法的规定，民族自治地方的人民代表大会，有权依照当地特点，制定自治条例和单行条例，自治区的自治条例和单行条例报全国人大常委会批准后生效。然而，由于种种原因，到目前为止，我国五大自治区的自治条例均未通过。这一事实说明，真正落实、保障民族自治地方的自治权利还有大量的工作要做。同时，实行县乡人大代表直接选举和村民自治等，也对少数民族的公民权利、政治权利的保障提出了更高的要求。如何从民族地区山高路远，地广人稀，少数民族群众文化素质较低等实际情况出发，采取切实可行的措施，来保障少数民族群众的民主权利，是亟待解决的重要问题。有关调查表明，由于少数民族地区的特殊情况，在有些地方，选举活动不能严格按法定程序进行，参选人数少，少数人操纵或非法干扰选举，村民自治流于形式。此外，在保障少数民族宗教信仰自由权利方面，近些年也出现了一些新的情况：在一些少数民族地区，宗教活动脱离正常的轨

① 文精：《走向共同繁荣》，民族出版社1998年版，第53页。

② 徐杰舜、吴淑兴主编：《实施自治法研究》，广西民族出版社1997年版，第18页。

③ 王福临主编：《共同富裕之路》第3卷，中国华侨出版社1997年版，第52页。

道，呈盲目发展之势，在一定程度上损害了不信教群众的信仰自由权利；在宗教活动中，形成了一些新的宗教特权，损害了普通信教群众的权益；还有少数民族分裂势力利用宗教，从事破坏民族团结，分裂国家的活动，严重损害了少数民族的合法权益。

少数民族文化权益保障，当前也面临一系列新情况和新问题：

第一，在现代科技迅速发展，知识、信息量显著增加，传播速度明显加快的形势下，民族地区的接纳机制极不适应，与发达地区在这方面的差距有进一步扩大的趋势。民族地区由于受历史传统的影响，受自然环境和文化基础等条件的制约，在文化教育、科学技术等方面本来就比较落后。过去，由于党和国家的提倡与支持，内地许多知识分子、科技人才自愿被分配到民族地区工作，为民族地区的科技文化发展作出了重要贡献。但是在当前，由于民族地区生活艰苦，待遇低下，受利益驱动，不仅其他地区的知识分子不愿到民族地区工作，而且少数民族的大学生、研究生也不愿回民族地区工作。原本不多的一些科技人才，也纷纷流出民族地区。这种状况，对于保障少数民族享受现代科技成果，跟上知识经济的步伐，是很不利的。

第二，少数民族受教育权利的保障面临诸多困难。民族地区的教育投资明显不能适应社会发展的需要。民族教育投资在国家财政拨款中没有专项设立，投入得不到保证；民族教育补助，按少数民族总人口计，一般年份人均只有几角钱。由于投入不足，民族地区学校校舍，图书资料、教学仪器设备、师资力量等都比发达地区差很多；教师的工资一直较低，有些地区教师工资还不能按时发放。由于贫困或其他原因，民族地区的学龄儿童平均入学率比全国平均水平低 8.4 个百分点，女童入学率低 10.9 个百分点；部分省区的入学率只有 60% 多，有的县仅 30% 多①。近年来，随着学校收费和人口流动的增加，少数民族学生的辍学人数也在增加。

第三，少数民族传统文化受到巨大冲击。在市场经济条件下，外来文化、主流文化随着现代交通、通信、大众传媒工具和形形色色的商品，逐渐渗入少数民族地区和少数民族生活。打破了一些少数民族原有的文化生态环境，急剧地改变着他们的生活方式、观念形态和文化习俗。如何在发

① 参见文精《走向共同繁荣》，民族出版社 1998 年版，第 208 页。

展市场经济的过程中，保护和发展少数民族的特有文化，改革和完善少数民族的传统生活方式和民族习俗，是我们这个多民族国家在现代化过程中必须认真对待并妥善解决的问题。

改革开放以前，由于受自然和社会条件的限制，少数民族一般与外界交往较少（除回族等几个民族外），其人身、财产权利遭到外来侵害的现象并不多见。随着经济生活的变化，交通的发达，现在少数民族公民与外界的交往日益增多。不仅许多其他民族的公民深入到边远的少数民族地区经商或从事其他经营活动，而且越来越多的少数民族群众离开故土，到沿海发达地区或内地大中城市，经商、务工或从事其他生产经营活动，甚至在这些地方婚嫁定居。这就使少数民族与其他民族的人身、财产关系变得复杂起来。近年来，侵犯少数民族公民的人身、财产权利的案件时有发生。在生产经营活动中，有些单位或个人向少数民族群众销售假冒伪劣商品，如假种子、假化肥、假农药等，严重损害了少数民族群众的利益；少数不法分子，通过欺诈手段，骗取少数民族群众的财物；在沿海和内地，还发生了强买强卖，拖欠工资、货款，以及违反《劳动法》使用劳工等侵害少数民族公民合法权益，甚至侵犯他们的人身权利的现象。此外，我国大中城市或其他地方的散杂居的少数民族群众，也面临下岗、再就业、医疗保障等一系列新的问题。

以上所举，仅是当前我国在少数民族权益保障方面所面临的一些主要问题。这些问题能否正确解决，关系重大。它关系到民族团结和国家的长治久安，关系到社会主义现代化目标的实现，关系到依法治国方针的贯彻落实。此外，它还关系到社会主义精神文明建设的发展。总之，保障少数民族的合法权益，是社会主义的本质决定的，是社会主义优越性的重要表现，具有重要的理论意义和现实意义。

三　关于加强少数民族权益保障的三个认识问题

当前，社会上存在一些对少数民族权益保障工作的模糊认识。其中有代表性的观点主要有三种：

一是认为，给予或保障少数民族地区财政经济自治权，会影响国家的财政收入，不利于国家宏观调控。笔者认为，这种观点是不正确的。

首先，“民族自治地方的自治机关有管理地方财政的自治权”，“民族自治地方的财政收入和财政支出的项目，由国务院按照优待民族自治地方的原则规定”，是《民族区域自治法》赋予民族自治地方的一项重要的宪法性权利。体现了党和国家帮助、支持少数民族发展经济和社会事业的根本政策。有关职能部门在制定具体政策时，理应履行法定的义务，落实优待政策，而不能曲解自治法的精神，延误民族地区的发展。

其次，从实际情况看，给予民族地区更多的优待政策，保障其自治权，并不会影响国家的财政收入，更不会损害国家的宏观调控。关于财政收入，有一个眼前和长远，分散和集中的关系问题。从眼前看，给予民族地区一些经济优待，可能会暂时减少一些来自民族地区的收入。但从长远看，民族地区经济发展了，则会为增强国家的财力和综合实力作出重大的贡献。近年来，国家在取消原来给予民族地区的一些优待政策的同时，又通过给予民族地区财政补贴、扶贫开发资金或各种专项资金的方式，将来自民族地区的财政收入的相当大一部分返回到民族地区，这就使国家从民族地区所获的财政净收入十分有限。因此，给予民族地区更多的优待政策，实际上是改变现在分散的、点滴式的支援、救济方式，增强民族地区的财政自治能力和“生血”机能。至于说给予民族自治地方更多的优待政策，保障其自治权，会影响国家的宏观调控，这种担心更是不必要的。因为我国法律明确规定，民族自治机关是国家的一级地方政权机关，民族自治机关必须维护国家的统一，保证宪法和法律在本地区的遵守和执行。给予民族自治地方更多的财政经济优待，保障其自治权，并不是改变现行的政治体制，更不是脱离党的领导。国家完全可以通过经济的、行政的、法律的手段来实行对国民经济的宏观调控。而且，民族地区的市场经济发展了，与国内、国际市场的联系加强了，国家实行宏观调控的基础也就更牢固了。改革开放以来，国家给予经济特区和沿海开放地区许多优惠政策，使这些地区的经济有了很大的发展，但并未给国家的宏观调控造成不良的影响，就是一个很好的例证。

二是认为，市场经济是平等的竞争性经济，保障少数民族的特殊权益，不利于培养其竞争性生存能力，对其他地区特别是那些不发达的汉族地区是不公平的。这种认识在学术界和一些非少数民族地区有一定的影响。

笔者认为，这种看法似是而非。市场经济是主体平等的竞争性经济。但经验证明，成功的市场经济并不是盲目、恶性竞争的经济，而是有国家宏观调控和纳入社会保障机制，有规则的竞争经济。如果不顾地区、主体的历史差异，任由市场盲目竞争，必然导致资源的严重浪费和社会的两极分化，最终破坏社会的整体利益。在发展市场经济的过程中，保障弱者的权益，为他们提供必要的生存条件和扶持、帮助，使之在激烈的市场竞争中保持与社会的适度平衡，是国家的基本职能之一，与社会的整体利益在根本上是一致的。我国广大的少数民族地区由于历史的和自然的原因，经济发展水平和社会综合能力与发达地区有巨大的差距。如果简单地把它们置于与发达地区所谓平等竞争的地位，显然是以市场的表面平等，掩盖事实上的不平等。当然，我们主张给予民族地区一些特殊的优待政策，并不是说什么都由国家包下来，这既无必要也不可能。相反，国家要通过优待政策和对自治权的保障，使之加快基础设施建设，发挥地区资源优势，尽快地创造条件，参与市场平等竞争。至于给予少数民族地区优待政策，保障其权益，与帮助汉族贫困地区发展经济的问题，笔者以为不宜混同和简单攀比。少数民族自治地方是一个具体的政治法律概念，有法定的区域范围和特定的法律权利。而汉族贫困地区，则是需要国家或地方政府根据当地的实际情况予以认定的。二者在优待政策的法律依据、具体权益的保障和扶助措施等方面都可能有一定的差别。对汉族贫困地区来说，现在的问题是如何进一步从实际出发，完善和落实国家的扶贫政策，尽快脱贫，而不是要求削减国家对少数民族地区的优待，使它们与自己一样继续落后、贫困下去。

三是认为，强调保障少数民族的权益，可能会导致保护少数民族地区的落后的东西。这种看法在学术界和社会上都有一定的影响。有人认为，随着社会的发展，社会的一体化进程将不可避免，少数民族中的那些传统生活方式、风俗习惯等将逐步被替代，不应强调保护，而应顺其自然。笔者以为，对这种看法应做具体分析。一方面，必须承认，随着社会的发展，民族交往的增加，少数民族和汉族生活中的一些传统生活方式和风俗习惯都会发生相应的变化。我们强调加强少数民族的权益保障，并不是要人为地阻止那些与现代生活方式不相适应的东西的变化，而是强调应保障少数民族群众自愿选择生活方式与风俗习惯的权利；强调要保护和尊重那些与民族特性贯通的，构成此一民族区别于彼一民族的民族生活方式与传统文化。而这本身就是我国宪法和法律赋予少数民族的一项基本权利。另一方面，我们也应看到，所谓先进与落后，是相对性极强的一对范畴。衡量事物的先进与落后，必须考虑二者所处的具体社会环境和特有的文化价值取向。在对待民族生活方式、民族习俗和民族传统文化的问题上，必须持审慎的态度，要摆脱主体文化优越性的偏见，避免用自身的价值观念和生存指标去量度少数民族的生活方式和习俗、文化。世界民族发展的经验证明，少数民族作为有共同语言、共同地域、共同经济生活和共同心理素质的稳定的共同体，是具有极强的内凝力和生存发展能力的。在那些已经现代化了的国家，少数民族仍然保留着许多固有的民族生活方式和传统习俗。这一事实告诉我们，在现代化过程中，任何对少数民族生活方式、传统文化习俗的轻慢态度，或以一元文化代替多元文化的企图，都将是十分有害的。因此，保障少数民族的合法权益，是顺应民族发展的客观规律，与保护落后是两个性质完全不同的概念，不能混淆。

四　加强少数民族权益保障应采取的基本措施

加强少数民族权益保障工作，除了要解决上述认识问题以外，还有必要采取以下基本措施：

第一，进一步完善有关少数民族权益保障的法律体系。首先，进一步完善《民族区域自治法》。该法是我国有关少数民族权益保障的基本法律之一。其实施十多年来，对于保障民族自治地方的自治权和少数民族的其他权益起了重要作用。但是也应看到，由于受历史条件和认识水平的限制，该法在制定时，就存在较浓的计划经济色彩和有关自治保障条款过于原则抽象，难以操作等不足之处。随着改革开放和市场经济的发展，该法显得越来越难以适应少数民族权益保障的需要。2001 年 2 月，九届全国人大常委会第二十次会议对《民族区域自治法》进行了修改，使之在保障少数民族权益，促进民族地区经济社会发展方面前进了一大步。但是笔者以为，随着社会主义市场经济的发展，这部重要法律在保障少数民族权益方面还有进一步完善的必要。特别是关于“自治机关的自治权”和“上级国家机关的职责”两大部分，还有必要进一步具体化，使之在自治条例和单行条例的制定与批准、自然资源的优先合理开发利用、加大对民族自治地方的贫困地区的扶持力度，帮助贫困人口尽快摆脱贫困状况、加大对民族自治地方的教育投入，提高各民族人民的科学文化水平等方面更具可操作性。其次，要着手制定专门的《少数民族权益保障法》。《民族区域自治法》是着重规定建立民族区域自治制度，保障民族自治地方依法行使自治权的宪法性文件。它不可能全面具体地规定和解决复杂的少数民族权益保障问题。这一任务只能由专门的《少数民族权益保障法》来担任。改革开放以来，全国人大先后制定了《残疾人保障法》、《未成年人保障法》、《妇女权益保障法》等特殊人群权益保障的法律，但却没有制定专门的保障少数民族这一特殊社群权益的法律。这显然是不利于依法开展少数民族权益保障工作的。此外，有关部门还应积极创造条件尽快制定或批准五大自治区的《自治条例》，进一步完善已经通过的其他自治地方的自治条例和单行条例。从而形成《宪法》、《民族区域自治法》、《少数民族权益保障法》、《刑法》和其他法律的有关保障条款、民族自治地方的自治条例和单行条例，以及国务院批准的《民族乡行政工作条例》、《城市民族工作条例》等法律法规构成的完整的少数民族权益保障的法律体系，使少数民族权益保障工作真正步入法制化轨道，做到有法可依，依法办事。

第二，建立健全中央财政转移支付制度，大力帮助少数民族地区发展经济和各项社会事业。经济发展是权益保障的物质基础。帮助民族地区发展经济是加强少数民族权益保障的当务之急。在改革开放已 20 余年的今天，再完全回到过去的那种对民族经济的支持体系上去，显然已无必要和可能。笔者认为，在当前条件下，一方面应从民族地区的实际出发，对现行的财税政策做适当调整，继续给予民族地区适当的特殊优待政策；另一方面应尽快建立健全中央财政的转移支付制度，加大对少数民族地区经济发展的支持力度。所谓转移支付制度，简言之，就是通过中央财政预算，把集中起来的财力进行重新分配，有计划地用于地方或特殊部门，解决国民经济发展的瓶颈问题和其他社会重点问题。由于特殊的历史与现实的原因，民族自治地方的支付能力与其承担的事权极不适应。为帮助少数民族地区发展经济，国家应运用税收、预算等手段，通过转移支付制度，调节不同地区的收入结构和支出结构，缩小少数民族地区与发达地区的差距。在具体操作上，可以考虑进行一般性转移支付、专项性转移支付和特殊性转移支付。一般性转移支付，是以民族地区的人均财力为主要依据，以全国人均财力为主要参照，并考虑民族地区的区域面积、人口、地理、气候条件等因素，来确定转移支付的额度，以支持民族地区缩小与其他地区的财力差距，保证民族地区财政供养人员依照国家标准，按时获得足额工资和补贴；保证自治机关的行政经费得以维持并有所改善。专项性转移支付，则是在农牧综合开发、能源、交通运输、邮电通信、文化教育、体育卫生等方面给予专门的支持，帮助民族地区加强基础设施建设，改善投资环境，促进民族地区的经济社会的协调发展。特殊性转移支付，主要是对民族地区那些不确定的支出事项，如救灾、医治战争创伤等方面的特殊财政扶助。

第三，加大民族地区的扶贫力度，帮助少数民族群众尽快脱贫致富。摆脱贫困，是实现其他权利的重要前提。如果温饱问题不能解决，其他权益保障也难以落实。当前，少数民族的贫困问题仍是最基本的社会问题之一。在全国列入重点扶持的592个贫困县中，民族8省区和民族自治地区就占有295个；20世纪90年代中期，全国未解决温饱问题的7000万人口中，少数民族和民族地区占了一半①。可见，对少数民族的扶贫任务还十分艰巨。笔者以为，下一步的扶贫工作应着重解决好以下几个问题：一是加大政策扶贫力度，从单纯的给资金、给救济调整为资金、救济与政策并重，通过政策的扶持、引导，增强民族地区脱贫的“造血”功能。要进一步落实党的农村政策，完善家庭联产承包责任制，支持、保护少数民族群众发展个体、私营经济和多种经营，防止或减少脱贫后又返贫的现象发生。二是加快民族地区的基础设施建设，为脱贫注入持久活力。民族地区的自然地理条件，使其基础设施建设如交通、通信、能源等长期处于落后状态，导致产业结构单一，生产开发不足，产品科技含量不高。为了改变这种状况，国家应给予更多的投入和扶持，为其开发、开放创造条件。三是加大对口支援的力度。发达地区对口帮助民族地区发展经济和社会事

① 王福临主编：《共同富裕之路》第3卷，中国华侨出版社1997年版，第8页。

业，是我国扶贫攻坚的一条新路。它对于调动社会的力量，发挥各地的优势，集中力量解决重点问题，加强民族团结，都具有重大的意义。四是加大科技文化的扶贫力度。封闭和教育科技文化不发达，既是少数民族地区落后的一种基本表现，又是其落后的重要原因。治贫必先治愚。要使少数民族地区彻底摆脱贫困，需要充分调动少数民族干部、群众的积极性和创造性，造就具有现代科学文化知识和创新开放意识的一代新人。为此，国家要把帮助少数民族地区发展教育科学文化事业，推广、普及科技文化知识，作为扶贫工作的一项重要任务来抓。

第四，进一步贯彻落实党和国家的民族宗教、文化政策，切实保障少数民族在这方面的合法权益。要在坚持宗教信仰自由的前提下，依法对宗教活动进行引导和管理。对于破坏宗教信仰自由政策，损害少数民族群众合法权益的行为，必须坚决制止和纠正；对于利用宗教从事危害社会，分裂国家，损害各族人民根本利益的行为，要予以坚决打击。在文化方面，要在少数民族地区大力发展双语教学，使少数民族群众，特别是青少年既能学习汉语知识，又能学习本民族语言，了解本民族的历史和文化。通过民族团结、民族文化的教育，使少数民族群众把对本民族的热爱和对祖国大家庭的热爱有机地结合起来。要帮助少数民族发掘、整理、出版优秀传统文化典籍，加强民族文物保护工作，使它们成为进行民族传统教育和民族团结教育的生动教材，进一步丰富中华民族的文化宝库。要进一步做好民族语文出版工作，及时将党和国家的重要文献和现代科技文化知识介绍到少数民族群众中去。要大力发展民族地区的广播电视事业，帮助少数民族发展民族戏曲、文学、艺术，进一步引导和丰富民族传统节日、习俗文化，使之成为发展社会主义物质文明和精神文明的载体。

第五，加强执法、司法工作，进一步落实对少数民族的权益保障。严格、公正的执法、司法，是依法治国的基本要求，也是保障少数民族合法权益的重要条件。各级国家机关和政府职能部门，必须严格按照宪法和法律的规定，履行帮助少数民族发展经济文化事业的义务，制定并组织实施保障少数民族权益的具体政策和措施。各级司法机关要严格依法审理侵害少数民族合法权益的各类案件，通过司法活动，打击违法犯罪，维护少数民族公民、法人的合法权益。为了进一步加强对少数民族权益的执法、司法保障，当前应抓好以下三方面的工作：一是加强党的民族政策和国家有关法律法规的宣传教育，进一步提高各级干部，包括执法、司法人员对保障少数民族权益的必要性、重要性的认识；同时增强少数民族群众的法制观念和权力维护意识。二是加大对执法、司法工作的监督力度。各级国家权力机关要把执法、司法机关保障少数民族权益的工作纳入监督的范围，对发现的问题，要及时依法处理。同时，还要加强社会舆论、社会团体、人民群众，以及执法、司法机关内部的监督。通过监督，使执法、司法机关切实担负起维护少数民族合法权益的责任。三是建立少数民族权益保障法律服务与法律援助机构。该机构为民间社团组织，聘请有关专家和熟悉国家的民族政策、法律法规，具有丰富执业经验的律师，为少数民族群众提供法律咨询、代理法律诉讼等服务，向确有困难的少数民族公民提供法律援助，维护他们的合法权益。

综上所述，保障和维护少数民族的合法权益，是关系到国家政治稳定和社会发展的一件大事。它需要党和国家的高度重视和科学决策，需要各级政权组织的努力工作和少数民族群众及社会各界的积极参与。只有这样，我们才能克服困难，做好这一工作。

［原载《中南民族学院学报》（人文社会科学版）1999 年第 4 期］

完善少数民族利益表达制度

马克思主义认为，利益是社会发展的重要基础和前提，“人们奋斗所争取的一切，都同他们的利益有关”。① 在社会的发展过程中，不同的利益集团或利益主体，总是会根据自己所处的地位和生存状态，向执政者或决策者提出相应的利益要求，谋求利益的最大化。“当某个集团或个人提出一项政治要求时，政治过程就开始了。这种提出要求的过程称为利益表达。”② 现代政治学研究认为，健全的利益表达制度，是协调不同利益群体关系，维持社会和谐与稳定的重要保证。

胡锦涛同志曾指出：“要加强对社会利益关系发展变化的调查研究，深入认识和分析我国社会利益结构、利益关系等方面情况的发展变化和发展趋势，以利于完善政策措施，更好地统筹各方面的利益关系和利益要求。”③ 我国是一个多民族的社会主义国家，各少数民族既是重要的利益主体，又是情况复杂的弱势群体。代表少数民族的根本利益，为少数民族谋利益，是由我们党的性质和宗旨决定的。而要真正代表少数民族的利益，就需要了解少数民族的利益要求，就需要有健全的少数民族利益表达制度与机制。如果利益表达渠道不畅，或利益表达失真，就可能造成党和政府的决策失误，损害少数民族的利益；就可能使小的矛盾和摩擦酿成大的冲突与危机，破坏民族团结和社会稳定，阻碍经济社会发展和各民族的

---

① 《马克思恩格斯全集》第 1 卷，人民出版社 1956 年版，第 82 页。

② ［美］加·A. 阿尔蒙德等：《比较政治学》，曹沛霖等译，上海译文出版社 1987 年版，第 199 页。

③ 胡锦涛：《加强调研着力提高工作本领，落实和谐社会建设各项工作》，《法制日报》2005 年 2 月 23 日。

共同繁荣。因此，完善少数民族利益表达制度，是践行“三个代表”重要思想，提高党驾驭民族问题的能力，保持共产党的先进性，构建和谐社会的客观要求。

目前，我国正处于社会转型期。社会转型期是社会矛盾和利益冲突多发期。随着改革开放的深入和市场经济的发展，我国少数民族和民族地区在利益结构和利益关系方面已经发生或正在发生重大变化，党的民族工作面临一系列新情况和新问题：民族地区经济快速发展，但与发达地区的发展差距却进一步扩大；少数民族的生活水平有较大幅度的提高，但彻底摆脱贫困的任务还相当艰巨；民族地区面临解决基本温饱问题与全面建设小康社会的双重任务，面临发展经济、改善生活与保护生态环境的双重压力；国家对民族地区的支持力度加大，但与民族地区发展的要求尚有很大的距离；由于工业基础落后，自然地理条件的制约，民族地区的企业在市场竞争中处于不利地位，国有企业改制困难，民营、私有制企业举步维艰，外资投入积极性不高，下岗失业问题突出；受利益驱动，民族地区和少数民族群众与中央在当地的企业、建设兵团、部队争利的情况有所发展；不同民族之间、不同利益主体之间在草原牧场、水资源、森林矿藏、污染防治等方面的利益冲突有所增加；民族地区的自然生态环境恶化，传统文化面临严重的冲击，进行保护的要求越来越迫切；民族地区开发过程中因移民、搬迁等引发的矛盾和利益冲突时有发生；随着民族交往的增加，不同民族部分群众之间的摩擦和纠纷增多，有的甚至演化为群体事件；少数民族流动人口增加，但在有的地方，他们的合法权益得不到切实保障，风俗习惯、宗教信仰得不到应有的尊重；民族地区的基层政权和农村基层党组织建设面临诸多困难；国际敌对势力企图利用民族、宗教问题对我进行西化、分化的图谋没有改变，并加紧与境内外民族分裂势力相互勾结，利用“人权牌”、“西藏牌”等对我国进行渗透、破坏；随着跨界民族交往的增多，一些周边国家的民族主义思潮和政策对我国边境地区的稳定也产生一定冲击和影响。这些新情况和新问题，对完善少数民族利益表达制度提出了紧迫的要求。健全的利益表达制度是了解民族地区的社情民意，有效化解民族矛盾和利益冲突的重要制度，是民族关系的安全阀、预警器。

新中国成立以来，党和国家非常重视民族问题，建立了一套有中国特色的少数民族利益表达制度。(1) 党内表达制度。按照党章的规定和相关的程序，民族地区的党组织、党员可以向上级党组织或通过党的各级代表大会反映本地区发展的问题和要求；党的组织可以通过调查研究和其他途径了解民族地区和少数民族群众的利益要求。(2) 人民代表大会的表达制度。在全国人民代表大会中，少数民族代表占代表总名额的12%左右，每个少数民族至少有1名代表；在各级人民代表大会期间，少数民族代表不仅就全局性问题发表意见和提出建议，而且就本民族和本地区的特殊发展问题提出建议，反映少数民族的利益要求。如在十届全国人大第一次会议上，新疆代表团报送的144件建议中，要求解决民族地区经济社会发展问题和少数民族生产生活问题的建议就占90%以上。(3) 政治协商的表达制度。民族宗教界人士是政治协商制度的重要主体，各级政协组织中都有民族宗教界人士担任委员、常委甚至副主席，这些人士通过政协组织和会议表达民族地区和少数民族群众的利益要求。(4) 民族区域自治制度下的表达制度。除了通过自治地方的人民代表大会实现少数民族的政治参与和利益表达之外，按照民族区域自治法的规定，自治地方的人大常委会中应当有实行区域自治的民族的公民担任主任或者副主任；自治区主席、自治州州长、自治县县长由实行区域自治的民族的公民担任；自治机关在处理涉及本地方各民族的特殊问题的时候，必须与他们的代表充分协商，尊重他们的意见；自治机关在执行任务的时候，使用当地通用的一种或者几种语言文字；民族自治地方的人民法院和人民检察院应当用当地通用的语言审理和检察案件，并合理配备通晓当地通用的少数民族语言文字的人员，保障各民族公民都有使用本民族语言文字进行诉讼的权利，等等。这些规定为少数民族的利益表达提供了条件。(5) 信访表达制度。在我国，县级以上政府专门设立有信访机构，负责处理群众来信来访工作，其他党政部门也设立有领导信访接待制度，各级领导亲自处理群众信访问题。少数民族可以通过信访渠道表达自己的利益要求。此外，还有大众传媒的表达和研究机构、学术团体的表达，等等。

上述表达制度在反映民族地区和少数民族的利益要求，沟通党和政府与少数民族的关系，维护社会稳定，促进社会发展等方面发挥了重要作用。但是在社会转型期，既有表达制度的不完善已经显现出来。一是表达渠道不畅。一些地方和部门的领导为了所谓政绩，常常报喜不报忧，或大事化小，隐瞒不报，少数民族的利益表达在向上传递的过程中，失真和扭曲的现象时有发生。二是表达不及时。人大代表、政协委员兼职制，使其在闭会期间难以实现利益表达与信息传送；代表、委员的产生方式、活动方式、与选民的联系方式，以及代表本身的参与意识和素质也对表达形成制约。三是表达的法治化程度不高。少数民族群众的各种利益要求，应该向谁表达，如何表达，表达受体应依照什么程序进行处理，表达受体的不作为或乱作为应受何种处罚，由谁来处罚等都没有明确的法律规定。四是表达呈单向性。由于表达受体及其义务不明确，导致表达信息呈单向流动的趋向，信息往往在有关机构之间流动，缺少与表达主体的及时交流与沟通。五是表达的组织化程度降低。在新时期，民族地区基层政权和基层党组织建设面临许多困难与问题，基层组织表达的功能弱化，造成分散、无序的表达增加。六是信访机构负担过重，解决问题能力不强。由于制度性表达的不完善，使信访成为我国民众利益表达的重要形式。大量的利益表达以信访的形式出现，而信访机构人员少，权能低，导致问题积压多、批转多，解决少。七是媒体表达功能发挥不够，社团表达系统发育不成熟。制度的不完善，加上一些少数民族缺乏利益表达的知识，正当的利益要求不能及时有效表达，结果造成越级上访、涉法上访、群体性事件等非制度性表达时有发生。

完善少数民族利益表达制度，必须解决认识问题。各级党的组织和党政领导要充分认识完善少数民族利益表达制度的重要性，克服不敢或不愿正视利益问题的思想障碍，特别是要克服将利益表达等同于闹事，不服从领导的错误认识。要以积极的态度对待新形势下的少数民族利益问题，教育和引导少数民族群众科学认识利益问题，正确处理整体利益与局部利益，国家利益与集体、个人利益，长远利益和眼前利益，不同民族之间的利益等关系，为他们正确地进行利益表达创造条件。

完善少数民族利益表达制度，要贯彻便民、高效、规范三项原则。所谓便民，就是制度的设计要以人为本，以民为本，有利于少数民族群众表达其利益要求，降低表达的成本；所谓高效，就是利益表达制度要有利于下情上达，上情下达，有利于上下沟通互动，保证利益表达的及时性、准确性和信息处理的高效性；所谓规范，就是要使少数民族利益表达制度化、法治化，做到利益表达有法可依，有章可循，利益表达的不同受体职责明确，处理程序清楚，监督到位。

完善少数民族利益表达制度，目前要重点加强四项制度建设。一是完善人民代表大会制度。要改善人大代表的工作条件和待遇，逐步实行人大代表的常任制，使各级人大代表有更多的时间、精力和更好的条件联系少数民族群众，了解他们的利益要求；要完善人大代表的选举制度，使人大代表更好地受人民群众的监督，更好地对选民负责；要健全人大闭会期间的代表联络制度，使代表的意见在闭会期间也能及时传递到权力机关和决策机关；要进一步明确各级人大民族委员会的职责和工作制度，使之成为反映和研究处理少数民族利益要求的机构。二是加强利益表达的法治化建设。要通过立法，明确规定少数民族利益表达的程序和国家机关受理表达的责任与处理程序；建议在《民族区域自治法》中增加有关少数民族利益表达的制度性规范；建议制定《少数民族权益保护法》，对少数民族利益表达及其处理作具体的规定；要通过法治来解决利益表达问题，控制或减少非制度性的、违法的利益表达。三是加强各级信访机构的建设。要认真贯彻执行国务院《信访条例》的规定，加大对信访工作的投入，改善信访机构的办公条件，配备高素质干部，使信访机构更好地发挥少数民族利益表达的功能；政府部门对少数民族通过信访表达的利益要求，要高度重视，认真研究，依法及时、妥善处理；对于不合理或暂时不能满足的利益要求，要做耐心细致的解释工作，教育疏导，防止问题的复杂化；对于正当合理要求拖着不办，造成严重后果的要依法严肃处理。四是加强民族地区基层政权和基层党组织建设。在农村税费改革、乡镇机构精简后，国家和地方政府，要给予民族地区的基层政权更多的财政支持，保证其正常运转，有效行使各项职能；要帮助民族地区的农村党支部做好组织发展和领导班子建设，增强“两委会”的凝聚力和战斗力，使之更好地担负起代表少数民族利益和维护发展少数民族利益的责任。在制度设计与完善过程中，要特别重视少数民族群众中特困群体的利益表达，他们是弱势群体中的弱势群体。这部分群众因生活条件的限制，利益表达意识较为淡薄，表达知识较为缺乏，各级党政机关和领导干部要主动关注其利益，维护其利益。在完善少数民族利益表达制度的过程中，要注意将少数民族主动的利益表达与决策机关、党政干部对少数民族利益要求的主动了解有机地结合起来，发扬党的密切联系群众、注重调查研究的优良作风。

少数民族利益表达制度的建构是一个系统过程。其完善不仅有赖于国家政治体制改革的深化，而且有赖于经济社会的发展。发展是解决民族地区和少数民族面临的困难与问题，满足他们的利益要求的根本途径。因此，必须将完善少数民族利益表达制度与推进民族地区的经济社会发展紧密地结合起来。

（原载《民族研究》2005 年第 3 期）

村民自治与少数民族基层政治参与[①]

在我国，少数民族享有广泛的政治权利，少数民族政治参与的形式和途径多种多样。村民自治，是具有中国特色的社会主义基层民主形式，也是广大少数民族群众基层政治参与的重要途径。民族地区经济社会发展相对落后，农村人口占绝大多数，村民自治对于解决广大农民群众的政治参与问题具有特殊的意义。

一　由广西发端的村民自治制度已遍及民族地区

村民自治发端于20世纪80年代初期的民族地区。党的十一届三中全会以后，随着联产承包责任制的推行，我国原有的“三级所有，队为基础”的人民公社管理体制逐步消解。由于包产到户后，各种社会问题突出，农村迫切需要一种新的组织形式来加强管理和协调。1980年2月，广西壮族自治区宜山县（现为宜州市）三岔公社合寨大队（一个典型的壮族村寨，95%的村民是壮族）的85户村民的代表，以无记名投票的形式，选出了5位村民组成名为“村民委员会”的组织，并按得票多少确立了各当选者在村委会中的职务。同年7月，以韦焕能为代表的村委会与村民一起制定了村规民约和封山公约，从此开始了他们对村务的民主管理。中国村民自治第一村——广西宜山合寨村由此诞生。[②]

---

① 本文与吴开松合作。

② 文萍：《村民自治从这里发端》，《瞭望新闻周刊》1999年第41期。

广西农村村民委员会的建立，开辟了中国农村政体变革的新时期，创造了中国农民基层政治参与的新形式。少数民族群众的这一创举，受到了党和国家的高度重视。1982 年 9 月，中国共产党第十二次全国代表大会提出，要“发展基层社会生活的群众自治”。同年 12 月，第五届全国人民代表大会第五次会议通过的《中华人民共和国宪法》规定：农村按居民居住地区设立的村民委员会是基层群众性自治组织。村民委员会的主任、副主任和委员由村民选举产生。宪法以根本大法的形式规定了村民自治制度，并对村委会的设置、产生和职责作出了具体的规定，从而为村民委员会的普遍建立提供了法律依据。1987 年 11 月，第六届全国人民代表大会常务委员会第二十三次会议通过《中华人民共和国村民委员会组织法（试行)》；1998 年 11 月，第九届全国人民代表大会常务委员会第五次会议正式通过《中华人民共和国村民委员会组织法》（以下简称《村民委员会组织法》），这部法律的贯彻实施，使作为农村群众自治组织的村民委员会在包括民族地区在内的广大农村普遍地建立起来。广西、新疆、宁夏、内蒙古、西藏 5 个民族自治区和云南、贵州、青海 3 个多民族省份都相继颁布了相关的实施办法。

在普遍建立村委会的基础上，民族地区依据《村民委员会组织法》，逐步建立起村民代表会议制度。村民代表会议是村民委员会实行民主决策、民主管理、民主监督的一种有效形式。村民代表会议的参加人员由本村村民推选产生的村民代表组成，向村民负责。村民代表会议讨论决定有关村民自治的重要问题，对村委会实行民主监督。

除建立村民代表会议之外，村委会还实行“村务公开”。所谓“村务公开”，就是村民委员会定期按照一定的程序将关系村民切身利益的村庄重要政务、村务和财务等方面的内容向村民公开，使村民拥有对村庄事务的知情权、参与权和监督权。村务公开是村民自治发展到一定阶段的必然要求和结果。村民自治作为一个过程，有其自身的发展规律。选出一个让村民满意的有能力的村委会是第一步；村务公开，民主管理就是第二步。从全国村民自治的发展情况来看，基本上都经过了这样一个过程。实行村务公开是村民自治发展的必然结果和重要标志。可以说，民主选举是村务公开的必要前提，村务公开是民主决策的必然结果，民主管理是村务公开的有效手段，村务公开是民主监督的实现形式。当前，民族地区与全国其他地区一样，一般进行了5—6届村委会换届工作。村委会的换届选举已成为广大少数民族群众行使当家作主的民主权利，实施基层政治参与的盛大节日，越来越受到重视。

创建村民委员会和实行村民自治本身，就是少数民族群众自发政治参与的表现和结果。村委会是村民自我管理、自我约束的组织。村规民约的制定过程及其内容反映出村委会管理的民主性和规范性。村委会的自治精神主要表现在：它是属于“村民”的。它的发动者本身是村民，活动主体是村民，其最终目的也是为了村民。它的产生不是源于官方意志，而是村民的自发自治活动。它的运作过程是自治的，即自我管理、自我教育和自我服务。在村委会班子确立后，在村委会的组织下，经过民主协商，制定出村规民约，规范村民行为，保证村委会工作的正常运转，体现出村民自我管理的特点。村委会的选举是村民的直接选举，这是一个具有历史意义的巨大进步。

二　村民自治对少数民族政治参与的价值

村民委员会和村民代表会议制度，是一项符合民族地区农村实际情况的制度，对于促进少数民族群众的基层政治参与具有明显的推动作用。首先，村民代表会议制度可以吸纳村庄精英参政议政，有助于保障农村社会各阶层的利益。村民自治，仅靠几个村委会成员是难以实行的，需要充分调动各方面的积极性和创造性。村民代表会议制度是解决这一问题的有效途径，因为所谓“村民代表”，顾名思义，他们应该代表村民的利益和要求，由他们出面讨论和解决问题，村民比较放心。他们既是村委会的智囊团，又是监督者。所以，村民代表会议制度的建立，有利于将农村的力量整合起来。其次，村民代表会议制度有利于调动村民代表民主参与的积极性和主人翁精神，保证村务决策的科学化和民主化，促进农村经济社会的发展。最后，村民代表会议制度有利于逐步理顺农村各种复杂的关系，使农村社会的运行机制实现良性互动和可持续性发展。实行村民代表会议制度后，干群关系、家族关系、群众之间的关系等过去很难解决的矛盾，找到了一种有效的解决机制。

“民主选举、民主决策、民主管理、民主监督”（“四个民主”）是村民自治的基本内核。对于少数民族基层政治参与来说，村民自治的价值主要有以下几点：

第一，提供了少数民族政治参与的便捷形式。村民自治把选人、议事、管理、监督的权力真正交给了广大少数民族村民，使他们依法管理自己的事情，创造自己幸福的生活。村民所选之人是自己熟悉的人；所议之事是与自身利益密切相关的事；所使用的语言是自己熟悉的语言；政治参与的结果看得见摸得着。“四个民主”的全面落实，探索了一条化解农村社会矛盾，解决农村社会问题的有效途径。可以说，村民自治体现的民主精神和民主机制，为改善和密切农村干群关系提供了一把金钥匙，有利于促进农村党风建设和社会风气的好转，调动少数民族群众政治参与的积极性，保持基层政治社会稳定。

第二，有利于提高少数民族群众政治参与能力。20 余年来，村民自治在推动民族地区农村基层民主政治建设、促进农村地区的稳定和发展的同时，也重塑了村民自治最广泛的主体——农民。通过村民自治，广大少数民族农民的民主意识得到启蒙，政治参与空前活跃，民主政治素质得到了很大提升。

第三，有利于培育少数民族群众的政治参与意识。在村民自治的实践中，经过村民小组开会、选民登记、提名候选人、参与竞选演讲、提问、质询、划票、唱票、计票，再到公布选举结果、颁发当选证书、聆听当选人的就职演说，以及当选村民代表参政议政、制定村规民约或村民自治章程，进行村务管理，对干部进行监督……每个人都亲身经历和体验了民主，使民主原则变成活生生的实践，融入生活之中，成为看得见、摸得着的东西。

第四，有利于少数民族群众有序政治参与。民主不仅需要热情，更需要程序和规则。通过村民自治的实践和示范作用，我国农民正逐步掌握政治生活的程序、规则以及必要的技巧。这对于政治制度化程度较低的中国农村，对于缺乏制度化参与习惯的少数民族群众来说，是极其可贵的。形象地说，村民自治是一所开放式的、无校园围墙的“社会主义民主法制教育的大学校”。在这所“大学校”里，通过村民委员会的选举，培养了一批又一批的民主骨干。他们不仅懂得了什么是选举宣传、选举原则、选举制度、选举形式、选举步骤以及在选举中的注意事项，而且代表千家万户的农民行使民主权利。

三　村民自治过程中少数民族政治参与的特点

政治参与是“社会成员按照一定的法律程序参与政治生活的政治行为”①，是公民试图影响和推动政治系统决策过程的活动。它既是现代民主政治制度赖以存在的基础，也是民主政治的基本特征之一。在村民自治的实践中，少数民族群众制度化政治参与集中表现在民主选举、民主决策、民主管理和民主监督等具体环节。由于民族地区的地缘特征、民族构成、宗教信仰、经济发展水平等诸多因素的作用，民族地区的村民自治和政治参与实践既具有与非民族地区相一致的共同点，也呈现出自身的特殊性。

1. 依法参加民主选举

自我国《村民委员会组织法》颁布后，村委会选举进入实质性运作阶段。民族地区相关部门积极指导选举工作，制定出台了一系列规范村民自治和村委会选举工作的法规和文件。通过组织选举工作，农村广大干部群众对与选举相关的法律法规和选举程序有了更全面的了解，在运用法律手段和民主方法推动工作过程中，进一步增强了民主意识和法制观念，受到了具体生动的民主法制教育。民主选举将一大批思想好、有本领、靠得住的人选进村委会领导班子。民族地区绝大多数民选的村委会干部责任感强，工作干劲大，群众威信高，为进一步开展村民自治、推进基层民主建设起到了积极作用。

2. 依法实行民主决策

民主决策指村民参与本村重大事务的决策，即由村民作为决策主体共同决定村级重大事务。目前除极少数地区外，在民族地区村一级普遍建立了两委联席会议、村民会议、村民代表会议等制度，凡与村民切身利益密切相关的事项都要实行民主决策，不能由个人或少数人决定。在当前阶

① 《当代世界政治实用百科全书》，中国社会科学出版社 1993 年版，第 173 页。

段，村民直接参与本村重大事务决策的形式主要是村民会议和村民代表会议。村民会议是本村全体村民组成的自治组织权力机构，拥有本村最高决策权。村民会议或村民代表会议通过民主讨论、民主决策，避免了村干部盲目决策和决策失误给村民造成的损失，确保了农民群众管理村级事务的权利得到实现。

3. 依法进行民主管理

民主管理是指在全体村民共同参与的基础上，实现对村级事务的有效管理。民主管理主要通过制定村民自治章程或村规民约，建章立制实现规范化管理。村民是农村基层事务管理的主体，村民自治制度为农村民主管理提供了制度上的可能性。民族地区的村委会在讨论制定自治章程和村规民约时，把村民的基本权利和义务、经济管理与社会管理相结合，加强了群众自我管理、自我教育、自我服务的能力。随着村民自治的深入发展，村务公开、民主理财、村民代表议事、民主评议村干部、村务民主听证等一系列村民政治参与的制度也得到了落实，广大农民群众民主决策意识与民主管理观念得到加强。

4. 依法实施民主监督

在民族地区农村，以村组为单位举行“民主日”、“村务公开日”，农民拥有充分的话语权，可以对村里各项事务发表自己的看法，提出意见和建议，甚至可以要求村两委和有关部门做出答复解释。以村务公开为重点的多种民主监督形式，把自上而下的党组织和行政监督与自下而上的群众监督结合起来；把过去背靠背的监督变成了面对面的监督；把过去被动式的监督变成了群众参与的主动式监督。可见，村民自治制度为少数民族群众制度化政治参与提供了渠道。制度化参与培养了参与者的民主意识和法律意识，对保障村民自治主体政治权利发挥了重要作用。

四　存在问题及其对少数民族政治参与的制约

我国少数民族大多居住于边远山区，经济社会发展相对落后。一些地区交通不便，信息不灵，社会生活在一定程度上还处于半封闭状态。不少村民受教育程度较低及传统观念的影响，往往对政治的认知度低，对政治有疏远和逃避倾向，宗法观念较严重，缺乏权利意识、参与意识和参与技能，这些都在一定程度上影响了村民自治和少数民族群众的基层政治参与。

其一，由于民族地区农村的地理环境特殊，导致政治参与成本高。在一些民族地区，一个行政村可能分布在几十平方公里的范围内，山高坡陡，同居于一个行政村的人，有的几年不能见面，这就给村民自治的联系和管理工作带来了困难，增加了自治的成本。有的村庄不能按需召开村民会议，村务决策只能由少数人说了算。其二，因为"一事一议"难操作，导致农村公益事业建设难。农村税费改革后，村内农田水利基本建设、修建村级道路、植树造林等集体生产和公益事业所需劳力、资金必须遵循"量力而行、群众受益、民主决策、上限控制"的原则施行。从理论上看，"一事一议"制度的政策规定，能够促使村民积极参与公共事业，有利于推进村民自治制度的实施。但由于民族地区地广人稀，自然条件恶劣，村民素质普遍不高，加之农村税费改革后，"一事一议"筹资额严格实行上限控制的原则，使得村委会召集村民开会难、所议内容达成一致难、资金少办事难，导致"一事一议"制度流于形式，造成村委会处于有心办事、无钱办事的尴尬局面。其三，民族地区还有许多行政村不通电、不通公路、不通电话，基础设施落后，公共服务和公共产品匮乏。这成为发展村民自治和少数民族政治参与的重大障碍。其四，改革开放以来，随着农村基层政权在协调和保护农民利益方面的综合作用的降低，使农民转而寻找别的关系资源和参与方式来表达和维护自身的利益。而宗族成员在血缘关系上的亲近感、居住形式上的地缘性、生产方式上的相似性，使得一些少数民族群众逐渐把原来对基层组织的依靠和寄托转移到族人身上，力图借助宗族力量实现利益的表达和捍卫。这样，往往会因选举而自觉或不自觉地形成以血缘关系为中心的不同的利益集团，影响村民自治和正常的政治参与。其五，由于指导不力，少数地方在村委会选举过程中，出现了拉票、贿选等行为，破坏了现代化民主政治建设所需要的公平、公正意识，损害了农民政治参与的热情，同时也使农村不可避免地出现了富人治村和恶人治村现象，扭曲了民主选举的本义，削弱了村级组织权威和职能，甚至影响农村社会政治稳定。其六，村委会干部素质不高。村委会干部的文化水平不高，这是民族地区乡村一个较为普遍的现象。这不仅影响他们对民主自治的理解，也限制了他们的视野和工作能力。

五　完善民族地区村民自治制度，进一步推进少数民族基层政治参与

第一，加强宣传与教育。

各级政权组织作为传播民主政治文化的主导力量，要利用各种形式对少数民族村民进行村民自治和民主参与的宣传教育。在组织、动员村委会换届选举过程中，各级政权组织要继续对广大村民进行有关村委会选举的重大意义和相关法律、法规、方针政策、程序步骤等的宣传教育；要及时对村民自治过程中遇到的困难和问题进行指导。这对于提高少数民族村民对村民自治的认识，增强对村委会合法性的认同，使他们明确自己在选举中的权利和义务，消除一些村民对选举的顾虑、疑虑，激发少数民族村民行使民主权利的积极性和主动性，具有重要意义。

第二，加强对宗族性政治参与的制度化整合。

对于在一定程度上体现了农民利益表达要求的宗族性政治参与的兴起，一个理性的政治系统应该考虑的是如何把它们整合到现行政治体系之中，而非简单排斥。笔者认为，可以尝试将村委会选举与乡镇人大代表选举结合起来，即从制度上规定，由村民民主选出的村委会成员原则上是乡镇人大的代表。这样就可以将村委会并通过村委会把宗族力量部分纳入国家权力体系之内，使之由完全的“体制外”力量变为一定程度上的“体制内”力量。通过对这些乡村精英的吸收与组织，国家可以引导其向现代法理型权威转化，将他们所具有的家族内的狭隘权威转化为村民自治所需要的法理型权威，将其对狭隘家族利益的关注导向对村落整体的责任感，并利用村民对他们的认同来汲取参与资源，传播民主理念，从而使现代民主理念在和传统乡村权威结合而成的二元复合体博弈中不断增强。

第三，提高农民政治参与素质和政治参与能力。

民主要求成熟的公民，但民主传统的薄弱，农村教育文化事业的落后，使当前民族地区广大农民参政素质不高，参政能力不强。他们往往对个人意见能否起作用表示怀疑，对个体能力缺乏信心。因此，即使是涉及自己的切身利益，也往往习惯于从别人的行为特别是村里有较高威望的人

中寻找自己行为的依据，具有很强的从众心理，并抱有一种法不责众的心态。所以，要培养他们的权利意识、法制意识和程序意识，使他们既敢于表达利益需求，又明白要在制度化的轨道上采取行动。与此同时，把加强农民的社会组织程度和拓展乡村政治参与渠道联系起来，也有利于减少参与的非制度化溢出。当前我国一些农民建立起来的以自我组织、自我管理、自我服务为目标的组织，如棉农协会、果农协会等，对于整合其共同的利益需求，降低对宗族的依赖性颇有意义。而一些农村社区的“村民代表议事会”、“红白喜事理事会”、“老年人协会”、“妇女评论会”等群众组织的建立，不仅可以为规范村民利益表达渠道、学习交流民主知识、增强参政议政能力提供一个良好的平台，实现民主启蒙，而且可以使他们在潜移默化中提高其契约和合作意识，克服依附心理和人治观念。

第四，加强国家政权在乡村政治民主化中的主导作用。

村民自治作为国家主导的乡村社会的政治制度安排，离不开国家政权的指导和帮助。在少数民族中传播由国家政治体系支持的主导政治文化，是国家政治体系的一项重要任务。民族地区的村民自治环境较差，村民政治文化素质较低，更需要国家政权的大力扶持。政府要改变管理方式，牢固树立服务意识，依法履行职责。村委会不是国家的一级政权，也不是乡镇政府的派出机构或下设机构，而是群众性自治组织。村委会负有协助乡、镇政府开展工作的责任和义务。村民自治不仅能极大地调动农民的积极性，促进集体经济的发展，同时也能提高广大农民群众的民主意识，促使他们积极参与村政，运用法律法规保护自己的合法权益。因此，必须转变乡、镇政府职能，改变传统的行政手段和强迫方法，学会运用法律、经济和教育等管理手段，更加尊重村民自主权和村委会的相对独立性，变行政命令型为协调服务型，为村民自治提供良好的运行条件。

第五，充分发挥农村基层党组织在思想政治工作方面的作用。

政党是政治社会化的重要载体，政党的组织规则、活动方式、追求目标、价值观念对一个国家的政治社会化有着巨大的影响。村党支部是中国共产党在农村的基层组织，是党在农村工作的基础，是村级各种组织和各项工作的领导核心。民族地区的村党组织应该充分利用这个系统的强大政治信息传播功能，有效地传播民主政治文化。要充分发挥自身的组织优势，吸收更多的优秀分子，特别是少数民族精英参与进来，通过政党组织的制度化渠道，实现对少数民族精英的政治社会化，并通过他们影响更多的少数民族群众。要创新工作机制和工作方式，紧密结合少数民族生产生活、村民自治的实际问题，对少数民族群众进行形式多样的政治教育，促进民族地区村民自治的健康发展，将少数民族的基层政治参与提升到一个更高的水平。

（原载《中国民族报》2008 年 3 月 28 日）

少数民族经济利益探析

逐利是人类的本性。正所谓“天下熙熙，皆为利来；天下攘攘，皆为利往”。[①] 马克思曾指出：“人们奋斗所争取的一切，都同他们的利益有关。”[②] 人类社会发展的实践证明，离开了对利益的关注和追求，社会就失去了前进的目标与动力。因此，利益分析的方法是理解人类行为及矛盾冲突的最有效的方法之一。我国是一个多民族国家，少数民族是最基本的利益群体之一。解析民族利益需求与供给，研究相关利益的分配机制与利益冲突和协调问题，是我们正确认识民族关系状况，建立和谐稳定的民族关系，推进民族地区全面小康社会建设的需要。鉴于民族利益的复杂性，本文拟就少数民族经济利益作初步的探析。

一　少数民族经济利益的内涵

从最一般的意义上讲，少数民族经济利益是指对少数民族生存与发展起积极作用的经济上的需要和好处，以及这种需要和好处的满足状况，它体现了需要主体与需要对象之间的矛盾关系。生存与发展是人类的基本权利，也是少数民族的基本人权。马克思主义认为，“人们首先必须吃、喝、住、穿，然后才能从事政治、科学、艺术、宗教等等”。[③] 维持生存的经济需要和满足这种需要，显然是少数民族最基本的经济利益。在生存

---

① 司马迁：《史记》第10册，中华书局1982年版，第3256页。

② 《马克思恩格斯全集》第1卷，人民出版社1956年版，第82页。

③ 《马克思恩格斯选集》第3卷，人民出版社1995年版，第776页。

需要基本满足以后，发展的经济需要成为现阶段我国少数民族最大、最根本的经济利益。需要和好处是对少数民族经济利益的质的界定，即经济利益对于少数民族来说是一种积极的正价值。

正如奥塔·锡克所说："利益是人们满足一定的客观产生的需要的集中的持续较长的目标；或者这种满足是不充分的，以致对其满足的要求不断使人谋虑；或者这种满足（由于所引起的情绪和感情）引起人的特别注意和不断重复的，有时是更加强烈的要求。"① 没有需要和好处，也就无所谓利益。同样，"只有当需要与需要对象之间存在矛盾时，需要才转化为利益"。② 从这个意义上讲，少数民族经济利益一方面反映了少数民族在经济上的主体性要求，另一方面反映了社会在满足其经济需求上存在的政策供给不足和资源短缺。需要和好处是相对的，它们既可能在当前实现，也可能在将来条件具备后实现。

少数民族经济利益与其他利益一样，属于社会关系的范畴。社会性是利益的重要特点，任何利益的形成都要以一定的社会条件为基础，任何主体的利益都必须依赖一定的社会关系才能实现。恩格斯曾经指出："每一既定社会的经济关系首先表现为利益。"③ 反过来说，利益是一定社会经济关系的本质表现。现阶段少数民族的经济利益要求，从一个侧面反映了我国社会生产力的发展水平和少数民族在市场经济关系中所处的地位，以及少数民族对经济资源和经济建设成果的占有状况。因此，少数民族经济利益的实现，离不开社会主义经济关系的作用和社会经济利益的调整。具体来说，少数民族经济利益与国家及其职能的行使关系密切。国家是社会利益最有力的代表者和经济利益分配的协调者。由于历史、社会、自然等方面的原因，我国少数民族作为社会的特殊弱势群体，其经济竞争力和经济利益的自我实现能力与主体民族相比，明显不足，经济利益在很大程度上有赖于国家的维护与保障。国家对少数民族的经济政策对于其经济利益的实现具有重要的作用。少数民族经济利益除与国家的帮助与扶持密切相关外，还与我国的主体民族汉族息息相关。其经济利益不仅与汉族经济利

① ［捷］奥塔·锡克：《经济—利益—政治》，中国社会科学出版社 1984 年版，第 263 页。

② 张玉堂：《利益论》，武汉大学出版社 2001 年版，第 44 页。

③ 《马克思恩格斯选集》第 3 卷，人民出版社 1995 年版，第 209 页。

益相比较而存在，受广大汉族地区发展水平的制约，在与汉族交往中实现，而且在某些情况下还可能与汉族经济利益发生冲突。此外，各少数民族之间也存在经济利益关系。这不仅表现在不同民族自治地方之间，而且表现在实行民族区域自治的少数民族与本区域内的其他少数民族之间。各民族之间的团结合作，和睦相处，互相帮助，是实现其经济利益和其他利益的重要保障。少数民族的经济利益与国家利益和全国人民的共同利益从本质上说是一致的。没有国家的稳定和经济社会发展，少数民族的经济利益也不可能得到满足和发展。只有国家的经济发展了，才有可能给予少数民族更多的经济支持。当然，在肯定二者经济利益一致性的前提下，应当承认少数民族也有自己特殊的经济利益，二者在一定条件下还可能发生矛盾和冲突。由于根本利益一致，这种矛盾和冲突是可以通过法律和政策等手段予以调节的。

从具体表现形态上看，少数民族经济利益是多种多样的。概括起来主要有三种：第一种是物质利益。物质利益是经济利益最基本的体现和表现形态，其他形态的经济利益在一定意义上都可以转化为物质利益。物质利益是少数民族维持生存和发展需要的利益，往往以实物和能够满足主体物质需要的劳务如医疗、第三产业等形式而存在。物质利益需要的满足直接表现为少数民族物质生活水平的提高。如民族地区的电力、交通、通信、水利等基础设施的建设带来经济上的发展和物质财富的增加，使少数民族物质生活条件得以改善。第二种是财政利益。如国家财政拨款和财政转移支付额度增加，使民族地区的工农业加快发展，少数民族群众得到实惠。第三种是经济政策利益。如国家对民族地区实行优惠的税收政策、信贷政策，帮助民族地区股份制企业上市，使民族地区筹集更多的发展资金，等等。

少数民族经济利益是一个发展的概念。在不同的历史时期和不同的社会背景下，少数民族的具体利益需求是各不相同的。在改革开放以前，我国少数民族主要经济利益需求是解决温饱问题，是满足维持生存的最基本的物质需要。随着温饱问题的基本解决，少数民族经济利益需求则变成了进一步提高生活品质，实现小康标准。正如马克思所说，社会的生产决定人类的利益需要，而人类的利益需要又推动社会生产，“并随着需要的改变而改变它的社会制度”。[①] 少数民族经济利益也有长远利益和眼前利益之分。就当前急需满足的经济利益而言，各少数民族可能表现出较大的差异。旧的经济利益满足了，新的利益需求又会产生，人类正是在这种对利益的不断追求中，使自身得到发展，使社会得到进步。少数民族经济利益本身的发展性，决定了维护和发展少数民族经济利益是一个长期的过程，须做持久的努力。

少数民族经济利益是与少数民族政治利益、精神文化利益相对应的一种最根本的利益。少数民族政治利益主要表现为各少数民族在党的领导下参与管理国家事务和社会事务，实行民族区域自治，实现当家作主的民主权利等方面；其精神文化利益则主要表现在维护和传承、发展本民族的传统文化，实行宗教信仰自由，接受现代文化教育，享受现代科技发展成果等方面。少数民族经济利益是其政治利益的根源和最终目标，经济利益的变化必然引起政治利益的变化。经济利益的满足对于少数民族更好地实现当家作主的权利等政治利益具有重要的意义。用马克思的话说，“政治权力不过是用来实现经济利益的手段”。[②] 对于少数民族来说，政治利益也是最基本的利益之一，它不仅是少数民族应享有的权利，而且是实现经济利益和文化利益的重要保障。少数民族经济利益也是其精神文化利益得以实现的前提和基础，而精神文化利益的实现，又能为经济利益的实现提供精神和智力的支持与保证。由此可见，少数民族经济利益并不是孤立存在的，而是与政治、精神文化利益相互影响、相互支持的。因此，在解决少数民族经济利益问题，满足其经济利益需求的努力中，有必要将经济利益与政治、精神文化利益结合起来考量，采取综合性的应对措施。

二 维护和发展少数民族经济利益的重要意义

上述可见，经济利益是少数民族的根本利益，在全面建设小康社会的过程中，维护和发展少数民族经济利益具有重要意义。维护和发展少数民

---

① 《马克思恩格斯全集》第 3 卷，人民出版社 1960 年版，第 48—49 页。

② 《马克思恩格斯选集》第 4 卷，人民出版社 1972 年版，第 246 页。

族经济利益是建立团结和谐的民族关系的需要。我国多民族的基本国情，决定了民族团结是发展各项事业的重要保证。正如江泽民同志所指出的，在我国汉族离不开少数民族，少数民族离不开汉族，少数民族之间相互也不能离开。历史的经验证明，民族团结的基础和前提是民族的平等，没有平等，民族团结不可能巩固、持久。新中国成立以来，党和国家实行了民族平等的基本政策，消除了民族歧视，民族地区的经济社会发展取得了很大的成就，各民族团结和谐关系基本建立起来。但是由于历史的原因，我国还存在事实上的不平等，许多少数民族经济上还比较困难，发展经济、改善生活的要求比较强烈。在社会主义市场经济机制的作用下，西部少数民族地区与中东部发达地区的发展差距还在进一步扩大。如果我们对少数民族的经济利益需求重视不够，采取的措施不力，就可能伤害少数民族的感情，降低各民族的凝聚力，破坏社会主义民族关系。

维护和发展少数民族经济利益是保持民族地区乃至全国社会稳定的需要。我国正处在社会发展的关键时期，稳定压倒一切。没有社会稳定就不可能一心一意搞建设谋发展。正确处理民族问题，是维护社会稳定的一项重要工作。经济利益问题是少数民族最关心的问题，也是较易导致民族纠纷和民族摩擦的问题。正如有的学者所指出的，“少数民族方面基于经济利益的各种分散的微观矛盾，可以在一定条件下，通过民族文化聚集起来，演化为大规模的民族冲突”。[①] 尤其在市场经济发展过程中，原有利益格局出现了分化重组，少数民族经济利益面临一系列新的情况和新的问题，由经济利益引起的矛盾、纠纷有增多的现实可能。因此，少数民族经济利益问题必须引起我们的高度重视。从全国来看，维护社会稳定要立足于维护最广大人民的根本利益；就民族地区的稳定来说，最根本的就是要维护少数民族群众的经济利益。维护和发展少数民族经济利益是贯彻“三个代表”重要思想的要求。

维护和发展少数民族经济利益是实现全面建设小康社会目标的需要。全面建设小康社会是党的十六大提出的奋斗目标。这是惠及全国各族人民的重大战略决策。这一目标的实现，不仅要求广大中东部地区（主要是汉族地区）进一步加快发展，而且需要占国土面积六分之一的西部地区

① 马平：《少数民族利益论》，《西北民族学院学报》2002 年第 3 期。

（主要是少数民族地区）加快发展。从某种意义上说，没有民族地区的现代化就没有中国的现代化，没有各少数民族群众的小康生活就没有全国人民的小康生活。而要实现各少数民族的小康，最根本的就是要大力发展少数民族经济，尽快提高少数民族群众的经济生活水平。我国少数民族地区地域辽阔，自然资源丰富，全面建设小康社会要求加快少数民族地区的资源开发与利用。而民族地区的资源开发利用，必须正确处理与少数民族的经济利益关系，切实维护和发展少数民族的经济利益。

维护和发展少数民族经济利益是保证国家安全的需要。我国的少数民族地区大多地处祖国边疆，战略地位十分重要。据统计，我国有2.1万多公里的陆地边境线，少数民族地区就占了1.9万余公里；我国与20多个国家毗邻，民族自治地方就与15个国家接壤。我国边疆许多少数民族为跨界民族，与邻国同民族联系较为密切。由此可见，民族地区的发展状况和少数民族群众的生活水平与国家的安全息息相关。只有重视维护和发展少数民族经济利益，使广大民族地区尽快发展起来，使广大少数民族群众尽快富起来，我们才有可能保持边疆的长期稳定，也才能有力打击民族分裂势力、极端宗教势力和国际恐怖势力的破坏活动，挫败国际敌对势力利用民族矛盾，从事分化、西化的活动。

三　现阶段我国少数民族经济利益的主要需求

新中国成立以来，党和国家十分重视维护和发展少数民族经济利益。民族区域自治制度为各民族发展经济，提高生活水平提供了制度保障；国家对少数民族和民族地区的财政支持和优惠政策，以及内地发达地区对民族地区的无私援助，为民族地区实现跨越式发展打下了坚实基础。据统计，少数民族地区GDP高速增长，按可比价计算，1998年宁夏、新疆、广西、云南、内蒙古分别比1952年增长50倍、33.2倍、30倍、28.7倍、28.7倍。[①] 改革开放以来，少数民族地区人均GDP值由1978年的247元

① 王希恩：《当代中国民族问题解析》，民族出版社2002年版，第120页。

增加至2000年的4635元，增长18.8倍。[①] 在国民经济快速增长的基础上，各族人民群众的物质生活水平有较大提高。据统计，民族地区城镇居民人均可支配收入从1978年的375元增至2001年的5622元，增长约15倍。[②] 1980年至1999年，民族自治地方农村居民人均纯收入从76元增至1653元，增长21.75倍。[③] 据中国政府《2000年中国人权事业的进展》白皮书提供的数据，仅1994年至1999年我国少数民族地区已累计解决3000多万贫困人口的温饱问题。在经济发展、物质生活水平提高的基础上，我国民族地区人民的政治、精神文化生活水平也有了明显的提高。2002年，西藏全区人口平均寿命由20世纪50年代的35岁延长到67岁。[④] 20世纪末，为了进一步加快西部民族地区的发展，党和国家作出了西部大开发战略决策。西部大开发既是少数民族的强烈愿望和要求，也是维护和发展少数民族经济利益的重要举措。三年多来，西部地区投资和经济快速增长，青藏铁路、西气东送、退耕还林还草、水利枢纽、交通干线等关系西部民族地区发展全局的重大项目相继开工建设，有力地拉动了民族地区的经济发展。在肯定成绩的同时，我们也应看到，随着改革开放的深入和市场经济的发展，我国在维护和发展少数民族经济利益方面，也出现了一系列新的情况和新的问题，需要认真研究和正确处理。概括起来，目前我国少数民族经济利益需求主要有以下几个方面。

（1）加快经济发展，缩小与发达地区的发展差距。经济发展是满足经济利益需求的基本前提。一方面由于发展的起点低，另一方面由于非民族地区也在快速发展，所以少数民族地区无论是整体经济发展水平还是人民群众的物质生活水平，与中东部地区比仍有较大的差距。1999年，全国民族自治地方人均GDP约为4103元，与同期全国人均GDP相比，低37.21%。这种差距在20世纪90年代以来，出现了进一步拉大的趋势。据统计，从1985年到1999年，民族自治地方工农业总产值占全国比重由9.1%降至5.7%，下降了3.4个百分点；与此同时，工业总产值占全国

---

① 赵显人：《中国少数民族地区经济发展报告（2001）》，民族出版社2002年版，第15页。

② 同上书，第2页。

③ 王希恩：《当代中国民族问题解析》，民族出版社2002年版，第132页。

④ 韩振军、沈路涛：《十六大新闻中心举行第三次记者招待会》，《光明日报》2002年11月13日。

比重由 7.9% 降至 4.3%，下降了 3.6 个百分点。近些年，虽然民族经济有了较快发展，但民族自治地方财政困难的状况并未改变。据统计，1999 年全国民族自治地方财政收入 437.18 亿元，支出 1003.77 亿元，财政赤字 566.59 亿元，财政自给率仅为 43.55%。[①] 财政自给率低下意味着民族自治地方对中央和上级财政转移支付存在较强的依赖。由于财政困难，民族自治地方基本上是吃饭财政，用于生产、建设的资金严重不足，自我发展能力严重受限。发展差距的扩大，在一定程度上造成了少数民族干部群众的不平等感。加快经济发展，缩小与发达地区的差距，是现阶段我国少数民族最根本的经济利益需求。

（2）摆脱贫困，尽快提高经济生活水平。改革开放初期，由于地区类别等原因，民族地区城镇职工年工资收入接近甚至高于全国平均水平，而到 1999 年，民族自治地方职工年人均工资为 6822 元，比全国职工人均工资低 1524 元。民族自治地方农民收入与全国比也有较大的差距。1999 年，民族地区农村家庭人均纯收入为 1653 元，比全国平均水平低 557.3 元。[②] 以西藏为例，1990 年西藏农村居民人均纯收入相当于全国平均水平的 95%，而到 1998 年却降为仅相当于全国平均水平的 57%。[③] 1998 年，广东城镇居民可支配收入为 8840 元，是宁夏 4112 元的 2.13 倍；同年上海农村居民纯收入 5407 元，是西藏 1232 元的 4.39 倍。[④] 1999 年，上海居民消费水平是宁夏的 5.12 倍，西藏的 6 倍。[⑤] 到 2000 年年底，少数民族地区仍有约 1700 万贫困人口没有解决温饱问题，占全国农村同类人口总数的大多数。民族 8 省区没有解决温饱的贫困人口有 1000 多万，占 8 省区农村人口的比重为 8% 左右，高出全国农村贫困人口比重（3%）5 个百分点。[⑥] 因此，摆脱贫困，提高生活水平，是现阶段我国少数民族主要的经济利益需求。

---

① 王希恩：《当代中国民族问题解析》，民族出版社 2002 年版，第 138—145 页。

② 同上书，第 158 页。

③ 温军：《西藏现代化新战略》，《西藏研究》2001 年第 2 期。

④ 朱光磊：《中国的贫富差距与政府控制》，上海三联书店 2002 年版，第 114 页。

⑤ 王希恩：《当代中国民族问题解析》，民族出版社 2002 年版，第 160—161 页。

⑥ 国家民委经济发展司：《扶贫开发：2000 年少数民族和民族地区扶贫开发》，《中国民族工作年鉴（2001）》，第 213 页。

（3）克服市场机制的不利影响。随着市场经济体制的建立和发展，国家原来给予少数民族的经济优惠政策或被取消或名存实亡，导致少数民族原有的一些经济利益难以实现或不再具有。① 市场经济是竞争性经济。在市场竞争中，少数民族地区处于不利的地位，资金、人才等在市场的作用下流向东部发达地区，原有的资源优势也慢慢消失。西部民族地区交通不便，基础设施落后，在市场经济条件下投资成本提高，投资效益降低；国有企业比重过大，企业生产技术工艺落后，改制困难，举步维艰。据贵州省对全省 100 个重点加工企业调查，同一产品因协作障碍造成生产成本增加，一般比东部企业高约 10%。② 民族地区企业成本居高不下，企业盈利偏低，发展资金匮乏，致使许多企业破产，职工下岗。据统计，1998 年第三季度宁夏国有企业下岗职工达 37893 人。③ 近些年，一些地方出现以东西合作为名，将即将淘汰的设备转移到民族地区，他们高估设备残值，结果使民族地区“未引进先进的设备和技术，引来的却是该被淘汰的陈旧设备和随之而来的对方控股权，为此背上了沉重的包袱”。④ 随着经济利益关系的调整，民族自治地方依法管理和开发利用本地资源的意识增强，而国家在有关政策调整方面相对迟缓。随着市场经济的发展，大量汉族地区的商人进入民族地区经商，在给少数民族带来方便的同时，也在就业等方面带来了一些问题。一些人的偷税、以次充好等欺诈行为损害了少数民族的经济利益，影响了民族关系。采取切实措施，解决市场经济条件下出现的此类新问题，是少数民族群众的迫切要求。

（4）改善自然生态环境。自然生态环境与人类的物质生活、精神生活密切相关，对经济社会发展影响巨大。我国少数民族居住的西部地区自然环境本来就较为恶劣，近年来，由于忽视生态环境保护，尤其是在经济利益的驱使下，出现乱砍滥伐、乱开滥采、过度放牧，导致森林锐减，草场退化，水土大面积流失，土地严重沙化，干旱加剧，水源污染，生态环境遭严重破坏。有资料显示，内蒙古自治区荒漠面积达 65 万平方公里，

---

① 唐鸣：《社会主义初级阶段的民族矛盾研究》，中国社会科学出版社 2002 年版，第 120 页。

② 周毅：《西部反贫困研究》，甘肃人民出版社 2001 年版，第 40 页。

③ 王希恩：《当代中国民族问题解析》，民族出版社 2002 年版，第 165 页。

④ 同上书，第 239 页。

占内蒙古土地面积56.9%，其中近30年荒漠化面积扩大了1066万公顷，平均每年以33万公顷的速度扩张着；近10年，来自各地的200多万人次非法进入内蒙古草原挖掘“发菜”等植物，导致2亿多亩草地植被遭破坏。由于草原总面积减少，剩余草场超载放牧，进一步加剧了整个草场的破坏，内蒙古仅此每年就损失近30亿元。[①] 西藏8亿亩可利用草地中，35%已经退化，5000万亩草地沙化。那曲地区草甸草场20世纪60年代每公顷产草2760公斤，90年代减少到1107公斤。青海省草地退化面积1998年达到926万公顷，占草地总面积的33%，同50年代相比，单位面产草量不同区域分别下降30%—80%；在草原退化的同时，青藏高原鼠害虫害成灾；地处黄河源头的果洛藏族自治州的玛多县原本是“千湖之县”，现在草原80%的泉与河已经干涸，牧民饮水已十分困难。[②] 恶劣的自然生态环境是导致少数民族群众贫困的根源之一。采取有力措施，改善民族地区的自然生态环境，是维护和发展少数民族经济利益的基本要求。

四 采取综合措施，维护和发展少数民族经济利益

在市场经济条件下，维护和发展少数民族经济利益是一项牵涉面广，政策性强，十分复杂的工作。它既需要少数民族和民族自治地方的艰苦努力，也需要国家在财政和政策上的支持，还需要发达地区的支援与帮助。

少数民族和民族自治地方是实现和发展自身经济利益的主体。无论是当前的经济利益还是长远的经济利益，都要靠少数民族的勤劳和智慧来实现。离开了自身的艰苦奋斗，等、靠、要是不能解决根本问题的。在市场经济大潮中，少数民族和民族自治地方要在国家和发达地区的帮助下，努力提高自我发展能力。要树立与时俱进的开放意识和竞争意识，逐步改变与时代发展不相适应的思维方式和生活方式。要抓住西部大开发的历史机遇，用好国家所给的优惠政策和各种专项资金，充分发挥其政策效益和经

① 李锦、罗凉昭：《西部生态经济建设》，民族出版社2001年版，第51—85页。

② 南文渊：《中国藏区生态环境保护与可持续发展研究》，甘肃民族出版社2002年版，第77—87页。

济效益。民族自治地方的国家机关，要从本地实际出发，制定切实可行的经济社会发展规划，下大力减轻少数民族群众的经济负担，为提高少数民族群众的物质生活水平多做实事；要注意发挥民族地区的资源优势，选好突破口，组织好经济建设措施的实施。在处理利益关系时，要从实际出发，从国家和人民的根本利益出发。维护和发展少数民族经济利益，要求各民族之间要平等互利，任何民族不能以损害或牺牲其他民族经济利益为代价来实现自身的经济利益。要看到少数民族地区经济落后的原因是复杂的，彻底改变贫穷落后面貌不可能一蹴而就；少数民族地区与发达地区生活水平的差距也不可能在短时间内消除，只能逐步缩小。民族自治地方既要积极争取中央的支持，同时也要体谅国家的困难。要始终坚持发展是第一要务的观点，自觉维护民族团结和社会稳定。

维护和发展少数民族经济利益需要国家给予更多的支持。从国家来说，目前要重点抓好以下几项工作：第一，进一步加大对少数民族地区的财政支持力度。民族地区要加快经济发展，缩小与发达地区的差距，提高人民的生活水平，离不开中央的财政支持。没有钱，民族地区的交通、通信、能源等基础设施建设落后的状况就不可能改变，民族地区的资源优势就不能有效转化为经济优势。没有钱，民族地区也就很难落实退耕还林还草，有效改善生态环境。因此，在国家整体经济实力增强的基础上，中央要继续加大对西部地区的投入。要通过财政转移支付，帮助民族地区建立起适应自身发展的具有造血功能的经济实体，加快民族地区原有企业的改制，扶植民营经济的发展。在加大投入的同时，国家要指导和帮助民族地区制定好发展规划，加强对投入经费的监管，保证投入的经济社会效益。第二，进一步加大对民族地区的扶贫力度。目前我国的贫困人口主要集中在民族地区，国家除了继续给予专项扶贫经费外，应加大政策扶贫、科技扶贫和智力扶贫的力度；要有计划地帮助那些居住在恶劣自然环境中的少数民族通过移民脱贫。第三，依法维护少数民族的经济利益。要采取切实措施，保障《民族区域自治法》的落实，特别是该法关于自治机关的自治权和上级国家机关帮助民族自治地方加速发展经济等规定的落实。要通过财政上的支持，帮助民族地区建立社会保障体制，减少因下岗失业和因病、因自然灾害等原因致贫和返贫。对于那些在经济交往中，侵害少数民族利益的行为，要依法予以打击和惩处，维护少数民族的合法经济利益。

第四，给予少数民族地区更多的经济优惠政策。对民族自治地方符合国家产业政策的优质建设项目，中央政府可以采取实行贴息的办法予以支持；在保证质量的前提下，优先安排民族地区股份制企业定向募集资金和在国内外、境内外证券市场上市；设立面向民族地区的主要畜牧产品、林产品的收购专项资金；适当降低民族地区国家税的比重，提高地方税的比重；通过税收减免等措施引导外资企业和发达地区的企业到西部民族地区投资；保证民族自治地方根据法律规定和国家的统一规划，优先合理开发利用本地方的自然资源；国家在民族自治地方开发资源、进行建设时应照顾民族自治地方的利益，充分考虑当地少数民族群众的生产和生活，给予其适当利益补偿；等等。

中东部发达地区（主要是汉族地区），要把帮助少数民族发展经济作为自己应尽的义务。一要坚决贯彻西部大开发战略，支持中央对西部少数民族地区采取倾斜政策，促进民族地区的经济社会全面发展。二要进一步搞好本地区的经济建设，增强经济实力，加大对少数民族地区的对口支援力度，为改善少数民族的经济生活状况做出自己的贡献。三要在经济交往中遵守国家的法律法规和有关政策，遵守诚实守信的原则，尊重少数民族的文化传统和生活习俗，在实现自身经济利益的同时，维护少数民族的经济利益；在发生经济纠纷和其他利益冲突时，要依法解决，与少数民族一起共同维护民族团结和社会稳定。

［原载《中南民族大学学报》（人文社会科学版）2003 年第 4 期］

社会转型与少数民族文化利益保障

民族文化利益是少数民族群众的根本利益之一。在社会转型过程中，不仅少数民族传统文化正经受前所未有的冲击，而且少数民族在享受现代文化方面也面临一系列新的情况和问题。研究新时期少数民族文化利益保障问题，提出应对之策，是实践“三个代表”重要思想，全面推进民族地区小康社会建设的需要。

一　少数民族文化利益的内涵

文化是人类特有的、复杂的社会现象。国内外学者曾给文化下过各种各样的定义。概括起来，对文化大致有广义和狭义两种界定。广义的定义如苏联学者谢班斯基所述：“文化是人类活动的全部物质和精神成果、价值及受到承认的行为方式。”① 这种定义是把文化与自然相对应，将人类创造或加工的一切都视为文化，认为文化是人类创造的物质财富和精神财富的总和。狭义的文化定义如英国人类学家爱德华·伯纳特·泰勒所言，“包括知识、信仰、艺术、法律、道德、风俗以及作为一个社会成员所获得的能力与习惯的复杂整体”。② 这种定义强调文化的非物质特性，以及物质形态更深层次的思想意识与背景。正如我国著名学者何怀宏先生所指出的，文化定义的歧义往往发生在外延方面。就本文研究的对象而言，文化利益是相对于物质或经济利益的一个概念，侧重从狭义的角度来理解

① 转引自卞玉清《漫谈读书文化》，《同济大学学报》（人文社会科学版）1995 年第 2 期。

② ［美］威廉·A. 哈维兰：《当代人类学》，上海人民出版社 1987 年版，第 242、378 页。

文化。

利益是推动人类社会进步发展的重要动力。对利益的追求乃是人类社会生存和发展的基础与动力。马克思曾指出："人们奋斗所争取的一切，都同他们的利益有关。"[①] 那么，什么是利益呢？《辞海》对利益的解释是"好处。如集体利益；个人利益"。《马克思主义哲学全书》将利益界定为"社会化的需要，人们通过一定的社会关系表现出来的需要"。[②]。奥塔·锡克所认为："利益是人们满足一定的客观产生的需要的集中的持续较长的目标；或者这种满足是不充分的，以致对其满足的要求不断使人谋虑；或者这种满足（由于所引起的情绪和感情）引起人的特别注意和不断重复的，有时是更加强烈的要求。"[③] 没有需要和好处，也就没有所谓利益。同样，"只有当需要与需要对象之间存在矛盾时，需要才转化为利益"[④]。

由上述定义可知，所谓少数民族文化利益，是指在文化方面对少数民族的生存和发展所具有的好处，是少数民族为进步和发展，在文化方面的需要与追求以及社会满足这种需求的状态。

少数民族文化利益与少数民族文化是既有联系又有区别的两个概念。少数民族文化是相对于汉族文化的主体性文化，是指少数民族在长期的生产生活历程中创造的具有民族特色的物质、精神、制度成果以及以此为基础的生产生活方式和习俗。民族文化涵盖面非常广泛，概括起来主要包括三个方面：一是物质文化如生产工具与生产方式、民族建筑与民居、民族服饰与器具等；二是精神文化如民族哲学、民族典籍、宗教和信仰、道德、民族心理、民族语言文字与民族民间文学、民族艺术等；三是制度与习俗，如民族习惯法、宗教仪规、民族节庆、民族交际与行为规则（方式），等等。少数民族文化利益则是相对于少数民族经济利益、政治利益、自然生态利益等而言的，它不仅包含了对少数民族传统文化的利益要求，而且包含了少数民族在现代文化方面的利益要求。

① 《马克思恩格斯全集》第 1 卷，人民出版社 1956 年版，第 82 页。

② 《马克思主义哲学全书》第 3 卷，中国人民大学出版社 1996 年版，第 37 页。

③ ［捷］奥塔·锡克：《经济—利益—政治》，中国社会科学出版社 1984 年版，第 263 页。

④ 张玉堂：《利益论》，武汉大学出版社 2001 年版，第 44 页。

文化具有民族性，这是绝大多数文化研究学者的共识。文化之所以具有民族性，原因是多方面的，但根本的原因在于，人类族群分布的差异性以及各族群发展的自然历史条件和生存环境不同。我国是一个多民族的国家，各民族在长期的历史发展过程中创造了丰富多彩的民族文化。少数民族文化不仅构成多元一体的中华文化的重要组成部分，而且成为少数民族生产生活方式不可分离的部分。少数民族文化利益自然离不开少数民族的固有文化利益，但是，如果将少数民族文化利益仅仅理解为是在维护和继承传统文化方面的利益显然褊狭。因为在现代社会，少数民族的生存和发展，离不开对现代文化的接纳和运用，传统文化也要在与现代文化的交流与砥砺中传承和发展。因此，本文认为少数民族文化利益应作广义的理解，既包括在少数民族传统文化方面的利益，也包括在现代文化方面的利益。在社会转型时期，我们不仅要注意保障少数民族的传统文化利益，而且要维护和保障少数民族在享受现代文化方面的利益。

二 保障少数民族文化利益的重要意义

保障少数民族文化利益，关系民族的生存。民族文化是民族的重要特征，是民族存在的重要条件。斯大林关于民族的定义虽然遭到不少的非议和责难，但他将共同语言和共同的民族文化特点上的共同心理素质作为民族的基本特征，是非常正确的。时至今日，人们在区别世界各民族时，虽然要审视民族形成发展的历史、民族所处地域和民族的经济生活等，但最基本的一个方面就是看民族文化。民族文化的消失，也就意味着民族本身的消失。在我国55个少数民族中，虽然许多没有独立的文字，但各民族都有自己特有的文化，如藏族的藏传佛教文化，蒙古族的草原文化，云南白族的黑白文化，纳西族的东巴文化，回族的伊斯兰文化，等等。正是不同的历史发展和不同的经济生活与民族文化，使各民族表现出鲜明的个性特征，使中华民族大家庭呈现出异彩纷呈的人文景观。在社会转型时期，如果对少数民族传统文化不加保护，不仅会造成难以弥补的文化损失，而且将使民族特征逐渐消失，甚至将危及一些少数民族的生存。

保障少数民族文化利益，关系民族团结和社会稳定。民族文化是民族认同和民族内聚力的重要基础。民族认同有社会认同和内部认同之分。社会认同是社会其他族群和组织将某一民族作为民族对待，尊重其民族文化与习俗。社会认同的基本表征是——某些人是某民族，某人是该民族的一员。社会认同关系民族的生存环境和发展空间。如上所述，民族文化是民族的重要特征，是民族社会认同的基本方面。内部认同，主要指族群内部各成员发自心底地认同自己和他人的民族成分。这一认同的基本表征是——我是某族，他或她是我的同族。民族的内部认同是民族意识、民族感情、民族内聚力的重要表现，关系到民族的存续和进步。民族的内部认同缘何而生呢？除了血缘和亲缘之外，最基本的是民族文化的作用。民族的语言、信仰、服饰、生活方式与交际方式、禁忌与习俗等显性和隐性的文化因子，对民族成员长期的潜移默化的作用，造就了民族成员共同的民族心理和民族情感，构成内部民族认同的心理基础和认同标准。民族文化的衰落不仅影响社会对民族的认同，而且必然冲淡民族意识和民族情感，影响民族的内部认同。而对民族文化的不尊重和人为破坏，则将直接影响民族之间的关系，导致民族之间的冲突，破坏民族团结和社会稳定。

保障少数民族文化利益，关系民族发展。民族文化是民族发展的重要泉源。民族文化对于民族发展的重要作用主要表现在以下三个方面：一是为经济社会发展提供稳定和谐的人文环境。如上所述，民族文化是社会认同和内部认同的重要条件，是产生民族内聚力、亲和力，消解民族矛盾和冲突的重要因素，因而在建构和谐稳定的社会环境方面具有不可替代的作用。而民族团结、社会稳定又是民族地区经济社会发展的重要条件；二是民族文化中的积极价值观念和哲学思想，如热爱劳动、诚实守信、坚毅勇敢、崇尚自然、与人为善等传统美德，构成民族发展的重要精神源泉；三是民族文化资源本身构成民族发展的重要增长极，如民族文化独特的人文价值和物质景观对旅游经济的拉动，对外资外商的吸引，直接推动民族经济的发展，促进少数民族生活水平的提高。民族文化还具有传授知识和技能，促进民族成员个性发展和族群发展的功能。民族文化不仅在人文环境等方面为经济社会发展提供保障和支持，而且从整体意义上说，民族发展本身就包括了民族文化发展，文化发展是民族发展的一个重要方面。

特别需要指出的是，保障少数民族在享受现代文化方面的利益，对于提高少数民族的整体素质，推进全面建设小康社会具有重要意义。发展民族教育，提高少数民族的科学文化水平，培养更多少数民族人才，在民族地区推广现代科学技术，建立更多的文化、体育、卫生等设施，既是代表少数民族群众根本利益的需要，也是保证我国经济社会全面协调发展的需要。

总之，少数民族文化利益是少数民族根本利益的重要组成部分，与少数民族的生存发展息息相关，在社会现代化过程中，必须高度重视维护和保障少数民族文化利益。

三 现阶段我国少数民族文化利益面临的主要问题

我国宪法和民族区域自治法明确规定，国家保障各少数民族合法的权利和利益，国家根据各少数民族的特点和需要，帮助少数民族地区加速经济和文化发展；民族自治地方的自治机关继承和发扬民族文化的优良传统，建设具有民族特点的社会主义精神文明，不断提高各民族人民的社会主义觉悟和科学文化水平。新中国成立以来，党和政府在保障少数民族文化利益方面做了大量工作，如保障各民族使用和发展自己的语言文字，保持或者改革自己的风俗习惯；保障各民族公民宗教信仰自由，自主地发展具有民族形式和民族特点的文学、艺术等民族文化事业；发展民族教育，加强文化设施建设，等等，取得了重大的成就。但是，由于历史、自然条件和经济发展水平等方面的原因，少数民族在文化发展方面，长期处于滞后的状态。改革开放和发展市场经济，一方面使民族地区经济社会有了较快的发展，另一方面使少数民族文化利益面临一系列新的情况和问题。

第一，市场经济的发展对少数民族传统文化形成强烈冲击。

在自然经济条件下，由于物质和精神产品匮乏，交通信息阻隔，民族间交往稀少，少数民族传统文化长期处于相对稳定的状态。但是在市场经济体制下，由于工业化、信息化的推进，物质和文化产品的丰富和物流的发达，交通的改善和人口流动的增加，外来文化的影响剧增，少数民族传统文化受到猛烈冲击，正在发生急剧的变化。

民族语言。一些人口较少的民族，由于同汉族交往的增加，其民族语言面临严重危机。如赫哲语，目前能用本族语交际的只有十几个 60 岁以上的老人；满语，现在只有约 100 人能听懂，约 50 位老人还可以说；塔塔尔族使用本族语的不足1000人；基诺族已经放弃了双语教学，统一用汉语授课，有专家预言，20年后这个民族的语言将会彻底消失。①

民族服饰。据马翀炜博士的调查，在云南省文山州的苗族村寨，男人已经不再穿民族服装，青年妇女大多穿新式的掺有毛线及化纤原料的苗族服装，只有老年妇女还穿老式苗族服装。② 据何星亮先生对新疆阿勒泰等地的调查，“内地各种现代流行的服装几乎代替了民族服装。北京、上海、广州等地一旦流行什么新的服装款式，在很短的时间内，边疆城市便会出现相同款式的服装”。③ 据张锋先生对新疆哈萨克婚礼的就近观察，“在如此重要的场合，他们没有穿哈萨克传统的节日服装，而是一身西化的装束——有意思的是，在所有的哈萨克年轻人中没有一个穿传统的哈萨克服装，大多数都身着夹克衫或者西装”。④ 藏族服饰是我国最典型的少数民族服饰之一，据有关专家的调查，在边远的藏区农村，“除老人和年纪较大的妇女外，小孩和中青年不怎么穿藏装，而是由新式服装来代替。——平日以穿简便、新颖的服装为主，节日以穿档次较高的民族服装为主”。⑤ 据潘云梅对广西柳州金秀村茶山瑶服饰文化的调查，“如今的金秀村，除了几个七八十岁的老奶奶，平日里着民族服饰的已寥寥无几”。⑥ 在许多民族地区，传统的民族服饰只在重要的民族节日和庆典上出现或在有关民族文化活动展示中出现。

民族民居。民居是民族文化的重要载体。改革开放以来，随着经济发展和生活水平的提高，少数民族民居发生了明显的变化。在贵州苗族地区，“苗族传统的木质家居形式出现了以混凝土为基础的发展趋势，使得来这里作民俗考察旅游的人们不得不感到遗憾：原姿原貌的苗族居住建筑已呈变形态势！”⑦ 哈萨克民族为了适应游牧生活，创造了毡房。但是今天在新疆哈萨克地区，许多哈萨克人已盖起了土坯房，“毡房在这些定居

---

① 冯茵、桂杰：《中国几十种语言处于濒危状态》，《中国青年报》2004年2月21日。

② 马翀炜：《社会发展与民族文化的保护》，《广西民族研究》2002年第1期。

③ 何星亮：《新疆民族传统社会与文化》，商务印书馆2003年版，第474页。

④ 周大鸣：《中国的族群与族群关系》，广西民族出版社2002年版，第352页。

⑤ 徐平、郑堆：《西藏农民的生活》，中国藏学出版社2000年版，第213页。

⑥ 李远龙：《传统与变迁》，广西民族出版社2001年版，第246页。

⑦ 中国西南民族研究学会：《走进西部》，贵州民族出版社2001年版，第439页。

的哈萨克家庭里，正在退出历史舞台”。[①] 历史上，藏族的民居以“房皆平顶，砌石为之，上覆以土石，名曰碉房”。但近几十年来，藏族民居为之大变。不仅城镇盖起现代楼房，而且许多农村藏民也以现代楼房代替了原有的“碉房”。以上面提到的班觉伦布村为例，到1994年，全村44户中，共有22户盖起了楼房。一些房屋装修华丽，向阳处均有落地玻璃窗户，采光面广，屋内四壁刷有涂料，美观整洁。[②] 过去，西双版纳傣族地区的民居具有典型的傣家风格和特色，如今许多傣族村寨的传统的干栏式建筑（傣家竹楼），已由汉式砖木结构的平房和钢筋混凝土结构的楼房代替了。有人认为，云南基诺族传统竹楼有可能在10年内被内地汉族的砖木结构平房和钢筋水泥结构楼房所取代。[③]

民族节庆娱乐活动。改革开放以来，民族地区许多年轻人外出打工或忙于耕作、生意，对传统的民族节日渐显冷漠，导致传统民族节庆活动逐渐冷清。如贵州苗族地区的敬桥节期间的芦笙会没有了，在一些民族传统节日，“对歌”传情的情景已经很难看到，许多年轻人已经不会唱传统的情歌、民歌，有的年轻人对唱或合唱的是现代流行歌曲。[④] 何星亮先生对新疆民族地区的调查也证实了这种变化。何先生1981、1983年分别在伊犁地区和阿勒泰地区调查近半年时间，当时这两地文化娱乐生活饮食方式主要是民族性的。而1993年何先生再次到阿勒泰等地时，少数民族的文化生活和饮食方式已发生极大的变化。“无论是县城还是小镇，唱卡拉OK、跳各种现代交谊舞、打台球、看各种录像和香港卫星电视等现代娱乐方式相当普遍，与内地没有多大差别，而民族舞蹈在平常几乎看不见，主要在民族节日和庆典上表演。”[⑤]

民族宗教信仰和宗教活动。据中国藏学研究中心的徐平、郑堆20世纪90年代中期对西藏班觉伦布村的调查，在该村44户家庭266人的常住

---

① 周大鸣：《中国的族群与族群关系》，广西民族出版社2002年版，第350页。

② 徐平、郑堆：《西藏农民的生活》，中国藏学出版社2000年版，第239—241页。

③ 刘兰凯：《云南在现代化建设中应重视民族文化的保护》，《云南民族学院学报》2002年第4期。

④ 中国社会科学院民族研究所：《台江县苗族卷》，民族出版社1999年版，第177—180页。

⑤ 何星亮：《新疆民族传统社会与文化》，商务印书馆2003年版，第474页。

人口中，表示信仰宗教的有133人，正好占总人口的50%；在信仰宗教上，一般说来中老年人比年轻人虔诚，女性比男性虔诚；家庭宗教法事活动是西藏人传统的重要宗教行为，但在班觉伦布村44户家庭中，有18户根本不做家庭法事，另有二十多户一年只做1次，甚至几年做1次家庭法事。在像班觉伦布村这样典型的藏族人群中，宗教也不再占据绝对的思想统治地位，在很多方面宗教的影响力正在减弱。在这里，家人生病时，大多选择去医院诊治，很少有人请喇嘛念经；已没有人出家，没有人送孩子进寺庙；没有一家选择送孩子到寺庙学习；没有一家希望子女成为僧尼，僧尼作为传统受人尊敬的职业已受到冷淡。① 藏传佛教在蒙古族群众中趋于淡化，改革开放以来，青年人普遍不愿意进寺庙当喇嘛，喇嘛队伍老化、人数逐年减少、后继乏人的问题较为严重。目前，“牧民群众中，中老年人的信教意识有所恢复，年轻人对喇嘛教虽有出于传统和家庭影响产生的敬意，但真正崇信者并不多”。②

民族民间文化遗产。一些民族文化瑰宝因民族文化老人的去世而将成为绝响。如云南纳西族的东巴文化，“正在民间不断绝迹，所剩无几的东巴多至耄耋之年”，东巴文字正在失传。有人估计，“十多年之后，将不复有东巴文化活动存活民间……东巴文化将只存在于博物馆、研究所而成为死去的文化”。③ 民族民间艺术的传承，主要靠言传身教，心领神会。面对开放与多元文化的冲击，绝技绝艺传人越来越少，而年轻人忙着打工挣钱，追逐时髦，对民族传统文化不感兴趣，不能静下心来学习观摩。维吾尔族的木卡姆、麦西来甫，哈萨克族的阿肯弹唱，蒙古族的那达慕、史诗《江格尔》，藏族的《格萨尔》，回族的花儿，侗族的大歌，彝族的古歌等优秀的民族艺术形式都由于人文生态环境的变化而面临严重的生存发展的考验。许多民族工艺后继乏人，面临失传的危险。

第二，少数民族文化遭到人为的破坏。

由于对保护少数民族传统文化的重要性认识不足，保护措施不力，一

---

① 徐平、郑堆：《西藏农民的生活》，中国藏学出版社2000年版，第191—193页。

② 中国社会科学院民族研究所：《新巴尔虎右旗·蒙古族卷》，民族出版社1997年版，第170页。

③ 杨福泉：《论我国现代化进程中的少数民族文化保护》，《思想战线》1998年第5期。

些地方和一些人为了牟利而滥用和破坏民族文化。如随意改变、歪曲甚至捏造所谓“民族文化”，将少数民族的建筑、服饰、音乐、舞蹈等改变得面目全非；歪曲、丑化某些民族民俗，将一些少数民族不愿示人的东西恣意传播；少数公开出版物刊载有损民族禁忌和民族风俗习惯的文字和图画；一些地方政府在文化搭台，经济唱戏的活动中，急功近利，随意改变民族节庆文化的内容，以迎合外来旅游者的所谓需求；在旅游开发的过程中，对民族文化古迹、遗址滥加开发，滥建景点；民族节庆文化偏离原意，成为当地政府开发旅游业的形式，增添了供旅游者娱乐的商业性很浓的内容。比如在苗族地区，过去农忙季节严禁吹芦笙、只有 13 年一次的吃鼓藏才能敲的铜鼓、鼓藏节期间才跳的木鼓舞，现在一些地方只要有游客的需求，随时可以做到。充满宗教意味的只有在 5 月下旬才能举办的施洞龙舟节，竟然因游客的需要而在 10 月举行。[①] 一些民族禁忌仪规在经济利益面前呈逐渐消蜕之势。民族文化资源流失、消失严重。近些年，境外一些文物商人深入民族地区收购民族文化器物，不少散在民间的民族文化文本、字画、法器、雕刻、珍贵服饰、乐器等流失海外。有资料显示，“头些年佛像、唐卡、经书被倒卖至北京、成都、广州等地。现在上述文物已经找不到了。又倒卖藏式家具，用汽车运往各地港口，有关部门熟视无睹，或者管理不力”。[②] 在一些地方，由于管理维护不善，民族文物自然毁损严重，被盗掘、盗卖的情况时有发生。

第三，少数民族在现代文化教育方面处于落后状态。

我国少数民族绝大多数居于自然环境恶劣，经济文化落后的西部地区。至 2002 年年底，西部有 372 个县未实现“两基”（基本普及九年义务教育，基本扫除青壮年文盲）。在这 372 个县市中，少数民族聚居县占 83%。2000 年，成人文盲率全国平均水平为 9.08%，而东乡族为 62.88%，保安族为 55.94%，门巴族为 56.21%，撒拉族为 49.11%，珞巴族为 50.74%，藏族为 47.65%；同年，新文盲（新中国成立后所产生的文盲）占总文盲数 50% 以上的有回、藏、苗、彝、哈尼等民族，其中藏族达 73.5%，哈尼族 62.36%，回族 58.42%，表明这些民族的义务教

① 中国社会科学院民族研究所：《台江县苗族卷》，民族出版社 1999 年版，第 178 页。

② 宋兆麟：《西部开发与民族文物》，《中国民族》2001 年第 5 期。

育效果很不理想。2000 年，汉族人均受教育水平为 7.21 年，而东乡族为 2.51 年，门巴族为 2.77 年，藏族为 3.12 年，珞巴族为 3.14 年，撒拉族为 3.62 年。[①] 同年，西藏学龄儿童入学率只有 85.8%，小学毕业生升学率仅为 55%。与此相关，民族地区缺少合格的教师，仅新疆教师就缺编近万人，因没有教师，一些本应开的课程都无法开，直接影响教学质量。

我国民族语言非常复杂。实行“双语”教学，是提高少数民族学生入学率和综合素质，使之更好地接受现代教育的需要。但是由于师资等方面的原因，民族地区的“双语教学”问题很多。据《新疆部分民族中小学汉语教学质量调查报告》称，民族中小学毕业生各种技能达到要求者只占 5% 左右。西藏的小学已基本实现了用藏语授课，但初中以上藏语教学基本上是空白。这种不连贯、不配套的藏语教学体系的后果是，藏语授课的小学生毕业后只能升入汉语授课的初中，造成学生的学习困难。[②]

正是因为民族地区教育水平落后，近年来，在许多地方出现了“高考移民”问题，一些内地考生通过各种关系，到民族地区参加高考，利用高考录取分数地区差异，享受国家给予民族地区的优惠政策，挤占民族地区招生指标，侵害了少数民族接受高等教育的利益。据报道，仅新疆 2003 年就清理高考移民 2200 余人。[③]

少数民族地区科技人才资源缺乏，科技开发落后。2002 年，西藏全区各类专业技术人员只有 3.72 万人，其中从事科技活动人员仅 4959 人。2003 年，广东省专利授权量 2.8 万件，上海 1.67 万件，新疆 752 件，内蒙古 817 件；2002 年，宁夏为 215 件，西藏统计无专利申请和专利授权信息。[④] 特别值得注意的是，在市场经济和人才竞争的环境下，民族地区人才流失严重。新疆大学近 10 年先后有 200 多名硕士和副教授以上的人才流向东部地区；新疆农业大学仅 1997 年至 2000 年就先后流失博士和硕

① 张天路、张小戎：《从生存到发展》，《中国民族报》2004 年 1 月 30 日、2004 年 2 月 6 日、2004 年 2 月 13 日。

② 北京大学社会学人类学研究所：《西藏社会发展研究》，中国藏学出版社 1997 年版，第 304 页。

③ 王慧敏：《坚决清理“高考移民”2200 余人抱憾出局》，《人民日报》2003 年 8 月 7 日。

④ 根据中华人民共和国国家统计局地方年度统计公报整理。

士60余名。[①] 据不完全统计，国家民族院校培养的少数民族大学生，毕业后选择留在经济发达地区的1999年为78%，2000年为84%；新疆每年考入内地的大学生有4500多人，但每年毕业回新疆工作的还不到一半。[②] 2003年，新疆全区拥有的各类专业技术人员数比上年下降0.5%。这种现象必须引起我们的高度重视。

四 新时期保障少数民族文化利益的认识与措施

随着经济社会的发展和外来文化的冲击，民族传统文化发生嬗变具有必然性。用静止的、一成不变的观点来看待和评价民族文化，是不切实际的。民族文化也要与时俱进。当我们在享受现代化带来的各种便利的时候，不可能要求少数民族一定要继续穿戴由传统材料和工艺制作的服饰，而不能穿西服和夹克；也不可能强迫少数民族继续居住在用竹木搭建的房子里；我们也不能要求少数民族青年拒绝外出打工，不去接触现代都市文明。现代化是一种不以个人意志为转移的社会性运动，没有人能为了保护民族文化而将一个民族与整个社会隔绝开来。正如哈耶克所指出的，文明乃是经由不断试错、日益积累而艰难获致的结果，或者说它是经验的总和。"一系列具有明确目的的制度的生成，是极其复杂但却条理井然的，然而这既不是设计的结果，也不是发明的结果，而是产生于诸多并未明确意识到其所作所为会有如此结果的人的各自行动。"[③] 所以，在一个自由文明社会，民族文化的保护与发展，只能在顺应现代化要求的前提下才具有可操作性意义，违背历史与社会的发展规律，去阻止文化的变迁，只会导致自由的丧失和文化的僵化。笔者以为，在社会的进步过程中，一部分与时代发展要求不相宜的少数民族传统文化的变异，也许并不是一件坏事，变化可能正体现了少数民族的文化利益要求。因此，对少数民族文化的嬗变，从总体上说，我们也许应该持一种宽容的态度。

---

① 马新河：《西部高校人才流失令人忧》，《中国教育报》2001年7月11日。

② 何宏珉：《民族地区大学生外流的原因与对策》，《中国民族报》2003年7月29日。

③ ［英］哈耶克：《自由秩序原理》，生活·读书·新知三联书店1997年版，第67页。

但是，对民族传统文化的变异持宽容的态度，与对民族文化进行必要的保护并不是对立的。宽容并非放任自流，保护也非一成不变，二者都是保障少数民族文化利益的需要。我们必须清醒地看到，少数民族传统文化作为人类文化的重要组成部分，其在记录民族发展的历史进程，实现民族认同和社会认同，丰富世界文化宝库等方面都具有重要的历史价值和现实意义。民族文化中许多口头和非物质文化遗产具有不可再生性，一旦消失，不仅是少数民族的损失，也是中华民族的损失，甚至是整个人类的损失。因此，对民族文化必须加以保护。

自从 2003 年年初我国全面启动民族民间文化遗产保护工程以来，全国各地文化部门，包括民族地区的文化部门、艺术机构和团体，在民族文化的保护方面已经做了一些工作，但总体来说保护才刚刚起步，还有大量的工作要做。笔者认为，加强民族文化的保护，保障少数民族文化利益，还需要进一步做好以下几项工作：

一是加快少数民族文化保护的立法工作。目前，国家和民族自治地方的一些综合法律法规中，有不少关于保护和发展民族文化的内容，但这些法律法规宏观、抽象的条文多，专门的、可操作的规定少，法律法规的框架体系不健全，一些珍贵的优秀民族民间文化遗产缺乏相应的法律保护。笔者认为，有必要制定专门的《民族民间文化遗产保护法》，明确规定民族文化的地位，民族文化保护的目标、任务，民族文化遗产的认定与申报程序，民族文化遗产保护的责任主体，民族文化遗产保护与管理的基本规范，民族文化遗产损毁、破坏的法律责任，民族民间文艺作品的著作权保护，等等。民族文化保护法律法规不仅要规定保护有形的民族文化遗产，而且要规定保护无形的（口头的非物质的）民族文化遗产。除国家统一立法之外，民族自治地方也要依据宪法和法律，结合本地区民族文化遗产保护的实际，制定自治条例、单行条例或地方性法规，对本地区、本民族特有的文化遗产进行保护。

二是加强民族文化遗产的登记抢救工作。建议国家进行一次全国性的民族文化遗产普查，尽快摸清家底，拿出切实可行的保护措施。对少数民族重要的无形文化遗产，如壮族的三月三歌节、瑶族盘王节、苗族的芦笙节、傣族的泼水节等，可以借鉴韩国的经验，由国家进行认定和统一编号，公之于世，以促进此类文化遗产的保护与发展。对于有很高价值的民族民俗文物，由国家认定为宝物级文物，命名为“民族宝物第××号”，由国家和地方政府出资给予保护收藏。这样做既可以有效保护民族文化遗产，又可以激发少数民族的文化自豪感和民族自尊，增强民族文化的保护意识。对于濒临消失的民族文化，要采取特殊的保护措施。如对濒危民族语言文字，要加紧收集整理，尽快进行录音录像，指派科研机构和专家学者进行研究；对即将失传的民族工艺、民族舞蹈、民歌和其他民族民间文艺形式，要采用现代科技进行收集和加工整理，并拨专款扶持培养传人；对民族医药等则要进行科学研究，开发利用；对于传统的民族民居，建议学习德国的做法，由政府在民族村落选择若干典型民居认定为民族文化保护单位，并给予民居主人以资助，定期由专业民居技工指导修缮保护，国家定期举行传统民居艺术大赛，吸引国内外游客参观不同民族、不同年代的民居艺术。对于传统的民族服饰及其制作工艺，要进行收集整理，集中展示；对重要民族民俗和器具也要进行抢救性记录、整理、收藏，使之能够通过现代媒体予以复述和演示。

三是坚决制止对民族文化的破坏性开发。合理地开发利用少数民族文化资源，是发展民族经济，提高人民生活水平的需要，也是保障少数民族文化利益的需要。但是如果不加规范，不加引导，就会对民族文化造成严重的破坏。为了有效遏制破坏民族文化，危害少数民族文化利益的行为，各民族自治地方要重视制定民族文化开发规划，严格按程序进行，切实防止一哄而上的无序开发。要正确处理开发与保护的关系，对于有重要影响的民族文化遗产，在开发之前必须拿出切实可行的保护方案和措施。在没有可行方案与措施的情况下，要暂缓开发；对已经在开发中的项目，必须加强督管，将保护措施逐一落实。要坚决制止文化开发中曲解、篡改、丑化民族文化的行为。对于此类行为，轻者要批评教育，重者要追究其经济、法律责任。民族地区的各级政府在民族文化开发中，负有重要的领导、组织、管理的责任，对于所谓文化搭台，经济唱戏，要采取慎重的态度，防止只顾经济利益，破坏传统文化，损害民族文化利益的行为发生。对于那些盗卖民族文物，破坏民族文化遗产的犯罪行为，必须依法予以惩处。国家要加强尊重和保护少数民族文化的宣传教育，提高全民的相关意识，防止侵害少数民族文化利益的行为发生。

四是加大对民族地区文化教育的投入，帮助少数民族发展文化事业。由于民族地区自然生态恶劣，经济欠发达，仅靠少数民族自身的力量难以改变其文化教育的落后状态。特殊的地理环境和办学形式使教育成本居高不下，低水平的教育投入难以保证基本的办学条件和教育质量，原本短缺的教育经费难以满足基本的教育需求。据有关部门统计，目前，少数民族地区农村小学生教学专用设备均值只是发达地区的一半左右。2001 年，普通小学生人均预算内教育事业费上海为 3612.05 元，北京为 2437.81 元，新疆为 1010.27 元，内蒙古为 834.12 元，宁夏为 792.31 元，广西为 579.30 元。[①] 由此可见，民族地区基础教育投入严重不足。近年来，国家财政和教育部已经在经费方面加大了对西部民族地区的投入，但力度还有待加强。国家在继续加大对西藏、新疆、宁夏等少数民族聚居区的经济文化支持力度的同时，应高度重视对其他少数民族地区，特别是那些小少（居住区域小，人口少）少数民族的支持。中央财政要逐年扩大向义务教育阶段家庭经济困难学生免费提供教科书的范围，并为必须寄宿的家庭经济困难学生提供必要的生活补助；要鼓励对民族地区教育的捐资助学，落实对捐资助学单位和个人的税收优惠政策；大力开发适合民族地区特点和双语教学的远程教育资源；要进一步制定优惠政策，鼓励大中专毕业生到西部地区任教，满足少数民族对合格教师的需求；要下大力开展双语教师特别是汉语教师的培养培训工作，提高教师“双语”教学能力；积极推行民族地区中小学课程和教学改革，将教育与民族传统文化有机结合起来，因地制宜开展素质教育；继续实施对口支援工程，从资金、物资、人员等方面帮助少数民族发展文化教育事业；进一步完善中央国家机关和省级党政机关对西部贫困地区的对口帮扶制度。民族地区的各级人民政府要努力做到本级财政预算内教育经费支出的增长，确保中央和上级政府用于教育的转移支付不被挪用和截留；在实行农村税费改革过程中和改革后，要保证民族地区农村义务教育经费不低于改革前的水平并力争有所增加。

在帮助发展民族教育的同时，国家还要加大民族地区其他文化设施的

---

① 教育部、国家统计局、财政部：《2001 年全国教育经费执行情况统计公告》，《中国教育报》2003 年 1 月 4 日。

投入，帮助少数民族地区发展通信、广播电视、文学艺术、体育卫生等文化事业，使少数民族尽快跟上全国经济文化发展的步伐，与汉族一起享受现代科技成果和精神文明成果。

[原载《中南民族大学学报》（人文社会科学版）2004 年第 3 期]

维护民族地区的自然生态利益

随着改革开放的深入和市场经济的发展，我国少数民族地区的工业化、现代化进程明显加快，与发展相伴的自然生态破坏也日益严重。自然生态利益是民族地区的一种重要利益。自然生态的恶化，不仅给少数民族群众的生产生活造成了极为不利的影响，而且严重制约了少数民族地区经济社会的可持续发展。在实施西部大开发战略，全面建设小康社会的过程中，重视维护少数民族地区的自然生态利益，具有重大的现实意义和深远的历史意义。

一 自然生态利益是民族地区的一种重要利益

所谓自然生态，是指与人类社会生存和发展状态相对应的，自然界各种资源和生命系统的生存与发展状态。自然资源与自然生态是既有区别又密切联系的两个概念。前者主要指某一区域自然界本身存有和再生的可为人类开发利用的物质，如土地、矿藏、水能（包括河流、湖泊等）、森林、草原、湿地、动植物等；后者则主要指各种自然资源（包括气候）的存在状态以及这些资源被人类所利用的状态。自然资源是自然生态的基本构成要素，自然生态则是自然资源存在状态的表征，它较多地体现了人类的作用和人类的价值判断。自然资源的贫瘠与无序开发，其表征是自然生态的恶劣和自然生态的恶化。

在以往关于民族问题的研究中，学者们对少数民族的经济利益、政治利益给予了较多的关注，而对民族地区的自然生态利益却少有论及。究其原因，一是受传统思维定式的影响，对自然生态及其在少数民族生存与发展中的重要地位重视不够；二是对民族地区面临的自然生态形势缺乏了解。笔者以为，将自然生态作为民族地区的一种重要利益来认识和把握是十分必要的。

利益问题是关系人类生存和发展的根本性问题。正如马克思所指出的："人们奋斗所争取的一切，都同他们的利益有关。"① 对于利益的界定，学界主要有两种观点，即"好处"论和"需要"论。前者认为，利益就是好处；后者认为，利益是"人们通过社会关系所表现出来的不同需要"，只有当需要与需要对象之间存在矛盾时，需要才转化为利益。②笔者以为，无论是从"好处"论的角度，还是从"需要"论的角度看，自然生态都构成我国少数民族地区的一种重要利益。

民族地区发展经济，提高人民生活水平，需要有良好的自然生态。我国的少数民族大多分布于祖国西部的边远高寒地区，山高坡陡，土地贫瘠，气候恶劣。恶劣的自然生态严重制约民族地区的经济社会发展。近年来，自然生态的恶化，对民族地区经济发展和人民生活水平提高产生了极为不利的影响。国家环保总局公布的调查材料表明，目前我国西部每年因生态环境破坏所造成的直接经济损失达1500亿元，占到当地同期国内生产总值的13%。仅草原植被遭破坏和超载放牧，内蒙古每年就损失近30亿元。③ 新中国成立以来，我国民族地区的经济有了较大发展，人民生活有了较大改善，但是从总体上说，仍处于较为落后的状态。据统计，到2000年底，全国民族自治地方尚未解决温饱的乡镇和行政村分别有2448个和20915个，均占民族自治地方乡镇和行政村总数的25%左右；目前民族地区仍有1700万贫困人口没有解决温饱问题，占全国农村没有解决温饱的贫困人口总数的半数以上。④ 近年来，自然生态恶化造成的"生态难民"有增加的趋势。2002年5月，沙尘暴使内蒙古阿拉善盟3.8万人

---

① 《马克思恩格斯全集》第1卷，人民出版社1956年版，第82页。

② 张玉堂：《利益论》，武汉大学出版社2001年版，第40—44页。

③ 国家环保总局：《生态破坏每年给西部造成直接经济损失达1500亿元》，《中国经济快讯周刊》2002年第1期。

④ 国家民委经济发展司：《2000年少数民族和民族地区扶贫开发》，《中国民族工作年鉴(2001)》，第213页。

沦为“生态难民”，30多万人的生存受到威胁。2002年夏，居于长江源头的青海省曲麻莱县，由于荒漠化加剧，河流、沼泽干涸，近一半的牧户和25万头（只）牲畜严重缺水，几乎所有的牧户不得不为水而到处转场，“生态难民”队伍不断扩大。这些统计数据说明，自然生态对发展民族经济和提高少数民族生活水平影响巨大。特别需要指出的是，自然生态的破坏不仅制约民族地区当前的经济发展，而且将严重影响民族地区的可持续发展。由此可见，改善和维护民族地区的自然生态，是促进民族地区经济发展，提高少数民族群众生活水平的需要，是代表少数民族根本利益的重要表现。

民族文化的传承与发展，需要良好的自然生态。共同的文化，是民族存续的重要前提。民族文化包括少数民族在长期发展过程中形成的具有民族特色的生产生活方式、宗教信仰、礼仪习俗、语言文字、历史古籍、民间艺术、建筑器物等。一种民族文化，总是在特定的时空条件下生成发展的。考古学、民族学、人类学的研究证明，民族文化与民族所处的自然生态环境有着密切的关系，自然生态的变化，会导致民族文化的变异，甚至使一种文化泯灭。历史上的古楼兰城的湮灭、丝绸之路被沙漠掩埋，都是因绿洲失去水源而消失的例证。随着现代科技和工业文明的发展，自然环境对民族文化的制约较之过去有所减弱。但另一方面，现代工业文明和与之相随的文化传播，又为摧毁民族文化的生态基础，加快民族文化的异质化提供了手段与条件。在我国一些民族地区，由于不合理地开发自然资源，破坏生态环境，已经导致民族迁徙和民族生产生活方式发生重大变化。除此之外，民族地区的自然生态还通过对经济发展的制约而影响民族文化的发展，造成新的文化落后。由于自然生态的恶劣和生活的贫困，民族地区适龄儿童入学率低，辍学率高。从“普九”人口覆盖率看，1998年全国平均为73%，宁夏为55.4%，新疆为58.5%，青海仅为38.2%。[①]据统计，青海少数民族适龄儿童入学率只有60%左右。低入学率和高辍学率导致文盲、半文盲增加。湘西土家族苗族自治州的永顺县两岔乡茶溪村，共有劳力650人，其中文盲、半文盲就有400人，占劳动力的60%

① 铁木尔主编：《民族政策研究文丛》第2辑，民族出版社2003年版，第327页。

以上。[①] 由于同样的原因，民族地区人才流失严重。据不完全统计，全国民族院校培养的少数民族大学生，毕业后选择留在经济发达地区的1999年为78%，2000年为84%；新疆每年考入内地的大学生有4500多人，但每年毕业回新疆工作的还不到一半。[②]

少数民族群众的身心健康，也需要良好的自然生态。人类身心健康的重要基础是自然生态环境。自然生态天然禀赋的恶劣和自然生态的人为破坏，是人类健康的大敌。以湘西土家族苗族自治州为例，永顺县由于自然生态恶劣、经济落后、水源条件差、近亲结婚、地方病流行等，造成主要劳动力痴呆、傻残等"弱智户"高达4885户。保靖县的中心村，因存在饮水水源问题和地方病，劳动力中痴呆、聋哑的就有26人。由于自然生态恶劣、生活贫困，龙山县辽叶乡可立村共有346人，竟有40多个青壮年找不到媳妇，有的50多岁还是光棍一条。[③] 在少数民族地区，随着工业的发展，特别是乡镇企业的发展，空气污染和水污染越来越严重。空气污染和水污染对少数民族群众身体健康造成的危害是显而易见的。在一些地方，自然生态破坏导致的河流湖泊干涸、地下水位下降，不仅影响了当地经济发展，也使少数民族群众饮水发生困难，严重影响了他们的身体健康。当然，对少数民族身体健康影响最具根本性的，还是自然生态的恶劣和人为破坏而造成的营养不良和缺医少药。自然生态环境对少数民族的心理健康和精神状态的影响不容忽视。可以想见，生活在"风吹草低见牛羊"的广袤草原的牧民，与生活在草枯水竭、黄沙飞扬的牧场的牧民的精神状态和心境是何等的不同。自然生态破坏和环境污染导致的精神焦虑和心理压抑，是现代社会必须高度重视的问题。

自然生态关系民族团结和社会稳定。我国是一个多民族的社会主义国家，民族关系如何，不仅对民族地区的经济社会发展有重要影响，而且关系到整个国家的稳定、发展与安全。民族团结是各族人民的共同利

---

① 游俊、龙先琼：《潜网中的企求——湘西贫困与反贫困的理性透视》，贵州民族出版社2001年版，第131—141页。

② 何宏珉：《民族地区大学生外流的原因与对策》，《中国民族报》2003年7月29日。

③ 游俊、龙先琼：《潜网中的企求——湘西贫困与反贫困的理性透视》，贵州民族出版社2001年版，第131—141页。

益和根本利益。由于自然生态对民族生存发展具有重要意义，它历来是影响民族关系、民族团结的重要因素之一。历史上，不同民族之间为争取更多的生存空间和更好的生存发展环境，围绕自然资源的争夺，曾发生无数次的冲突甚至战争。新中国成立以后，由于实行生产资料公有制以及党的民族政策的贯彻落实，这方面的纷争大为减少。但近年来，随着社会主义市场经济的发展和民族地区的开放开发，围绕自然资源而产生的矛盾和利益冲突呈增长的态势。一些地方由于人口增加、土地沙化、草场退化、河流干涸等原因，在不同民族之间、民族成员之间，甚至少数民族群众与政府、企业、军队牧场、军垦兵团等，发生争土地、争水源、争草场、争山林等个体和群体性事件。这类事件的发生，从一个侧面证明，自然资源、自然生态对于少数民族是一种实实在在的利益。改善民族地区的自然生态环境，维护少数民族的自然生态利益，是关系民族团结和社会稳定的大事。

上述情况说明，自然生态与民族地区的发展密切相关。良好的自然生态对于少数民族来说，既是一种实实在在的好处，也是一种生存与发展的现实需要，而且这种需要与需要对象之间已经存在尖锐的矛盾。

二　民族地区自然生态利益面临的威胁与困境

近几十年来，由于对自然生态保护认识的不足、政策的失误、人口的过快增长，以及工业化的推进和人为的破坏等多方面的原因，造成了我国民族地区自然生态的严重破坏，民族地区的自然生态利益面临严重的威胁。

森林面积锐减。新疆位于干旱地区，森林绿地是涵养水源，调节气候的重要自然资源。历史上，在山地中位、平原河流沿岸、盆地边缘，森林密布，对维护该地区的自然生态发挥了重要作用。但近50年来，森林遭到掠夺性破坏。据统计，1950—1980年，全区砍伐商品材近千万立方米；1994—1998年，全区毁林开垦面积3816.74公顷。现在天山中部已林木稀疏，大多数山谷森林带下限上移100—200米。目前，新疆森林覆盖率仅为1.68%。[①] 西藏是我国森林面积最大的省区之一，但森林覆盖率也仅为9.8%。全区历年采伐面积已达120万亩，加上森林火灾和火烧迹地面积，累计154.5万亩的森林面积需要恢复。在藏南的一些偏远林区，至今还保留着刀耕火种、毁林开荒的原始耕作方法。如墨脱林区坡地林刀耕火种的旱作田约占全县耕地的2/3。由于坡地毁林，水土流失，一般仅能种两年，甚至只能当年种植，来年又毁林烧荒另辟新地。如此恶性循环，导致森林大量被毁。由于森林植被遭破坏，西藏的土壤侵蚀面积已达4350万亩。[②] 目前，宁夏森林覆盖率为6.4%，内蒙古为14.82%，均低于全国16.55%的平均水平。地处内陆的武陵山区，是我国土家族、苗族等少数民族的聚居之地。20世纪50年代初，这里还是一片茫茫林海，森林覆盖率达60%以上。1958年以后，由于毁林开荒、乱砍滥伐，森林资源遭到惨重破坏。到20世纪90年代，黔江地区（现重庆市黔江区）森林覆盖率下降为21.6%；最好的鄂西恩施州也只有39.4%。湘西的森林蓄积量从1957年的2641万立方米，下降到1995年的1510万立方米，减少了约42.8%；水土流失面积则由2670平方公里上升到5014平方公里，增加了约87.8%，占该地国土总面积的32.4%，全区连片岩石裸露面积急剧增加。[③]

环境污染。乌鲁木齐市全年的空气质量周报显示，由于大气中总悬浮颗粒物增加，城市空气污染指数有42.3%的频度处在Ⅳ级和Ⅴ级，冬季有79.2%的频度处在Ⅳ级和Ⅴ级的污染水平，是全国污染最严重的城市之一。1998年，新疆全区废水排放总量达4.75亿吨，工业固体废物排放量104万吨，废水废物造成的污染呈快速发展的势头。资料显示，新疆的水磨河在1960年前后水质清澈，鱼虾很多，现在则变成了鱼虾绝迹的污水沟。[④] 据统计，1990—1999年，内蒙古全区工业废水处理率由26%提高到了78.7%，但处理达标率却仅为47.9%，还不到一半。正因为如此，

① 秦放鸣等：《新疆人口资源环境与可持续发展战略研究》，新疆大学出版社2001年版，第115—120页。

② 安七一主编：《中国西部概览——西藏》，民族出版社2000年版，第106页。

③ 邓必海：《武陵山区经济发展战略研究》，贵州民族出版社2002年版，第20—21页。

④ 秦放鸣等：《新疆人口资源环境与可持续发展战略研究》，新疆大学出版社2001年版，第115—120页。

水污染越来越严重，区内黄河干流约 50% 监测断面为超五类水质，黄河支流水质很差。[①] 我国民族成分最多的云南省，城市附近河流、湖泊一半以上受到严重污染。据监测，IV 类以上水质在全省 116 条主要河流中占 75.8%，湖泊占 62.5%。城镇饮用水源不断恶化，不能满足集中式饮用水质标准的水源占 39.31%。一半以上的城市大气环境质量低于二级标准，部分地区出现酸雨，而且面积不断扩大。云南省 2002 年度环境状况公报显示，20 世纪 50 年代，滇池的水质还是 I 类，到 90 年代已降到了 V 类；洱海因总磷值增加，水质下降为 III 类；星云湖水质也由 IV 类降为 V 类。乡镇企业污染向农村蔓延，部分地区环境污染和生态破坏已直接危及人民群众的身心健康，个别地方生态环境的恶化对当地居民的生存和发展构成严重威胁。[②] 据环保部门测定，20 世纪末，湘西州首府吉首市城区空气中二氧化硫和悬浮物含量超标率分别达 70% 和 20%（最高达 3.4 倍和 2.9 倍）；城区下游的峒河、万溶江受磷、锰污染河道已达 130 余公里。[③]

草原植被遭破坏，荒漠化严重。近几十年来，由于垦草种粮、超载放牧、滥伐树木和滥挖药材等行为，造成了我国草原植被的严重破坏，加剧了国土的荒漠化。据统计，在内蒙古 7880 万公顷天然草原中，退化面积达到 4673 万公顷，占草原总面积的 59%，并且每年还在以数十万公顷的速度退化、沙化。[④] 目前，内蒙古荒漠化土地面积已占到总面积的 60% 以上，其中沙漠化土地面积达 420 万公顷。[⑤] 在西藏，8 亿亩可利用草地中，35% 已经退化，5000 万亩沙化。20 世纪 60 年代，那曲地区草甸草场每公顷产草 2760 公斤，90 年代减少到 1107 公斤。[⑥] 被腾格里、毛乌素、乌兰布和三大沙漠包围的宁夏，全区有 65% 的面积和 90% 的人口受到不同程度的荒漠化威胁，荒漠化面积达 125 万公顷；260 万公顷草地有 97% 存在

---

① 云布龙主编：《中国西部概览——内蒙古》，民族出版社 2000 年版，第 145—148 页。

② 谢蕴秋主编：《中国西部概览——云南》，民族出版社 2000 年版，第 180 页。

③ 邓必海：《武陵山区经济发展战略研究》，贵州民族出版社 2002 年版，第 20—21 页。

④ 郅振璞、吴坤胜：《让绿色家园更秀美》，《人民日报》2002 年 12 月 22 日。

⑤ 沙金、王娟等：《内蒙古生态恶化得到遏制》、《青海生态环境亮起“红灯”》，《中国民族报》2003 年 6 月 24 日。

⑥ 南文渊：《中国藏区生态环境保护与可持续发展研究》，甘肃民族出版社 2002 年版，第 77—87 页。

不同程度的沙化和退化，盐渍化土地面积已经占到了灌区耕地面积的26%。① 目前，青海省沙漠化面积已达1252万公顷，潜在沙漠化面积98万公顷（主要集中在柴达木盆地、共和盆地和黄河源头等民族地区），沙漠化面积正以每年13万公顷的速度扩大着。青海约有90%的草地出现不同程度退化，总面积达833.3万公顷，比20世纪70年代初增加了两倍，不同区域单位面积产草量分别下降30%—80%。② 1980年，四川阿坝藏族自治州若尔盖草地沙化面积仅7.25万亩，1995年达到38.4万亩，2001年则发展到70万亩，沙化面积以每年11.8%的速度递增。③

湿地面积剧减，水土流失面积扩大。湿地作为陆地的天然储水库，在蓄洪防旱、调节气候、控制土壤侵蚀等方面具有重要的功能，被称为自然之肾。但是，由于盲目围垦与利用，我国民族地区的沼泽等湿地面积正急剧减少。三江源是世界上海拔最高、江河湿地面积最大、生物多样性最为集中的地区之一，但由于生态环境正日趋恶化，“中华水塔”面临枯竭的危险。目前，三江源湿地面积平均每年递减58.9平方公里。青海湖水位如果继续以现在每年12.4厘米的速度下降，不出百年，这个美丽的高原湖泊将不复存在。④ 地处黄河源头的果洛藏族自治州的玛多县，原本是“千湖之县”，但现在当地80%的泉与河已经干涸，牧民饮水已十分困难。⑤ 在这个“万里黄河第一县”，由于牧草稀少，每年冬季全县四成以上牧户被迫弃家出走，出现“乞牧”现象。在新疆，塔克拉玛干沙漠中的罗布泊在半个世纪前曾是新疆最大的淡水湖，现已滴水不见；塔里木河曾长年断流；塔克拉玛干和库姆塔格两大沙漠在绿色消失之处开始合拢。内蒙古西部的阿拉善地区，是蒙古族聚居的地方，有优良的牧场和著名的额济纳绿洲。近年来，由于沿河水资源长期超量开采，大量筑坝截水，不断扩大灌溉面积，导致下泄水量减少，额济纳绿洲的湖泊干涸，变成茫茫

---

① 马汉文主编：《中国西部概览——宁夏》，民族出版社2000年版，第17页。

② 沙金、王娟等：《内蒙古生态恶化得到遏制》、《青海生态环境亮起“红灯”》，《中国民族报》2003年6月24日。

③ 董峻：《不能以环境破坏为代价》，《人民日报》（海外版）2003年2月18日。

④ 沙金、王娟等：《内蒙古生态恶化得到遏制》、《青海生态环境亮起“红灯”》，《中国民族报》2003年6月24日。

⑤ 南文渊：《中国藏区生态环境保护与可持续发展研究》，甘肃民族出版社2002年版，第77—87页。

沙海和盐碱滩。额济纳绿洲正在消失，10 多万少数民族群众面临严重的生存危机。[①] 在西部民族地区，许多地方地下水位在近二十多年的时间，下降了 10—30 米，导致大量地表植物包括许多人工治沙植物迅速死亡。由于森林植被破坏、土地沙化、湿地萎缩，我国民族地区的水土流失面积不断扩大。目前，全国水土流失面积达 356 万平方公里，西部民族地区占 80%。以宁夏为例，水土流失面积已占全区总面积的 75%，其中南部山区年均流失土壤约 1 亿吨，相当于冲走土层深 23 厘米的耕地 45 万亩，流失有机质 120 万吨。[②]

生物多样性遭到破坏。在我国公布的 335 种重点保护野生动物中，西藏有 125 种，新疆有 115 种，青海有 67 种，宁夏有 51 种，云南有 199 种。国家保护的许多珍稀野生动物如亚洲象、野牛、绿孔雀、赤颈鹤、藏羚羊、雪豹和野牦牛等仅存于我国民族地区。近几十年来，民族地区野生动物保护面临严峻的形势。一是盗猎现象严重。20 世纪 80 年代以来，一些人为追求高额利润，猎杀大熊猫、雪豹、藏羚羊等国家重点保护动物，社会上出现了团伙偷猎、走私藏羚羊、猎隼、麝等珍贵野生动物的现象。2000 年以来，仅云南省森林公安机关就查处各类捕杀野生动物案件 9867 起，收缴野生动物 125342 头（只）。[③] 二是野生动物的生存环境受到严重破坏。在西部民族地区，由于人口增长和经济活动加强，挤占林地、沼泽地的现象越发严重，使动物的生存环境被大量占用和分割。乱砍滥伐和森林环境质量下降，给野生动物带来了严重危害；一些地方在自然保护区开发旅游资源，使受保护的动物无处栖身；矿产资源开发不仅与野生动物争夺土地资源，还造成大气和水质污染，使动物中毒死亡。由于生存环境破坏和人为盗猎等因素的影响，民族地区野生动物种群减少，分布区域缩小。据统计，在我国有 390 多种野生动物濒临灭绝，而新疆就有 100 种左右。新疆的野生双峰驼数量已不足 200 峰，新疆虎和高鼻羚羊已绝迹，全区有 22.3% 的野生动物物种受到威胁。20 世纪 90 年代以来，境外少数不法分子和宁夏山区的少数农民受巨额利润的驱使，大肆捕捉、贩卖隼、鹰

---

① 王红曼：《民族地区生态环境的保护与治理》，《贵州民族研究》2002 年第 1 期。

② 娄海玲：《西北民族地区环境保护的法律探析》，《青海民族研究》2001 年第 3 期。

③ 普开荣：《云南狠刹乱捕滥吃野生动物风气》，《云南日报》2003 年 7 月 21 日。

和石鸡等飞禽，使这类野生动物被大量捕杀。现在，草原上的鹰、兔等越来越少。由于生物链的破坏，草原鼠害日益猖獗。2003 年，新疆鼠害进入爆发高峰期。截至 7 月，全区鼠害发生面积近 7500 万亩，最高密度达每公顷 790 洞。同年，内蒙古赤峰市 87.3 万公顷草地发生鼠害，其中严重受害面积达 49.6 万公顷，鼠洞密度为每公顷 1500—2000 个。① 鼠害使草原生态雪上加霜。

气候变化，自然灾害增加。自然生态的破坏，加剧了民族地区气候的恶化。最明显的是气温升高、雨雪量减少、干旱加剧、风速加快，沙尘暴、泥石流等灾害性天象越来越频繁。据国家环保总局统计，20 世纪 90 年代西部地区旱灾的发生频率比 80 年代增长了 7.5%；洪涝灾害的发生频率 90 年代比 80 年代增长了 49%。据对云南省怒江傈僳族自治州的调查，由于森林植被破坏，20 世纪 80 年代发生的泥石流、滑坡次数比过去二三十年的总和还多。② 自然生态受到破坏所导致的自然灾害，使少数民族群众的生命财产遭受重大损失。

三 维护民族地区自然生态利益的基本措施

目前，民族地区的自然生态保护已引起党和政府的重视，各地也采取了一系列加强自然生态保护的措施并已取得一定的成效，但自然生态面临的严峻形势并未根本改变。笔者认为，维护民族地区的自然生态利益，有必要继续采取以下措施：

第一，提高自然生态保护意识，树立可持续发展观念。首先，党和国家要高度重视民族地区的自然生态保护工作，要把民族地区的小康社会建设同保护自然生态环境有机地结合起来，在西部大开发中将自然生态保护摆在重要位置，采取切实措施防止大开发带来自然生态的大破坏。其次，民族自治地方的各级党委和政府要正确处理经济发展与自然生态保护的关

① 熊聪茹：《新疆鼠害进入爆发高峰》，新华网，2003 年 7 月 31 日。

② 傅志上等：《边疆少数民族地区生态环境变迁与脱贫致富》，《思想战线》1998 年第 3 期。

系。要改变简单地以经济发展速度或地区生产总值衡量政绩的观念，树立经济、社会、自然生态协调发展的观念。不能只看短期的经济效益而忽视自然生态保护，断子孙的发展道路。最后，少数民族群众要改变那些与自然生态保护不协调的观念与行为。人口的过快增长，是造成贫困和自然生态破坏的重要原因之一。维护民族地区的自然生态利益，就必须改变生育观念，控制人口增长，提高人口素质，合理调整人口布局。一些少数民族群众所持有的自然资源取之不尽的观念，以及刀耕火种、粗放经营，对自然资源掠夺式使用的生产生活方式，也要逐步改变。

第二，加大对民族地区自然生态保护的投入。自然生态保护是一个复杂的系统工程，需要较多的资金投入。由于民族地区经济发展水平不高，加上自然生态保护涉及的面积大、投入高、回报周期长等原因，资金的筹措异常困难。过去国家在这方面的投入欠账较多。有资料显示，20 世纪 50 年代至 90 年代初，内蒙古草地的投入每年每亩不足 1 分钱。“九五”期间，草原建设逐步受到重视，但每亩投入平均也不过 0.50 元，而 2000 年该区畜牧业产值是 112 亿多元。正是由于这种投入与产出的失调，使内蒙古的草地畜牧业成为经营粗放、成本极低的对自然资源掠夺型产业，导致草原退化，生态恶化。①

解决自然生态保护资金问题，应有新的思路：一是国家要进一步加大投入，通过国家财政转移支付和专项资金（包括国债资金），继续帮助民族地区调整产业结构，提升企业环保水平，实施退耕还林还草政策；二是国家可以借鉴三峡工程开发经验，设立西部环保基金，发行西部自然生态保护特别国债，多渠道募集经费；三是国家以法律法规的形式，明确规定民族自治地方各级政府每年自然生态保护支出在本级财政中所占的比重，促使地方政府加大这方面的投入；四是实行产权改革，将自然资源的所有权与使用权分离，实行自然资源的有偿使用制度，完善个人、集体承包制度，调动企业和个人在自然生态保护方面的投资积极性；五是加强民族地区自然生态保护的国际合作，制定优惠政策，吸引国外、境外资本投入民族地区的自然生态保护。

第三，调整产业结构，实行生态移民。民族地区自然生态遭破坏，与

① 郅振璞、吴坤胜：《让绿色家园更秀美》，《人民日报》2002 年 12 月 22 日。

当地的产业结构不合理有密切关系。保护民族地区的自然生态利益，必须从民族地区的实际出发，着力调整产业结构。对于那些污染严重、对当地经济社会发展有重要影响的大中型企业，国家和民族自治地方要帮助他们实行技改和转产，保证实现环保达标。对于那些严重损耗自然资源、效率低下、污染环境的乡镇企业及小煤窑、小矿山等应坚决关停。要加强农牧业的基础建设，将低投入、低产出、高资源消耗的传统农业逐步转换到高投入、高产出、低资源消耗的现代农业的轨道，从破坏生态环境的源头上解决问题。要坚决贯彻落实国家退耕还林还草的政策，帮助少数民族群众发展生态农业、生态牧业和其他特色产业。在退耕还林还草后，要建立替代的、可持续发展的生产条件。要将退耕还林还草与禁伐、育林、围栏、休牧、轮牧、小水利、人工草场建设等措施结合起来，巩固退耕还林还草的成果。要打破部门界限，统一规划，让一些条件不好的退耕地恢复天然植被；在条件较好的土地上，集中使用农、林、水等各方面的资金，综合建设基本农田、饲料基地或经济林果基地。对自然生态特别恶劣的地区，应适当外迁人口，实行生态移民，使人口与环境容量相适应。生态移民一方面可为少数民族摆脱贫困创造条件，另一方面可减少他们为生存而对自然生态环境造成的破坏。

第四，实行制度创新，调动各方面环保的积极性。民族地区的自然资源是一种稀缺资源。乱砍滥伐、乱开滥采，与有关资源的产权制度不完善密切相关。我国《宪法》第九条规定，矿藏、水流、森林、山岭、草原、荒地、滩涂等自然资源，都属于国家所有，即全民所有；由法律规定属于集体所有的森林和山岭、草原、荒地、滩涂除外。但在实际运作过程中，这种国有和集体所有制存在诸多制度缺陷。首先，国有资源产权虚置。在一个地方，水资源、土地资源、林草资源、矿产资源分别由城建、林业、水利、能源、化工、建材、煤炭等部门分管。在现行体制下，各部门均有自己的小利益。在管理中，各部门争利益，踢皮球，甚至各拉队伍，对自然资源进行掠夺式开采，或者对破坏自然资源的违法行为，以罚代管，放任自流。自然资源国有实际上变成了地方所有和部门所有。由于所有权与使用权两权合一，导致对自然资源的长期无偿占有，对破坏和浪费资源的企业缺乏有效的监督与制约。其次，集体产权模糊。体制转型后，农村集体所有制已被严重淡化。由于一些地方的承包政策不稳定和承包中对自然资源的权利与义务不明确，导致群众对自然资源在投入、养护上积极性不高，使用上的短期行为和超负荷的使用。最后，自然资源产权转让的市场机制不健全，难以形成资源有效配置和投入产出的良性循环。为了改变目前这种状况，有必要实行以下几方面的制度创新：一是建立统一的国有自然资源管理机构和管理制度，由统一的机构代表国家行使对自然资源的管理权，尽快结束政出多门、多头管理、推诿扯皮、不负责任的状况；完善自然资源开发的登记、审核、批准以及维护补偿等制度。二是实行自然资源所有权与使用权的分离，对自然资源实行有偿使用；建立统一的自然资源价值核算制度，将自然资源损耗值计入企业成本，从而增强企业维护自然生态的环保意识。三是建立自然资源资产转让的市场机制，使自然资源资产形成有效配置和投入产出的良性循环。四是完善集体所有自然资源的承包制度，稳定承包政策，延长承包时间，明确规定承包人在自然生态方面的权利与义务，做到谁投入谁受益，调动农牧民维护自然生态的积极性。

第五，应用现代科技，提升自然生态保护水平。现代科技在民族地区自然生态保护中的重要作用，主要表现在以下几个方面：一是加速产业结构调整和技术升级，提高自然资源利用率和产品的科技含量，减少企业对自然资源的依存度和消耗量，减少对自然生态的破坏和对环境的污染。二是提升农、林、牧等领域的自然生态保护水平。运用现代科技，建立节水农业灌溉系统，有利于解决西部民族地区水资源严重缺乏的问题。现代科技在建立草原围栏、改良牧草品质、培育和引进优良畜种、提高草原单位面积的载畜量和畜牧产品质量等方面，也有不可替代的作用。三是提高民族地区自然生态监测和防治水平。民族地区地处边远，地域辽阔，气候环境恶劣，现代科技在气候变化、森林防火、沙漠流变、水域污染、草原生态和地表植被预警等方面具有重要的监测优势。它对于科学制定和实施自然生态保护规划，及时发现和制止自然生态破坏事件，防治自然生态灾害（如鼠害、虫害、蝗灾等），都具有重要的作用。

第六，健全环保法治，依法维护民族地区的自然生态利益。环保法治的缺失是民族地区自然生态恶化的重要原因之一。改革开放以来，我国制定并实施了《环境保护法》、《森林法》、《草原法》、《矿产资源法》、《水污染防治法》等法律及多种自然生态保护行政法规，并取得了一定成效。

但是，由于法律法规过于原则，加上民族地区地域辽阔、发展滞后、法制观念淡薄、执法体制不健全、地方和部门利益驱使，在自然生态保护方面存在较为严重的有法不依、执法不严、违法不究的现象。目前，加强少数民族地区自然生态利益法律保护，主要应抓好以下几项工作：一是进一步完善自然生态保护法律制度。全国人大及其常委会、国务院应尽快对有关环保法律和实施细则进行修订，增强其可操作性，加大对破坏自然生态违法犯罪的打击力度；要明确规定民族自治机关保护自然生态的法律责任，并实行严格的责任追究制度。民族自治地方的立法机关应依据国家宪法和环保法，针对本区域自然生态保护的特殊情况，制定相应的地方性法规和行政法规，使自然生态保护真正有法可依。二是加强自然生态法治的宣传教育。要使干部群众认识到，保护自然生态不仅与自身利益息息相关，而且是必须履行的法律义务，从事破坏自然生态的行为，要承担法律责任。三是健全自然生态保护执法机构，加大执法力度。要打破地方、部门保护主义的羁绊，建立统一高效的执法机构，充实执法人员，提高执法队伍素质，改善执法条件，严格依法打击破坏自然生态的违法犯罪行为，强化对自然资源开发者的法律制约。四是健全自然生态保护的监督机制和责任追究制度。要加强自然生态保护的法律监督、行政监督、新闻监督、群众监督和其他社会监督，对于举报破坏自然生态违法犯罪案件的人员应予以奖励。对那些在保护自然生态方面执法不严、违法不究、执法犯法、渎职犯罪的国家工作人员，要严格责任追究，触犯刑律的，要移送司法机关依法处理。

（原载《民族研究》2004 年第 3 期）

威尔·金里卡的少数群体权利思想评析[①]

多元文化主义和多元文化公民资格问题，是20世纪90年代以来世界政治哲学的中心话题之一。加拿大女王大学哲学系教授威尔·金里卡（Will Kymlicka），是西方国家较早研究“多元文化公民资格”的典型代表。《多元文化的公民身份》是金里卡为少数群体权利的自由主义辩护之作。在这本书中，金里卡试图为少数群体权利的自由主义理论勾画出一个轮廓，他提出了一些原则，来区分不同类型的少数群体的诉求，并在自由主义理论的框架内评价这些诉求的合法性。

一　少数群体权利思想的政治哲学基础

金里卡少数群体权利思想的政治哲学基础是自由主义。西方国家自由主义的基本原则——个人权利、机会平等和民主的公民资格等是他探讨少数群体权利的哲学基础。在此基础上，金里卡修正和发展了传统自由主义，将自由主义核心价值观和少数群体权利思想结合为自由主义少数群体权利思想。金里卡之所以要对传统自由主义进行修正和发展，是由于传统自由主义理论面临理论和实践上的困境，不能对现实种族或民族问题提供一个合理的解释。

金里卡认为，传统的自由主义理论是在保障个人权利和文化同质化的

① 本文与夏威华合作。

公民社会的基础上建立起来的。这对一些族裔文化群体不公正，且与事实不相符合。传统自由主义理论家对待族裔文化群体的普遍做法，是“提出一个一般化的‘非歧视’原则，作为在族裔文化关系中实现公正的途径”。像对待宗教团体那样，自由国家保护族裔文化群体不受歧视，但是对于其维持和发展，国家则既不应帮助，也不应阻碍，而应由私人领域中的个体自由选择。[①] 在金里卡看来，个人自由和社会文化密不可分。个人选择依赖于一种社会文化的存在，这种社会文化是由语言和历史决定的，大多数人对自己的文化都有一种强烈的归属感。因此，给予少数群体特别权利，以保护少数群体文化是必要的。

金里卡的少数族群思想，来源于对加拿大、美国和澳大利亚等国的多元文化实践的分析和总结，是为解决或克服种族文化多样性导致的冲突而提出的一个范式。一方面，传统自由主义理论不能解释大多数西方民主国家区别对待移民和少数民族的现实做法。“本世纪，区别对待移民和少数民族是发生在自由民主制度中的一个重要事实，而且已经确立为自由民主国家的一种特征。”[②] 但是，传统自由主义理论家对此却置若罔闻。自由主义已经迫切需要对此有所发展和修正。另一方面，苏东剧变后，民族主义浪潮的勃兴，推动文化多元理论走到政治理论的前沿。金里卡认为，“最明显的是，共产主义的崩溃在东欧释放了种族民族主义的浪潮”。同时，西方民主国家内部种族民族问题凸显，“许多西方国家的本土人士开始对抗性地反对移民和避难者；土著人政治运动的复兴，导致了联合国的土著人权利宣言草案；以及在几个西方国家正在进行的甚至正在增长的分离威胁，包括加拿大（魁北克）、英国（苏格兰）、比利时（弗兰德）和西班牙（加泰罗尼亚）”。[③] 金里卡少数群体权利思想正是对这种新情况新挑战的一种理论上的回应。

---

① ［加］威尔·金里卡：《少数的权利——民族主义、多元文化主义和公民》，邓红风译，上海世纪出版集团2005年版，第42页。

② 同上书，第44页。

③ ［加］威尔·金里卡：《当代政治哲学》（下），刘莘译，上海三联书店2004年版，第599—600页。

二 少数群体权利思想的主要内容

金里卡的自由主义少数群体权利思想总结了西方民主国家的多元文化主义实践，结合自由主义核心价值，从理论上为少数群体权利保障提供论证和合法性辩护。在《多元文化的公民身份》中，金里卡界定了少数群体权利的内涵，点明了研究的出发点和目标，区分了文化多元社会类型，详细论述了三种群体差别权利形式和捍卫少数群体权利的三个理由等内容。

关于少数群体权利的界定。究竟什么是少数群体的权利？金里卡认为，少数群体一般包括移民、少数民族、土著人、种族群体以及种族宗教群体。尽管每个群体都有不同种类的权利要求，但有两个共性：其一，这些群体权利要求超越了公民个人的系列公民权利和政治权利；其二，这些少数群体权利要求指向同一个目标，即要使种族文化群体的独特身份和需要得到承认和包容。金里卡将这些少数群体的要求概括为“文化多元主义”（multicul turalism），或“少数群体的权利”。

关于少数群体权利思想研究的出发点和目标。金里卡研究的出发点源于自由民主国家针对族裔文化群体的现行政策，即西方民主国家区别对待移民和少数民族，但是规范的自由主义学说很少探讨这种差别待遇。在加拿大，印第安人与魁北克人一直以来不愿意认同主流文化。印第安部落要求自治权，魁北克则要求脱离加拿大联邦而建立一个新的国家。古典的自由主义同化政策实际上已经失败，时代呼唤重新考虑自由主义之原则以阐明少数民族问题。金里卡试图探寻一种自由主义少数群体权利理论，这种理论“必须对少数群体权利如何与人权共存进行解释，必须对少数群体权利如何受个人自由、民主和社会公正等原则制约进行解释”。①

关于文化多元的社会类型。金里卡把西方民主国家按照文化多样性的来源分为“多民族”国家和“多族类”国家。“多民族”国家建立在某些原先自治的、领土集中的民族基础上，且其中少数民族文化被并入更大

---

① ［加］威尔·金里卡：《多元文化的公民身份——一种自由主义的少数群体权利理论》，马莉、张昌耀译，中央民族大学出版社2009年版，第8页。

的社会。少数民族往往希望自己作为不同的社会与主流文化并列，并且要求各种形式的自治或自我管理权。“多族类”国家建立在个人和家庭移民社会基础上。移民往往都希望并入更大的社会，并希望被接受为该社会的完全成员。

关于少数群体特别权利。金里卡认为，移民和少数民族权利诉求不同。他重点讨论了三种形式的群体特别权利：一是自治权利；二是多族类权利；三是特别代表权利。金里卡认为，文化多元主义面临的挑战，就是要以稳定的和道义上能立得住的方式，包容这些民族和族类差别。

自治权利（self-government rights）。金里卡认为，在大多数多民族国家里，各民族都倾向于要求某种形式的政治自治或领土管辖权，以保证他们的文化能得到充分和自由的发展。而承认自治诉求的机制之一是联邦主义，联邦主义可以为少数民族提供广泛的自治，保证他们能在某些方面进行决定，保证不被更大社会的投票压倒。例如，在加拿大联邦分权制度中，魁北克省对事关法兰西文化生存的问题享有规范的管辖权。包括对教育、语言、文化和移民政策的控制权，以及司法权。加拿大印第安人享有居留地；印第安人已经获得越来越多的对健康、教育、家庭法、治安、刑事审判和资源开发的控制等权利。

多族类权利（polyethnic rights）指的是，对一些特定族群或宗教群体的某些活动，提供经济支持和法律保护。鉴于族群有自己的宗教习惯，最具争议的族群诉求，就是要求取消有损他们的法律和规定。例如，英国的犹太人和穆斯林要求取消礼拜日结算和动物屠宰法；加拿大的男性锡克教徒要求取消摩托车头盔法，不穿警察制服，好让他们裹缠头巾。金里卡认为，这类群体特别规定旨在帮助族群和宗教少数群体表达自己的文化特点和自豪；与自治权不同，多族类权利通常旨在促进这些群体整合到更大的社会中。

特别代表权利（special representation rights）。金里卡认为，历史性弱势群体的代表不足是一个普遍现象，西方民族国家的政治过程没有反映居民的差异性，“缺乏代表性”。一种有代表性的政治过程，应当包括族类和种族少数群体、妇女、穷人和残疾人。改造这个过程的方法，一是让政党更加具有广泛性，二是采用某种比例代表制，三是在立法机构中把一定数量的席位保留给弱势群体或边缘群体的成员。少数民族在任何能解释或修订其自治权限的机构中，都要保证有自己的代表权。他认为，这种措施可以满足一个没有特别代表权的社会设立特别代表权，是一种政治“肯定行动”。

最后，关于捍卫族群和少数民族的群体性差别权利的三个理由。

第一，“基于平等的理由”。在不平等条件下，处于不利地位的群体与主导的民族竞争，这是不公平的。“如果不解决就会变成一种严重的不公。”① 他认为，少数民族成员可能会陷于某些特定的不利处境，对此需要适当调整少数民族权利的规定。他强调保护少数族群文化的公平性。针对有人认为保留地制度违背人的基本权利这种说法，他说：“因为少数白人要求实现能完全在全国流动之权利，而不保护印第安人和因纽特人（Inuit）的权利，这是极为不公平的，因为他们的文化可能被削弱。假如我们限制少数白人要求自由居住的要求，或者假定我们限制土地的可让渡性，由此土著人可以维系他们自己的文化生活，这难道不是一种公平与合理的要求吗？”②

金里卡认为，自由主义的少数民族权利理论不仅与自由平等原则相一致，而且本身就是这些原则所要求的。这是因为个体是文化社区的成员，公正地关注和保障处于不利地位的族群所需要的少数群体权利，有利于减少事实上的不平等，扩大自由的主体范围。少数群体的权利不是制造不平等，而是为了消除不平等。例如，土著人因使用他们自己的语言而不可能获得更多选票，不可能获得更多的资源。通过对少数群体权利及其文化的保护，可以减少由此产生的事实上的不平等。在金里卡看来，美国的“种族色盲”的宪法有其局限性而不能运用于其他国家。

第二，基于历史的理由。金里卡认为，捍卫少数民族群体差别权利的重要理由之一，是这些权利是历史协定的结果，或者说是两个或更多的人民在同意结盟时签订协议的结果。例如当年魁北克的领袖们同意加入加拿大的交换条件之一，是坚持语言与教育管辖权保证归各省，而不是联邦。在 1867 年最初的邦联协议中，赋予法裔加拿大人的群体差别权利，以及

---

① ［加］威尔·金里卡：《多元文化的公民身份——一种自由主义的少数群体权利理论》，马莉、张昌耀译，中央民族大学出版社 2009 年版，第 156 页。

② 转引自何包钢《民主理论：困境和出路》，法律出版社 2008 年版，第 207 页。

通过许多条约赋予印第安人的群体性差别权利，都反映了这些共同体加入加拿大时的条件。金里卡认为，尊重这类协定十分重要，这不仅是尊重少数群体自决的问题，也是政府行为要取信于民的问题。

第三，基于文化多样性价值的理由。金里卡认为，从文化多样性价值的角度来研究少数群体差别权利，大致有两种视角：一是它避免了仅仅根据群体成员利益来要求群体差别权利，而是把关注的焦点放在更大的社会可以从群体差别中受益，因为文化的多样性能创造一个更加丰富多彩的更有趣的世界；二是少数群体的文化包含了不同的社会组织模式，他们的传统生活方式可能为西方后工业社会提供一种适应环境的可持续关系模式。不过金里卡认为，利用文化多样性来为保护少数群体的权利辩护，有其局限性。因为多数民族在反对少数民族自治权利时，经常是受到巨大利益驱使的，保护少数民族的措施，实际上可能会减少多数人文化内部的多样性。因此，文化多样性理由只能补充但不能取代基于平等或历史协定的公正理由。

金里卡的少数群体权利思想，可视为对西方多元文化主义的发展和修正。他的思想完全建立在西方自由主义政治哲学基础之上，而支配当代西方政治哲学，特别是英美政治哲学的是自由主义民主的观点。西方有关多元文化主义的争论依次经历了三个阶段，即作为社群主义的多元文化主义，自由主义框架内的多元文化主义和对民族建构进行回应的多元文化主义。现在，多元文化主义仍然有很多问题需要回答，并且面临诸多质疑。金里卡《多元文化的公民身份》中的少数群体权利的学说，同样受到了多方的批评。最近的批评有，阿玛蒂亚·森认为，多元文化主义政策的悲剧在于“两个混淆”：一是文化保守主义和文化自由之间的混淆。二是在于忽视了一个事实，即虽然宗教也许是人们的一个重要认同，但还有其他一些政治、社会、经济层面的联系，人们也有理由对其加以重视。①

另外，金里卡少数群体权利的自由主义理论的目标是“为移民的融入确定合理的条件，使少数民族能够保持其独特的社会”。他的学说主要讨论了两种典型的情况，即自愿的移民和非自愿被融入的少数民族。所以引出了是否可以将其理论拓展到亚洲与非洲的民族中去的问题。其他国家

① ［印］阿玛蒂亚·森：《多元文化主义的悲剧》，《金融时报》2006年8月23日。

往往有自己独特的历史、政治传统和文明。何包钢认为，金里卡的自由主义少数群体权利理论不适用于东亚，因为西方自由主义的价值观与东亚的儒家价值观有本质的差别。①

三 少数群体权利思想的实践价值问题

1. 少数群体权利保护制度的不同模式选择。正如金里卡在《多元文化的公民身份》中所指出的，几乎所有的自由主义民主国家，要么是多民族的或多族类的，要么是两者兼而有之。由于各国的历史传统、民族与种族构成、民族文化与生活方式、所处的自然地理环境等不同，各国借以回应少数民族和族群诉求的方式也不同，在处理民族问题时可以有不同的制度模式选择。问题的关键“就是要以稳定的和道义上能立得住的方式，包容这些民族和族类差别”。② 虽然他对加拿大的联邦制赞赏有加，认为联邦主义是一种包容少数民族的通常战略，但他仍客观地指出，联邦主义和文化多样性之间并没有固有的联系，“说加拿大是把普遍的个人权利和特定群体的‘共同体权利’结合起来的独一无二的国家，这是大错特错的看法”。③ 他认为，在欧洲、亚洲和非洲其他许多国家也把这两种权利结合在一起。他理性地分析了时髦的“民族自决”的观点并指出，按照联合国宣言声明，所有“人民”都可以自决，也就是建立一个独立的国家，但“这一原则显然没有得到现有国家边界的反映，履行这一原则会造成不稳定，事实上也是不可能的”。④ 无论从历史还是现实的经验来看，金里卡的这一论断都是很有见地的，它对于思考各国解决民族问题的制度设计，具有重要的启示意义。

中国采用民族区域自治制度来解决民族问题，保障少数民族的权益。民族区域自治制度是中国的一项基本政治制度。中国采用民族区域自治的办法解决民族问题，是根据本国的历史发展、文化特点、民族构成、民族

---

① 转引自何包钢《民主理论：困境和出路》，法律出版社 2008 年版，第 219—220 页。

② ［加］威尔·金里卡：《多元文化的公民身份——一种自由主义的少数群体权利理论》，马莉、张昌耀译，中央民族大学出版社 2009 年版，第 38 页。

③ 同上书，第 39 页。

④ 同上书，第 169 页。

分布和民族关系等具体情况做出的制度安排。在革命与建设实践中，毛泽东和中国共产党人放弃早期的联邦主义和民族自决的思想观点，选择了以民族区域自治制度作为解决中国民族问题的制度设计，不仅是因为帝国主义势力可能利用民族自决支持民族分裂主义，危害国家与各民族的整体利益；而且联邦制与中国的民族构成及各民族共同创立统一的多民族国家的历史不符，与中国特有的多元一体的文化传统不和。中国境内不同的民族之间互相依赖；中华民族的统一是各民族自愿结合、共同奋斗的结果。

中国的民族区域自治制度无论在理论上还是实践上都与金里卡的自由主义少数群体权利思想存在不同，但民族区域自治政策与金里卡的自由主义少数群体权利思想的精髓——保护少数民族权利是一致的。60 多年来的实践证明，中国的民族区域自治制度及其实践获得了巨大成功，采用民族区域自治来解决中国的民族问题，是符合中国国情和各民族共同利益的正确选择。中国的民族区域自治制度构建了一套保护少数民族权利的有效的体制机制，为人类保护少数人的权利作出了重要贡献。

2. 少数群体文化多样性的保护。金里卡在《多元文化的公民身份》一书导论中提到，今日大多数国家都是文化多样性的国家。根据最近的估计，世界上有 190 多个主权国家，有 600 多个语言群体和 5000 多个族群（ethnic groups）。公民讲同一语言，或属于同一“族类民族群体”（ethno national group）的国家，实际上寥寥无几。

按照文化多样性的来源，金里卡区分了两种主要范式。第一种范式是，文化多样性产生于原先自治的和领土集中的文化被并入了更大的社会。这些被并入的文化，称为“少数民族”（national minorities），他们往往都希望自己作为不同的社会与多数群体文化（majority culture）并列，并且要求各种形式的自治或自我管理（self-government），以保障他们作为不同的社会而存在。

第二种范式是，文化多样性产生于个人和家庭移民。这些移民通常联合为一种松散的社会，我们称为“族群”（ethnic groups）。他们往往都希望并入更大的社会，并希望被接受为该社会的完全成员。尽管他们经常寻求自己的更大的族类认同（ethnic identity），但他们的目标不是成为与更大社会并列的单独和自治的民族（nation），而是希望改善主流社会的制度和法律，使主流社会更好地接受文化差别。

金里卡主张给予少数群体特殊权利才能真正保护少数群体文化多样性，有其积极的一面。但是他不切实际地批评亚洲国家的少数民族政策，有文化霸权主义和文化沙文主义之嫌。金里卡强推联邦制，认为“在西方的历史经验中，联邦的或类似联邦的领土自治形式逐渐被看作是解决这些冲突唯一的或最好的方式”。[①] 他认为联邦或类似联邦的领土自治形式是亚洲地区其他国家唯一可行的办法，现在该地区“面临着少数族群的民族主义的挑战，其中包括阿富汗、缅甸、中国、斯里兰卡、巴基斯坦和印度尼西亚等”，只有真正多民族联邦制的印度模式是成功的模式。不过正如他在《自由的多元文化主义：西方模式、全球趋势和亚洲争论》一文中所指出：“一些评论家认为西方自由的多民族联邦模式与东亚更加‘大同’的儒家传统不同。后者强调和谐与融合的观念。‘自由的西方’和‘大同的东方’之间的这种对比引起了激烈的争论。”[②]

金里卡无视亚洲国家的历史和现实情况，把西方实践基础上总结的联邦制当作判断一个国家能否保障少数民族权利的唯一标准，是文化傲慢的表现。现在保护文化多样性已经成为人类的共识。随着工业化和经济全球化的发展，文化多样性面临重大的威胁。在我国，金里卡所倡导的多元族群权利与特别代表权早已写入宪法，随着《国务院关于进一步繁荣发展少数民族文化事业的若干意见》和《文化产业振兴规划》的出台，以及人们对非物质文化遗产保护的关注，我国文化多样性的保护工作日益引起人们的重视。总结中国文化多样性保护实践经验，探索一条适合国情的保护道路，是我国保护少数民族文化多样性的当务之急。

3. 社会保障体系建设与少数群体权利保护。在很大程度上来说，完善的社会保障体系可以有效减少文化冲突和防范民族问题发生。关注少数群体和弱势群体的诉求，已经成为许多国家的共识。金里卡少数群体权利思想招致批评的一个方面，就是其忽略了除移民和少数民族之外的处于“中间状态”的情况。从广义的角度看，少数群体还应包括残障人、妇女等。按照艾丽斯·杨的观点，现实生活中共有五种压迫形式：剥削、边缘

---

① ［加］威尔·金里卡：《自由的多元文化主义：西方模式、全球趋势和亚洲争论》，《马克思主义与现实》2006 年第 1 期。

② 同上。

化、无权无势、文化帝国主义和“因群体仇恨或恐惧激起的无端暴力和骚乱”。她认为，“在今天的美国，至少下列群体遭受一种或多种这样形式的压迫：妇女，黑人，土著美国人，奇卡诺人，波多黎各人和其他讲西班牙语的美国人，亚裔美国人，男同性恋者，女同性恋者，工人阶级，穷人，老人，弱智和残疾人”。[①]

金里卡强调，保护少数群体的权利，为他们提供必要的社会保障，不是制造不平等，而是为了消除不平等。因为有些少数群体在文化市场上被不公正地置于弱势地位，政治上的承认与支持有利于改变这种弱势地位。少数民族的社会文化生存能力可能会因大多数人群体做出的经济与政治决定而受到削弱。在对他们的社会文化生存十分关键的资源与政策上，他们有可能付出更高昂的代价。如果考虑到文化归属重要性的话，这种不平等的存在，就严重影响社会公正的实现。因此，多民族国家必须在各种权利上实行外部保护的政策，“可以保障少数群体成员像多数群体成员那样，有在自己的文化中生活与工作的同样机会”。[②] 这一思想无疑强调了社会保障体系的健全对少数群体权利保护的重要性。

健全社会保障体系，可以化解民族问题，防止社会问题转化成民族问题。同样，在我国，随着现代化进程的发展，少数群体数量逐渐增多，而种类呈现多样化趋势：少数民族流动人口、散杂居民族人口、农民工、下岗工人、流浪乞讨人员等，还有残疾人、孤儿、同性恋者等。一个完善的、合理的福利制度，即社会保障体系，不仅体现中华民族的传统美德——“仁者爱人”，而且体现了我们社会以人为本、公平公正的价值取向。

从社会实践看，社会保障体系有助于增强少数民族对国家的认同。在现代社会，社会认同的基础是以社会保障为核心的现代社会福利制度。比如多数德国学者认为，公民对民主制度的认同，不是出于对它本身的热爱与信仰，而是来源于市场经济的成功加之社会保障政策带来的社会公平，

---

① ［加］威尔·金里卡：《多元文化的公民身份——一种自由主义的少数群体权利理论》，马莉、张昌耀译，中央民族大学出版社 2009 年版，第 208 页。

② 同上书，第 156—157 页。

是民生问题的解决为民主制度"收买"了民心。①

改革开放30多年来，我国一直在构筑与社会主义体制相适应的社会认同的基础——社会保障体系。随着国家综合实力增强，财政收入增加，将公平正义视为社会保障体系的价值归宿，将基本公共服务均等化视为重要手段，健全社会保障体系，有效解决民生问题，已经成为党和政府与社会各界的共识。目前，我国GDP已经达到20多万亿元，与改革开放初期相比增长了近13倍，堪称世界经济奇迹。但城乡差距、地区差距随着我国经济总量的增加而不断扩大，东部突飞猛进，中西部发展滞后。可喜的是，十七届五中全会公报提出，必须逐步完善符合国情、比较完整、覆盖城乡、可持续的基本公共服务体系，提高政府保障能力，推进基本公共服务均等化。这是我国"十二五"时期保障和改善民生的重要着力点之一。对民族地区来说，推进基本公共服务均等化，就是要以实现公平正义为基准，努力为各族人民群众参与经济、政治、文化、社会等活动提供公平机会，把学有所教、劳有所得、病有所医、老有所养、住有所居的要求落到实处，为人民群众解决上学难、看病难、养老难、饮水难、居住难、出行难等一系列难题，使发展成果惠及更多人民群众，不断增强各族人民群众的向心力。

［原载《中南民族大学学报》（人文社会科学版）2012年第4期］

① 景德祥：《近百年来德国人的国家认同》，《中国社会科学报》2010年8月24日。

帮助民族地区加快发展

帮助民族地区加快经济社会发展政策述评

民族问题关系社会的和谐稳定，关系经济社会发展和人民福祉。新中国成立以来，党和国家制定和实施了一系列处理民族问题的政策，取得了举世公认的巨大成就。帮助民族地区加快经济社会发展，是中国特色民族政策体系的核心内容之一。深刻认识和正确理解帮助民族地区加快经济社会发展政策的价值内涵与基本特点，对于做好新世纪新阶段的民族工作，巩固平等、团结、互助、和谐的社会主义民族关系，促进民族地区又好又快发展具有重要意义。

一　帮助民族地区加快经济社会发展政策的主要内容

新中国成立伊始，新生的人民政权就将帮助少数民族和民族地区发展，作为基本国策列入根本大法之中。1949 年 9 月 29 日，中国人民政治协商会议第一届全体会议通过的《中国人民政治协商会议共同纲领》，是新中国第一个宪法性法律文件。《共同纲领》专列一章，即第六章规定了新中国的民族政策。其第五十三条规定："人民政府应帮助各少数民族的人民大众发展其政治、经济、文化、教育的建设事业。"1954 年 9 月，第一届全国人大第一次会议通过的《中华人民共和国宪法》，除规定了各民族一律平等，禁止对任何民族的歧视和压迫，禁止破坏各民族团结的行为，各少数民族聚居的地方实行区域自治等纲领性民族政策之外，也明确规定，“国家在经济建设和文化建设的过程中将照顾各民族的需要，而在社会主义改造的问题上将充分注意各民族发展的特点”。1982 年 12 月 4 日，五届全国人大五次会议通过新的《中华人民共和国宪法》，该法第四条明确规定：“国家根据各少数民族的特点和需要，帮助各少数民族地区加速经济和文化的发展。”《宪法》的上述规定，构成了我国帮助民族地区加快经济社会发展政策的基本法律依据。1984 年 5 月 31 日，第六届全国人大第二次会议通过《中华人民共和国民族区域自治法》。该法将《宪法》的上述规定进一步具体化，不仅规定“国家根据国民经济和社会发展计划，努力帮助民族自治地方加速经济和文化的发展”，而且规定了帮助民族地区加快经济社会发展的各项具体政策。该法成为我国实行民族区域自治制度和推行帮助民族地区加快经济社会发展政策的基本法律文件。正是在《宪法》和《民族区域自治法》的基础之上，我国逐步形成了特色鲜明的帮助民族地区加快经济社会发展的基本政策和具体政策。

概括起来，帮助民族地区加快经济社会发展的基本政策主要包括以下几方面的内容：

第一，帮助民族地区加快经济社会发展是各级政府的义务与责任。《民族区域自治法》第八条规定：“上级国家机关依据民族自治地方的特点和需要，努力帮助民族自治地方加速发展社会主义建设事业。”第六章专门规定了“上级国家机关的职责”，其中第五十五条规定：“上级国家机关应当帮助、指导民族自治地方经济发展战略的研究、制定和实施，从财政、金融、物资、技术和人才等方面，帮助各民族自治地方加速发展经济、教育、科学技术、文化、卫生、体育等事业。”第六十九条规定：“国家和上级人民政府应当从财政、金融、物资、技术、人才等方面加大对民族自治地方的贫困地区的扶持力度，帮助贫困人口尽快摆脱贫困状况，实现小康。”

第二，中央和地方政府加大对民族地区经济社会发展的财政支持力度。《民族区域自治法》规定，随着国民经济的发展和财政收入的增长，上级财政逐步加大对民族自治地方财政转移支付力度。通过一般性财政转移支付、专项财政转移支付、民族优惠政策财政转移支付，以及国家确定的其他方式，增加对民族自治地方的资金投入，用于加快民族自治地方经济发展和社会进步，逐步缩小与发达地区的差距。国家设立各项专用资金，扶助民族自治地方发展经济文化建设事业。

第三，给予民族地区经济社会发展特殊的优惠与扶持。《民族区域自治法》规定，上级国家机关根据国家的民族贸易政策和民族自治地方的需要，对民族自治地方的商业、供销和医药企业，从投资、金融、税收等方面给予扶持；国家制定优惠政策，扶持民族自治地方发展对外经济贸易，扩大民族自治地方生产企业对外贸易经营自主权，鼓励发展地方优势产品出口，实行优惠的边境贸易政策；国家制定优惠政策，引导和鼓励国内外资金投向民族自治地方；国家根据民族自治地方的经济发展特点和需要，综合运用货币市场和资本市场，加大对民族自治地方的金融扶持力度；金融机构对民族自治地方的固定资产投资项目和符合国家产业政策的企业，在开发资源、发展多种经济方面的合理资金需求，应当给予重点扶持。

第四，国家优先在民族自治地方合理安排资源开发项目和基础设施建设项目。国家在民族地区重大基础设施投资项目中，适当增加投资比重和政策性银行贷款比重。国家在民族自治地方安排基础设施建设，需要民族自治地方配套资金的，根据不同情况给予减少或者免除配套资金的照顾。国家帮助民族自治地方加快实用科技开发和成果转化，大力推广实用技术和有条件发展的高新技术，积极引导科技人才向民族自治地方合理流动。国家在民族自治地方开发资源、进行建设的时候，应当照顾民族自治地方的利益，做出有利于民族自治地方经济建设的安排，照顾当地少数民族的生产和生活；国家采取措施，对输出自然资源的民族自治地方给予一定的利益补偿；民族自治地方为国家的生态平衡、环境保护作出贡献的，国家给予一定的利益补偿。

第五，实施“兴边富民行动”和“扶持人口较少民族发展规划”。“兴边富民行动”是1999年由国家民委联合国家发改委、财政部等部门倡议发起的一项边境建设工程，实施范围是我国135个陆地边境县（旗、市、市辖区）和新疆生产建设兵团58个边境团场。“兴边富民行动”重点解决边境地区发展和边民生产生活面临的特殊困难和问题，不断增强自我发展能力，促进经济加快发展、社会事业明显进步、人民生活水平较大提高。此外，为帮助22个人口较少民族（人口数量在10万以下）加快经济社会发展，解决他们发展中的特殊困难与问题，2005 年 5 月 18 日，国务院审议通过了由国家民委、国家发改委、财政部、人民银行、国务院扶贫办研究制定的《扶持人口较少民族发展规划（2005—2010年)》。《规划》提出了加强基础设施建设改善生产生活条件、调整经济结构促进群众增收、发展科技教育卫生文化等社会事业促进社会进步、加强培训提高素质四大任务。明确了加大对基础设施建设的支持力度、加大财政资金的支持力度、加大信贷资金的支持力度、加大对社会事业的支持力度、加大人才培训的力度、加大对口帮扶的力度六大扶持政策措施。

第六，实施对口支援帮助民族地区加快经济社会发展。《民族区域自治法》第六十四条规定，上级国家机关应当组织、支持和鼓励经济发达地区与民族自治地方开展经济、技术协作和多层次、多方面的对口支援，帮助和促进民族自治地方经济、教育、科学技术、文化、卫生、体育事业的发展。

第七，保障民族自治地方的自治机关行使自治权。我国实行民族区域自治制度，国家保障民族自治地方根据本地实际情况，贯彻执行国家的法律和政策，民族自治地方的自治机关享有广泛的自治权。《民族区域自治法》规定，民族自治地方的自治机关根据本地方的情况，在不违背《宪法》和法律的原则下，有权采取特殊政策和灵活措施，加速民族自治地方经济、文化建设事业的发展；民族自治地方的人民代表大会有权依照当地民族的政治、经济和文化的特点，制定自治条例和单行条例；上级国家机关的决议、决定、命令和指示，如有不适合民族自治地方实际情况的，自治机关可以报经该上级国家机关批准，变通执行或者停止执行；民族自治地方的自治机关依照法律规定，管理和保护本地方的自然资源，根据法律规定和国家的统一规划，对可以由本地方开发的自然资源，优先合理开发利用。

第八，国家在干部培养选拔、文化社会事业发展等方面给予民族地区特殊支持。《民族区域自治法》规定，上级国家机关帮助民族自治地方从当地民族中大量培养各级干部、各种专业人才和技术工人；根据民族自治地方的需要，采取多种形式调派适当数量的教师、医生、科学技术和经营管理人员，参加民族自治地方的工作，对他们的生活待遇给予适当照顾。

国家加大对民族自治地方的教育投入，并采取特殊措施，帮助民族自治地方加速普及九年义务教育和发展其他教育事业，提高各民族人民的科学文化水平。国家举办民族高等学校，在高等学校举办民族班、民族预科，专门或者主要招收少数民族学生；高等学校和中等专业学校招收新生时，对少数民族考生适当放宽录取标准和条件，对人口特少的少数民族考生给予特殊照顾。各级人民政府和学校应当采取多种措施帮助家庭经济困难的少数民族学生完成学业。国家帮助民族自治地方培养和培训各民族教师，组织和鼓励各民族教师和符合任职条件的各民族毕业生到民族自治地方从事教育教学工作，并给予他们相应的优惠待遇。

此外，国家还给予民族地区公共文化建设、社会保障体系建设、医疗卫生事业发展、民族传统医药开发与利用、优秀民族传统文化的继承与发展、民族文字教材和出版物的编译出版等特殊的政策支持与帮助。

新中国成立60余年来，我国经济社会发展虽历经波折，但国家支持、帮助少数民族和民族地区加速发展的政策始终未变，而且随着改革开放的深入和国家综合国力的增强，帮助的政策体系越来越完备，帮助的内涵越来越丰富，帮助的力度不断得到加强。1999年，中央提出西部大开发战略，将帮助民族地区加快经济社会发展提升到一个新的战略高度。2005年，中共中央、国务院作出《关于进一步加强民族工作加快少数民族和民族地区经济社会发展的决定》，明确将发展作为解决民族地区困难和问题的关键，强调随着国家综合实力不断增强，中央将继续加强对少数民族和民族地区经济社会发展的扶持。同年9月，中央印发了《中共中央国务院关于进一步做好西藏发展稳定工作的意见》。2006年11月，国务院办公厅下发了《关于印发加快西藏发展维护西藏稳定若干优惠政策的通知》，给予西藏“40条优惠政策”。2007年，国务院出台《关于进一步促进新疆经济社会发展的若干意见》，对加快新疆经济社会发展，进一步提高新疆各族人民生活水平作出部署。2008年以来，国家又陆续制定出台了促进宁夏、广西、青海等省（区）的藏区、云南边疆地区经济社会发展的一系列优惠政策措施，增加投入，加强基础设施建设，发展特色优势产业，促进少数民族和民族地区经济社会加快发展。2009年8月25日，胡锦涛总书记在新疆维吾尔自治区干部大会上再次强调：“支持少数民族和民族地区加快发展是中央的一项基本方针，也是推进西部大开发的首要任务。”①

二 帮助民族地区加快经济社会发展政策的社会历史依据与价值蕴含

现代政策学认为，一项科学的政策与决策，必须建立在合理的社会历史基础之上，符合社会发展的规律与社会进步的要求，能够经受社会发展实践的检验。美国著名公共政策学者伊斯顿（David Easton）认为，公共政策是“对全社会的价值所作的权威性分配”。② 即公共政策所规定的行为准则、所施行的计划措施，应符合多数人的、长远的利益要求，体现公平正义，能使公众的利益得到协调、平衡，因而受到人民的拥护、认可。只有具备这样的价值基础，政策才具有正当性，才能顺利实施并取得良好的社会效果。“凡政策都包含一定的价值系统、规范系统和行为系统。价值系统的作用在于告诉人们政府所提倡的政策的有用性、有效性及其对社会发展的意义”。③ 我国帮助少数民族地区加速发展政策的社会历史依据和所体现的价值蕴含主要表现在以下几个方面：

第一，多元一体格局与民族地区发展滞后，是帮助民族地区加快经济社会发展政策的重要社会基础。

我国是一个由多民族组成的统一的社会主义国家，民族地区是祖国不可分割的重要组成部分，每一个民族都是民族大家庭的平等成员。56 个民族结合成相互依存、统一而不能分割的整体，构成了中华民族多元一体格局。多元一体格局与民族地区重要地位的基本国情，决定了各民族的发展相互关联、相互补充、相互依存，国家的发展离不开民族地区的发展，没有民族地区的现代化，就没有整个国家的现代化。正如江泽民同志所指出的：“少数民族和民族地区的经济社会发展，直接关系到我国整个现代化建设目标的顺利实现。民族地区的现代化同全国其他地区的现代化，少

① 孙承斌、邹声文：《胡锦涛在新疆维吾尔自治区干部大会上发表重要讲话》，《人民日报》2009 年 8 月 26 日。

② D. East, *The Political System*, N. Y.: Knopf, 1953, p. 129.

③ 胡宁生：《现代公共政策学：公共政策的整体透视》，中央编译出版社 2007 年版，第 26 页。

数民族的振兴同整个中华民族的振兴，是密不可分、相互促进的。推动各民族发展进步和共同繁荣不仅是个经济问题，而且是个政治问题。"①

区域发展不平衡是我国经济社会的基本特点之一。由于自然、历史、社会等方面的原因，我国少数民族地区自我发展能力不足，经济文化发展相对滞后。新中国成立 60 年来，虽然在国家和社会的帮助下，民族地区经济社会发展取得巨大进步，但相对来说仍然较为落后，与发达地区存在较大的差距。目前，我国大部分成片的贫困地区主要集中在西部少数民族地区。据国家民委公布的民族自治地方农村贫困监测结果，2008 年末，按农村贫困标准 1196 元测算，全国年末农村贫困人口为 4007 万人，而民族自治地方农村贫困人口 2102.4 万人，占 52.47%，贫困发生率为 17.6%。据不完全统计，2009 年民族自治地方因灾因病返贫人口为 226.9 万人，比 2008 年增加 42.1 万人，返贫率为 10.8%；民族自治地方还有 4553.9 万人未解决饮水安全问题（除西藏），缺乏基本生存条件需易地搬迁对象有 72.2 万户、306.9 万人（除西藏、甘肃）。② 民族地区发展滞后的现实境况，决定了民族地区发展任重道远。在"我们这个多民族的大家庭要建设成为一个强大的社会主义国家，必须在民族繁荣的基础上前进"，"各个民族必须互相帮助，互相支持"。③ 帮助少数民族地区加速发展，是关系整个国家发展的大事情。

第二，帮助民族地区加快经济社会发展，是解决民族问题的根本途径。

民族问题既包括民族自身的发展问题，又包括民族之间，民族与阶级、国家之间等方面的关系问题。当今世界，民族问题具有普遍性、长期性、复杂性、国际性和重要性的特点。民族问题处理不好，民族矛盾、社会矛盾就会激化，社会就可能出现动乱甚至战乱，就会危及国家的稳定、安全与发展，就可能出现人权危机。民族问题错综复杂，但最重要最根本的问题是解决发展问题。在我国，少数民族地区受发展条件的限制，自我

---

① 江泽民：《论民族工作》，《江泽民文选》第 1 卷，人民出版社 2006 年版，第 182 页。

② 闵伟轩：《民族自治地方贫困人口同比略有下降》，《中国民族报》2009 年 9 月 4 日。

③ 中共中央统一战线工作部：《周恩来统一战线文选》，人民出版社 1984 年版，第 367、368 页。

发展的能力不足，与发达地区的发展差距扩大，少数民族群众生活水平相对较低，由此造成的各民族之间发展的事实上的不平等，是民族问题形成的主要原因。江泽民同志曾指出："现阶段，我国的民族问题，比较集中地表现在少数民族和民族地区迫切要求加快经济文化发展。"① 发展的长期滞后，不仅可能衍生出民族心理上的失衡，造成民族与民族之间，民族与国家之间的矛盾与冲突，而且可能给国际敌对势力利用民族问题对我进行渗透破坏以可乘之机。历史的经验证明，民族问题的解决是一个长期复杂的过程，需要采取综合性的政策措施，但最根本最重要的是要帮助少数民族和民族地区加快发展，尽快提高少数民族群众的物质文化生活水平，逐步缩小与发达地区的发展差距。只有在此基础之上，其他政策的效能才能显现出来，民族平等团结教育才能产生实效，平等团结互助和谐的社会主义民族关系才能建立在坚实的基础之上。"在新的历史时期，搞好民族工作，增强民族团结，核心问题就是要积极创造条件，加快发展少数民族和民族地区的经济文化等各项事业，促进各民族共同繁荣。这既是少数民族和民族地区人民群众的迫切要求，也是我们社会主义民族政策的根本原则。"② 正因为如此，党和政府一直坚持把帮助少数民族和民族地区加快经济社会发展，作为解决民族问题的根本途径。

第三，帮助民族地区加快经济社会发展，是社会主义的本质要求和优越性的重要表现。

理论界对社会主义的本质特征有多种概括，世界上对社会主义也存在不同的理解。但从社会主义的实践经验与经典作家的原意来看，社会主义的本质特征应包含公平、正义、共同富裕、人权保障、社会与人的全面发展，等等。1990 年，邓小平指出："社会主义最大的优越性就是共同富裕，这是体现社会主义本质的一个东西。如果搞两极分化，情况就不同了，民族矛盾、区域间矛盾、阶级矛盾都会发展，相应地中央和地方的矛盾也会发展，就可能出乱子。"③ 邓小平同志将帮助民族地区加快经济社会发展与社会主义的本质结合起来思考的观点，与毛泽东同志在新中国成

① 江泽民：《论民族工作》，《江泽民文选》第 1 卷，第 183 页。

② 同上。

③ 邓小平：《邓小平文选》第 3 卷，人民出版社 1993 年版，第 364 页。

立初期的认识是完全一致的。1952 年 11 月，毛泽东同志在接见西藏代表团时指出：“如果共产党不能帮助你们发展人口，发展经济和文化，那共产党就没有什么用处。”① 周恩来总理在 1957 年也指出：“我们不能设想，只有汉族地区工业高度发展，让西藏长期落后下去，让维吾尔自治区长期落后下去，让内蒙牧区长期落后下去，这样就不是社会主义国家了。”他说：“如果让落后的地方永远落后下去，这就是不平等，这就是错误。”② 站在社会主义本质的高度，来认识帮助民族地区加快经济社会发展，是我们党的一个优良传统，也是我们党解决民族问题的一条基本经验。从国际经验来看，社会主义国家如果不能帮助民族地区加快经济社会发展，尽快缩小民族发展差距，逐步实现真正的民族平等，就不可能保持和谐的民族关系和社会的持续稳定发展，就可能出各种各样的乱子，甚至导致国家的解体和政权的更迭。苏联、南斯拉夫政局演变的教训就是很好的例证。

民族团结与民族地区加快发展是综合国力的重要标志。帮助少数民族地区加速发展，是增强国家凝聚力的需要。我国的国情决定了汉族离不开少数民族，少数民族离不开汉族，各少数民族间互相离不开，只有各民族共同团结奋斗，共同繁荣发展，各民族才有光明美好的未来。帮助民族地区加快经济社会发展，关乎民族平等团结，关乎国家的发展稳定，关乎人民福祉和人权保障，关乎国家安全。正是从这个意义上，周恩来同志于 1957 年 8 月指出：“各民族繁荣是我们社会主义在民族政策上的根本立场。……我们社会主义的民族政策，就是要使所有的民族得到发展，得到繁荣”，“我们国家的民族政策，是繁荣各民族的政策”。“我们要帮助各兄弟民族的繁荣”。③ 在新的历史时期，胡锦涛总书记在谈到帮助新疆加快发展时强调指出：“做好新疆工作决不仅仅是新疆的事情，而是整个国家的事情。中央将大力支持新疆经济社会发展，采取重大措施改善各族群众生产生活条件，推动新疆实现跨越式发展。”④ 在 2010 年 1 月，中央召开的第五次西藏工作座谈会上，胡锦涛同志再次强调，做好西藏工作，是

---

① 毛泽东：《接见西藏致敬团代表谈话的要点》，《人民日报》1952 年 11 月 22 日。

② 中共中央统一战线工作部：《周恩来统一战线文选》，人民出版社 1984 年版，第 383 页。

③ 同上书，第 379 页。

④ 孙承斌、邹声文：《胡锦涛在新疆维吾尔自治区干部大会上发表重要讲话》，《人民日报》2009 年 8 月 26 日。

深入贯彻落实科学发展观、全面建设小康社会的迫切需要；是构建国家生态安全屏障、实现可持续发展的迫切需要；是维护民族团结、维护社会稳定、维护国家安全的迫切需要；是营造良好国际环境的迫切需要。我们一定要站在党和国家工作全局的战略高度，进一步认识贯彻执行好帮助民族地区加快发展政策的重要性和紧迫性。[①] 我们一定要站在党和国家工作全局的战略高度，进一步认识贯彻执行好帮助民族地区加快经济社会发展政策的重要性和紧迫性。

我国正处于现代化的进程中，正如美国学者西摩·马丁·李普塞特所指出的，现代化一方面产生了文化同一性、国家政治整合，另一方面也产生了民族意识的不断增长。[②] 在社会转型与利益格局调整的背景下，"如果要维持人们对政权的支持，就必须把各种各样的利益有效地综合成一套有限的政策选择"。"发展问题既影响利益综合的实施，也受利益综合实施的影响。"[③] 在我国，帮助民族地区加快经济社会发展政策就是这样一种利益综合的选择，它既体现了对少数民族利益的关切，也代表了整个中华民族共同的长远的根本的利益。

三　帮助民族地区加快经济社会发展政策的基本特点

在长期的民族工作实践中，我国帮助少数民族地区加速发展的政策不断丰富发展完善，形成了鲜明的中国特色。概括起来，该政策主要有以下几个特点：

第一，权威性。帮助民族地区加快经济社会发展政策，主要体现在党和国家的规范性文件之中。除《宪法》之外，《中国共产党章程》也作了明确规定："中国共产党维护和发展平等团结互助和谐的社会主义民族关系，积极培养、选拔少数民族干部，帮助少数民族和民族地区发展经济、

① 参见《中共中央国务院召开第五次西藏工作座谈会》，《人民日报》2010 年 1 月 23 日。

② ［美］西摩·马丁·李普塞特：《一致与冲突》，张华青等译，上海人民出版社 1995 年版，第 278 页。

③ ［美］加布里埃尔·A. 阿尔蒙德、小 G. 宾厄姆·鲍威尔：《比较政治学：体系、过程和政策》，曹沛霖译，上海译文出版社 1987 年版，第 271 页。

文化和社会事业，实现各民族共同团结奋斗、共同繁荣发展”。《民族区域自治法》是我国处理民族问题的基本法律，也是规定帮助民族地区加快经济社会发展政策的基本法律。该法专章规定了“上级国家机关的职责”，详细地列举了上级国家机关在财政、金融、物资、技术和人才等方面，帮助各民族自治地方加速发展经济、教育、科学技术、文化、卫生、体育等事业的义务。在行政法规方面，具有代表性的是《国务院实施〈中华人民共和国民族区域自治法〉若干规定》。该规定将《民族区域自治法》关于帮助民族地区加快经济社会发展的政策进一步具体化。除此之外，中共中央、国务院还通过有关帮助民族地区加快经济社会发展的专门决定，召开“中央民族工作会议”、“西藏工作座谈会”等方式，来确立改革开放各个阶段民族工作重要的指导性原则与重大的战略，推进帮助民族地区加快经济社会发展政策的实施。帮助民族地区加快经济社会发展的政策，还体现在地方性法规、自治法规（自治条例、单行条例）和国务院部门规章、地方政府规章，以及党和政府的其他重要会议及文件中。这些都充分体现了帮助民族地区加快经济社会发展政策的重要性与权威性。

第二，系统性。帮助民族地区加快经济社会发展的政策，内容丰富，体系完整。从政策内容或政策调节对象来看，这些政策涵盖经济、政治、文化、社会等各个方面。不仅强调帮助民族地区加速经济发展，提高少数民族群众的物质生活水平，而且注重帮助民族地区发展民主政治，加强少数民族干部队伍建设，保障民族自治地方行使自治权；不仅强调帮助民族地区发展文化教育事业，保护和发展民族文化，提高少数民族人口素质，而且注重帮助民族地区发展各项社会事业（包括医疗卫生、社会保障、人口与就业等），保护自然生态环境，促进人与自然、人与社会的全面协调可持续发展。政策不仅涵盖经济社会发展的各个方面，而且对各社会发展领域的帮助也体现出系统性特点。如在帮助经济发展方面，就体现了人财物的全面帮助，从经济发展战略的制定到重点项目与基础设施的建设，从税收优惠到对口支援，从资源开发中的照顾到生态补偿的实施等等，体现了全面帮助民族地区加快经济社会发展的政策宗旨。从政策的层级看，既有《宪法》、《党章》规定的纲领性政策，又有《民族区域自治法》等规定的基本政策，还有国务院及各部委（省、区）的行政法规、地方性法规、自治法规、行政规章等规定的具体政策；既有中央政策，又有地方政策，还有行业性帮助政策。不同层级、不同类型的帮助政策相互衔接、相互补充、相互支持，共同发挥政策效能。从政策的手段看，有财政帮助、金融支持、物资援助、干部支援、科技人力支援、项目援建、对口帮扶，等等。这种种政策的相互配套与支持，极大地提高了帮助民族地区加快经济社会发展政策的实施效益。

第三，举国扶助性。帮助民族地区加快经济社会发展的政策，充分体现了社会主义制度集中力量办大事的优越性。党和国家始终从工作全局的战略高度，认识帮助民族地区加快经济社会发展的重要性和紧迫性，强调举全国之力，帮助少数民族和民族地区实现跨越式发展。这种举国扶助体制的特点，主要体现在三个方面：一是中央集中财力，对民族地区加快经济社会发展提供帮助。据统计，1978 年至 2008 年，中央财政向民族地区的财政转移支付累计达 20889.40 亿元，其中，2008 年为 4253 亿元，占全国转移支付总额的 23.8%。以西藏为例，民主改革 50 年来，中央财政没有从西藏拿走一分钱，中央财政对西藏财政的转移支付力度不断加大。据不完全统计，从实行民主改革的 1959 年到 2008 年，中央给予西藏的财政补助累计达 2019 亿元，年均增长近 12%；西藏在财政支出方面，93% 到 94% 都是中央给的。中央给予新疆的财政补助，从自治区成立的 1955 年到 2008 年，累计 3752.02 亿元，年均增长 11%，2008 年达 685.6 亿元。[①] 二是全国对口支援民族地区加快经济社会发展。从 1979 年开始，中央确定经济相对发达的省市对口支援相对落后的民族省区的方针。以对口支援西藏为例，1994 年以来，国家先后安排 60 多个中央国家机关、全国 18 个省（直辖市）和 17 个中央企业对口支援西藏，截至 2008 年年底，累计投入对口援藏资金达 111.28 亿元，安排 6050 个对口援藏项目[②]，涉及广大农牧民切身利益的住房、看病、上学、交通、饮水、通信等问题得到基本解决，各族人民的生活水平不断提高，城乡面貌发生巨大变化。2009 年，西藏全区国民生产总值达 441.36 亿元，连续 17 年保持两位数增长；

---

① 参见国务院新闻办公室《中国的民族政策与各民族共同繁荣发展》，《人民日报》2009 年 9 月 27 日。

② 同上。

农牧民人均纯收入达到3589元，连续7年保持两位数增长。① 三是国家集中力量给予特困少数民族和民族地区特殊帮扶。在帮助民族地区加快经济社会发展的过程中，国家注意将一般性、普遍性帮助与重点帮助、特殊帮助相结合，实施了“兴边富民行动”、“扶持人口较少民族发展规划”等特殊帮扶政策，促进了特困民族地区加快经济社会发展。如《扶持人口较少民族发展规划（2005—2010年）》的实施，加快了人口较少民族的经济社会发展，使少数民族群众的生活得到明显改善。据统计，2006—2007年，人口较少民族聚居的10个省区共投入扶持资金12.78亿元，安排项目5143个。2007年，在规划扶助的640个村中，通公路的自然村占74.0%、通电的占90.0%、通电话的占79.8%、有安全饮用水的占50.8%，分别比规划实施前提高21.8个、2.8个、41.9个、15.4个百分点；安居房项目的实施，使3934户农牧民告别了简易住房。2007年，640个村绝对贫困人口为14.8万人，比规划实施前减少4.2万人，下降22.1%；640个村农牧民人均纯收入1498元，比规划实施前增加614元，增长69.5%。广西通过帮助京族群众发展边境贸易和海产养殖加工，使京族群众的收入大幅提高。2006年，京族聚居区农民人均纯收入达到3976元，高出广西全区农民人均纯收入水平1176元。②

第四，“输血”与“造血”功能培育的结合性。帮助民族地区加快经济社会发展的政策，将帮助发展与保障实施民族区域自治紧密结合。既强调给予民族地区人财物帮助，解决其特殊困难与问题，也重视加强民族地区基础设施建设，改善民族地区发展环境与发展条件。该政策贯彻帮助的激励原则，注意调动民族地区加快经济社会发展的积极性、主动性，将“输血”与“造血”功能培育结合起来，不断增强受援地区的自我积累、自我发展能力。改革开放以来，国家在民族地区优先安排了一大批重大工程项目，如新疆塔里木油田、广西平果铝厂、青海钾肥工程、内蒙古大型煤电基地等，从而使民族地区形成了若干重要的资源开发和深加工产业基地，初步走出了一条立足资源优势、具有自身特色的工业化道路，形成了

① 参见晓勇《中央关怀备至　西藏民生工程蓝图变现实》，《西藏日报》2010年4月8日。

② 参见国家民族事务委员会经济发展司、国家统计局国民经济综合统计司编《中国民族统计年鉴（2008）》，民族出版社2009年版，第173—174页。

较为完整的现代工业体系，参与市场竞争的能力明显增强。2007 年，民族自治地方规模以上工业总产值达到 19008.6 亿元，是 1998 年的 3.58 倍。①

西部大开发以来，民族地区固定资产投资累计达到 77899 亿元。其中，2008 年达 18453 亿元，比 2000 年增长 5 倍，年均增长 23.7%。建成“西气东输”、“西电东送”等一批重点工程，修建了一批机场、高速公路、水利枢纽等基础设施项目。② 民族地区的交通等基础设施不断改善。据统计，截至 2008 年，民族地区公路总里程达到 85 万公里，是 2005 年的 1.6 倍；高速公路达 9353 公里，是 2005 年的 1.6 倍；铁路营业里程达到 19617 公里，是 2005 年的 1.1 倍③。2007 年，青藏铁路通车，结束了西藏没有铁路的历史，从根本上改变了西藏交通落后的状况。交通等基础条件的改善，使西部民族地区经济更具活力。2005 年至 2008 年，民族地区生产总值从 17428 亿元增加到 30626 亿元，按可比价格计算，增长 47.5%。民族地区 GDP 占全国 GDP 的比重，从 8.8% 上升到 9.4%，人均 GDP 从 9286 元增加到 16057 元。④

帮助民族地区加快经济社会发展政策还要求，要从民族地区资源条件、产业基础和国家战略需要出发，统筹规划，着重培育具有地方特色和比较优势的支撑产业，稳步提升农牧业发展水平。在这方面，各地从民族地区的实际出发，实施了一系列具体的帮扶措施，取得了显著的成效。如 2006 年至今，四川省运用中央和省级财政特殊安排的“四川民族地区发展资金”和“四川支援不发达地区发展资金”（简称民族地区两项资金），累计投入 1.7 亿元用于实施“民族地区增粮增收示范工程”和“农牧业产业化推动工程”，建成了一批带动性强、特色鲜明的农牧业产业化项目。畜牧业方面，大力实施牛羊越冬育肥示范工程和牲畜改良项目。红

---

① 根据国家民族事务委员会经济发展司、国家统计局国民经济综合统计司编：《中国民族统计年鉴（2008）》第 407 页和国家民族事务委员会经济发展司、国家统计局国民经济综合统计司编：《中国民族统计年鉴（1999）》民族出版社 2000 年版，第 441 页的相关数据计算得出。

② 国务院新闻办公室：《中国的民族政策与各民族共同繁荣发展》，《人民日报》2009 年 9 月 27 日。

③ 李惊亚：《我国民族地区高速公路已超过 9000 公里》，《太行日报》2009 年 12 月 19 日。

④ 国务院新闻办公室：《中国的民族政策与各民族共同繁荣发展》，《人民日报》2009 年 9 月 27 日。

原、若尔盖、石渠、色达等藏区纯牧业县的牲畜越冬育肥项目，以联户形式修建牲畜棚圈、草料存储库和优质牧草基地，推动牲畜生产由游牧方式向舍饲半舍饲集约化经营的转变，改变了牧区长期以来靠天养畜，“夏饱、秋肥、冬瘦、春死亡”的局面，项目受益户存栏牲畜春季死亡率降低3%—10%，人均增收400余元。①

第五，制度与组织的保障性。以制度、组织保障政策的贯彻执行，是我国帮助民族地区加快经济社会发展政策的一大特色。在我国，建有一套相互配合的政策保障制度、组织体系。一是人民代表大会制度的保障。人民代表大会制度是我国的根本政治制度。全国人大除了行使立法权（包括民族立法）之外，还通过审议国家发展规划、政府年度财政预算，听取并审议政府工作报告等方式，决定帮助民族地区加快经济社会发展的重大事项，监督帮助政策的执行；人大常委会还不定期组织专门的民族区域自治法执法检查，保障帮助民族地区加快经济社会发展政策的贯彻落实。如2006年7月至9月，全国人大常委会组织检查组对《民族区域自治法》实施情况进行了检查，并就检查情况向全国人大常委会作专题报告。此次检查的重点，就是上级国家机关帮助民族自治地方加快经济社会发展情况。通过检查，看到了成就，指出了问题（如配套资金减免规定落实不到位，财政转移支付力度小、不规范，资源开发补偿规定不落实，生态建设和环境保护补偿不到位，有些部门对民族地区的实际情况考虑不够等），提出了改进的建议。此后，国家民委向国家有关部委发出《关于落实全国人大常委会〈民族区域自治法〉执法检查报告所提问题和建议的函》，各部委就与自身职责相关的问题和建议拿出了改进的方案。全国人大常委会的执法检查，促进了有关问题的解决和帮助民族地区加快经济社会发展政策的落实。二是民族区域自治制度的保障。民族区域自治制度既是我国的基本政治制度之一，也是帮助民族地区加快经济社会发展的重要制度保障。《民族区域自治法》不仅规定了上级国家机关帮助民族地区加快经济社会发展的政策义务，而且规定了民族自治地方与中央的关系，确定了自治机关特殊的发展权利与权力。三是行政制度的保障。在我国行政体制中，设有国家民族事务委员会以及地方各级民族宗教事务委员会

① 周前进：《民族地区两项资金　改善民生成效显著》，《四川日报》2010年4月10日。

（厅）等专门的民族工作机构，具体负责民族工作，处理民族发展事务。在国家民族事务委员会，设有监督检查司，具体负责包括帮助民族地区加快经济社会发展在内的民族政策贯彻执行的监督工作。四是党的组织制度的保障。正如胡锦涛同志在国务院第五次全国民族团结进步表彰大会上的讲话中所指出的："加强党的领导，是推进我国民族团结进步事业的根本保证。"在我国，从中央到地方，各级党委政府，各级领导干部，都负有做好民族工作的职责。能否正确处理民族问题，切实做好民族工作，是衡量党的执政能力和各级党政干部领导水平的重要标志。大力培养和选拔少数民族干部，是党建工作的一项重要内容。长期以来，我们党把加强少数民族干部队伍和人才队伍建设，作为促进各民族繁荣发展、搞好民族地区工作、解决民族问题的关键。截至 2008 年，少数民族干部已达 290 多万人，比 1978 年增长了 3 倍多。[①] 各级党组织通过选送少数民族干部到各级党校和各类院校培训学习，组织少数民族干部到沿海发达地区参观考察，有计划地组织开展干部交流、岗位轮换，选派大批少数民族干部到内地、基层、上级领导机关任职或挂职锻炼，让少数民族干部在实践中增长才干，不断提高干部队伍的素质。这些措施为民族地区培养了一大批党政领导干部和科技、经济管理人才，为落实帮助民族地区加快经济社会发展政策，促进民族地区经济社会又好又快地发展提供了重要的组织保障。

总之，新中国成立以来，我国帮助民族地区加快经济社会发展的政策已经形成体系，体现出鲜明的中国特色，并在实践中不断丰富发展完善。帮助民族地区加快经济社会发展的政策，在实践中取得了巨大的成就，使民族地区的面貌发生了天翻地覆的变化，少数民族的物质文化生活水平显著提高。随着改革开放的深入和综合国力的增强，国家不断加大对民族地区发展帮助支持的力度，促进了民族地区经济社会新的跨越式发展。

（原载《民族研究》2010 年第 4 期）

① 国务院新闻办公室：《中国的民族政策与各民族共同繁荣发展》，《人民日报》2009 年 9 月 27 日。

民族地区财政转移支付的制度安排与实践效果

国家在财政上帮助少数民族地区发展经济社会事业，提高人民生活水平，是有中国特色的社会主义民族政策的重要内容。《中华人民共和国民族区域自治法》第六十二条规定，“随着国民经济的发展和财政收入的增长，上级财政逐步加大对民族自治地方财政转移支付力度。通过一般性财政转移支付、专项财政转移支付、民族优惠政策财政转移支付以及国家确定的其他方式，增加对民族自治地方的资金投入，用于加快民族自治地方经济发展和社会进步，逐步缩小与发达地区的差距”。2005 年 5 月 19 日，国务院常务会议通过的《国务院实施〈中华人民共和国民族区域自治法〉若干规定》，对国家给予民族地区的财政转移支付作了更具体的规定。认真贯彻落实《民族区域自治法》和国务院的有关规定，是各级政府在新世纪新阶段做好民族工作的一项重要任务。

一　现阶段我国民族地区财政转移支付的基本制度安排

我国现行的财政转移支付制度，是从 1994 年分税制财政体制改革后开始实施的。目前，中央对地方（省级）财政转移支付的主要形式有：（1）税收返还。即以分税制改革前的 1993 年为基年期，将中央从地方净上划的收入（消费税的 100% + 增值税的 75% - 中央下划收入）全额返还地方；1994 年以后，税收返还额在 1993 年基数的基础上，按比例递增，递增率按各地增值税和消费税增长率的 1∶0.3 的系数确定。即每增长 1%，中央财政对地方的税收返还在上年基础上增长 0.3%。[①]（2）专项转移支付。是中央政府根据实际情况按项目确定的补助形式，是一种具有特殊用途的专项转移支付，重点用于教育、医疗卫生、社会保障、支农等公共服务领域。其表现形式主要有两种：一种是较为固定的、面上的专项，如基本建设支出、支援农业支出、调整工资转移支付补助、农业税费改革补助、农村义务教育补助等；另一种是因突发事项和特殊需要而拨付的专项，如自然灾害救济支出等。据不完全统计，2005 年中央财政专项转移支付种类有 239 种。（3）一般性转移支付。这是目前转移支付制度中，最能体现财政公共服务均等化政策意图的部分。主要转移对象是中西部地区财政困难的地方政府。其总体目标是扭转地区间财力差距扩大的趋势，逐步实现基本公共服务的均等化。它根据影响财政收支的客观因素，采用规范的公式化方式进行分配。一般性转移支付的计算公式为：某地区一般性转移支付额 =（该地区标准财政支出 - 该地区标准财政收入）×一般性转移支付系数。财政部对标准财政收入、标准财政支出、一般性转移支付系数的计算方法都作了明确的界定。转移支付系数参照当年一般性转移支付总额、各地区标准支出大于标准收入的收支差总额，以及各地财政困难程度等因素确定（转移支付对象财政困难程度主要看该地区人员经费和公用经费占财力比重而定）。凡标准财政收入大于或等于标准财政支出的地区，不纳入转移支付范围。（4）民族地区转移支付。这是专门对民族自治地方的优惠政策性转移支付，是为贯彻《民族区域自治法》，帮助少数民族地区缓解财政困难，行使特殊政府职能，提高公共服务水平而设立的，是民族地区在享受一般性转移支付后额外实施的照顾性转移支付。除以上四种形式之外，中央财政转移支付还包括对部分省、自治区的体制性定额补助、结算补助和其他补助等，但所占比例都不大，且呈下降趋势。在中央转移支付的基础上，省级财政一般依照中央转移支付模式，并根据省级财政情况，再安排一部分资金，结合本地的特点，体现激励机制，对

① 全国人民代表大会常务委员会预算工作委员会调研室：《中外专家论财政转移支付制度》，中国财政经济出版社 2003 年版，第 12 页。

下进行转移支付。

我国的民族自治地方，由于自然和历史的原因，经济发展落后，财政自给能力弱，公共服务水平低。以2005年为例，民族自治地方地方财政总收入为1026.35亿元，而地方财政总支出达3050.44亿元，财政自给率仅为33.65%。[①] 中央财政转移支付，是新形势下缓解民族地区财政困难，保障自治地方政府职能行使，缩小与非民族地区发展差距，提高公共服务水平的重要途径。在现行财政转移支付政策架构中，对民族地区的特殊照顾或政策倾斜主要体现在以下几个方面：

一是保留原体制性补贴和拨款。1994年，国家实施以分税制为主的财政管理体制改革，原有对少数民族地区的补助和专项拨款政策全都保留下来。[②]

二是在一般性转移支付中，对民族地区给予优惠。现行的一般性转移支付资金分配，坚持公平、规范、透明、合理的原则，主要参照按客观因素计算的各地标准财政收入和标准财政支出的差额，并按照转移支付系数确定补助金额，财政越困难的地区，补助越高。在一般性转移支付中，对民族地区的照顾主要体现在两个方面：一是在标准支出中考虑民族地区的特殊支出因素；二是在部分少数民族地区支出成本差异暂时难以量化的情况下，通过提高转移支付系数的方式，增加对少数民族地区的一般性转移支付额。2006年，中央财政安排一般性转移支付1529.85亿元，其中民族省区获得459亿元，占总额的30%。

三是实行特殊的“民族地区转移支付”。为配合西部大开发战略的实施，支持民族地区发展，国务院决定，从2000年起实施“民族地区转移支付”制度，转移支付范围包括民族省区和民族自治州。民族地区转移支付的资金来源，主要包括当年民族地区增值税环比增量的80%，以及中央财政另外安排的资金。为了贯彻《民族区域自治法》的有关精神，2006年中央财政又将民族自治县纳入了“民族地区转移支付”的范围。

---

① 国家民族事务委员会经济发展司、国家统计局国民经济综合统计司编：《中国民族统计年鉴2006》，民族出版社2007年版，第300页。

② 国务院新闻办公室：《中国的民族区域自治》，《人民日报》2005年3月1日。

当年，中央财政合计安排民族地区转移支付155.63亿元①，非民族自治区、自治州的民族自治县获得5.98亿元。

四是在专项转移支付方面，体现对少数民族地区的倾斜。在现行财政转移支付体系中，专项转移支付占有较大的比例。通过专项经费对民族地区的经济社会发展提供支持和帮助，是国家的大政策之一。国家把贫困人口集中的中西部少数民族地区、革命老区、边疆地区和特困地区作为扶贫开发的重点，中央财政扶贫资金的分配向这些地区倾斜。2001—2006年，中央财政补助地方扶贫资金667.5亿元，分配给东、中、西部的比例分别为2.1%、35.5%、62.4%。同时，为了加强对少数民族扶贫工作的支持力度，中央财政还设立了少数民族发展专项资金，主要用于支持少数民族地区改善生产生活条件和发展生产。据统计，2001—2006年，中央财政补助地方少数民族发展专项资金达26.9亿元。为了支持草原生态保护与建设，2003年国家启动了西部地区天然草原退牧还草工程，新疆、西藏、宁夏、内蒙古四个民族自治区都属于工程实施范围。国家对退牧还草农牧户的草场围栏建设和饲料粮给予补助。同时，中央财政还设立了飞播牧草、草原灭鼠、蝗虫防治、草原防火隔离带建设等方面的专项资金，对民族地区的草原生态建设给予大力支持。国家还将民族地区纳入天保工程、退耕还林工程等林业重点工程的实施范围，对民族地区重点公益林管护安排了中央财政森林生态效益补偿基金。在基础教育、农村税费改革、取消农业税和农业特产税、交通电信等基础设施建设方面，中央财政专项都给予了重点保证与支持。

二　财政转移支付对民族地区发展所产生的效果

财政转移支付制度实施十多年来，对提升民族地区的公共服务水平和促进民族地区的经济社会发展产生了重要的积极影响。

① 金人庆：《在第十届全国人民代表大会常务委员会第二十八次会议上关于规范财政转移支付情况的报告》，人民网，2007年6月27日。

1. 增强了民族自治地方的财力，在较大程度上弥补了财政收支缺口

实行转移支付以来民族自治地方财政收支情况见下表[1]：

1994—2005年民族自治地方财政收支情况 （单位：亿元）

	收入			支出			
年份	合计	五个自治区	自治州、县	合计	五个自治区	自治州、县	收支差额
1994	201.49	139.97	61.52	516.96	338.52	178.44	-315.47
2000	475.54	347.35	128.19	1172.90	817.34	355.56	-697.36
2005	1026.35	800.56	225.79	3050.44	2158.08	892.36	-2024.08

注：表列“自治州、县”系指除五个自治区以外各省所属的民族自治州、自治县。

从上表可以看出，1994—2005年，民族自治地方的财政收支差额由315.47亿元增加到2024.08亿元；民族自治地方地方财政收入占财政支出的比重大幅降低，由38.98%下降为33.65%。民族自治地方财政的收支差额，主要由中央财政转移支付弥补。由此可见，中央财政转移支付对于弥补民族自治地方的财政收支缺口起了决定性的作用，是保证民族自治地方平衡财政收支的基本途径。据前财政部长金人庆报告，1994—2006年，中央对地方财政转移支付占地方财政支出总额的比重，从11.4%提高到30%。其中，中部地区由14.7%提高到47.2%；西部地区（主要是少数民族地区）由12.3%提高到52.5%。[2]

以广西壮族自治区为例。2005年，广西地方财政支出达611.48亿元，而地方一般预算收入仅283.04亿元。当年，中央财政转移支付总额为356.76亿元（其中财力性转移支付165.61亿元，专项转移支付97.45亿元），占到广西地方年度财政支出总额的58.34%。1994—2005年，中央财政对广西的转移支付资金总额达1889.99亿元，年均递增16.71%。可以毫不夸张地说，没有中央财政转移支付的支持，民族自治地方仅靠自

① 国家民族事务委员会经济发展司、国家统计局国民经济综合统计司编：《中国民族统计年鉴2006》，民族出版社2007年版，第300页。

② 金人庆：《在第十届全国人民代表大会常务委员会第二十八次会议上关于规范财政转移支付情况的报告》，人民网，2007年6月27日。

有财力，保吃饭、保运转都是困难的，遑论发展。①

2. 促进了民族地区的社会事业发展，提升了自治地方政府的公共服务水平

发展公共事业，提升公共服务水平，造福少数民族群众，是民族自治地方各级政府的重要职责。过去由于地方财力的限制，严重制约了这方面工作的开展。实行财政转移支付以来，中央政府给予民族地区优惠倾斜政策，加大了对民族自治地方公共服务事业的财政转移支付的力度，有效地帮助自治地方政府改善了公共服务的状况。

2005 年，民族自治地方全社会固定资产投资完成 8357.69 亿元人民币，比 1994 年增加了 6.57 倍；基本建设投资完成 2837 亿元人民币，比 1994 年增加了 3.2 倍。2005 年，民族自治地方铁路营运里程达 1.76 万公里；公路通车里程 62.14 万公里，比 1994 年增加了 2 倍。“十五”期间，在民族聚居的五个自治区及云南、贵州、四川、青海 4 省农村公路建设中，中央财政投资占全国资金总量的 43%。到 2005 年年底，民族地区乡镇通公路比重已达 99.7%，建制村通公路比重达 89.1%。2006 年，中央财政用于上述 9 省区农村公路建设的车辆购置税财政转移支付资金就达 72 亿元。通过财政转移支付，实施农村电网改造，使民族自治地方的大多数乡镇和行政村通了电；2000—2005 年，解决了五个自治区 1200 多万人的饮水问题；通过支持通信基础设施建设，使民族地区的通信条件普遍得到改善。到 2005 年年底，民族自治地方固定电话用户达 3062 万户，移动电话达 3535 万户。

在中央财政的支持帮助下，民族自治地方人民生活水平大幅提高。2000 年，民族自治地方城镇居民家庭人均可支配收入为 5314.63 元，到 2005 年，提高到 8441 元；同期，民族自治地方农村居民家庭人均纯收入由 1626.44 元提高到 2287 元。在人民生活普遍改善的同时，民族地区社会保障得到加强：2000 年，民族自治地方城镇低保人数 61.45 万人，保障资金 4.23 亿元；乡村低保人数 48.88 万人，保障资金 1.15 亿万元。到 2005 年，城镇低保人数达 898.75 万人，保障资金增加到 19.06 亿元，乡村低保人数扩大到 94.76 万人，保障资金达 25.19 亿元。“十五”期间，民族地区农村贫困人口从 2000 年年底的 1687 万人，减少到 2005 年的 1170 万人，贫困发

---

① 广西壮族自治区统计局：《广西统计年鉴 2006》，中国统计出版社 2006 年版，第 155 页。

生率由10.8%下降为6.9%，减少3.9个百分点。

2000年，民族自治地方教育经费支出240.43亿元，2005年，增加到734.84亿元，增长3.1倍，年均增长41.13%。[①] 按照中央的统一部署，“十五”期间，民族地区相继实施了国家贫困地区义务教育工程、农村中小学危房改造工程、农村寄宿制学校建设工程等，使基础教育条件大大改善。2005年，中央和地方投入巨资实行“两免一补”（免学费、杂费，对贫困的寄宿制学生给予生活补助）政策，使包括民族地区在内的中西部农村的3400多万中小学生受益。2000年以来，国家对内蒙古、新疆、广西、宁夏、西藏5个自治区投入卫生专项资金数十亿元人民币，主要用于公共卫生体系建设、农村卫生基础设施建设、专科医院建设、农村合作医疗、重大疾病控制等方面，提高了少数民族地区人民群众的医疗保障水平。[②]

3. 保障了中央一系列重大政策在民族地区的贯彻实施，保证了民族地区的和谐稳定

民族地区的社会稳定，是关系国家安全稳定的重大问题。进入21世纪以来，党和国家为了改善民生，促进社会发展与和谐，相继推出了一系列重大的社会改革措施，如农村税费改革、取消农业税和特产税、实行农村义务教育经费保障机制改革、免除义务教育阶段学生的学杂费和书本费、调整收入分配政策，大幅度提高公务人员和离退休人员的工资和离退休金、推行社会保障制度改革，扩大城乡低保人群范围，提高低保水平等等。这些举措，对于缓解社会矛盾，改善民族关系，使少数民族干部群众共享发展的成果，增强民族的凝聚力，构建和谐社会具有重大意义。在这一系列改革中，中央财政考虑民族自治地方的财政困难和特殊情况，给予了大力的支持与帮助。以调资和实施艰苦边远地区津贴为例，1999年以来，国家先后五次出台增加机关事业单位职工工资和离退休人员离退休费的政策。为了帮助民族地区解决增资困难，在前两次调资中，中央财政将民族省区转移支付系数增加了5个百分点；在后三次调资中，中央财政对民族省区实行100%的补助。从2001年起，

① 国家民族事务委员会经济发展司、国家统计局国民经济综合统计司编：《中国民族统计年鉴2006》，民族出版社2007年版，第29、483页。

② 国务院新闻办公室：《中国的民族区域自治》，《人民日报》2005年3月1日。

国家建立艰苦边远地区津贴制度，由此增加的支出全部由中央财政负担，享受此项补助的主要是西部民族省区。2006 年，中央财政安排民族地区调资转移支付 421.3 亿元，艰苦边远地区津贴 72.44 亿元。对于因改革造成的民族自治地方的财政减收和增支，中央财政给予了较高比例的财力补助，增加了专项转移支付，这对于民族地区落实中央有关政策起了至关重要的作用。

三　完善民族地区财政转移支付制度需要解决的几个问题

1. 加大一般性财政转移支付力度，促进民族地区政府公共服务能力的均等化

税收返还，具有转移支付的形式，但实质上是一种地方分享收入。它采用的是“基数”和“增长率”的分配方法，基本上不具有均衡化的功能。虽然随着专项转移支付、一般性转移支付总量的增加，税收返还在整个转移支付中所占的比重较 20 世纪 90 年代有所下降，但仍占有较大的比例。2006 年，中央转移支付总额达 13073.77 亿元。其中，对地方的税收返还 3930.22 亿元，占到总额的 30.06%；安排其他各类转移支付 9143.55 亿元，其中一般性转移支付 1529.85 亿元，仅占 11.70%。[①] 由于经济基础差，增量少，民族地区所获得的税收返还是很少的，这一部分主要为东部发达地区所享有。而一般性转移支付不仅额度小，而且面向整个中西部地区，转移支付的面很大，因此其在增强民族地区的财力方面虽然起了重要的作用，但在实现财力均等化方面的作用并不明显。

我们在广西调查所获得的数据证明了这一点。1994—2005 年，中央财政对广西的转移支付总额为 1889.99 亿元，其中一般性转移支付 158.06 亿元，占 8.36%。2005 年，中央对广西转移支付总额为 356.76 亿元，而一般性转移支付仅为 61.75 亿元，只占约 17.31%。从统计数据我

① 金人庆：《在第十届全国人民代表大会常务委员会第二十八次会议上关于规范财政转移支付情况的报告》，人民网，2007 年 6 月 27 日。

们可以发现，一方面，一般性转移支付的增长幅度大大高于整个转移支付的增长幅度，财政转移支付的天平正在向政府公共服务能力均等化方向倾斜；另一方面，这种以服务能力均等化为导向的，以因素法为标准的一般性转移支付在整个财政转移支付制度设计中还处于从属地位，所占的比例还较小。

民族地区由于自然地理、历史等方面的原因，经济发展的基础差，过去国家投入少，经济社会发展先天不足，发展的现实制约因素多。现行的转移支付政策制度设计，注重了地方政府对中央税收收入的贡献度，按分税制之前的额定基数，实行按比例税收返还，即上缴的多，返还的就多，转移支付的就多。改革开放以来，国家在经济发展战略上向东部沿海地区倾斜，使得西部地区与东部沿海地区的发展差距越拉越大。平衡地区间财力差异，推进基本公共服务均等化，是财政转移支付制度的重要目标。但目前这个目标还远没有实现，欠发达地区财力不足问题仍然十分突出。数据显示，以人均财力衡量，2006 年中西部地区和东部地区的差距反而比 1994 年加大。[①] 仍以广西为例，1996 年，该区按总人口计算的人均财力相当于全国平均水平的 73.8%，按财政供养人口计算的人均财力相当于全国平均水平的 82.6%，而到 2005 年，这两项指标分别下降为 68.8% 和 68.6%。事实说明，为进一步增强民族地区的发展能力，推进民族自治地方政府公共服务能力的均等化，有必要加大一般性转移支付的力度，增加“因素法”在转移支付测算中所占的比重，使转移支付进一步向西部地区、民族地区倾斜，更好地发挥其在平衡政府财力，实现政府公共服务职能均等化方面的作用。

2. 进一步加大“民族地区转移支付”力度

在现行的转移支付制度中，最能体现对民族地区财政支持的，应该是专门针对少数民族地区的“民族地区转移支付”。正如全国人大常委会预算工作委员会的刘英同志所说：“由于我国民族地区多分布在西部边远地带，财政支出成本高，人均财政收入水平低，财力对财政收入的增长弹性较差，统一实行客观因素转移支付，难以体现中央对民族地区的倾斜政

① 《十届全国人大常委会第二十八次会议审议规范财政转移支付情况报告的意见建议》，中国人大网，2007 - 07 - 31。

策，所以中央财政在客观因素转移支付之外，又增加了对少数民族省区和非少数民族省区的少数民族自治州的政策性转移支付。这种转移支付带有一定的优惠性和照顾性。”① 但是，这一有特色的制度设计在实施过程中，却显得力度不够，实效不明显。2006 年，中央财政共安排资金 155.63 亿元，占当年转移支付总额的 1.19%。以广西为例，2000—2006 年，以“民族地区转移支付”为名目的转移支付总额为 67.40 亿元，其中 2000 年为 2.92 亿元，2006 年为 18.18 亿元。分别占当年转移支付总额的 4.74% 和 5.33%。有限的经费通过自治区政府分解后再向下对数十个市县转移支付，落实到基层的就很少了。目前，中央财政在确定民族地区转移支付时，是将各民族地区增值税环比增量的 80% 的一半直接留给民族地区，另一半连同中央财政安排的资金按因素法分配。这种按增量比例留存的办法具有较浓厚的税收返还色彩。由于大多数民族自治地方经济基础差，税源紧张，增值税增量十分有限，这在很大程度上限制了本项转移支付的总额。顾名思义，民族地区转移支付是专门应用于解决民族地区特殊事务，支持自治地方政府承担特殊事权，帮助民族地区发展经济社会事业的，应当按照各民族地区的总人口、财政困难程度以及民族地区民族事务等因素进行测算，加大转移支付的力度，更好地发挥本项转移支付在民族地区发展中的作用。值得指出的是，由于本项转移支付额度小，用途规定不明确，民族自治地方一般纳入地方财政捆绑使用，未能体现其特殊的功能。在调查中，一些民族地区的同志建议，将民族地区每年的增值税增量全部留归民族地区使用，以增强民族地区的造血功能，更好地调动民族地区的财税努力的积极性和创造性。笔者认为，这一建议值得重视。近年来，中央对西部和民族地区的支持，一个重要的方面是通过优惠的税收政策来体现的。而税收优惠政策中主要是减免地方税收，结果是减少了地方的财力，其成本完全由地方承担。对于这些特殊的税收减免，中央没有给予相应的财力补助。这显然是与支持民族地区发展的制度设计相悖的。中央财政应将税收减免造成的民族地区财力受损部分全额纳入转移支付的范围，以体现和落实对民族地区发展的支持。

---

① 全国人民代表大会常务委员会预算工作委员会调研室：《中外专家论财政转移支付制度》，中国财政经济出版社 2003 年版，第 28 页。

3. 减少或取消转移支付中的经费配套要求，切实减轻民族地区的负担

在具体实践中，国家有关职能部门在向下转移支付时，特别是在一些专项的转移支付时，往往附带了经费配套的要求，给地方政府，特别是民族地区的地方政府施加了很大的压力，增加了很大的负担。据对湖北省恩施土家族苗族自治州某县的调查，2007 年上级安排的专项资金约 7174.10 万元，要求本级财政配套资金需 4304.05 万元。甘肃省东乡族自治县反映，国家实施的农村低保工作启动，国家每人每年保障标准是 180 元，其中县财政需配套每人每年 45 元，为此县财政每年需配套农村低保资金 370 多万元，占到县级财政收入的 42%，由于配套资金难以落实，致使农村低保工作无法顺利启动实施。在调查中，我们了解到，每一笔专项资金的配套要求都有国家和省、州政府或其职能部门的文件依据，都有相关的处罚措施。配套不到位，不仅影响专项资金的拨付、到位，影响项目建设的顺利进行，而且关系到后续项目的争取和立项。毋庸置疑，上级政府对专项资金的配套要求，出发点是好的，但是，民族自治地方的自有财力却难以承受配套之重。配套要求产生的直接后果主要有三个方面：一是使民族自治地方政府的本级财政安排更加困难，使本级预算受到更大限制。在现行体制下，地方政府有限的财力除了提供必要的公共服务和保证政府运行之外，还必须在发展上有所作为，争取通过发展改善本级财政，更好地提供公共服务。如果满足配套要求，就只能搁置对其他建设和发展的投入。二是导致弄虚作假和拖欠现象。为满足上级的配套要求，实行先配套后抽离或虚报配套的事情时有发生。在利益博弈的过程中，这类事情的发生也在情理之中。但是，这种弄虚作假的做法，对于政风和社会风气的影响是十分不利的。一些地方因资金不到位，造成拖欠施工单位的工程款和农民工工资的现象，使地方政府的债务增加。三是影响项目的落实。由于配套资金不到位，往往形成半拉子工程，或降低工程项目标准，使工程质量难以保证，项目目标难以达到。《民族区域自治法》第 56 条规定："国家在民族自治地方安排基础设施建设，需要民族自治地方配套资金的，根据不同情况给予减少或者免除配套资金的照顾。"因此，我们建议，国家和省级政府要对转移支付中的经费配套文件进行清理；在转移支付中，要根据民族地区的实际，减少配套经费的种类、额度要求，由国家免除或帮

助解决地方配套资金。要适当增加转移支付的额度，切实减轻民族地区的负担，以激励和其他制度性安排，保证专项资金的规范使用和专项事宜达到预设目标。

4. 将民族自治地方承担的特殊事权，作为转移支付的重要因素予以考虑

民族自治地方大多地处边疆或边远地区，战略地位重要，但山高坡陡，地广人稀，自然气候恶劣，交通不便，民族宗教关系复杂。自治地方政府承担了许多非民族地区同级政府所没有承担的事权，如进行民族宗教政策宣传教育，调处民族利益关系，解决民族、宗教纠纷，打击敌对势力的分裂破坏活动等，行政成本明显高于非民族地区和内地平原地区。其在机构设置和人员配备上也要高于非民族地区。但是，在现行的财政转移支付制度设计中，财政供养人数是影响一个地区转移支付额度的重要指标。国家在测算核定民族地区标准财政供养人数时，应充分考虑民族地区、边境地区的实际，适当调增民族地区的标准财政供养人数。要充分考虑民族地区各级政府所承担的特殊事权和较高的行政成本，增加财政转移支付的额度，以满足民族地区经济社会发展的需要，保证政府基本公共服务职能的实现，维护民族地区和边疆的稳定。

在最近的工资改革中，中央通过调整工资转移支付，保证了工改大政策在民族地区的落实。但是，公务员的津补贴这一部分，主要由地方财政兑现。由于民族地区财政困难，结果导致民族地区与非民族地区、民族地区基层公务员与省地级机关公务员的津贴标准差距增大，使一部分民族地区基层公务员心理失衡。民族地区条件艰苦，工作难度大，但津补贴却少许多，这一问题是民族地区公务人员反映比较大的问题之一，须引起高度重视。建议中央财政增加这方面的转移支付，以化解矛盾。

5. 加大对民族地区生态环境保护的财政转移支付力度

民族地区属于后发展地区，相对而言，工业发展滞后。在现代化进程中，避免走环境资源破坏的道路，加强环境资源的保护是紧迫的任务。这不仅是民族地区可持续发展的需要，而且是整个国家可持续发展的需要。而要做到这一点，就需要国家给予特殊的政策支持。民族地区要对资源破坏型老企业进行技术改造，要关停严重污染企业，要退耕还林还草，要封山育林，要发展绿色产业等，都需要资金的扶持，需要多方面的帮助。退

耕还林还草政策的实施，不仅对民族地区的生态恢复和产业结构调整有积极作用，而且对全国生态保护具有十分重要的影响。但是值得注意的是，在中央的财政转移支付中，对民族地区在自然生态环境保护方面的支持力度不够。我们在调查中了解到，广西壮族自治区的融水苗族自治县是国家扶贫重点县之一，是典型的“九山半水半分田”的少数民族山区县，有丰富的森林资源，是林业大县。按照国家的统一规划，全县划作生态公益林的面积达12万公顷，占林地面积的32.69%，为国家生态平衡、环境保护等作出了贡献。但是，实施生态公益林政策后，对该县的林区财政收支、林业经济、林农收入等产生了较大的影响。过去，来自林业的税收占财政总收入的40%—50%。实行禁伐政策以后，来自林业的各项税收占财政总收入的比重逐年下降，来自林业的财政收入逐年减少，现在所占比重约20%。原来林区的林农80%的经济收入来自木材，平均每亩林地提供的纯收入在40元左右，实行禁伐政策，各级政府只有中央财政给林农每亩补贴3.5元的管护费，补贴的数额与林农原来的每亩收益相差太大。林农为了生存，不惜以身试法，林区乱砍滥伐案件逐年上升。① 我们在鄂西调研时，当地同志也有类似的反映。为保护自然生态环境，这些地方不能砍伐森林，不能上破坏环境的工业项目。在这种情况下，需要国家加大生态保护转移支付力度，有效补偿当地群众的利益，鼓励和帮助他们做好生态环境保护工作，发展绿色产业，进一步提高生活水平。

［原载《中南民族大学学报》（人文社会科学版）2007年第6期］

① 陈刚、韦明山、刘家凯：《融水县经济发展战略研究》，广西人民出版社2006年版，第86页。

民族地区财政转移支付的均衡效应[①]

财政转移支付制度作为协调政府间财政分配关系的基本手段，其目的是实现各地区社会公共服务水平的基本一致，使各级政府有财力保证为本地居民提供均等化的公共服务。国家社科基金重点项目《民族地区财政转移支付的绩效评价与制度创新研究》课题组，深入调研了广西等民族地区财政转移支付的规模、结构及其变化，收集了相关数据，并与全国各省市区进行了横向和纵向的对比分析，对民族地区财政转移支付的实施效果进行了初步研究。

一　民族地区财政转移支付现状

为了方便进行研究，我们以各地区在获取转移支付前后的人均财力对比，来反映转移支付财政均等化效果；将各地区的地方人均财政收入视为各地区接受转移支付前的财力水平，将各地区地方人均财政支出视为各地区接受转移支付后的财力水平。[②] 5 个民族自治区和 3 个多民族省（贵州、青海、云南）是我国民族地区的典型代表，参照一些学者的定义，将其

① 本文与成艾华、李俊杰合作。

② 曹俊文、罗良清：《转移支付的财政均等化效果实证分析》，《统计研究》2006 年第 1 期。

作为我们的研究对象。[①] 通过民族8省区地方人均财政收支的变化，并与全国31个省市区进行对比，来反映民族地区财政转移支付的一般特征。

（一）民族地区地方人均财政收支状况分析

2005年，我国31个省市区人均地方财政收入为1154.99元，但各地区分布不均衡，差别较大。人均地方财政收入排名前8位的分别为上海、北京、天津、浙江、广东、江苏、辽宁和福建，都为东部发达省市，人均地方财政收入达到2411.40元，高出31个省市区平均水平1256.41元；排名后8位的分别为西藏、甘肃、贵州、安徽、河南、四川、江西和广西（从低到高排列），都为中西部地区，人均地方财政收入只有550.25元，低于31个省市区平均水平604.74元，其中最低的西藏地方财政收入仅为436.66元，而最高的上海高达8053.41元，是西藏地方人均财政收入的18.44倍。

民族地区8省区地方人均财政收入排名最前的为内蒙古，排名第10位，位于全国平均水平之上；其次为新疆，排名第12位，以下依次分别为宁夏、云南、青海、广西、贵州和西藏，分别排名全国31个省市区的第16位、第20位、第22位、第24位、第29位和第31位，都位于全国平均水平之下。

从人均地方财政支出看，2005年，全国31个省（市区）人均地方财政支出为1951.93元，地方财政支出排名前8位的分别是上海、北京、西藏、天津、青海、内蒙古、辽宁和宁夏，其中民族地区占到4位，人均地方财政支出达到3076.59元，高出31个省市区平均水平1124.66元；排名后8位的分别为安徽、河南、四川、广西、江西、湖北、湖南和贵州，其中民族地区占到2位，人均地方财政支出只有1303.00元，低于31个省市区平均水平648.83元。从民族地区8省区转移支付后的地方人均财政支出看，排名最前的为西藏，排名第3位，其后为青海、内蒙古、宁夏

① 参见郑长德《论西部民族地区人力资源的开发与人力资本的形成》，《人口与经济》2001年第3期。下文如果没有特别的交代，都把民族地区的范围界定为5个民族自治区和3个多民族省。

和新疆，分别排名第5位、第6位、第8位和第11位，都位于全国平均水平之上；以下依次分别为云南、贵州和广西，分别排名全国31个省市区的第17位、第24位和第28位，都位于全国平均水平之下。

比较地方人均财政收入和财政支出的差距，可以看出，经过中央财政转移支付，地区间财政均衡效应已得到了较大程度的提高，特别是对民族地区财力水平有了较大的提高，这说明财政转移支付在均衡民族地区地方财力方面发挥了较好的作用。

（二）民族地区人均财政收支差额分析

分析2005年人均地方财政收支的差额，中央对地方财政转移支付人均达到796.94元。其中人均财政转移支付排名前5位的都为民族地区，分别是西藏、青海、宁夏、新疆和内蒙古，人均财政转移支付数额分别为6294.74元、2512.57元、1900.85元、1705.01元和1695.69元。云南、贵州和广西，分别为1023.48元、886.12元和687.90元，排名在第12位、第17位和第20位。除广西人均地方财政收支差额位于全国平均水平之下外，其他7个民族省区都在全国平均水平之上。人均地方财政收支差额排名后5位的分别为浙江、山东、福建、江苏和广东（从低到高排列），都为东部发达地区，人均财政转移支付数额分别为413.67元、426.64元、455.49元、470.51元和550.77元。可以看出，中央财政通过集中财力，统筹分配，对缓解落后地区尤其是民族地区地方财政困难收到了较好的效果。

二　民族地区转移支付的均衡效应分析

转移支付对民族地区的均衡效应，可以分别从其横向效应和纵向效应进行分析。

（一）民族地区转移支付的横向效应分析

从2005年民族地区地方财政收入占比看（见表1），民族地区由于地方经济发展较为落后，税源不足，地方财政收入普遍较低，最高的云南才达到31个省市区地方财政收入的2.10%，最低的西藏仅为0.08%。2005年，民族地区地方财政收入合计1329.54亿元，占比8.93%，与民族地区人口占比14.59%相比，差距较大。

从2005年民族地区转移支付后的地方财政支出占比看（见表1），通过转移支付制度体系，国家不断加大对民族地区的财力性转移支付补助，帮助缓解财政困难的民族地区财政运行中的突出矛盾，保障机关单位干部职工工资的正常足额发放和政权机构正常运转、社会事业正常发展等最基本的公共支出需要，从而达到了均衡和缩小民族地区与全国的财力差异。2005年，民族地区最高的云南达到了31个省市区地方财政支出的3.05%，最低的宁夏也达到了0.64%。民族地区地方财政支出占比都要高于财政收入占比，其中提升幅度最大的为西藏，从0.08%提高到0.74%，增长了825%，最低的是广西，从1.90%提高到2.43%，增长了27.89%。民族地区地方财政支出合计3614.87亿元，占比14.37%，与民族地区人口占比14.59%相比，大致相当。

表1　　2005年民族地区地方财政收入与支出占全国比重

地区	财政收入（亿元）	占地方财政收入比重（%）	财政支出（亿元）	占地方财政支出比重（%）
内蒙古	277.46	1.86	681.88	2.71
广西	283.04	1.90	611.48	2.43
贵州	182.5	1.23	520.73	2.07
云南	312.65	2.10	766.31	3.05
西藏	12.03	0.08	185.45	0.74
青海	33.82	0.23	169.75	0.67
宁夏	47.72	0.32	160.25	0.64
新疆	180.32	1.21	519.02	2.06
合计	1329.54	8.93	3614.87	14.37

注：本表财政收支为地方本级收支。后表同。

资料来源：根据中国财政杂志社编辑出版的《中国财政统计年鉴2006》第321页数据整理。

从人均指标看，分别取2005年人均财政收入排名前8位、后8位及民族地区8省区进行计算，分析比较财政转移支付的均衡效应，进一步说明国家对民族地区财政转移支付的倾斜程度（见表2）。

表2　　2005年财政转移支付均衡效应分析表

31省市区	人均财政收入（元）	平均值的百分比（%）	人均财政支出（元）	平均值的百分比（%）
人均财政收入前8位	2411.40	208.78	3076.59	157.62
人均财政收入后8位	550.25	47.64	1303.00	66.75
民族地区8省区	707.05	61.22	1922.40	98.49
31省市区加权平均值	1154.99	100.00	1951.93	100.00

注：1. 本表财政收支为地方本级收支。

2. 平均值根据31个省市区人口加权平均。人口数量根据当年财政收支/人均财政收支所得。

资料来源：根据中国财政杂志社编辑出版的《中国财政统计年鉴2006》第321页数据整理。

从表2可以看出，转移支付前，全国地方人均财政收入为1154.99元；转移支付后地方人均财政支出为1951.93元。其中前8位的东部地区发达省市人均地方财政收入达到2411.40元，是全国加权平均值的208.78%；转移支付后的地方人均财政支出为3076.59元，是全国加权平均值的157.62%，下降了51.16个百分点。

2005年，人均地方财政收入后8位的省市区为550.25元，仅为全国加权平均值的47.64%；转移支付后的地方人均财政支出为1303.00元，是全国加权平均值的66.75%，上升了19.11个百分点。

而2005年民族地区8省区，转移支付前的地方人均财政收入为707.05元，为全国加权平均值的61.22%；转移支付后的地方人均财政支出为1922.40元，是全国加权平均值的98.49%，基本与全国平均水平相当，上升了37.27个百分点。这也充分表明国家对民族地区财政转移支付的倾斜程度有所加强。

（二）民族地区转移支付的纵向效应分析

为了分析民族地区财政转移支付的纵向效应，取1995年至2005年地方财政收入占比与地方财政支出占比两个指标予以说明。

2000年西部大开发前的5年间，民族地区地方财政收入占比维持在10%以上不变，但大致呈现下降的趋势，而地方财政支出基本上都处在15%以下，支出与收入占比之差在5%以下，最低的1998年地方财政支出与收入占比之差为3.83%，可以看出，国家对民族地区的财政转移支付虽起到了一定作用，但总体来看，支持力度还很不够。

从2000年西部大开发后，国家对民族地区财政转移支付的力度明显加强。一方面，民族地区8省区地方财政收入占比急剧下降，由2000年的占比9.83%迅速下降到2001年的9.20%，到2005年，民族地区地方财政收入占比仅为8.93%。另一方面，民族地区地方财政支出占比与西部大开发之前相比明显上升，由2000年的地方财政支出占比14.36%上升到2001年的15.27%，到2002年地方财政支出占比更是上升到15.64%，达到最高，超过了民族地区人口占比的14.59%。[①] 2003年又有所下降，为14.82%，到2005年下降到14.37%。

三　民族地区财政转移支付中存在的问题

通过前面的分析可以看出，国家对民族地区财政转移支付有所倾斜，对缓解民族地区财政困难，保障民族地区社会事业的正常发展，均衡和缩小民族地区与全国的财力差异等起到了重要的作用。但同时也看到，在构建和谐社会和全面建设小康社会的进程中，民族地区财政转移支付制度还存在一些问题。

---

① 人口占比按2005年数据计算，各省市区人口数量根据当年财政收入/人均财政收入所得。

(一) 民族地区财政转移支付内部差异明显

民族地区财政转移支付的内部差异表现最为典型的是西南民族地区和西北民族地区的差异（见表3）①。从横向看，2005年西北民族地区人口占比为4.49%，地方财政支出占比为6.82%，而西南民族地区人口占总人口比重为10.11%，地方财政支出占比仅为7.55%。从纵向看，1995—2005年，西南民族地区地方财政收入占比呈现逐年下降的趋势，从1995年的7.25%下降到2005年的5.23%，地方财政支出也呈现出逐年下降的趋势，由1995年的9.55%下降到2005年的7.55%；而西北民族地区地方财政收支占比都呈现出上升的趋势，其中地方财政收入占比由1995年的3.41%上升到2005年的3.70%，地方财政支出占比由1995年的5.91%上升到2005年的6.82%，2002年最高达到7.37%。

表3　西南民族地区与西北民族地区财政收支占比分布表　（单位：%）

年份	西南民族地区		西北民族地区	
	地方财政收入占比	地方财政支出占比	地方财政收入占比	地方财政支出占比
1995	7.25	9.55	3.41	5.91
1996	7.21	9.11	3.48	5.88
1997	7.17	9.08	3.48	5.71
1998	7.09	8.59	3.56	5.88
1999	6.80	8.61	3.49	5.83
2000	6.45	8.36	3.39	6.00
2001	6.02	8.55	3.18	6.72
2002	5.89	8.27	3.34	7.37
2003	5.66	7.91	3.34	6.90
2004	5.56	7.72	3.65	6.70
2005	5.23	7.55	3.70	6.82

资料来源：根据1996—2006年各年财政统计年鉴收集整理。

① 西南民族地区指云南、贵州和广西，西北民族地区指西藏、新疆、宁夏、内蒙古和青海。

（二）部分民族省区与全国财力水平差距不断拉大

从2005年民族地区8省区与全国地方人均财政收支水平的比较看（见表4），全国地方人均财政收入加权平均值为1154.99元，民族地区8省区为707.05元，相当于全国平均水平的61.22%。其中地方人均财政收入最高的为内蒙古，2005年为1163.35元，排名第10位，略高于全国31个省市区平均水平，其他的省区都在全国平均水平之下，依次为新疆、宁夏、云南、青海、广西、贵州和西藏，分别排名为第12位、第16位、第20位、第22位、第24位、第29位和第31位。西藏排名全国最后，2005年人均财政收入为436.66元，相当于31个省市区平均水平的37.81%。

表4　　2005年民族地区地方人均财政收支分布表

地区	人均财政收入（元）	按人平均排序	人均财政支出（元）	按人平均排序
内蒙古	1163.35	10	2859.04	6
广西	592.82	24	1280.72	28
贵州	478.12	29	1364.24	24
云南	705.36	20	1728.84	17
西藏	436.66	31	6731.40	3
青海	625.14	22	3137.71	5
宁夏	806.08	16	2706.93	8
新疆	907.73	12	2612.74	11
民族8省区平均值	707.05	/	1922.40	/
31省市区加权平均值	1154.99	/	1951.93	/

注：1. 本表财政收支为地方本级收支。

2. 平均值根据31个省市区人口加权平均。人口数量根据当年财政收支/人均财政收支所得。

资料来源：根据中国财政杂志社编辑出版的《中国财政统计年鉴2006》第321页数据整理。

从2005年转移支付后的地方人均财政支出看，与转移支付前的地方人均财政收入相比，排名出现了较大的变化。全国地方人均财政支出加权平均值为1951.93元，民族地区8省区为1922.40元，相当于全国平均水平的98.49%，与全国平均水平相当。其中地方人均财政支出最高的为西藏，2005年为6731.40元，排名第3位，远高于全国平均水平。其次为青海，2005年为3137.71元，排名第5位，还有内蒙古排名第6位、宁夏排名第8位、新疆排名第11位，都高于全国31个省市区平均水平；而西南民族地区地方人均财政支出都在全国平均水平之下，依次为云南、贵州和广西，分别排名为第17位、第24位和第28位。其中广西2005年地方人均财政支出为1280.72元，相当于31个省市区平均水平的65.61%，为民族地区8省区平均值的66.62%。

结合分析，我们分别列出广西从2000年到2005年各项财政收支指标，并与其在全国的排名进行纵向对比，可以看出，广西与全国财力水平相比，都位于全国平均水平之下，且差距有不断拉大的趋势（见表5）。

表5　　2000—2005年广西地方财政收支状况表

财政收支状况	2000年	2001年	2002年	2003年	2004年	2005年
财政收入数额（亿元）	147.05	178.67	186.73	203.66	237.77	283.04
财政收入排名	17	17	17	18	19	19
人均财政收入（元）	319.61	373.16	387.25	419.31	487.94	592.82
人均财政收入排名	21	21	23	23	23	24
财政支出数额（亿元）	258.49	351.65	419.86	443.6	507.47	611.48
财政支出排名	19	17	16	18	21	20
人均财政支出（元）	561.81	734.44	870.71	913.32	1041.4	1280.72
人均财政支出排名	25	25	23	24	28	28
地方财政收入占比（%）	2.3	2.3	2.2	2.1	2.0	1.9
地方财政支出占比（%）	2.5	2.7	2.7	2.6	2.5	2.4

资料来源：根据范世祥、刘家凯主编《广西财政年鉴2001—2003》、《广西财政年鉴2004—2006》（广西人民出版社）相关数据计算整理。

从表中可见，2000年广西地方财政收入为147.05亿元，2005年上升到283.04亿元，就绝对数量看呈现不断上升的趋势，但从其在全国31个省市区的排名看，从2000年排名第17位下降到2005年的第19位；从广西人均地方财政收入看，从2000年的319.61元上升到2005年的592.82

元，排名却从2000年的第21位下降到2005年的第24位。

再从转移支付后的地方财政支出看，2000年广西地方财政支出为258.49亿元，在全国排名第19位，2001年至2003年有所上升，到2004年又下降到第21位，2005年地方财政支出为611.48亿元，排名第20位；从人均地方财政支出看，2000年为561.81元，排名第25位，到2001年和2002年有所回升，2004年又下降到第28位，2005年广西人均地方财政支出为1280.72元，排名第28位。

从广西地方财政收支占比看。地方财政收入占比从2000年到2005年出现持续下降的趋势，从2.3%下降到1.9%；广西地方财政支出占比2000年为2.5%，2001年上升到2.7%，后又下降到2005年的2.4%。2005年，广西人口占全国的比例为3.70%，其地方财政收入占比为1.90%，地方财政支出占比为2.40%。根据我们的测算，2000年少数民族人口总数为1683万，占全省人口的38.38%，其少数民族人口占全国少数民族人口比重为15.99%，在5个自治区中排名第1位。[①] 很显然，广西所得到的转移支付补助与广西的总人口、少数民族人口比重等在全国的排位是极不相称的。

（三）民族地区转移支付结构不合理

民族地区财政转移支付结构可分为税收返还、一般性转移支付、民族地区转移支付、专项资金和体制内补助五部分。我们收集整理了2000年至2005年中央对广西财政转移支付的相关数据，可以看出，2000年广西转移支付总额为124.83亿元，到2005年增加到356.76亿元，增长了185.80%，年均增长37.16%（见表6）。其中，体制内补助部分大致在8.5亿—12亿元之间波动，变动不大。税收返还从2000年的52.49亿元增加到2005年的84.22亿元，增长了60.45%，年增长率为12.09%。一般性转移支付由2000年的4.57亿元增加到2005年的61.75亿元，增长了1251.20%，年增长率为250.24%，增长最快。民族地区转移支付由2000年的2.92亿元增加到2005年的20.94亿元，增长了617.12%，年

① 参见成艾华《人口转变、人力资本与民族地区经济增长》，民族出版社2007年版，第13—14页。

增长率为123.42%。专项转移资金由2000年的54.17亿元增加到2005年的180.37亿元，增长了232.97%，年增长率为46.59%。

表6　　2000—2005年中央对广西财政转移支付结构表　　（单位：亿元）

各项转移支付	2000年	2001年	2002年	2003年	2004年	2005年
税收返还	52.49	54.95	71.05	77.79	84.41	84.22
一般性转移支付	4.57	7.6	15.58	20.02	36.11	61.75
民族地区转移支付	2.92	4.94	4.68	6.23	9.51	20.94
专项资金	54.17	104.58	117.83	124.49	164.01	180.37
体制内补助	10.68	11.89	8.59	9.34	9.62	9.48
原体制补助	6.08	6.08	6.08	6.08	6.08	6.08
结算补助	3.58	4.74	1.53	1.91	1.95	2.02
其他补助	1.02	1.07	0.98	1.35	1.59	1.38
合计	124.83	183.96	217.73	237.87	303.66	356.76

注：1. 税收返还包括中央税收返还收入、所得税基数返还收入；

2. 专项资金含专项补助、国债补助、革命老区专项转移支付、边境地区专项转移支付、农村义务教育补助、调整工资转移支付、农村税费改革转移支付、取消农业特产税及农业税转移支付、缓解县乡财政困难转移支付补助。

资料来源：《广西财政年鉴2001—2003》，《广西财政年鉴2004—2006》，广西人民出版社出版。根据财政年鉴并结合实地调研收集整理。

可以看出，中央财政对广西财力性转移支付增长较快，尤其是一般性转移支付，增长最快，对平衡地方财力起到了一定的作用，但仍存在一些问题。

1. 税收返还所占比例仍然较大

税收返还，具有转移支付的形式，但实质上是一种地方分享收入。它采用的是“基数”和“增长率”的分配方法，转移支付的数额和增长率均以来源地的税收为依据，不考虑地区差别。这一做法的初衷是保证地方既得利益，以使改革能顺利推行下去，但同时也体现了对收入能力强的地区倾斜的原则。虽然随着专项转移支付、一般性转移支付总量的增加，税收返还在整个转移支付中所占的比重较20世纪90年代有所下降，但仍占有较大的比例。2006年，中央转移支付总额达13073.77亿元。其中，对地方的税收返还3930.22亿元，占到总额的30.06%；安排其他各类转移支付9143.55亿元，其中一般性转移支付1529.85亿元，仅占11.70%。[①]民族地区由于自然地理、历史等方面的原因，经济发展的基础差，增量少，民族地区所获得的税收返还是很少的，这一部分主要为东部发达地区所享有。这样就进一步加大了民族地区与发达地区财政转移支付事实上的不平等。

2. 一般性转移支付数额少，所占比例过低

从广西1995—2005年一般性转移支付与转移支付资金总额比较看，一般性转移支付数额较少，所占比例过低。1995年，广西一般性转移支付为1.09亿元，占转移支付总额66.09亿元的1.65%，2000年一般性转移支付增加到4.57亿元，占转移支付总额增加到3.66%，到2005年，一般性转移支付为61.75亿元，所占比例相应增加到17.31%。从统计数据我们可以发现，一方面，一般性转移支付的增长幅度大大高于整个转移支付的增长幅度，财政转移支付的天平正在向政府公共服务能力均等化方向倾斜；另一方面，这种以服务能力均等化为导向的，以因素法为标准的一般性转移支付在整个财政转移支付制度设计中还处于从属的地位，所占的比例仍较小。事实说明，为进一步增强民族地区的发展能力，推进民族自治地方政府公共服务能力的均等化，有必要加大一般性转移支付的力度，增加“因素法”在转移支付测算中所占的比重，使转移支付进一步向西部地区、民族地区倾斜，更好地发挥其在平衡政府财力，实现政府公共服务职能均等化方面的作用。

3. 专项转移支付占比大，随意性大，转移支付数额不透明

分税制以来，随着中央财力的增加，中央财政对地方的专项拨款补助大幅度增加，专项补助资金安排规模大大超过了作为财力补助的一般性转移支付数额，一般性转移支付和专项转移支付规模的严重倒挂，降低了中央财政对地区间财力差距的均衡能力。以广西为例，2000—2005年，专

---

① 金人庆：《在第十届全国人民代表大会常务委员会第二十八次会议上关于规范财政转移支付情况的报告》，人民网，2007年6月27日。

项转移资金在财政转移支付总额中的比例都大体维持在一半左右，其中最高的 2001 年达到 56.85%，到 2005 年，仍占到转移支付总额的 50.56%。而且，在专项拨款中，分配办法的不合理性、不规范性也日益凸显。目前的专项拨款所支持的项目大多属于地方性事务，存在着“会哭的孩子有奶吃”的现象；即使一些专项采取了以奖代补的分配方法，但民族地区地方财政困难，分配数额较少，这也与实现各地区间公共服务能力的均等化等基本上不存在相关性。据财政部统计，2006 年专项转移支付达到 4411.58 亿元，共计 213 项，当年中央对地方财力性转移支付 4731.97 亿元，两者比例接近 1∶1。① 在第十届全国人大常委会第二十八次会议上，原财政部部长金人庆在《关于规范财政转移支付情况的报告》中明确提出，今后随着转移支付规模的扩大以及地方事权更加明晰，专项转移支付的比例应该逐渐下降，而财力性转移比例要提升。

4. 民族地区转移支付所占份额少，重视程度不高

在现行的转移支付制度中，最能体现对民族地区财政支持的，应该是专门针对少数民族地区的“民族地区转移支付”。正如全国人大常委会预算工作委员会的刘英同志所说：“由于我国民族地区多分布在西部边远地带，财政支出成本高，人均财政收入水平低，财力对财政收入的增长弹性较差，统一实行客观因素转移支付，难以体现中央对民族地区的倾斜政策，所以中央财政在客观因素转移支付之外，又增加了对少数民族省区和非少数民族省区的少数民族自治州的政策性转移支付。这种转移支付带有一定的优惠性和照顾性。”② 但是，这一有特色的制度设计在实施过程中，却显得力度不够，实效不明显。2006 年，中央财政共安排民族地区转移支付资金 155.63 亿元，占当年转移支付总额的 1.19%。以广西为例，2000—2005 年，以“民族地区转移支付”为名目的转移支付总额为 49.22 亿元，其中 2000 年为 2.92 亿元，2005 年为 20.94 亿元。分别占当

---

① 金人庆：《在第十届全国人民代表大会常务委员会第二十八次会议上关于规范财政转移支付情况的报告》，人民网，2007 年 6 月 27 日。

② 全国人民代表大会常务委员会预算工作委员会调研室：《中外专家论财政转移支付制度》，中国财政经济出版社 2003 年版，第 28 页。

年转移支付总额的 2.34% 和 5.87%。[①]

（四）民族自治地方的自有财力难以承受配套之重

在调查中，我们了解到，每一笔专项资金的配套要求都有国家和省、州政府或其职能部门的文件依据，都有相关的处罚措施。配套不到位，不仅影响专项资金的拨付、到位，影响项目建设的顺利进行，而且关系到后续项目的争取和立项。不用怀疑，上级政府对专项资金的配套要求，出发点是好的，但是，民族自治地方的自有财力却难以承受配套之重。配套要求产生的直接后果主要有三个方面：一是使民族自治地方政府的本级财政安排更加困难，使本级预算受到更大限制。在现行体制下，地方政府有限的财力除了提供必要的公共服务和保证政府运行之外，还必须在发展上有所作为，争取通过发展改善本级财政，更好地提供公共服务。如果满足配套要求，就只能搁置对其他建设和发展的投入。二是导致弄虚作假和拖欠现象。为满足上级的配套要求，实行先配套后抽离或虚报配套的事情时有发生。在利益博弈的过程中，这类事情的发生也在情理之中。但是，这种弄虚作假的做法，对于政风和社会风气的影响是十分不利的。一些地方因资金不到位，造成拖欠施工单位的工程款和农民工工资的现象，使地方政府的债务增加。三是影响项目的落实。由于配套资金不到位，往往形成半拉子工程，或降低工程项目标准，使工程质量难以保证，项目目标难以达到。

四 对策建议

针对我国民族地区财政转移支付制度存在的问题，我们认为，有必要对现行的财政转移支付制度进行改革，进一步完善、规范、加强对民族地区的财政转移支付，更好地落实《中华人民共和国民族区域自治法》的有关规定，促进民族地区的快速健康发展。

---

① 根据范世祥、刘家凯主编《广西财政年鉴 2001—2003》《广西财政年鉴 2004—2006》相关数据计算整理。

（一）加大一般性财政转移支付力度，促进民族地区政府公共服务能力的均等化

税收返还，具有转移支付的形式，但实质上是一种地方分享收入。它采用的是“基数”和“增长率”的分配方法，基本上不具有均衡化的功能。虽然随着专项转移支付、一般性转移支付总量的增加，税收返还在整个转移支付中所占的比重较20世纪90年代有所下降，但仍占有较大的比例。由于经济基础差，增量少，民族地区所获得的税收返还是很少的，这一部分主要为东部发达地区所享有。而一般性转移支付不仅额度小，而且面向整个中西部地区，转移支付的面很大，因此其在增强民族地区的财力方面虽然起了重要的作用，但在实现财力均等化方面的作用并不明显。

平衡地区间财力差异，推进基本公共服务均等化，是财政转移支付制度的重要目标，但目前这个目标还远没有实现，欠发达地区财力不足问题仍然十分突出。为进一步增强民族地区的发展能力，推进民族自治地方政府公共服务能力的均等化，有必要加大一般性转移支付的力度，增加“因素法”在转移支付测算中所占的比重，使转移支付进一步向西部地区、民族地区倾斜，更好地发挥其在平衡政府财力，实现政府公共服务职能均等化方面的作用。

（二）进一步加大“民族地区转移支付”力度

目前，中央财政在确定民族地区转移支付时，是将各民族地区增值税环比增量的80%的一半直接留给民族地区，另一半连同中央财政安排的资金按因素法分配。这种按增量比例留存的办法具有较浓厚的税收返还色彩。由于大多数民族自治地方经济基础差，税源紧张，增值税增量十分有限，这在很大程度上限制了本项转移支付的总额。顾名思义，民族地区转移支付是专门应用于解决民族地区特殊事务，支持自治地方政府承担特殊事权，帮助民族地区发展经济社会事业的，应当按照各民族地区的总人口、财政困难程度以及民族地区民族事务等因素进行测算，加大转移支付的力度，更好地发挥本项转移支付在民族地区发展稳定中的作用。值得指出的是，由于本项转移支付额度小，用途规定不明确，民族自治地方一般纳入地方财政捆绑使用，未能体现其特殊的功能。

在调查中，一些民族地区的同志建议，将民族地区每年的增值税增量

全部留归民族地区使用，以增强民族地区的造血功能，更好地调动民族地区的财税努力的积极性和创造性。笔者认为，这一建议值得重视。中央财政应将税收减免造成的民族地区财力受损部分全额纳入转移支付的范围，以体现和落实对民族地区发展的支持。

（三）将民族自治地方承担的特殊事权，作为转移支付的重要因素予以考虑

民族自治地方大多地处边疆或边远地区，战略地位重要，但山高坡陡，地广人稀，自然气候恶劣，交通不便，民族宗教关系复杂。自治地方政府承担了许多非民族地区同级政府所没有承担的事权，如进行民族宗教政策宣传教育，调处民族利益关系，解决民族、宗教纠纷，打击敌对势力的分裂破坏活动等，行政成本明显高于非民族地区和内地平原地区。其在机构设置和人员配备上也要高于非民族地区。但是，在现行的财政转移支付制度设计中，财政供养人数是影响一个地区转移支付额度的重要指标。国家在测算核定民族地区标准财政供养人数时，应充分考虑民族地区、边境地区的实际，适当调增民族地区的标准财政供养人数。应在标准财政人数确定中综合考虑到少数民族人口比重，结合少数民族人口比重按照总人口构建一套转移支付的测算指标。要充分考虑民族地区各级政府所承担的特殊事权和较高的行政成本，增加财政转移支付的额度，以满足民族地区经济社会发展的需要，保证政府基本公共服务职能的实现，维护民族地区和边疆的稳定。

（四）重视民族地区内部财政转移支付差距日益扩大的问题

通过前面的分析，我们可以看出，民族地区财政转移支付的内部差异表现最为典型的是西南民族地区和西北民族地区差异大。1995—2005 年，西南民族地区地方财政收支占比均呈现逐年下降的趋势；而西北民族地区地方财政收支占比都呈现出上升的趋势。整体上国家对西北民族地区财政转移支付力度要明显高于西南民族地区。以广西为例，2005 年人均财政转移支付数额为 687.90 元，排在第 22 位，低于全国 31 个省市区平均水平的 109.04 元。与全国 31 个省市区平均水平相比，2000—2005 年各项财政收支指标都出现了一定程度的下降，表现为地方财政收入及其人均水平

持续下降，国家转移支付对其人均地方财政支出的提升也不明显，排名也出现了一定程度的下降，与全国财政收支差距已经形成且差距在不断扩大，中央对广西转移支付的均等化功能并没有得到很好的体现。应逐步加大对西南民族地区尤其是对广西的转移支付力度，规范并相应提高对广西的各项财力性和专项性转移支付水平，实现民族地区转移支付内部的相对平衡。

（五）规范专项资金分配，降低民族地区配套比例

《民族区域自治法》第56条规定："国家在民族自治地方安排基础设施建设，需要民族自治地方配套资金的，根据不同情况给予减少或者免除配套资金的照顾。"因此，我们建议，国家和省级政府要对转移支付中的经费配套文件进行清理；在转移支付中，要根据民族地区的实际，减少配套经费的种类、额度要求，由国家免除或帮助解决地方配套资金。要适当增加转移支付的额度，切实减轻民族地区的负担，以激励和其他制度性安排，保证专项资金的规范使用和专项事宜达到预设目标。在配套比例的确定上，应充分考虑民族地区财政承受能力弱的事实，降低甚至取消民族地区的地方配套比例。

（原载《民族研究》2008年第1期）

民族地区各类财政转移支付的均等化效应评价①

国家通过财政转移支付，增加对民族自治地方的资金投入，帮助少数民族地区发展经济社会事业，逐步缩小与发达地区的差距，是有中国特色的社会主义民族政策的重要内容。我国现行的对民族地区财政转移支付的资金项目比较繁杂，各类资金的划拨规模、划拨原则与用途也各不相同。分析研究各类别转移支付对均衡民族地区财政能力的效应，提出相应的改革建议，对于进一步完善中央财政对民族地区的转移支付制度，更好地发挥转移支付的政策效能，具有重要意义。

一　民族地区财政转移支付结构分析

我国现行的政府间财政转移支付构成，主要分为三类：一是税收返还和体制性补助。包括消费税和增值税“两税”返还、所得税基数返还、原体制定额补助与上解、年终结算补助或上解等；二是财力性转移支付，主要目标是促进各地方政府提供基本公共服务能力的均等化，包括一般性转移支付、民族地区转移支付、调整工资转移支付、农村税费改革转移支付和县乡财政奖补资金等；三是专项转移支付，包括一般性预算专项拨款、国债补助等。

① 本文与成艾华合作。

首先，我们将全国31个省市区分为民族地区（民族8省区）和非民族地区；其次，以民族地区作为研究对象，通过收集整理2000年、2003年、2004年和2005年31个省市区各项转移支付原始数据，[①] 计算出民族地区占其比例，考察各项转移支付对均衡民族地区财政能力的影响，并参照目前比较普遍采用的东、中、西部地区的划分，[②] 进行对比分析；最后，为考察民族地区内部的差异性，对民族8省区的转移支付排名进行分析。

（一）税收返还和体制性补助

1. 消费税、增值税税收返还

（1）民族地区消费税、增值税税收返还比例。消费税、增值税税收返还收入在各地区分配不均衡，主要集中在东部发达地区。2005年东部地区占到了52.45%，中、西部地区获得的返还收入相对较少。2000年民族地区获得的消费税、增值税税收返还收入占比为13.16%，2003年进一步减少为12.57%，到2004年上升到12.67%，2005年又下降到12.65%，小于民族地区人口占比的14.59%，并且基本上呈现逐年下降的趋势。

（2）民族地区人均消费税、增值税税收返还收入。从人均消费税、增值税税收返还收入看，民族地区呈现逐年上升的态势，由2000年的161.81元上升到2005年的193.96元，但一直低于全国平均水平，由2000年人均水平相差13元扩大到2005年相差28.86元，差距呈现逐步扩大的趋势，与非民族地区差距更大。

从民族地区内部看，2005年人均消费税、增值税税收返还收入从高到低依次为云南、内蒙古、青海、新疆、宁夏、广西、贵州和西藏。与全

---

① 各项转移支付原始数据来源于各年度《地方财政统计年鉴资料》，由财政部国库司、预算司编、中国财政经济出版社出版。以下各项转移支付原始数据来源如没有特别的交代，与此相同。

② 最为常用的是以东、中、西部三大地区作为分析的地域单元，其中东部地区包括北京、上海、天津、辽宁、江苏、浙江、山东、广东、海南、福建十省、市，中部地区包括黑龙江、河北、山西、安徽、江西、湖北、湖南、河南、吉林九省，西部地区包括四川、陕西、内蒙古、宁夏、云南、广西、贵州、新疆、青海、甘肃、西藏十二个省、自治区。

国平均水平 222.82 元相比较，仅有云南排名在全国平均水平之上，为 332.34 元，排名全国第 6 位；其次为内蒙古，为 203.39 元，排名第 12 位；以下依次为青海、新疆、宁夏、广西、贵州和西藏，除青海（165.19 元）排名第 18 位以外，其他都排名在第 20 位以下，最低的西藏仅为 128.52 元，排名第 26 位。从其年度变化看，2000 年到 2005 年，内蒙古、西藏排名出现了一定程度的上升，贵州、新疆持平，其他省区均呈现出一定程度的下降。

2. 所得税基数返还

（1）民族地区所得税基数返还比例。2005 年所得税基数返还在各地区分配更不均衡，东部地区集中占到了 69.56%，西部地区获得的最少，为 12.67%；民族地区获得的所得税基数返还收入占比仅为 6.83%。这也使得所得税基数返还均衡民族地区财政能力的效应更差。

（2）民族地区人均所得税基数返还收入。从人均所得税基数返还收入看，2005 年民族地区为 32.88 元，不到全国平均水平（69.95 元）的一半，与非民族地区差距更大。从民族地区内部人均所得税基数返还看，内蒙古为 44.84 元，排名第 11 位；最低的青海仅为 20.07 元，排名第 30 位。

3. 原体制补助与原体制定额上解

当前，原体制补助与原体制定额上解资金安排相对较为固定，只有西藏的原体制补助按每年 2 亿元递增。因此，本文仅就 2005 年原体制定额补助和原体制上解对民族地区的均衡效应进行分析。

从原体制定额补助在民族地区的分布看，2005 年原体制补助规模为 130.14 亿元，西部地区占到 92.13%，其中民族地区占到 87.61%。补助规模最大的是西藏自治区为 40.8 亿元，其次是新疆维吾尔自治区 19.37 亿元。

从原体制上解看，2005 年上解总额为 538.15 亿元，全部分布在非民族地区，民族地区属于净补助地区。其中，东部地区占到上解总额的 78.57%，中部地区占到 18.39%，西部地区为 3.05%。从这样的分布可以看出，通过进行原体制补助与上解，对民族地区财政能力的均衡效应是很强的，但总体来看，这两种转移支付在整个转移支付中所占比例过小，而且由于其相对固定，随着国家转移支付总体规模的继续扩大，今后二者所占比例还会进一步降低。

（二）财力性转移支付

财力性转移支付包括一般性转移支付、民族地区转移支付、县乡财政奖补资金、调整工资转移支付、农村税费改革转移支付及其他财力性转移支付等。由于受到资料的限制，本文只对2005年的财力性转移支付及2000—2005年的一般性转移支付及民族地区转移支付进行分析。

1. 2005年财力性转移支付

通过收集整理2005年31个省市区财力性转移支付数据，[①] 计算出民族地区所占比例，并与其他地区进行对比。2005年财力性转移支付主要集中在中西部地区，其中中部地区占到了45.85%，西部地区占比为43.96%，东部地区只占到了10.19%，民族地区获得的财力性转移支付占比为27.57%。可以看出，财力性转移支付对均衡地区间财力差异，提升民族地区的财政能力，发挥了重要作用，收到了较好的效果。

从人均财力性转移支付看，2005年民族地区为552.14元。相当于31个省市区平均水平的2倍。从民族地区内部人均财力性转移支付看，民族8省区都位于全国31个省市区平均水平之上，排名前5位的都为民族地区，其中西藏、青海、宁夏、新疆和内蒙古分别为1580.25元、1177.14元、915.36元、908.83元和802.69元，依次排名第1—5位。贵州、广西和云南低于民族地区平均水平，分别为438.54元、384.54元和338.50元，排名分别为第10位、第13位和第16位。

2. 一般性转移支付

一般性转移支付以标准化的计算公式为依据，以扭转地区间财力差距扩大的趋势，逐步实现地方政府基本公共服务能力均等化为目标，体现了转移支付的发展方向。

（1）民族地区一般性转移支付比例。一般性转移支付主要集中在中西部地区。2000年，西部地区占比最高为61.44%，中部地区为37.10%，东部地区为1.46%；2005年，西部地区占比最高为47.97%，中部地区为46.29%，东部地区为5.73%。随着一般性转移支付总量的增

---

① 财力性转移支付来源于李萍、许宏才主编《中国政府间财政关系图解》，中国财政经济出版社2006年版，第100页。其中单列市数据并入了相应的省份。

加，西部地区占比持续下降，中部地区有所上升，而东部地区上升幅度相对较大。

2000 年，民族地区获得的一般性转移支付占比为 45. 45%。随着一般性转移支付规模和比重的加大，民族地区所占一般性转移支付的比例呈现下降的趋势，2003 年减少到 33. 12%，到 2005 年又下降到 30. 46%。但总体来看，民族地区一般性转移支付占比较高，对均衡民族地区财政能力起到了很好的提升作用。

（2）民族地区人均一般性转移支付。从人均一般性转移支付看，民族地区呈现逐年快速上升的态势，由 2000 年的 21. 65 元上升到 2005 年的 182. 90 元，增长到了 8. 4 倍。民族地区人均一般性转移支付额一直高于全国平均水平，其中 2000 年人均水平高出全国平均水平 14. 88 元，到 2005 年高出 95. 61 元，这表明一般性转移支付对均衡民族地区财政能力的效果较好。

从 2005 年民族 8 省区内部人均一般性转移支付看，从高到低依次为西藏、青海、宁夏、新疆、内蒙古、贵州、广西和云南。其中西藏、青海、宁夏、新疆和内蒙古排名全国第 1—5 位，贵州和广西分别排名第 8 位和第 13 位，仅有云南在全国 31 个省市区排名相对靠后，为第 21 位。从 2000 年至 2005 年其排名变化看，西藏、青海、宁夏、新疆和内蒙古一直排名全国第 1—5 位，贵州和广西排名出现了一定程度的下降，分别由第 6 位和第 10 位下降到了第 8 位和第 13 位；云南省排名最差，大致保持第 21 位和第 22 位不变。

3. 民族地区转移支付

民族地区转移支付是专门应用于解决民族地区特殊事务，支持自治地方政府承担特殊事权，帮助民族地区发展经济社会事业的。民族地区转移支付初始规模较小，2000 年仅为 25 亿元，2000—2005 年呈现快速增长的态势，尤其是 2004—2005 年增长最快，从 77 亿元增长到 159 亿元。同时，民族地区转移支付占转移支付规模总量的比例也呈现增长的趋势，2000 年占比仅为 0. 54%，到 2004 年增长到 0. 74%，然后到 2005 年扩大到 1. 38%。但总体来看，民族地区转移支付所占比例相对较小，与一般性转移支付增长相比，民族地区转移支付增长相对缓慢。2000 年，民族地区转移支付规模为一般性转移支付的 40. 32%，2005 年这一比例缩小到16.75%。

（三）专项转移支付

2005年，专项转移支付主要集中在中西部地区，其中中部地区占到了41.66%，西部地区占比为40.55%，东部地区只占到了17.79%。民族地区获得的专项转移支付占比为22.92%，高出其人口占比8.33个百分点，这体现了专项转移支付对民族地区等经济欠发达地区的倾斜。专项转移支付对均衡地区间财力差异发挥了一定的作用。

从人均专项转移支付看，2005年民族地区为425元，比全国平均水平高出181.81元。从民族地区内部人均专项转移支付看，民族8省区中有6个位于全国31个省市区平均水平之上，依次为西藏、青海、宁夏、内蒙古、新疆和云南，分别为2984.12元、1173.48元、894.97元、656.58元、606.72元和282.11元，依次排名为第1、第2、第3、第5、第7和第16位。贵州和广西分别为267.10元和192.44元，位于全国平均水平之下，排名分别为第18位和第24位。尤其值得注意的是广西，比全国平均水平低出78.13元，也低于非民族地区平均水平。

（四）可用财力

我们用可用财力指标来表征转移支付后民族地区地方财政能力状况。按照一般的定义，可用财力包括一般预算收入加体制结算收入，是指地方政府用于经济社会发展的可支配财政资金之和，不包括专项收入、行政事业性收费、基金收入财力等。①

分东中西部地区看，2005年各地区可用财力主要集中在东部地区，占到全部可用财力的50.39%，中西部地区可用财力相对较低，其中中部地区占到了26.57%，西部地区占比为23.04%。从民族地区可用财力占

① 由于中央规定了专项转移支付的具体用途，不作为地方可用财力计算。可用财力指标更能反映地方政府的财政能力。可用财力的计算，参见财政部预算司编《中国省以下财政体制2006》，中国财政经济出版社2007年版，第167页。可用财力＝地方本级收入＋税收返还＋所得税基数返还＋原体制补助＋一般性转移支付＋调资转移支付＋农村税费改革转移支付＋取消农业特产税降低农业税率财政减收转移支付＋缓解县乡财政困难补助＋定额结算补助＋减免农业税的企事业单位划转补助＋其他补助－原体制上解－税务经费等专项上解－出口退税专项上解。

比看，2005 年为 13.52%，低于其人口占比 14.59%。这表明，由于民族地区地方本级财政收入较少，自身财力有限，经过各种形式的转移支付和中央补助后，民族地区可用财力与全国及非民族地区相比，仍明显不足；需要在今后的财政制度安排中进一步加大对民族地区的支持力度，对现有的财政转移支付制度进行改革与创新，真正体现国家对民族地区财政转移支付的倾斜。

从人均可用财力看，2005 年民族地区为 1591.25 元，全国 31 个省市区平均水平为 1710.77 元，高出民族地区 119.52 元；非民族地区为 1731.10 元，高出民族地区 139.85 元，民族地区与全国及非民族地区差距明显。从民族地区内部人均可用财力看，民族 8 省区中有 5 个位于全国 31 个省市区平均水平之上，依次为西藏、青海、内蒙古、新疆和宁夏，分别为 4981.95 元、2313.08 元、2287.93 元、2079.60 元和 2001.68 元，依次排名为第 3、第 7、第 8、第 11 位和第 12 位。云南、广西和贵州分别为 1427.64 元、1210.30 元和 1131.10 元，不仅低于全国平均水平，也低于民族地区平均水平，排名分别为第 19 位、第 22 位和第 27 位。人均财力最低的贵州与全国人均可用财力相比，低出 579.67 元。

总体来看，如果将 2005 年全国按总人口计算的人均财政收入作为 100，民族地区仅为 61.22。中央实施转移支付后，民族地区人均可用财力和支出分别上升到 93.01 和 98.49。与全国相比，尽管人均财政支出指标相差较小，但人均财力指标还差 6.99 个百分点。

二 民族地区转移支付结构均衡效应的综合评价

通过以上的分析，可以看出，各项转移支付对均衡民族地区财政能力的作用不同，而且在民族 8 省区内部差别较大。为了定量评价其均衡效应，我们将引入相关指标进行综合评价。

（一）民族地区各项转移支付占比分析

我们把 2005 年几种主要转移支付占比做出总表，进行综合分析（见表 1）。

表1 2005年各项转移支付对民族地区均衡效应分析表 （单位：%）

各项转移支付	占转移支付总额比例	民族地区占比	非民族地区占比
消费税、增值税税收返还	24.90	12.65	87.35
所得税基数返还	7.82	6.83	93.17
原体制补助	1.13	87.61	12.39
原体制定额上解	4.69	0	100
财力性转移支付	32.53	27.57	72.43
一般性转移支付	9.75	30.46	69.54
民族地区转移支付	1.38①	100	0
专项转移支付	30.12	22.92	77.08

资料来源：本年地方财政收入、消费税、增值税税收返还收入、所得税基数返还收入、原体制定额补助、原体制上解、一般性转移支付数据来源于财政部国库司、预算司编《地方财政统计年鉴资料2005》，中国财政经济出版社2007年版，第1671页。财力性转移支付和专项转移支付数据根据李萍、许宏才主编《中国政府间财政关系图解》（中国财政经济出版社2006年版）进行整理。

从民族地区占各项转移支付比例看，原体制定额上解和原体制补助无疑体现了对民族地区的倾斜，但就2005年其比例看，分别占转移支付总量的1.13%和4.69%，对提升民族地区财政能力所起的作用相对有限。民族地区在消费税、增值税税收返还收入中只占到12.65%，所得税基数返还中民族地区占比更少，为6.83%，而这两项转移支付在国家转移支付总额中所占比例较大，分别为24.90%和7.82%。这表明，进行这两项转移支付后，民族地区与非民族地区及全国的差距进一步扩大，这两项转移支付在均衡民族地区财政能力中起到了较大的负面作用。当前，财力性转移支付和专项转移支付在转移支付总额中所占比重最高，分别达到32.53%和30.12%，因此，这两种转移支付对均衡民族地区的作用至关

① 2005年民族地区转移支付对象为5个自治区、3个财政体制上享受民族地区待遇的省以及这些地区以外的3个民族自治州，由于缺少各省区民族地区转移支付具体数据，这里我们取2005年民族地区转移支付的总量（159亿元）近似看作对民族8省区的民族地区转移支付进行分析。

重要。从表 1 中可以看出，民族地区占财力性转移支付和专项转移支付的比例分别为 27.57% 和 22.92%，相比较而言，财力性转移支付对提升民族地区财政能力的均衡效应明显，尤其是其中的一般性转移支付，民族地区占比为 30.46%，横向均衡效应更强。

（二）民族地区转移支付结构均衡效应的定量评价

1. 评价的基本思路和方法

在具体评价中，我们按照前面的思路，用各项转移支付前后民族地区财力占比的变化来反映各分项转移支付的均衡效应。其中用地方财政收入占比代表转移支付前的民族地方财政能力差异；然后计算出加入各分项转移支付后的民族地区财力占比的变化。比较加入各类别转移支付前后民族地方财政能力占比差异的变化，就能说明该项转移支付对民族地区的均衡绩效。

由于各项转移支付的规模不同，比较不同转移支付项目的绩效，必须结合各项转移支付资金的比重。相应地，用 P_0 表示民族地区转移支付前财政收入占全国地方财政收入的比重，P_i 表示加入各分项转移支付后民族地区财政能力占比。各分项转移支付前后财政能力占比的变化 E（$E = P_i - P_0$）就代表了该项转移支付资金的绩效。然后，计算出各项转移支付资金比重 P，就可以用转移支付资金绩效/比重 I（$I = (P_I - P_0) / P$）来进一步表征其绩效，该比值越大，则表明该项财政转移支付在平衡地区财力方面是高效的，反之则是低效的。

通过收集整理，2005 年加入各项转移支付后，地方财力分布如下（见表 2）。

表 2　2005 年加入各项转移支付后的地方财力　（单位：亿元）

地区	本年地方财政收入	加消费税、增值税税收返还收入	加所得税基数返还收入	加原体制定额补助	减原体制上解	加财力性转移支付	其中：一般性转移支付	加专项转移支付
北京市	919.21	1021.54	961.37	919.21	882.58	919.43	919.21	960.74
天津市	331.85	401.84	358.78	331.85	303.29	344.85	331.85	366.91

续表

地区	本年地方财政收入	加消费税、增值税税收返还收入	加所得税基数返还收入	加原体制定额补助	减原体制上解	加财力性转移支付	其中：一般性转移支付	加专项转移支付
河北省	515.7	632.75	546.61	515.7	495.04	705.79	548	677.75
山西省	368.34	436.9	380.2	368.34	361.31	490.84	407.73	492.41
内蒙古	277.46	325.99	288.16	295.88	277.46	468.98	331.54	434.12
辽宁省	675.27	830.79	709.85	675.27	621.13	780.21	698.3	882.27
吉林省	207.15	268.9	219.07	208.22	207.15	364.32	264.96	394.72
黑龙江	318.21	391.97	330.47	318.21	310.6	509.39	375.5	556.96
上海市	1417.4	1654.08	1507.22	1417.4	1297.4	1427.96	1417.4	1429.49
江苏省	1322.68	1556.17	1398.79	1322.68	1241.96	1365.42	1322.68	1372.18
浙江省	1066.6	1242.94	1153.47	1066.6	1021.12	1079.85	1066.6	1104.56
安徽省	334.02	405.34	353.51	334.02	324.66	519.61	395.3	454.74
福建省	432.6	512.83	467.24	438.02	427.18	457.89	438.04	467.45
江西省	252.92	298.91	260.68	253.37	252.92	421	312.17	375.85
山东省	1073.12	1233.68	1139.67	1074.71	1048.09	1177.35	1095.95	1189.44
河南省	537.65	647.72	566.74	537.65	522.43	822.38	622.7	716.97
湖北省	375.52	472.14	394.78	375.52	348.6	576.52	438.44	515.76
湖南省	395.27	495.96	412.26	395.27	383.13	607.68	458.5	560.7
广东省	1807.21	2081.8	1970.31	1807.21	1780.39	1834.22	1807.21	1855.36
广西	283.04	347.87	302.43	289.12	283.04	462.24	344.79	372.25
海南	68.68	78.72	72.24	70.39	68.68	107.98	81.62	101.69
重庆市	256.81	301.84	266.49	256.81	240.4	336.21	277.73	357.8
四川省	479.66	577.62	507.61	483.09	479.66	730.08	559.33	695.62
贵州省	182.5	231.02	190.77	189.92	182.5	346.08	244.46	282.13
云南省	312.65	460.54	324	319.38	312.65	463.28	338.65	438.19
西藏	12.03	15.59	12.96	52.83	12.03	55.8	39.79	94.69
陕西省	275.32	332.65	284.66	276.52	275.32	437.94	327.39	441.66
甘肃省	123.5	175.15	128.91	124.76	123.5	243.42	167.08	250.1
青海省	33.82	42.79	34.91	43.68	33.82	97.74	64.52	97.54
宁夏	47.72	56.58	50.04	53.05	47.72	102.28	71.62	101.06
新疆	180.32	210.93	187.59	199.69	180.32	362.99	235.32	302.27

资料来源：本年地方财政收入、消费税、增值税税收返还收入、所得税基数返还收入、原体制定额补助、原体制上解、一般性转移支付数据来源于财政部国库司、预算司编《地方财政统计年鉴资料2005》，中国财政经济出版社2007年版，第1671页。财力性转移支付和专项转移支付数据根据李萍、许宏才主编《中国政府间财政关系图解》（中国财政经济出版社2006年版）进行整理。

2. 计算结果分析

根据上面的计算方法，计算结果如表 3 所示。

表 3　各项转移支付对民族地区地方财政能力的均衡绩效

各项转移支付	P_0（%）	P_A（%）	E（%）	P（%）	I
消费税、增值税税收返还收入	8.93	9.53	0.60	24.61	0.02
所得税基数返还收入	8.93	8.81	-0.12	7.72	-0.02
原体制定额补助	8.93	9.61	0.68	1.12	0.61
原体制上解	8.93	9.27	0.34	4.63	0.07
财力性转移支付	8.93	12.67	3.74	32.15	0.12
其中：一般性转移支付	8.93	10.44	1.51	9.64	0.16
民族地区转移支付	8.93	9.90	0.96	1.38	0.70
专项转移支付	8.93	11.57	2.64	29.77	0.09
转移支付后	8.93	14.37	5.44	100.00	0.05

从计算结果看，2005 年转移支付前民族地区财政收入占全国地方财政收入的比重为 8.93%，转移支付实施后民族地区财政收入占比增加到 14.37%，均衡绩效 E 为 5.44%，考虑到其资金规模后的绩效 I 为 0.05。

从民族地区各分项转移支付的均衡绩效 E 看，最高为财力性转移支付，达到了 3.74%，随后是专项转移支付和一般性转移支付，分别为 2.64% 和 1.51%；民族地区转移支付、原体制定额补助、消费税、增值税税收返还和原体制上解分别为 0.96%、0.68%、0.60% 和 0.34%，所得税基数返还收入后的均衡效应为负，为 -0.12%。

考虑到各项转移支付的规模 P 后，民族地区绩效 I 发生了变化。可以看出，民族地区转移支付，占比 P 为 1.38%，所占比例较小，但对民族地区均衡效应的绩效 I 最高，为 0.70；其次为原体制定额补助，占比为 1.12%，对民族地区均衡效应的绩效 I 为 0.61；然后是一般性转移支付和财力性转移支付，占比 P 为 9.64% 和 32.15%，绩效 I 为 0.16 和 0.12；

专项转移支付，所占比重为29.77%，但绩效I并不高，为0.09，占比4.63%的原体制上解的绩效为0.07；消费税、增值税税收返还占到财政转移支付比重的24.61%，但对均衡民族地区财政能力的绩效偏低，仅为0.02；占比为7.72%的所得税基数返还对均衡民族地区财力的绩效I为负值，为-0.02，进一步拉大了民族地区与全国财政能力的差异。

可以看出，在财政转移支付最主要的几种形式中，所得税基数返还在均衡民族地区财力中起到了负效作用，而税收返还在均衡民族地区财力的绩效是低效的，这与我们一般的理解不尽相同。①

民族地区转移支付的均衡绩效I最高，其次为原体制定额补助，每一单位的民族地区转移支付和原体制补助分别提升民族地区财政能力占比0.70个和0.61个百分点，但其所占比例较小；财力性转移支付，尤其是其中的一般性转移支付均衡民族地区财政能力绩效也较为明显；专项转移支付虽然在均衡民族地区财政能力上也能够发挥作用，使得民族地区财政能力占比由8.93%提高到了11.57%，但绩效I仅为0.09，还有待于进一步提高。

（三）转移支付对民族地区均衡绩效的动态分析

根据上面的方法，我们分别计算出2000年、2003年、2004年、2005年中各分项转移支付的均衡绩效I，来比较分析其均衡绩效的动态变化（见表4）。

表4　　民族地区各年度转移支付的均衡绩效动态变化

各项转移支付	2000年	2003年	2004年	2005年
消费税、增值税税收返还收入	0.018	0.024	0.025	0.024
所得税基数返还收入	/	-0.017	-0.020	-0.015
原体制定额补助	0.548	0.648	0.688	0.609
原体制上解	0.078	0.080	0.086	0.072

① 按照一般的理解，税收返还进一步拉大了民族地区与全国的财力差距，应该为负值。但根据我们的计算，税收返还后民族地区财政能力占比在全国地方财政能力的比重进一步上升，虽然绩效较差。

续表

各项转移支付	2000 年	2003 年	2004 年	2005 年
财力性转移支付	/	/	/	0.116
其中：一般性转移支付	0.256	0.195	0.184	0.156
民族地区转移支付	0.654	0.759	0.803	0.695
专项转移支付	/	/	/	0.090

资料来源：各项转移支付原始数据来源于各年度《地方财政统计年鉴资料》，财政部国库司、预算司编，中国财政经济出版社。为方便比较，取小数点后三位。

由于受到众多因素的干扰，① 各年度转移支付绩效的动态变化表现出的规律性不强。

通过年度变化的比较可以看出，税收返还对民族地区财政能力的均衡绩效一直较低，在 0.02 左右；所得税基数返还一直呈现负均衡效应，但随着所占比重的逐渐降低，2005 年负向作用有所减弱；原体制定额补助均衡绩效最高，保持在 0.6 以上；一般性转移支付的均衡绩效 I 呈现下降的趋势，从 2000 年的 0.256 持续下降到 2005 年的 0.156，其主要原因是民族地区获得的一般性转移支付所占比例下降（2000 年民族地区获得的一般性转移支付占比为 45.45%，2003 年减少到 33.12%，到 2005 年又下降到 30.46%）。民族地区转移支付的均衡绩效 I 一直较高，2000 年为 0.654，2004 年上升到 0.803，但 2005 年又下降为 0.695。这说明尽管近年来民族地区转移支付得到了一定的增长，但与其他类型的转移支付尤其是一般性转移支付相比，增长仍相对缓慢。

三　结论与建议

从各类别财政转移支付对民族地区的均衡效应看，民族地区转移支付、原体制补助无疑体现了对民族地区的倾斜，但其占转移支付总量的比例较小，仅为 1.38% 和 1.13%，对提升民族地区财政能力所起的作用相对有限。

① 如初始均衡水平（地方人均财政收入均衡水平），各项转移支付比重的变化等因素。

税收返还占转移支付总额的比例一直较大。2005 年，消费税、增值税税收返还占比为 24. 90%；所得税基数返还占比为 7. 82%。而同年民族地区在消费税、增值税税收返还收入中只占到 12. 65%，所得税基数返还中民族地区占比更少，仅为 6. 83%，都低于其人口百分比的 14. 59%。

财力性转移支付和专项转移支付在当前转移支付中占比最高，因此，这两种转移支付对均衡民族地区的作用至关重要。民族地区占财力性转移支付和专项转移支付的比例分别为 27. 57% 和 22. 92%，相比较而言，财力性转移支付对提升民族地区财政能力的均衡效应更为明显，尤其是其中的一般性转移支付，民族地区占比为 30. 46%，横向均衡效应更强。随着一般性转移支付规模和比重的加大，民族地区所占一般性转移支付的比例呈现下降的趋势。

通过对民族地区财政转移支付结构绩效 I 的分析，民族地区转移支付的均衡绩效 I 最高，其次为原体制定额补助，但其所占比例较小；财力性转移支付，尤其是其中的一般性转移支付均衡民族地区财政能力绩效也较为明显；对于专项转移支付，虽然在均衡民族地区财政能力上也能够发挥作用，但考虑其比例后的绩效 I 仅为 0. 09，还有待于进一步提高。所得税基数返还在均衡民族地区财力中起到了负效作用，而税收返还在均衡民族地区财力的绩效是低效的。

基于上述分析，我们建议从以下几个方面对民族地区财政转移支付制度进行调整。

第一，逐步减少税收返还在转移支付中所占的比重。税收返还的数额和增长率均以来源地的税收为依据，不考虑地区差别，属于非均等化转移支付形式，它同分税制实行各地实现公共服务均等化目标是相悖的。税收返还主要为东部发达地区所享有，民族地区所获较少，这样反而进一步加大了民族地区与发达地区财政转移支付事实上的不平等。这种转移支付方式不能永久化、固定化，甚至扩大化，应逐步取消税收返还。[①] 当然，为了减少改革的阻力，可以规定一个过渡期，分步实施，逐步到位。

第二，构建横向转移支付体系，提高以民族地区为主的欠发达地区财政能力。我国过去虽然没有明确的横向转移支付方案，但是原体制上解和

① 李红霞：《我国财政转移支付制度改革的理性思考》，《现代财经》2008 年第 4 期。

定额补助事实上就是一种较固定的横向转移支付，并取得过很好的社会与经济效益。然而，由于分配方式多年保持不变，已和目前的状况不相适宜，并且缺乏客观的依据。因此，有必要借鉴国外横向转移支付的经验，构建一种实际可行的，能合理测度的横向转移支付模式，提高以民族地区为主的欠发达地区财政能力。

第三，加大对民族地区的一般性转移支付。一般性财政转移支付在均衡民族地区财力方面效果较为明显，但目前一般性转移支付所占规模较小，应进一步提高一般性转移支付的规模和比重。同时，从民族地区的发展基础、自然地理条件、发展成本等实际出发，进一步提高民族地区的转移支付系数，进一步细化标准收支和应得转移支付测算方法，保证民族地区拥有实现基本公共服务均等化的大体相当的财力，遏制民族地区一般性转移支付所占比重下降的趋势。

第四，增加“民族地区转移支付”的额度。在现行的转移支付制度中，最能体现对民族地区财政支持的，应该是专门针对少数民族地区的“民族地区转移支付”，其在各项转移支付中均衡绩效I最高，但“民族地区转移支付”所占比例却很小。应当综合考虑民族地区承担的特殊事权，进一步增加“民族地区转移支付”的额度，更好地发挥本项转移支付在民族地区发展稳定中的作用。

第五，进一步提高专项转移支付对民族地区的倾斜力度。当前，专项转移支付分配办法的不合理性、不规范性突出，对民族地区均衡效应不明显。建议将专项补助进一步分解为项目专项补助和公式专项补助，对公式专项补助的拨款，按因素法分配资金，进一步加大对民族地区的专项转移支付力度，加强民族地区基础设施建设，完善基本公共服务。在配套比例的确定上，应依照支出责任划分方法确定配套政策，充分考虑民族地区财政承受能力弱的事实，降低甚至取消民族地区的地方配套比例。

（原载《民族研究》2009年第4期）

民族优惠政策的价值分析[①]

民族优惠政策是中国特色民族政策体系的重要组成部分，集中体现了国家对少数民族和民族地区的帮助扶持。在优惠政策的帮扶下，少数民族和民族地区经济社会发展取得重大的成就。然而，随着市场经济的发展和社会转型的深入，学术界和社会上出现了诸多对民族优惠政策质疑和误解的声音，如有人认为民族优惠政策是国家给予少数民族的社会福利；有人认为民族优惠政策违背法律面前人人平等的原则，要求以公民权利平等取代民族平等权利，以区域扶助政策取代民族优惠政策，等等[②]。对民族优惠政策价值的分析有助于理性回应上述误解和质疑，对于坚持完善民族优惠政策具有重要的理论和现实意义。

一　民族优惠政策价值的含义

民族优惠政策，是指国家基于少数民族和民族地区经济社会发展相对滞后的现状，在政治、经济、文化、社会等方面给予其较汉族和非民族地区优惠的发展政策。民族优惠政策不同于维护少数民族文化特性的特别措施，功能在于实现各民族及其成员的事实平等，一旦政策施行的前提条件消失或政策目标达成，就不应再继续实施，否则将导致反向歧视和不公。新中国成立以来，国家在政治参与、经济发展、金融贸易、财政税收、文

① 本文与陈蒙合作。

② 参见马戎《理解民族关系的新思路——少数族群问题的去政治化》，谢立中主编《理解民族关系的新思路：少数族群问题的去政治化》，社会科学文献出版社 2010 年版；胡鞍钢、胡联合《第二代民族政策：促进民族交融一体和繁荣一体》，《新疆师范大学学报》2011 年第 5 期等。

教卫生、人口生产、人才培养以及就业和社会保障等领域推行了一系列民族优惠政策，具体表现为选举比例的放宽、财政转移支付的倾斜、税率优惠、利率优惠、税收返还、考试加分、同等条件下的优先录取录用以及计生政策的变通执行等等。民族优惠政策具有丰富的价值蕴含，这些价值构成了民族优惠政策的真正底蕴，贯穿民族优惠政策过程的始终，是民族优惠政策的精神实质所在。作为中国特色民族政策的重要组成部分，民族优惠政策本身就是一项有目的的事业，分析其价值蕴含，更多是要从目的论的角度入手，着重阐述其在发挥社会作用的过程中所要达到的美好愿景和目标。因为一项政策，如若失去制定实施的社会目标，在事实上就会丧失评定其合法性和正当性的标准，因而变得毫无意义。

广义上讲，民族优惠政策的目的价值既包括政策的精神价值，如平等、人权、正义、秩序、和谐等价值目标，又包括政策的功能价值，如促进民族发展、保障各民族的合法权益、维护民族团结和国家统一、强化中华民族认同和国家认同等等。然而，进一步分析的话，我们就会发现，功能价值实则只是制定与实施民族优惠政策所要发挥的社会作用，并不属于严格意义上的形而上的价值范畴。民族优惠政策的价值，是“在功能和作用之上的，作为功能和作用之目的的至上目标与精神存在”。[①] 这些价值存在于政策文本和社会生活之中，构成民族优惠政策所追求的理想和目的。当然，在政策系统中，从来不能将作用和价值截然分开，民族优惠政策发挥社会作用的过程，正是对目的价值予以保护和实现的过程。

二 民族优惠政策的平等价值

平等，简单地说，就是同等情况同等对待，亦即人与人平等对待的社会关系。平等是人权的基本内容和正义的基本内涵。自人类社会产生以来，人们对平等的追求便从未停止。近代资产阶级革命打破了封建等级特权，强调作为一般意义上的人在法律面前或法律上一律平等。但这也只是消极地保障了起点的平等，由于人在现实生活中存在各种差异，片面保障

---

① 卓泽渊：《法的价值论》，法律出版社 2006 年版，第 49 页。

形式上的平等就招致了诸多事实上的不平等。为了克服形式平等的弊端，实质平等逐步进入人们的视线，基于主体间存在自然的和社会的各种差异，给予形式上的不同等对待，从而在事实上使有差别的主体真正得到同等对待，恢复平等内在的那种主体之间的对等关系。当代社会，平等理念进一步发展为“包容性平等”，亦即尊重、包容、适应和满足不同主体间多样化的平等诉求，力求实现形式平等与实质平等的综合平衡和互补统一。因而，平等不应该是价值无涉的，也不应该是选择“道德中立”的，它恰恰应该是充满人文关怀和人道主义理性的。平等的表现形式是多元的，也是具体的、历史的。平等的真正含义在于“对所有人使用同样的规则，还是对不同群体使用不同规则，这一点需要在其特殊背景下逐例仔细审定，而不是事先设定”。[①]

我国自古以来就是一个多民族国家。历史上，“不管是封建主义、资本主义、帝国主义，都是削弱被压迫民族的。反动统治者不仅压迫本民族的劳动阶级，也削弱它统治的其他民族”。[②] 新中国成立后，国家建立了社会主义的新型民族关系，与历史上的民族关系有着本质的区别，民族平等与否便是二者最大的区别。民族平等是我国社会主义民族关系的基本特色，不能仅仅停留在法律层面上，更重要的是要在现实生活中真正实现。“权利永远不可能超出社会的经济结构以及由经济结构所制约的社会的文化发展……要避免所有这些弊病，权利就不应当是平等的，而应当是不平等的。”[③] 德沃金认为，对平等的关切，受着两个相互配合的原则的支配，即重要性平等的原则和具体责任原则。重要性平等的原则“要求政府采用这样的法律或政策，它们保证在政府所能做到的范围内，公民的命运不受他们的其他条件——他们的经济背景、性别、种族、特殊技能或不利条件——的影响”，具体责任原则“要求政府在它能做到的范围内，还得努

---

① ［加］威尔·金里卡：《少数的权利：民族主义、多元文化主义和公民》，邓红风译，上海世纪出版集团 2005 年版，第 22 页。

② 周恩来：《关于我国民族政策的几个问题》，国家民族事务委员会政策研究室：《中国共产党主要领导人论民族问题》，民族出版社 1994 年版，第 178 页。

③ 《马克思恩格斯选集》第 3 卷，人民出版社 1995 年版，第 305 页。

力使其公民的命运同他们自己作出的选择密切相关”。[①] 少数民族和民族地区在经济社会发展水平上的相对滞后，导致其享受权利的实际水平低于汉族和非民族地区，事实上处于不平等的地位和境况。这些不利境遇并非由少数民族的选择或过错所造成，因而并非其所应得。同时，不利条件又不是少数民族单纯凭借自身能力所能克服的。因此，民族平等的实现，必须考虑各民族间的发展差距，采取看似不平等的措施对少数民族权益给予特殊保护，帮助其克服不利境况的影响，具体表现为对少数民族和民族地区实施的各项优惠扶持和倾斜照顾。

经济发展是民族平等的基础，“如果少数民族在经济上不发展，那就不是真正的平等。所以，要使各民族真正平等，就必须帮助少数民族发展经济”。[②] 在法律和政策范围内，国家对欠发达的少数民族和民族地区实行全方位的发展援助和优惠扶持政策：一是在扶贫资金、建设项目上向民族地区倾斜；二是设立专项资金；三是组织开展对口支援和经济技术协作；四是实行税收优惠政策；五是实行金融优惠政策；六是对人口较少民族的发展重点扶持；七是制定并实施专项规划。[③] 在这些政策措施的保障下，少数民族和民族地区经济社会发展取得了巨大的成就。进入 21 世纪以来，民族自治地方的地区生产总值，由 2000 年的 7486 亿元增长到 2011 年的 48296 亿元，年平均增长速度达 13.1%，高于同期全国平均增长速度（10.4%）；人均地区生产总值由 4451 元增长到 27519 元，年平均增长速度达 18%。[④] 少数民族和民族地区的综合经济实力的长足发展，成为实现真正民族平等的关键因素。此外，在社会其他“共同领域”里，国家也将实现真正的民族平等作为一以贯之的价值理想和价值准则，一方面在法律上承认平等的价值和确认权利的平等，另一方面通过民族优惠政策为平等设置措施和保障，旨在民族关系上补救平等、恢复平等和重建平等。

---

① ［美］德沃金：《至上的美德：平等的理论与实践》，冯克利译，江苏人民出版社 2003 年版，第 7—8 页。

② 周恩来：《不信教的和信教的要互相尊重》，国家民族事务委员会政策研究室：《中国共产党主要领导人论民族问题》，民族出版社 1994 年版，第 123 页。

③ 马启智：《中华民族多元一体与我国的民族政策》，《求是》2010 年第 23 期。

④ 中华人民共和国国家统计局：《中国统计（2012）》，http://www.stats.gov.cn/tjsj/ndsj/2012/indexch.htm。

平等作为一个历史的范畴，其价值含义不是一成不变的，而是随着时代的变化和社会经济文化环境的发展而不断发展变化的。新中国成立初期，民族平等主要是指实现各民族在政治法律上的一律平等，即消灭民族压迫、民族歧视制度，实行民族区域自治制度，保障少数民族当家作主的权利。随着民族平等在法律上的确立以及民族区域自治基本制度的实现，与自治一并考虑的不仅是政治平等和法律平等的问题，更包括在现实生活中实现全面平等、事实平等的问题，即帮助少数民族和民族地区加快经济社会发展，缩小民族之间和区域之间实际存在的差距，逐步消除少数民族在享受权利的“可行能力”上与汉族的不平等，进而实现民族间的实质平等。21 世纪以来，伴随改革开放的深入和市场经济的完善，民族平等的内涵也在进一步发展，即坚持以实质平等为原则的同时，也重视形式平等的要求，最大程度地减少“将缩小民族差距的社会代价转移到个体竞争者身上”的现象的发生。着眼于政策的实践环境和实现程度，民族优惠政策不断根据时代的发展调整完善，深化发展。一些植根于计划经济时代的具体优惠照顾先后被修改或废止，另一些适应市场经济环境和当代民族工作实践的政策措施不断被确立和完善。这种调整与完善强调坚持与发展的辩证关系，不是“推倒重构”，而是在宪法和法律的框架下，包容社会各界各群体不同的平等诉求，有条不紊、循序渐进地对日益多元的平等内涵的追求。

三 民族优惠政策的人权价值

人权是人之为人所享有或应当享有的权利。尊重和保障人权是现代法政制度的基本标志和基本特征。传统观点认为，天赋人权，人权与生俱来，不证自明。它看到了人权的自然属性，但忽略了人权的社会属性，日益显示出不合理性和不科学性。[①] 事实上，人权是源于人的基本属性和社会历史发展，并且与人的生存和发展以及主体地位直接相关的普遍权利。人是社会的人，一个人自出生起就将自己置于一定的社会共同体当中，为了自己的生存和发展必然参与各种社会关系。因而，人权不是“天赋”

---

① 卓泽渊：《法的价值论》，法律出版社 2006 年版，第 339 页。

的，而是在人与共同体的逻辑关联和历史互动中产生的。在这一人权观念下，人与人之间的互助在共同体成员身份认同的基础上得以展现，帮助他人实现权利是基于相互帮助，也是共同体成员对共同体的道德承诺。[①] 就民族与国家的关系而言，多民族国家即是一个多民族共同体，亦是一个人权的共同体，权利构成共同体规则的核心和基础。人权是身处于共同体中的民族满足自身生存发展需要、探索适当生活方式、追寻和实现自身价值的正当性基础。民族权利有效保障，尤其是少数民族人权全面实现，从而使各民族全面而自由的发展，是组成多民族国家共同体的价值原点和终极关怀。国家和发达地区对少数民族和民族地区的扶助，是多民族国家作为人权共同体的应有内涵，是人权共同体内成员互助道德承诺的体现。

从人权保障实践的发展轨迹来看，第二次世界大战结束后颁布的《世界人权宣言》确认了普遍人权原则。普遍的个体人权虽然部分推动了少数民族成员个人权利的保障，然而"基本个人权利并不足以保证族裔文化公正，特别是在有少数民族的国家"[②]。因此，有必要在普遍人权的基础上，采取有效措施对少数民族人权进行特别保护。1966 年通过的《公民权利与政治权利国际公约》第 27 条承认了在种族、宗教和语言上属于少数群体的个人的权利。但是，该条文只是给缔约国施加了不干预少数人权利的消极义务，并没有要求国家采取任何积极措施。1992 年通过的《在民族或种族、宗教和语言上属于少数群体的人的权利宣言》对《公民权利与政治权利国际公约》第 27 条的内容做了进一步的权威性说明，明确肯定地赋予属于少数群体的人的基于其民族或种族、宗教、语言等群体特征而享有的各种权利，包括享受自己文化的权利、信奉自己宗教的权利、使用自己语言的权利，有效参与文化、宗教、社会、经济和公共生活的权利，参与政治决策的权利，成立和保持社团的权利，以及建立并保持自由与和平交往的权利。该宣言明确了"属于少数民族群体的人"

---

① 刘茂林、秦小建：《人权的共同体观念与宪法内在义务的证成——宪法如何回应社会道德困境》，《法学》2012 年第 11 期。

② ［加］威尔·金里卡：《少数的权利：民族主义、多元文化主义和公民》，邓红风译，上海世纪出版集团 2005 年版，第 69 页。

这一权利主体，并要求各国采取必要的积极措施，确保属于少数群体的人能够在不受任何歧视的情况下，在法律面前完全平等地充分行使其所有人权和基本自由，充分参与本国的经济进步和发展。1965 年联合国大会通过的《消除一切形式种族歧视国际公约》也适用于少数民族人权保障。该公约就种族或民族平等与特别保护的关系，作了详尽和权威的规定，即“专为使若干须予必要保护的种族或民族团体或个人获得充分进展而采取的特别措施以期确保此等团体或个人同等享受或行使人权及基本自由者，不得视为种族歧视，但此等措施的后果须不致在不同种族团体间保持各别行使的权利，且此等措施不得于所定目的达成后继续实行”。“二战”后的少数民族人权保障，经历了从间接保护到直接保护的转变，从消极保护到积极保护的转变，以及从个体人权到个体人权和集体人权兼具的转变，逐渐嵌入了非歧视和特别保护两个内容。少数民族集体人权是以普遍的个体人权为基础的，对少数民族的特别保护也是非歧视原则的合理衍生，集体人权和特别保护是实现普遍人权的一种方式和途径。

民族优惠政策是国家对少数民族进行特别保护的重要途径，是保证少数民族充分参与经济社会发展的必要措施。推行民族优惠政策可以理解为“国家以值得信赖的形象承担尽其资源能力以适当方式实现权利的渐进性义务”。[①] 少数民族人权保障关系整个国家人权状况，是普遍人权的应有之义和根本要求。民族优惠政策立足中国历史和现实国情，通过对少数民族人权进行特别保护，实现对《世界人权宣言》确认的普遍人权原则和各项基本人权的承认与尊重。不同于多元文化主义政策侧重对少数民族文化权利、宗教权利的保护，民族优惠政策的人权维度表现为对少数民族群体及其成员个体政治、经济、文化和社会权利的全方位保护，特别是强化对生存权和发展权的保护。

生存权和发展权是首要的人权，关注的是对后发展群体的扶持与保护。民族问题错综复杂，但最重要、最根本的问题是解决民族生存和发展的问题，否则就有可能引发人权危机。我国历来把促进和实现少数民族与汉族的共同发展繁荣作为少数民族人权保障的基本进路，民族优惠政策就是为促进少数民族的快速发展和各民族共同繁荣而制定实施的。针对各民

① 张文显主编：《马克思主义法理学》，高等教育出版社 2003 年版，第 323 页。

族实际发展程度和少数民族人权保障的现实状况，国家注重政策支持，调整经济社会资源分配权重，对少数民族和民族地区给予重点倾斜。通过帮助少数民族和民族地区加快经济发展、加大民族地区的扶贫开发力度、提升民族地区民生保障水平，以及发展民族地区社会服务和社会保障事业等措施，在保障和实现少数民族生存权和发展权方面取得了突出的成绩。民族地区的经济总量、城镇居民人均可支配收入、农牧民人均纯收入较新中国成立初期和改革开放初期均有大幅度的提高，为少数民族人权保障水平的整体提升提供了坚实的物质基础。就少数民族人权的权利属性而言，“集体人权与个人人权的界限，并不是绝对的，而是相对的”，“个人人权是集体人权的基础，集体人权是个人人权的保障”。[①] 在生存权和发展权视域下，“个人是发展权的基本主体，个人是发展权的最终受益者”，“虽然发展及发展权问题在国际人权舞台上首先是围绕国家特别是发展中国家而提出来的，但国际一级的发展权问题最终要成为国内法的问题，也就是说国家抑或民族的发展权最终要还原为个人的发展权”。[②] 民族地区经济实力和人民生活水平的双提高，体现了民族优惠政策保障少数民族群体和个体发展权的实现。

除了通过发展经济保障少数民族的生存权和发展权外，国家还实行了一系列优惠扶持政策，帮助少数民族实现其政治权利、文化教育权利和社会权利。政治参与方面的优惠政策，不仅保障少数民族成员作为公民应有的政治权利，更是积极保障少数民族群体的集体政治权利。在选举权的分配上，对少数民族给予特殊的照顾，历届全国人大代表中，少数民族代表所占比例均高于同时期少数民族人口占全国总人口的比例，即使人口特少的少数民族也至少有一名全国人大代表。目前，55 个少数民族都有本民族的全国人大代表和全国政协委员，人口超过 100 万的少数民族都有本民族的全国人大常委会委员。根据相关法律和政策的精神，国家在干部培养和任用等方面给予少数民族适当的优惠和照顾，中央和地方国家权力机关、行政机关、审判机关和检察机关都有一定比例的少数民族干部。“用国家权利在各个民族之间制度化的分享替代传统的多数票原则和拒绝少数

① 李步云：《论个人人权与集体人权》，《中国社会科学院研究生院学报》1994 年第 6 期。

② 齐延平：《论发展权的制度保护》，《学习与探索》2008 年第 2 期。

民族权利的政治实践，在不同程度上体现了求同存异、平等参与、协商合作的族际政治民主的内涵。"①

国家从财政、物资、技术等方面大力扶持少数民族和民族地区发展科学、文化、教育事业，切实保障少数民族的文化教育权利。"国家贫困地区义务教育工程"、"中小学校舍安全工程" 等一系列重大教育项目，都把民族地区作为重点给予倾斜扶持。民族地区已经形成从幼儿教育到高等教育的完整教育体系。在高考、研考等考试中，对少数民族考生适当放宽录取标准和条件，对人口特少的少数民族考生给予特殊照顾，少数民族人口的受教育年限显著提高。

每个人作为社会的一员，都有权享受水平大体相当的社会保障。国家注重政策倾斜，给予优先安排，促进少数民族和民族地区社会保障事业的快速发展。在就业权保障上，国家大力帮助少数民族和民族地区解决就业问题，不仅加大对民族地区就业专项资金分配的倾斜力度，而且在一些政府机关和国有企事业单位录用工作人员时，给予少数民族适当的照顾；在生育权保障上，在全国绝大部分地区，少数民族在实行计划生育政策方面较汉族都有一定程度的放宽；在公共卫生和基层医疗服务体系建设、新型农村合作医疗制度建设、少数民族传统医药保护和抢救等方面，国家对少数民族和民族地区给予倾斜和照顾。

总之，民族优惠政策的人权价值，表现在它面向少数民族群众的现实生活，以提高少数民族和民族地区人民群众的生活水平为直接目标。民族优惠政策的人权价值，不仅体现在民族地区的经济发展和人民生活水平的提高上，而且体现在少数民族的尊严感和幸福感的提升上。

四　民族优惠政策的正义价值

"正义是社会制度的首要价值。"② 对于社会正义，罗尔斯提出了著名的正义二原则，一是平等的自由原则，二是公平的机会平等原则和差别原

① 王建娥：《族际政治：20 世纪的理论与实践》，社会科学文献出版社 2011 年版，第 295 页。

② ［美］罗尔斯：《正义论》，何怀宏等译，中国社会科学出版社 1988 年版，第 1 页。

则。原则上，公民的基本权利和义务遵循平等的自由原则，即一般平等的原则。然而，由于个人的出发点不同，即公民的自然禀赋、家庭境况、认知能力、所处的社会环境、所接受的教育水平和所拥有的财富都有所不同，其享受自由和权利的能力也不尽相同。那些在上述方面处于劣势的公民并不能很好地把握自身的权利的机会，平等的自由在其实现过程中便大打折扣。来自个人条件方面的差异，使得规则预设的平等的自由价值演变为一种现实中的不平等。由此，为了达到一种现实的平等，罗尔斯引入了正义的第二个原则，在社会生活和经济生活领域来调整财富和收入的分配制度，以期“通过调节主要的社会制度，来从全社会的角度处理这种出发点方面的不平等，尽量排除社会历史和自然方面的偶然任意因素对于人们生活前景的影响”。[①] 为此，就需要突破功利主义满足最大多数人的最大利益的观念，实行公平的机会平等和一定程度的差别对待，在社会经济利益的分配上尽可能地向最少受惠者抑或最不利者倾斜，从而最大限度地满足他们的最大利益。公平的机会平等即在于“由一系列的机构来保证具有类似动机的人都有受教育和培养的类似机会，保证在与相关的义务和任务相联系的品质和努力的基础上各种职务和地位对所有人都开放”。[②] 差别对待在于采取一些必要的差别性措施，对社会利益的分配进行适当的干预和调节，促进处于最不利地位者的利益享有，以平衡全体社会成员之间的利益格局，在全社会中实现真正的公平、平等和正义。唯有差别对待，才能实现公平的机会平等。否定差别对待，得到的很有可能只是“在平等的名义下，实现的反而是不平等、非正义、不公平”[③] 的后果。这实非正义的应有意蕴。

少数民族和民族地区发展相对不足，在社会发展中处于相对不利的地位。如果用绝对化的公民权利平等取代实质意义上的民族平等，即采取古典自由主义的立场，对于少数民族群体的发展，“国家则既不应帮助，也

---

① ［美］罗尔斯：《正义论》，何怀宏等译，中国社会科学出版社 1988 年版，译者前言第 6 页。

② 同上书，第 268—269 页。

③ ［法］皮埃尔·勒鲁：《论平等》，王允道译，商务印书馆 2009 年版，第 47 页。

不应阻碍，而应由私人领域的个体自由选择”,[①] 看似公正无私，实则“只不过是不持至善论罢了，它将道德上的至善问题留给社会上各个个人的意志决断来加以发落”[②]。这很有可能造成一种不断扩大的个人主义倾向，“当每个公民各自建立了自己的小社会后，他们就不管大社会而任其自行发展了……久而久之，个人主义也会打击和破坏其他一切美德，最后沦为利己主义”。[③] 这种立场容忍了社会中长期存在的对少数民族的结构性歧视，忽视了少数民族和民族地区要求平等发展的权利诉求。“没有给予少数民族群体以权利可能符合自由的个人主义以及个人的人权，但是却实用主义地不计较给予多数（主导）民族以群体权利。”[④] 长此以往，正义的价值就会逐渐走向虚无，社会公德的源泉亦会因此而干涸。国家实行民族优惠政策，对少数民族和民族地区差别对待，给予特殊保护，正是为了促进和满足暂时处于不利地位的少数民族和民族地区的最大利益，从根本上说是符合正义的价值要求的。

民族优惠政策始终将正义作为自身存在的目的和根据，其政策过程正是促进和保障正义价值实现的过程。首先，民族优惠政策促进和保障补偿正义。“历史上汉族长期处于优势地位，汉族统治阶级要么把少数民族同化，要么把少数民族挤到边疆和生产条件差的地区。处于劣势地位的少数民族得不到发展，因而落后了……汉族如果承认这个历史事实，就应该向少数民族赔不是……我们不仅这样说，还要在实际中这样做，帮助少数民族和汉族一起发展。”[⑤] 民族优惠政策正是帮助少数民族和汉族一起发展的政策，是现实条件下给予少数民族和民族地区的合理补偿，是恢复性正义的体现和实现。其次，民族优惠政策促进和保障分配正义。国家注重少

---

① ［加］威尔·金里卡：《少数的权利：民族主义、多元文化主义和公民》，邓红风译，上海世纪出版集团2005年版，第42页。

② ［英］安东尼·德·雅赛：《重申自由主义：选择、协议、契约》，陈茅等译，中国社会科学出版社1997年版，第18页。

③ ［法］托克维尔：《论美国的民主》（下），董果良译，商务印书馆1988年版，第625页。

④ ［英］安东尼·史密斯：《民族主义：理论，意识形态，历史》，叶江译，上海世纪出版集团2006年版，第42页。

⑤ 周恩来：《民族区域自治有利于民族团结和共同进步》，国家民族事务委员会政策研究室编：《中国共产党主要领导人论民族问题》，民族出版社1994年版，第152—153页。

数民族和民族地区在经济社会资源二次分配上的公平问题，在税收减免、财政转移支付和财政扶贫资金的分配上，都给予少数民族和民族地区一定的照顾和扶持，并逐年加大倾斜力度。这些扶助措施旨在对民族之间和区域之间的发展差距进行合理调节，从而使社会公平得到切实维护。最后，民族优惠政策促进和保障社会正义。社会正义，意即“社会体制的正义，或社会基本结构的正义”。[①] 民族优惠政策本身就是用来在国家和民族之间、民族与民族之间分配基本权利和义务、社会经济资源与利益、社会合作成果与负担的一种方式与制度，广义上讲，属于社会体制或社会基本结构的范畴。民族优惠政策的制定和实施，旨在不同民族之间公正地分配经济机会和社会资源，保障少数民族群体和个人公平参与和平等发展的政治、经济、文化和社会环境。通过合理的差别对待，帮助少数民族和民族地区提高生产力水平，缩小甚至消除各民族间长期存在的结构性差异，为少数民族平等参与社会竞争提供必要的社会保障，为社会正义的实现夯实基础。

民族优惠政策始终将正义作为政策制定、执行和评价的价值准则。党的十八大报告强调：“加紧建设对保障社会公平正义具有重大作用的制度，逐步建立以权利公平、机会公平、规则公平为主要内容的社会公平保障体系，努力营造公平的社会环境，保证人民平等参与、平等发展权利。”权利公平，即基本权利不因公民的性别、民族、财富、家庭、职业和社会地位而有所差别；机会公平，就是要使人人平等地获得发展机会，为每一位社会成员提供参与经济社会发展，共享改革发展成果的同等机会；规则公平，即规则对任何人都不能例外，在既定的法律和制度面前人人平等，平等地享有权利和履行义务。“三个公平”，是社会主义市场经济条件下对公平正义的最新诠释。坚持和完善民族优惠政策，要以正义作为核心标准，坚持“三个公平”的有机统一，做到公平正义形式与内容、内涵与外延的协调一致，从而最大限度地满足正义的时代要求。

---

① 张文显主编：《法理学》，高等教育出版社、北京大学出版社 2007 年版，第 339 页。

五 民族优惠政策的秩序价值

秩序“意指在自然进程和社会进程中都存在着某种程度的一致性、连续性和确定性”。① “社会秩序表示在社会中存在着某种程度的关系的稳定性、进程的连续性、行为的规则性以及财产和心理的安全性。”② 具体到民族问题上，秩序表征多民族国家内部民族关系的稳定性、民族交流交往交融行为的规范性和连续性，以及多民族共同体的安全性和心理认同的归属性。民族优惠政策对构建和谐民族关系，维系良好的社会秩序具有重要价值。

利益分配和协调是民族优惠政策实现秩序价值的重要途径。从一定意义上说，民族也是一个利益共同体，民族关系就是各民族之间的一种利益关系。在多民族的中国，国家利益与民族利益在本质上是一致的。但是，国家与民族的利益之间、民族与民族的利益之间，在特定条件下也会发生具体的冲突与矛盾。如果允许其中的某一个或几个利益绝对化，那么其他利益就没有了必要的保障。经济利益居于多种利益的核心地位，民族的发展在根源上取决于其经济的发展，民族关系的和谐很大程度上也取决于各民族经济利益的划分和分享是否公平合理。“如果搞两极分化，情况就不同了，民族矛盾、区域间矛盾、阶级矛盾都会发展，相应地中央和地方的矛盾也会发展，就可能出乱子。”③

经济利益分配和协调的不公正、不合理，贫富分化的加剧，就可能导致民族间的矛盾和摩擦，使民族关系陷入紧张无序的状态。少数民族和民族地区发展滞后，往往也成为境内外敌对势力挑动民族情绪、制造民族事端、破坏民族关系的重要切入点，必须引起我们的高度警觉。为此，必须做好国家与民族间、民族与民族间的利益分配和协调，通过规范利益分配和协调利益关系，优化资源配置结构和利益分配机制，把各民族间原本不

① ［美］博登海默：《法理学：法律哲学与法律方法》，邓正来译，中国政法大学出版社1999年版，第219页。

② 张文显主编：《法理学》，高等教育出版社、北京大学出版社2007年版，第305页。

③ 《邓小平文选》第3卷，人民出版社1993年版，第364页。

平衡的利益格局加以调整，从而最大限度地使各民族的利益都能够得到公平合理的满足。实行民族优惠政策，国家创造条件扶持少数民族和民族地区加快经济社会发展，努力缩小民族间和区域间的发展差距，在民族互助的基础上实现互利和共同繁荣，使整个社会逐步呈现出一种橄榄型社会结构，“有助于使社会成员普遍形成一种社会公正、稳定的社会认同感……并积极努力保持稳定、安全的社会局面”①，从而为民族团结和谐与共生互补的良好秩序奠定坚实的基础。那种只讲绝对平等，不考虑具体差异而要求取消民族优惠政策的做法，极有可能形成两极分化，导致民族关系的紧张，诱发各种矛盾冲突，势必对多民族国家的族际整合和安定秩序产生严重的负面影响。

建构和强化认同是民族优惠政策实现秩序价值的又一重要方式。认同用以解释个体与群体、群体与群体之间的归属、依赖、联系等关系状态，强调人们的共识及其对社会关系的影响，对良好民族关系秩序的形成和维护、民族交流交往交融进程的延续具有重要意义。首先，民族优惠政策重视政治参与与合法性认同的辩证关系。依照人民主权原则，现代国家的合法性来源于民众的认同、支持和拥护，合法性危机的出现则源于政治认同的缺失。在我国，各民族都是国家的主体，政治参与是族际整合的关键。政治方面的优惠政策为少数民族充分表达政治诉求提供了有效的渠道，保障了少数民族参与国家和地方事务管理的集体政治权利，拓展了多民族国家的政治包容度，避免了转型时期因日益增强的少数民族政治权利意识而可能出现的合法性危机，巩固了少数民族对多民族国家合法性认同的基础。其次，民族优惠政策重视民族发展与国家认同之间的辩证关系。帮助少数民族和民族地区加快发展，就是要在 56 个民族各美其美的基础上，减小各民族的静止性、褊狭性、封闭性与排外性认同，强化中华民族认同，增强中华民族的核心凝聚力，实现基于主权的民族国家认同，为美美与共创造良好的经济社会生态。

民族优惠政策是中华民族多元一体格局与权利实现的差序格局契合的产物。两个格局持续交汇互动，维护、巩固着中华民族总体性存在的社会事实，并在此基础上承担着构建以中华民族为国族的民族国家的重要任

① 吴忠民：《以社会公正奠定社会安全的基础》，《社会学研究》2012 年第 4 期。

务。随着民族优惠政策的实行，少数民族和民族地区经济社会快速发展，各民族之间交往机会逐步增多，经济文化交流日益密切，差异性逐渐减弱，共同性不断增强，相互之间的了解和认同不断强化。中华民族56个成员对国家的认同感和归属感不断加强，为民族国家的构建奠定了心理—情感基础。

当代社会，任何一项社会设计“所关心的不仅仅是个人是否自由或安全，抑或是否感到自由和安全的问题，而是作为一个整体的社会中的各种过程之间如何达致和谐与平衡的问题”。① 民族优惠政策是各民族在相互认同和理性同意的基础上，为保全多民族国家共同体和保持和谐生活秩序而有意识达成的道德承诺，其秩序价值突出表现为对民族关系和谐的关注。和谐意味着秩序良好，社会安定团结，民族间的矛盾和冲突能够在法律理性和政策精神的框架内得以缓和或消解。和谐是对各民族和睦、协调、合作等统一性的强调，是民族优惠政策秩序价值的本质所在。在民族优惠政策的推动下，民族平等的落实、民族团结的加强、民族互助的开展和民族发展的实现，使得民族间的利益格局趋于均衡，民族和谐逐步呈现出来。不同于极权高压或武力威慑下的稳定和顺服，和谐表征为民族差异性得到承认，利益诉求的多元性受到应有尊重，各民族群体及其成员的合法权益得到保障和实现，“多元一体，和而不同”成为一种现实可能。

结　语

平等、人权、正义、秩序是民族优惠政策基本的价值蕴含，是相互联系、相辅相成的辩证统一体。平等是基础，人权和正义是核心，秩序是保障，共同构成了民族优惠政策的价值体系，体现了民族优惠政策的精神实质。然而，价值论的确证并不等于具体民族优惠政策的尽善尽美，可以一成不变。随着时代的发展和社会的进步，民族优惠政策也要与时俱进，完善创新。我们既要积极理性地回应对民族优惠政策的质疑与否定，又要实事求是地面对民族优惠政策面临的新情况新问题新挑战。我国疆域辽阔，民族人口众多，社会发展情况复杂，我们需要从基本国情出发，以发展的

① ［美］富勒：《法律的道德性》，郑戈译，商务印书馆2005年版，第35—36页。

观点看待和处理民族优惠政策实施过程中出现的问题，在宪法和法律的框架下，用法治的思维和方式对其进行完善创新。只有与时俱进、完善创新，民族优惠政策才能在市场经济条件下发挥更大的社会作用，更好地实现其价值蕴含。

[原载《广西民族大学学报》（哲学社会科学版）2014 年第 2 期]

民族地区基本公共服务存在的问题与对策

基本公共服务是关系民生的重大社会问题。改革开放以来，随着经济的快速发展和“以人为本”执政理念的施行，我国社会基本公共服务水平有了较大幅度的提高。但是，由于多种因素的制约，我国民族地区的基本公共服务还存在较多问题，与发达地区比较还有较大的差距。摸清民族地区基本公共服务存在的问题，厘清发展的思路，是贯彻落实党的十七大提出的统筹区域发展，推进基本公共服务均等化的需要。

一　提高民族地区公共服务水平，实现基本公共服务均等化的意义

基本公共服务，主要是指由政府提供的为保障全体社会成员基本的生存权和发展权，不以营利为目的的产品和服务。基本公共服务与民生问题密切相关。在我国，义务教育、公共卫生、公共文化、社会保障与救济、就业再就业服务、生态环境保护等属于典型的基本公共服务领域。所谓“基本公共服务均等化”，是指在与民生密切相关的纯公共服务领域，通过政府的调节、平衡，使全体居民（不论居住在什么地方），实现享受公共服务的机会均等和享受公共服务的结果大体均等（不是绝对相等）。公共产品供给是政府调节社会财富的二次分配，它所体现的是人权与公平正义原则，强调的是社会全体成员的福利和一视同仁的待遇。基本公共服务均等化，是发展中国家在现代化过程中必然要面对的重大课题。当前，广

大社会成员公共需求的全面快速增长与公共服务不到位已经成为我国突出的社会矛盾。建立社会主义公共服务体系，为人民群众提供有效的公共产品和公共服务，是我国政府的一项重要任务。

我国民族地区的基本公共服务，面临区域发展不平衡和城乡发展不平衡的双重困境。从区域不平衡来看，民族地区大多地处边疆和西部山区，自然地理条件恶劣，基础设施建设滞后，经济基础薄弱，基本公共服务水平总体上比东中部地区低很多。从城乡发展不平衡来看，在传统的城乡二元化体制下，城乡之间在户籍、身份、权利、义务等方面存在诸多制度性限制，公共服务体制是一种城市优先发展的体制。在这样的体制下，农民难以平等分享社会发展带来的成果，而过多地承担了发展的成本和代价。迄今为止，由于经济落后，城市化程度低，民族地区农村人口所占的比重大大超过全国平均水平。2005 年，全国民族自治地方农业人口占总人口的 76.86%，高于全国平均水平约 8 个百分点。这种状况，使城乡之间的基本公共服务差距在民族地区表现得更为突出。民族地区是统筹区域发展和统筹城乡发展的双重对象。

民族地区基本公共服务的基础差，存量低。最近几年，国家加大了基本公共服务的建设力度，公共服务的支出迅速增加。如国家全面免除农村义务教育阶段的学杂费、书本费，免除农民的农业税，推行城镇低保和农村低保，扶持新农村合作医疗等。这些普惠性的社会政策，对改善基本公共服务短缺状态，提高民众的生活水平具有重要作用。但是，由于民族地区基本公共服务的历史欠账太多，这种普惠性的政策难以从根本上解决问题。以基础教育为例，虽然政府减免了学生的学杂费、书本费，但由于过去的投入少，基础差，社会的贫困率高，民族地区中小学的校舍和其他基本的教学设施缺乏，没有合格的老师等问题并未解决。要彻底解决相关问题，还需要国家采取更加特殊的政策。

民族地区地方政府参与解决公共服务问题的能力弱。在我国现行的政治架构和公共服务供给体系中，地方政府对改善基本公共服务状况负有重要责任。无论是对中央财政转移支付进行配套，还是在公共服务方面的主动作为，都需要地方财力的支撑。然而，民族地区由于客观条件的制约，自我发展的能力弱，经济发展的水平低，能用于发展基本公共服务的财力明显不足。

我国少数民族人口过亿，民族自治地方占国土面积的64%。实现基本公共服务的均等化，既是落实民族平等政策，保障少数民族的生存权和发展权的要求，也是维护和发展团结互助和谐的社会主义民族关系的需要。国际经验表明，公共产品供应不足会造成各种社会问题。如果民族地区基本公共服务长期处于落后状态，与其他地区的差距继续扩大，势必对民族团结产生严重的负面影响。民族地区基本公共服务的落后状态，往往成为敌对势力挑拨民族关系的重要切入点，必须引起我们高度的重视。

我国宪法规定，“中华人民共和国各民族一律平等。国家保障各少数民族的合法的权利和利益，维护和发展各民族的平等、团结、互助关系”，“国家根据各少数民族的特点和需要，帮助各少数民族地区加速经济和文化的发展”。民族区域自治法也明确规定，“随着国民经济的发展和财政收入的增长，上级财政逐步加大对民族自治地方财政转移支付力度……增加对民族自治地方的资金投入，用于加快民族自治地方经济发展和社会进步，逐步缩小与发达地区的差距”。宪法和民族区域自治法的规定，既是国家帮助民族地区发展公共服务事业和逐步实现公共服务均等化的法律依据，也是宪法和法律赋予各级政府的重要历史责任。

二 现阶段我国民族地区基本公共服务存在的主要问题

对于我国民族地区基本公共服务取得的成就，笔者将另文阐述。这里仅从基础教育、公共文化、公共卫生、社会保障四个方面对存在的问题进行分析。

1. 民族地区基础教育存在的问题

教育经费投入不足，与发达地区的差距呈扩大趋势。我国过去实行的是义务教育“分级办学，以县为主”，国家投资、地方筹资和民众集资相结合的体制，国家投入所占比重明显偏小。以2002年为例，中央财政用于农村义务教育的支出仅占全国财政预算内农村义务教育支出的36.3%。[①] 也就是说，农村义务教育经费的绝大部分由地方财政和农民负

① 温红彦：《我国义务教育取得长足进展》，《人民日报》2003年11月3日。

担。民族地区由于经济落后，财政困难，农民收入低，无力负担教育附加费和集资，致使义务教育经费严重不足，义务教育发展严重落后于发达地区。

近年来，随着国家教育政策的调整，民族地区基础教育经费增长较快。但从基础教育人均支出额来看，东、西部的差距不仅没有缩小，反而有扩大的趋势。1998 年，我国普通小学生均教育经费支出为 625.36 元，最高的为上海 2621.16 元，最低的为贵州 296.44 元，生均教育经费支出的比值为 8.84。2005 年，我国普通小学生均教育经费支出全国平均为 1327.24 元，最高的为上海 7940.77 元，贵州为 885.91 元，生均教育经费支出的比值为 8.96。

1998 年，我国初中生均教育经费支出为 1101.84 元，最高的为上海 3523.46 元，最低的为贵州 520.78 元，生均教育经费支出的最高额与最低额的比值为 6.77。2005 年，初中生均教育经费支出为 1498.25 元，最高的为上海 8421.50 元，贵州为 1010.96 元，生均教育经费支出的最高额与最低额的比值为 8.33。

2005 年，全国普通小学生均预算内公用经费为 166.52 元，最高的上海为生均 1865.70 元，最低的广西为 59.22 元，上海是广西的 31.5 倍。初中全国平均为 232.88 元，上海为 2114.13 元，广西为 96.96 元，上海是广西的 21.8 倍。①

国家投入的加大和“两免一补”政策的实行，促进了民族地区基础教育的发展，但迄今为止，民族地区还有约 40 个县未能普及九年义务制教育。

民族地区中小学教学条件差。许多小学没有规范的校舍、桌凳、活动场所。据《2007 年：中国社会形势分析与预测》提供的数据，到 2006 年，西部地区尚有 100 多万中小学学生因校舍短缺不能上学。② 许多地方学生要跋山涉水，步行数小时上学；学校没有基本的教具，不能满足教学

---

① 教育部、国家统计局、财政部：《2006 年全国教育经费执行情况统计公告》。http://www.jyb.com.cn/xwzx/gnjy/zhbd/t20071229_134380.htm。

② 汝信等主编：《2007 年：中国社会形势分析与预测》，社会科学文献出版社 2006 年版，第 15 页。

的需要。

西部民族地区学校危房多。2005 年全国小学危房率为 5.79%，东部地区为 2.50%，西部地区为 8.64%；初中危房率全国为 3.99%，东部地区为 1.56%，西部地区为 4.58%。西部地区的中学危房率是东部地区的 2.94 倍。西部民族地区虽然人口并不集中，但中小学危房面积和危房率却远远高于东部地区。①

民族地区缺乏合格的教师。许多学校只有民办教师，一名教师教所有的课程。由于条件艰苦，难以吸引合格的教师从教。有资料显示，20 世纪末西部地区小学教师合格率仅为 20%。在云南省“直过区”，许多教师常年待在封闭的村庄，一些老师只有三、四年级的文化程度，教一、二年级的老师看不懂三、四年级的书。民族地区中小学教师的待遇低。教师的工资保障只是国发工资部分，教师的津补贴、福利没有保障，与城市学校和发达地区学校的收入差距进一步拉大。民族贫困地区中小学教师的住房公积金制度和医疗卫生保障制度都没有建立起来，教师的住房难、就医难等问题没有根本解决，使那些教学水平高、教学经验丰富的教师难以扎根民族地区。民族地区的孩子“学有所教”的问题亟待解决。

民族地区国民人均受教育年限短，文盲率高。目前，我国国民人均受教育年限已超过 8.5 年，北京、上海已超过 10 年，而少数民族地区人均受教育年限普遍低于全国平均水平，内蒙古 7.1 年，新疆 6.89 年，广西 6.37 年，宁夏 6.14 年，云南 5.64 年，青海 5.08 年，贵州 5.05 年，西藏仅 3 年。② 据云南省民委等单位历时两年完成的一项大型调查发现，云南民族“直过区”人均受教育年限仅为 3.95 年，金平苗族瑶族傣族自治县拉祜族文盲率为 90%；河口瑶族自治县有的瑶族村寨青壮年文盲率达 95% 以上。③

2005 年，1% 人口抽样调查结果显示，全国 15 岁及以上年龄段人口文盲率为 11.04%，其中男性为 5.86%，女性为 16.15%。在民族 8 省区

① 根据 2005 年《中国教育统计年鉴》相应数据计算得出，西部地区不含西藏。

② 中国科技发展战略研究小组：《中国区域创新能力报告》，知识产权出版社 2007 年版，第 386 页。

③ 张文凌：《云南民族“直过区”：一个教育贫困的样本》，《中国青年报》2007 年 2 月 2 日。

中，人口文盲率除广西和新疆略低于全国平均水平外，其他6个民族省区都超过全国平均水平。内蒙古为11.25%，云南为20.07%，贵州为21.41%；青海为24.07%；西藏达44.84%。女性文盲率贵州、青海分别达32.32%和33.18%，最高的西藏达55.76%，高于全国水平2—3倍。[①]

2. 民族地区公共文化存在的问题

2005年，广东省的文化事业财政拨款达12.8亿元，位居全国第一；江苏省超过11亿元，比2004年增加2.4亿元。而西藏、青海、宁夏居于末位，拨款不过亿元，江苏新增的额度就等于海南、西藏、宁夏的总和。[②] 这样的财政投入差异，显然与民族地区人民群众的公共文化需求增长不相适应。

表1　2005年民族地区文化事业主要指标与全国及发达省市的比较

地区	文化事业增加值占GDP（%）	文化事业及投资占GDP（%）	农村文化站覆盖率（%）	艺术团体演出场次	图书馆人均购书（元）	人均图书出版数（册）	每百人每天报纸（份）	每百人光盘数（张）	每百人上网人数（人）
内蒙古	1.1	1.65	99.0	128	0.07	3.76	3.93	7.0	4.9
广西	1.5	0.91	91.5	101	0.14	4.02	3.36	4.5	6.9
贵州	1.4	1.76	82.0	115	0.08	2.19	2.05	5.7	2.9
云南	1.5	1.37	100.0	76	0.16	3.03	3.07	3.7	5.4
西藏	2.1	3.90	24.1	74	0.16	2.86	2.59	23.9	3.3
青海	1.1	1.26	42.9	166	0.13	1.53	2.28	8.6	5.4
宁夏	1.8	0.81	84.7	133	0.23	2.47	4.67	0.0	5.4
新疆	1.1	1.15	94.9	123	0.17	4.46	4.84	9.9	6.3
上海	3.3	1.62	68.2	230	5.82	14.70	29.56	84.4	26.3
广东	3.7	0.78	80.6	115	0.8	2.59	12.47	165.9	17.0
全国	2.2	1.09	83.1	168	0.46	4.96	8.67	34.9	8.5

资料来源：《中国公共文化服务发展报告（2007）》，社会科学文献出版社2007年版，第413—414页。

① 国家统计局编：《中国统计年鉴——2006》，中国统计出版社2006年版，第106页。

② 李景源等主编：《中国公共文化服务发展报告（2007）》，社会科学文献出版社2007年版，第18页。

表1反映，我国文化事业地区发展极不平衡，民族地区与发达地区差距巨大。2005年，农村文化站覆盖率西藏和青海分别只有24.1%和42.9%；民族8省区除宁夏外，图书馆人均购书经费都不及全国平均水平的一半，最低的内蒙古和贵州人均不足一角钱，仅为全国平均水平的1/6。每百人每天拥有报纸数，民族地区也全部低于全国平均水平，最高的新疆也只有4.84份，最低的贵州仅2.05份，不及上海的1/10。

表2　　2006年民族地区广播电视发展水平与全国和发达省市的比较

地区	广播综合人口覆盖率（%）	电视综合人口覆盖率（%）	有线广播电视入户率（%）	有线广播电视网络传输干线长（万公里）
内蒙古	92.84	91.23	31.43	4.44
广西	88.66	93.45	35.16	2.72
贵州	83.72	90.65	28.59	6.46
云南	92.02	93.68	31.10	4.46
西藏	85.80	86.94	23.28	0.20
青海	87.50	93.00	22.56	0.28
宁夏	91.42	93.47	31.20	1.30
新疆	93.36	93.11	30.15	2.23
上海	100.00	100.00	96.08	2.86
江苏	99.86	99.88	52.99	25.51
全国	95.04	96.23	37.15	272.16

资料来源：《2007年中国广播电影电视发展报告》，新华出版社2007年版，第421页。

广播、电视、报纸、网络是民众获取信息的主要渠道。发展公共广播电视，既是满足民众娱乐生活的需要，也是宣传党的路线方针政策，传播文明，发展经济，增强国家与民族凝聚力，维护国家安全的需要。但从表2看，2006年全国广播综合人口覆盖率为95.04%，电视综合人口覆盖率为96.23%，民族8省区，都没有达到这两个平均水平。广播综合人口覆盖率贵州最低，是83.72%，而该省的民族地区更低，仅为78.53%，低于全国平均水平16.51个百分点。西藏广播综合人口覆盖率和电视综合人口覆盖率分别为85.80%和86.94%，均低于全国平均水平约10个百分点。2006年，全国有线广播电视入户率37.15%，8个民族省区也没有一个达到这一平均水平，最低的青海、西藏分别为22.56%和23.28%，仅为全国水平的60%。有线广播电视网络传输干线长度，民族8省区的总长度为22.09万公里，比一个江苏省还少3万多公里。最低的西藏和青海分别为0.20万和0.28万公里，只能说刚刚起步。

从2006年的统计数据看，西藏全年的广播节目播出时间为3.60万小时，电视节目播出时间为4.07万小时，广播节目制作时间为1.79万小时，电视节目制作时间仅为0.38万小时，几项主要指标都不及大连市的一半。青海省在广播节目播出时间、电视节目播出时间、广播节目制作时间上也远落后于大连市的水平。特别值得注意的是，2006年，西藏在广播节目制作时间和电视节目制作时间上分别比2005年减少11.55%和2.88%；新疆广播节目制作时间和电视节目制作时间也分别比上年减少5.99%和24.92%。

表3　2006年部分民族省区广播电视播出、制作时间与发达省市的比较

（单位：万小时）

地区	广播节目播出时间	增长率（%）	电视节目播出时间	增长率（%）	广播节目制作时间	增长率（%）	电视节目制作时间	增长率（%）
西藏	3.60	-0.7	4.07	0.05	1.79	-11.55	0.38	-2.88
青海	4.41	12.94	6.67	22.25	3.80	19.13	2.46	53.13
新疆	46.61	4.58	53.10	3.02	21.84	-5.99	5.14	-24.92
大连市	7.73	-2.74	8.08	-0.35	5.54	-3.42	1.47	9.89
广东	74.65	5.90	61.23	22.52	44.60	-6.25	13.84	23.55

资料来源：根据《2007年中国广播电影电视发展报告》（新华出版社2007年版）提供的数据整理。

西藏、新疆地处祖国边疆，少数民族有自己的民族语言和民族文化，广播电视承担的任务比其他地区更加繁重。而上述统计资料反映的信息是，西藏不仅广播节目、电视节目播出时间少，而且广播、电视节目制作时间更少，广播节目制作时间不到播出时间的一半，电视节目制作时间仅只有播出时间的1/10。这显然与其肩负的使命和任务是不相称的。民族地区的特殊性，对广播电视的投入有更高的要求，需要国家在财力、人力、物力等方面给予更大的支持与帮助。

据国家广电总局的统计，到2005年，全国通广播电视的行政村（百分比）达96.34，民族8省区均低于这一水平，内蒙古为96.12，贵州为94.83，云南为94.68，新疆为92.78，广西为88.76，青海为88.46，西藏为68.60，宁夏为65.83。

到2005年，全国还有5249个未通电的行政村。这其中民族8省区共有3194个，占60.85%。具体情况是：西藏1985个（占6321个行政村总数的31.4%），青海378个，内蒙古344个，新疆237个，云南122个，贵州79个，广西47个，宁夏2个。西藏就占全国总数的37.81%。①

从2005年各地财政文体广播事业费一般支出决算的统计看，全国人均支出为53.79元，最高的上海为148.74元，最低的广西仅为38.14元，二者的极差率为3.90。② 民族地区地广人稀，自然条件恶劣，发展文体广播事业的成本比发达地区更高，投入的差距，更加大了民族地区与发达地区的现实差距。

3. 民族地区公共卫生存在的问题

在过去相当长的时期，我国公共卫生投入严重不足，城乡供给失衡，大多数农村人口没有任何社会化的疾病医疗保障，农民生老病死主要靠自己解决。这种状况在经济社会发展滞后的民族地区更为严重。据赵延东等人的调查，西部农村贫困家庭中，有长期或慢性病人的比例为61.5%，城镇地区贫困家庭中有慢性病或残疾人的比例为47.2%。这说明在西部城乡，贫困现象与恶劣的健康状况密切相关，“因病致贫”仍是一个相当普遍的现象。有25%的农村贫困家庭一年的医疗费支出超出了其全年的收入。仅支付医药费用一项就使这些贫困家庭陷入入不敷出的困境。③ 表4是“中国西部省份社会与经济发展监测研究”课题组通过实地调查所得

① 国家广播电影电视总局：《2005年全国农村广播电视综合情况》，http://gdtj.chinasarft.gov.cn/Tiaomu.aspx? DocId = 506。

② 根据《中国财政年鉴2006》，2005年各省市区财政一般预算收支决算总表整理。

③ 汝信等主编：《2007年：中国社会形势分析与预测》，社会科学文献出版社2006年版，第83页。

来的数据。

表 4　　民族省区家户成员享受医疗保障的情况

省份	没有医疗保障%	有医疗保障%	没有回答%	样本量（人）
内蒙古	74.7	24.6	0.7	12704
广西	75.5	22.3	2.2	14313
贵州	80.5	17.9	1.6	13854
云南	73.6	25.5	0.9	14222
青海	71.8	27.1	1.2	14402
宁夏	75.7	23.6	0.7	14180
新疆	67.1	32.2	0.7	15395
居住地：农村	86.0	13.6	0.5	107619
居住地：城镇	55.8	41.6	2.5	41210

资料来源：《西部人民的生活》，中国统计出版社 2006 年版，第 148 页。

2002 年 10 月，中共中央、国务院出台了《关于进一步加强农村卫生工作的决定》，提出到 2010 年在全国农村基本建立起卫生服务体系和农村合作医疗制度，使农民人人享有初级卫生保健。从 2003 年起，中央财政对中西部参加新型合作医疗的农民每年按人均 10 元安排合作医疗补助资金，地方财政对参加新型合作医疗的农民补助每年不低于 10 元。新农合政策受到广大农民群众的欢迎，但在民族地区仍存在不少问题。

按照国家现行政策，新型农村合作医疗是由政府组织、引导、支持，农民自愿参加，个人、集体和政府多方筹资，以大病统筹为主的农民医疗互助共济制度。

西部地区农民生活水平低，参合资金只能筹集到每人每年 10 元钱，不可能像东部发达地区那样个人参合资金达到几十元至上百元。绝大部分地区收缴的农民个人参合资金只拿出其中的一元至两元钱进入大病统筹账户，其他进入农民个人账户，个别地区甚至从大病统筹基金里拿出部分资金进入参合农民的个人账户。农民个人的参合基金基本上是用于家庭成员门诊用药，大病统筹基金主要靠中央财政和地方政府的补助。在西部民族地区，由于经济落后，贫困人口比例大，地方财力不足，不仅个人集资困难，地方补助也难以落实。以云南省为例，该省从2006年起，地方财政对参合农民补助标准提高到每人每年20元，并按各地的经济水平实行分类补助。一类地区是经济状况较好的县（市、区），地方财政对参合农民每人每年20元补助经费由州（市）、县（市、区）两级财政承担。二类地区是经济水平一般的县（市、区），补助经费由省级财政承担10元，州（市）、县（市、区）财政承担10元。三类地区是国家和省重点扶持县，补助经费全部由省级财政承担。该省完全由省级财政承担地方配套资金的三类地区占全省总县（市、区）数的62%。[①] 这使地方政府财政不堪重负。

自2003年试点工作以来，青海省累计筹集新型合作医疗基金10242万元，其中农牧民自筹资金3210万元，县级财政补助470.31万元，州（地、市）财政补助466.95万元，省级财政补助4136.3万元，中央财政补助1958万元。[②] 也就是说，新农合的经费压力，主要由农牧民和地方政府承担。地方政府因受财力的限制，面临严重困难。参合农民越多，承受的压力越大。提高农牧民的医疗卫生保障水平，实现新农合的可持续发展，需要中央财政给予更多的支持。

民族地区基层医疗卫生条件差。以青海省乌兰县蒙医院为例，最高级的医疗设备是一台黑白B超仪；39名医务工作者中，只有2名本科毕业生，而且专业人员每年还在流失。该县农牧民参加新型合作医疗，到县级医院看病报销50%，州级医院报销40%，省级医院报销30%，由于县级医院甚至州级医院的医疗条件普遍较差，农牧民有了重病到省级医院看，又是路费，又要吃住，报销比例又低，实际上他们看病的负担还是很重。[③]

据《2007中国卫生统计年鉴》提供的数据，2006年在新疆和西藏设立卫生室的村分别占行政村总数的60.5%和60.4%，即有近40%的村没

---

① 卫生部新型农村合作医疗研究中心：《云南部署2006年新型农村合作医疗试点工作》，http://ccms.org.cn/third-xxdt.asp?id=114。

② 何君、张翔：《青海省实施新型农村合作医疗纪实》，http://www.cncms.org.cn/Content.asp?ID=2961&LClass_ID=129。

③ 王庆环：《让农牧民更好地享受合作医疗》，《光明日报》2008年3月10日。

有卫生室。民族地区是地方病、流行病多发的地区。西藏、青海等地各种地方病流行较为严重，碘缺乏病、地方性氟中毒、大骨节病、克山病以及布鲁氏菌病和鼠疫广泛存在，严重影响群众的身体健康。但是，在西藏和青海，由政府设立的非营利性专科疾病防治院（所、站）统计为0，宁夏为3，与中东部省市形成巨大的反差。

《2007中国卫生统计年鉴》还为我们提供了农村改厕的相关数据：卫生厕所普及率（%）全国为55.0，内蒙古30.0，贵州27.9，云南49.1，青海52.2，宁夏34.2，新疆34.3，广西75.2，西藏没有统计。无害化卫生厕所普及率（%）全国为32.3，内蒙古4.1，贵州10.0，云南21.2，青海4.3，宁夏18.0，新疆8.7，广西64.0，西藏无统计。[①] 这两项指标除广西外，民族地区都大大低于全国平均水平。而据“中国西部省份社会与经济发展监测研究”课题组实地调查，西部农村家户厕所类型中，可以冲水的仅占16.2%，不能冲水的敞口厕坑占64.6%，不能冲水，也没有厕坑的占5.9%。[②]

在宁夏、青海、西藏等西部高原、干旱地区，广大农牧民饱受缺水之苦。在内蒙古，广大农村牧区有近300万人需要解决饮水问题。[③] 在青海，农牧区饮用高氟水、高砷水、污染水及局部严重缺水地区的人数有173.1万人。[④] 宁夏固原市是回族聚居地区，该市东部干旱地带村民主要依靠水窖解决人畜饮水问题，每年40%以上的水窖储不上水，群众饮用的劣质水以及被污染过的水，每吨在70元左右。[⑤] 饮水不安全导致了近年来比较严重的水性地方病发病率明显提高，造成驼背病、骨质疏松、骨变形，甚至瘫痪，丧失劳动能力；近几年，内蒙古、新疆、宁夏等地新发

① 中华人民共和国卫生部编：《2007中国卫生统计年鉴》，中国协和医科大学出版社2007年版，第251页。

② 中国科学技术促进发展研究中心等编：《西部人民的生活》，中国统计出版社2006年版，第245页。

③ 赵建：《内蒙古14座城市缺水 300万农牧民面临饮水难题》，http://www.chinanews.com.cn/n/2003-01-15/26/263757.html。

④ 海忆水：《青海斥巨资保障农牧民饮水安全》，《中国青年报》2005年3月22日。

⑤ 剡文鑫：《宁夏固原地区遭遇十年不遇严重旱情》，http://www.nx.xinhuanet.com/newscenter/2007-03/28/content_9633691_1.htm。

现200多万人饮用高砷水致病问题，造成皮肤癌和多种内脏器官癌变。①

据“中国西部省份社会与经济发展监测研究”课题组实地调查，在整个西部地区，农村家户饮用自来水的仅占11.8%，井水占56.5%，开放的自然水源占30.2%；饮水安全的只占51.6%，不安全的占48.4%。②

4. 民族地区社会保障存在的问题

民族地区农村低保起步晚。2005年以前，全国建立城乡低保制度的有北京、天津、上海和浙江、广东、福建、辽宁、江苏等省，主要是沿海和经济社会较为发达的地区。民族8省区实行的是传统的农村特困户救助政策，基本没有实行农村低保制度。2006年以后，随着国家社会保障政策的调整，民族地区才相继开始实施农村最低生活保障制度。

民族地区农村社保水平低。从2007年第二季度农村低保标准看，呈现东、中、西部地区经济社会发展水平的现实差异。统计显示，农村低保标准低于年600元的县、市、区数，全国平均水平为35.7%，东、中、西部分别为12.3%、38.3%、59%；农村低保标准超过1080元的县、市、区数，全国为15.7%，东、中、西部分别为39%、4.8%、2%。京、沪两市的农村低保标准全部越过1天1美元的国际贫困线。至2007年第三季度，农村低保制度在全国2663个涉农县（市、区、旗）全面实施。全国平均低保标准每人每月67元，上海233元，广东134元，贵州56元，新疆53元，云南52元，内蒙古51元，广西46元，青海45元，宁夏37元，西藏22元。民族8省区都未达到全国平均水平。③

从民政部发布的2007年11月民政事业统计数据看，民政事业费农村最低生活保障实际人均支出每人每月只有22.17元。而民族8省区，除内蒙古和宁夏外，其他省区都未能达到这一基本数。新疆为8.97元，最低的广西仅为8.65元。而上海为60.17元，江苏为51.22元。差距之大可见一斑。

不仅民族地区农村最低生活保障水平低于全国平均水平，民族地区城

---

① 汪恕诚：《农村有3亿多人饮水不安全》，《第一财经日报》2005年3月22日。

② 中国科学技术促进发展研究中心等编：《西部人民的生活》，中国统计出版社2006年版，第218、221页。

③ 汝信等主编：《2008年中国社会形势分析与预测》，社会科学文献出版社2008年版，第58、65页。

市最低生活保障水平与全国平均水平比较也存在较大的差距。2006年，全国城市最低生活保障平均标准为每人每月169.6元，西藏、宁夏、青海由于城市人口较少，人均保障水平略高于全国水平，分别为225.5元、172.3元、171.9元。其他民族省区都低于全国平均水平，云南168.2元、贵州150.6元、广西147.5元、内蒙古147.1元、新疆131.1元。同年，全国城市最低生活保障支出标准为每人每月83.6元，内蒙古100.7元，西藏106.1元，青海103.4元，新疆85.2元，贵州85.4元，云南81.4元，广西74.5元，宁夏71.9元。可见，民族地区城市最低生活保障支出标准又大多高于全国平均水平。[①] 这一低一高反映了民族地区城市最低生活保障与全国平均水平的差距。

由于贫困人口基数大，绝对贫困人口多，地方政府财力有限，导致民族地区的低保覆盖面窄，未能做到应保尽保。据课题组对广西都安瑶族自治县的调查，2006年，该县社会保障支出为2530万元，而同期上级下达的社会保障补助资金达2032万元，占整个社会保障支出的80.32%。由于人多地少，基础薄弱，财力有限，该县社保能力严重不足。2007年，该县农村应保人数为50600人，实际保障人数为17400人，应保未保33200人，保障资金每年缺口达1626.2万元。[②]

甘肃省东乡族自治县是国家级贫困县，有8.5万特困人口需要纳入农村低保范围，其中对五保人口2660人通过多方筹资按人均每年1200元的标准纳入供养范围，但其余8.27万名特困人口生活无法保障，缺水、缺粮等问题比较突出。国家实施的农村低保工作启动后，政策要求每人每年保障标准为180元，其中县级财政需配套农村低保资金370多万元，占县级财政收入的42%。由于配套资金难以落实，致使农村低保工作无法启动实施。

民族地区最低生活保障水平低于全国平均水平的根本原因，是现行的社会保障体制的缺陷和地区之间经济发展的差距。根据2007年7月《国务院关于在全国建立农村最低生活保障制度的通知》要求，农村最低生

---

① 国家统计局社会和科技统计司编：《2007中国社会统计年鉴》，中国统计出版社2007年版，第311页。

② 2007年7月本课题组在都安瑶族自治县调研财政转移支付制度实施情况时获得的材料。

活保障制度，实行地方人民政府负责制，按属地进行管理。农村最低生活保障资金的筹集以地方为主，中央财政对财政困难地区给予适当补助。这种体制机制，决定了民族地区的低水平保障现状。

三 实现民族地区公共服务均等化的对策建议

第一，加大中央对民族地区财政转移支付力度。民族地区基本公共服务落后的根本原因，是经济落后，财力薄弱。仅靠其自有力量，不可能缩小与发达地区的差距，不可能实现基本公共服务的均等化，差距会越拉越大。帮助民族地区发展基本公共服务，要求国家进一步加大对民族地区的财政转移支付力度。在增加财政转移支付总量的同时，要进一步完善财政转移支付制度。

一是改善财政转移支付结构，加大对民族地区的一般性财政转移支付。建议大幅度降低税收返还在转移支付中所占的比重，大幅增加一般性转移支付的比重。在核定民族地区标准财政支出和确定转移支付系数时，将加快发展基本公共服务作为基本因素予以考虑，增加对民族地区的财力性转移支付，扭转地区间财力差距扩大的趋势，逐步实现民族地区政府发展基本公共服务能力的均等化。要调整财政支出结构，使财政投入的重点由基础设施建设逐步转向基本公共服务，促进民族地区公共财政的建设，普惠少数民族群众。

二是实现财力与事权的匹配，重点推进民族地区基本公共服务发展。民族地区的特殊地理位置和环境，使自治地方政府承担了许多特殊事权，发展基本公共服务的成本高，难度大。因此，建议增加“民族地区转移支付”额度，加大对民族地区基本公共服务的专项转移支付。如对民族地区中小学校舍建设和办学条件改善、中小学教师特殊津贴与住房医疗保障、民族地区县乡医疗机构与村级卫生室建设、解决民族地区群众饮水困难等给予更大的财政专项支持。

三是减免民族地区对财政转移支付的配套要求，平衡民族地区之间的财政转移支付。资金配套要求往往使民族自治地方本级财政更加困难，导致弄虚作假和形成次级债务，影响项目的落实。因此，需要根据民族地区的具体情况区别对待。有数据显示，近十年来，中央财政对云南、贵州、广西等民族省区的转移支付力度不及西藏、新疆、宁夏、内蒙古、青海等省区，这需要引起重视并切实改进。

四是规范省级以下转移支付制度，提高转移支付资金使用绩效。要规范和加大县级对乡镇的财政转移支付，使乡镇政府履行基本公共服务的事权与财力相匹配。建议建立民族地区公共服务委托代理机制，采取将部分基本公共服务“项目化”、“数量化”的办法，逐项约定服务内容、质量要求、价格标准、考核办法和结算方式等，面向社会公开招标，实行合同管理，结算由政府“买单”，提高转移支付资金的使用绩效。

第二，继续实行对民族地区的优惠扶持政策，帮助民族地区提高自我发展能力。外力的支持是民族地区发展基本公共服务，缩小发展差距的重要动力与条件，但从长远发展来说，还需从根本上提升民族地区的自我发展能力。这实际上是一个“输血”与“造血”的问题。帮助少数民族地区发展经济，培育优质稳定可持续的税基财源，是落实帮助民族地区发展公共服务事业的具有根本性的问题。因此，国家在加大对民族地区财政转移支付，帮助民族地区发展基本公共服务的同时，还必须从干部配备、招商引资、税收优惠激励、基础设施建设、资源开发利用、人才技术引进、环境保护、民营经济发展、国有企业改制等方面给予少数民族地区更多的支持与帮助，切实解决制约民族地区经济社会发展的关键问题，真正使民族地区的经济搞活，市场竞争能力提高，干部群众的发展观念和竞争意识增强。只有这样，民族地区才可能更好地利用国家与社会的帮助，为少数民族群众提供更多优质的公共产品和公共服务。

第三，完善对口支援政策，帮助提升民族地区基本公共服务水平。党的十一届三中全会以后，我国开始实施经济相对发达省市对口支援民族省区的政策。实践证明，经济发达地区对口支援少数民族地区，是我国社会主义制度优越性的重要表现。它是动员社会力量，发挥发达地区的先发优势，促进区域协调发展的重要举措。需要指出的是，这一政策尚需进一步完善。一是支援主体需扩大。我国对口支援的格局是 20 世纪 70 年代末 80 年代初确定的，北京支援内蒙古，河北支援贵州，江苏支援广西、新疆，山东支援青海，天津支援甘肃，上海支援云南、宁夏，全国支援西藏。实践证明，一对一或一对多的支援，很难满足民族地区发展的需要。建议调整为几个省市对口支援一个民族省区，以加大对口支援的力度。在继续实行省级对口支援的同时，应将发达省市、沿海地区的经济强市（县、区）确立为对口支援的主体，发挥其在帮助民族地区经济社会发展，提高基本公共服务水平方面的作用。二是受援主体需扩大。除了8个民族省区外，我国还有8个民族自治州和52个民族自治县分布在其他省市，这些自治州县大多是经济欠发达地区，急需发达地区的对口支援。对这些民族自治地方的对口支援主要应由所在省市组织实施。三是在对口支援中，要将帮助发展经济和帮助发展基本公共服务有机地结合起来。要充分利用支援主体的经济文化资源优势，每年为民族地区发展基本公共服务做几件实实在在的事情。同时，要建立激励机制，争取社会各界的捐赠和国际社会的援助，广开改善民族地区基本公共服务的渠道。

第四，创新发展民族地区基本公共服务的体制机制。在先天禀赋不足，现实差距已经形成，市场经济竞争激烈的社会背景下，民族地区要在经济发展和基本公共服务方面实现追赶和跨越，就必须采取特殊的发展战略和策略。我国的民族区域自治制度，规定了一系列民族自治地方特有的自治权，但就发展基本公共服务来说，《民族区域自治法》的规定还不够具体。发展民族地区基本公共服务，必须创新体制机制。要从民族地区的实际出发，制定好基本公共服务发展规划；要实行政府职能转变，努力建设服务型政府；要建立多元化的基本公共服务投入产出机制，有计划地建立政府与社会的合作伙伴关系，加大对民营经济在民族地区发展的支持力度。在加大政府投资力度的同时，引导民营资本对基础设施领域的投资，在文化、保险、医疗等关系民生的领域，逐步形成多元的公共治理结构。民族地区在发展公共服务的进程中，要打破城乡二元格局的束缚，探索城乡一体性的公共产品供给体制，避免走城乡区隔的差别待遇的老路。要做到整体规划，系统推进，逐步提高，努力建设城乡统一，体现公平正义的新型公共产品供给体制机制。要高度重视民族地区公共服务的效率问题，建立合理高效的公共服务决策体系，防止在公共产品供给上出现捞“政绩”和捞“利益”的两种偏向，健全公共服务监督制约机制，切实防控公共服务建设中的腐败现象。要建立基本公共服务偏好表达机制，使广大少数民族群众参与基本公共服务的建设，享受公共服务的成果。

［原载《中南民族大学学报》（人文社会科学版）2008年第6期］

少数民族牧民定居政策的实施效果与完善建议

我国现有268个牧区半牧区县（旗、市），牧区面积占全国国土面积的40%以上。由于自然环境等方面的原因，牧区经济发展滞后，还有相当大一部分牧民处于游牧状态，居无定所，基本生活保障面临较大的困难。为了让各族群众共享改革发展成果，促进民族团结和边疆稳定，2011年6月，国务院发布《关于促进牧区又好又快发展的若干意见》，同年8月，国务院又召开全国牧区工作会议，研究部署牧区发展工作。《意见》和会议提出，要加快实施游牧民定居工程，力争到2015年基本完成游牧民定居任务。[①] 牧民定居，是牧民生产生活方式的大变革。笔者于2011年8月赴新疆博尔塔拉蒙古自治州（以下简称博州）进行调研，考察了博乐市阿热勒托海牧场科子里加尔村牧民定居点、温泉县扎勒木特乡浩图尔哈队百户牧民定居点，访问了赛里木湖草场牧民。本文结合调查，对牧民定居政策实施以及面临的问题进行了初步分析，并提出了进一步完善的对策建议。

一　两个牧民定居点的基本情况

阿热勒托海牧场科子里加尔村定居点。博乐市阿热勒托海牧场是一个以牧为主、农牧并举的国营牧场。全场19个农牧业村队，其中6个牧业

① 《国务院关于促进牧区又好又快发展的若干意见》，中央政府门户网站，2011年8月9日，http：//www. gov. cn/zwgk/2011－08/09/content_ 1922237. htm。

村队以养殖细毛羊为主，2008 年全场农牧民人均收入 5215 元。科子里加尔村位于博乐市小营盘镇以北 10 公里处，是典型的牧业村。2008 年，该村人均收入 4820 元。大多数牧民家庭一直处于四季游牧的生活状态。2008 年起，博州、博乐市把科子里加尔村确定为抗震安居示范村，依托退牧还草、兴边富民、道路交通等项目，筹措资金 1864 万余元（其中牧民自筹 403 万元），将该村建成高标准的畜牧业定居点。现已建成安居房 111 座，安置定居牧民 111 户，其中 110 户为哈萨克族，1 户为蒙古族。定居人口达 482 人。该定居点整体规划，定居房分布于中心主干道两侧。定居点每户占地 2 亩（市亩），四周围墙和大门统一设计修建。每户砖混结构平顶住房 60 平方米、伙房 50 平方米（独立建构）、暖圈 100 平方米。室内建有冲水厕所，院内建有青贮池、沼气池（51 户）。定居点通水、通电，牧民用上了洗衣机、电视机、电饭煲等家用电器。定居点投资 75 万元，建人畜安全饮水机井 1 眼，建水塔 1 座，铺设自来水管道 3.7 公里，安全饮水覆盖面积 100%。投资 280 万元，打机井 7 眼，新开发草料地 5700 亩，每户草料地 50 亩，铺设喷滴灌管道 14.8 公里，种植喷滴灌草料地 5700 亩。该定居点计划 3 年内减少进入草场放牧牲畜 1 万只绵羊单位，实现 50% 牲畜定居点舍饲或轮换放牧，实现村民年纯收入 8000 元以上，把该村建设成为村民、集体双富，物质、文化生活宽裕的社会主义新农村。①

浩图尔哈队百户牧民定居点。该点所在的温泉县扎勒木特乡，是一个以草原畜牧业为主的边境少数民族乡，总人口 3148 人，由蒙、哈、汉、回、维、藏等 6 个民族构成，少数民族人口占总人口的 98%；草原面积 121.4 万亩，耕地面积 1.14 万亩。主导产业是畜牧业，牲畜存栏 4.9 万头（只）。2009 年，全乡农牧民人均纯收入 4197 元。到 2011 年 6 月，已累计完成牧民定居建设 264 户，牧民定居率达到 51%。浩图尔哈队百户牧民定居工程，是湖北省援助博州示范工程之一。该工程于 2010 年 6 月开工建设，2011 年 6 月竣工。工程占地面积 500 亩，房屋、暖圈建筑总面积 18160 平方米，总投资 1548.42 万元，其中湖北省援助 700 万元。②

① 数据来源：《阿热勒托海牧场科子里加尔村牧民定居点基本情况介绍》。

② 刘华明：《湖北省援建温泉县百户牧民定居点》，新疆日报网，2011 年 9 月 5 日。

现建定居房100座，其中住房面积80平方米的92户，100平方米的8户。由于有湖北援建资金的支持，该点比科子里加尔村定居点设计更加规范，外观更加漂亮，户均面积更大，配套设施更加齐全。统一设计建设，每户占地2亩，三居室格局，建有室内冲水式厕所。厨房与住房连在一起，约20平方米。建有斜坡顶暖圈100平方米。每户建有青贮池一座。定居房红色斜坡屋顶，显得洋气典雅。牧民家中通水、通电、通电话，用上了电视机、洗衣机、电饭煲等家用电器，窗明几净。定居点建有卫生室、运动场、幼儿园、村委会办公室、会议室等。

牧民定居点的建设资金，实行牧民自筹与政府补助相结合。每个定居牧户自筹资金5万元，自筹资金不足的牧民采取联户担保、信用社贷款等形式解决。财政补助资金每户5万元——国家定居兴牧项目每户补2.5万元、自治区配套0.5万元、县（市）财政补1万元，湖北援建资金1万元。[①] 经济条件较好的牧民，可以根据统一设计、统一建设的原则，自费扩大住房面积。针对定居兴牧对产业发展、定居点建设方面的要求，地方政府整合退牧还草、草场生态保护补助、抗震安居工程、村级基层组织建设、低产田改造、土地整理、人畜饮水安全、牧区水利建设、农村道路交通、电网改造、兴边富民、农村劳动力技能培训、农机具购置补贴等项目资金，捆绑使用，统筹解决定居点的道路、供水、供电等基础设施建设及发展节水农业、规模养殖、促进就业等问题。

根据博州定居兴牧计划及实施方案，定居点建设考虑了饲草料地的分布情况和未来的发展方向，按照方便牧民生活生产的要求，委托专业机构对定居点进行地形测绘、编制村庄建设、道路、电力、饮水、院落等专项规划。规划按照“三高”（高起点、高水平、高效益）、“四个不落后”（住房面积不落后、功能不落后、质量不落后、产业不落后）要求进行。在此基础上，依规依法建设。定居点把解决草料地、灌溉用水放在重要位置。

定居点建设，坚持牧民自愿与政府引导的原则。两个定居点做到了因地制宜、牧民自愿、不搞“一刀切”。既坚持了统一规划统一建设，又根据牧民家庭经济状况，允许差异性的存在；既强调政府的主导作用，又注

---

① 博乐市政府办公室：《关于做好博乐市2011年游牧民定居工程建设项目工作的通知》。

意调动牧民的积极性。地方政府成立宣教工作队，深入村队，通过牧民大会、播放广播、重点入户等多种形式，宣传草原保护利用、畜牧业优惠补贴、定居点建设规划方案及相关政策等，使实施定居兴牧工程的意义家喻户晓。在调查中，牧民对此表示认同。

二 定居对牧民生活的影响

两个牧民定居点虽然建成的时间不长，入住的牧民也只有 200 余户，但通过访谈和观察，我们已能较为清晰地看到定居给牧民生产生活带来的变化。

（一）牧民生活条件改善

千百年来，游牧民族一直过着逐水草而居、四季游牧的生活。定居使牧民生活发生了根本性转变。一是使牧民居住条件根本改善。定居使游牧民从潮湿、阴暗、寒冷、卫生条件极差的毡房、蒙古包走出来，告别了地窝子，搬进了安全耐用、宽敞美观、冬暖夏凉的砖混结构住房。在两个定居点我们看到，家家宽敞明亮，很多家庭添置了新的家具、地毯、棉被等，住宿条件大为改善。二是使牧民开始享受现代文明成果，精神生活更加丰富。定居解决了电的问题，牧民大多用上了电视机、洗衣机、电饭煲等家用电器。这不仅使他们的生活更加方便，而且架起了了解外部信息的桥梁，使生活变得更加丰富多彩。老人和孩子们聚在一起聊天、看电视，摆脱了游牧时的单调生活，享受着现代化生活的乐趣与便利。在科子里加尔村牧民定居点，我们访问的一户牧民家的主妇，一边和面准备午饭，一边和孩子们看着电视剧，其乐融融。三是饮食卫生条件大为改善，有利于牧民身体健康。定居不仅改变了游牧时简单、不卫生、无规律的饮食生活，使食物更加多样，营养更加均衡，而且由于自来水及生活能源的改变，环境变得更加清洁卫生；加上定居点设有卫生室，配备具有执业资格的乡村医生和护士，有病能及时就诊，为牧民健康提供了有力保障。牧民们认为，定居对于家有老人、孩子及残疾人、病人的牧户特别有利。四是交通的改善，牧民与外界的交往交流更加方便。五是牧民子女教育条件大为改善。一方面，定居使家长能在稳定的环境中养护、教育子女，与孩子们有了更多的交流，孩子们也有了更多的伙伴和朋友。另一方面，定居点设有幼儿园，离小学也不远，而且由于集中居住，小学有校车集中接送。定居后小孩上幼儿园、小学更加便利，降低了教育成本。对于定居给生活带来的变化，牧民们都感到满意。

（二）牧民抗风险能力提高

游牧经济呈现典型的脆弱性特点。一是抵御自然风险能力较弱。传统的草地畜牧业完全依赖于自然生态条件，按季节驱赶牲畜到不同地区草场放牧，牲畜生长呈现“夏壮、秋肥、冬瘦、春乏”的状况。冷季严寒漫长，冬春草料缺乏，牧民生产生活环境艰苦，一旦遇到暴风雪、干旱等自然灾害，牲畜就会大批死亡。二是抵御市场风险的能力不强。传统的游牧经营模式，一家一户分散经营、生产规模小、组织化程度低，生产效率低下，形成小生产与大市场的矛盾；同时牧民市场经济观念淡薄，缺乏自我保护能力。因此，处于传统游牧经济中的牧民在市场经济中处于弱势地位。定居兴牧在一定程度上改变了这种状态。从两个定居点的情况看，由于草料地的不足和舍养成本较高，定居牧民还未完全实现全年定居轮牧，但总体上实现了冬季舍养，有效避免了冬季放牧遭遇风暴雪灾，牲畜大量死亡的风险，同时也避免了秋肥冬瘦的不良生长环境，实现了牲畜的冬季育肥，增加了收入。据了解，阿热勒托海牧场科子里加尔村定居点 2010 年冬季完成育肥 6000 余头（只），仅育肥一项就使定居牧民每户增收 4000 余元。冬季接羔 5000 余只。[①] 在改善农牧民居住条件的同时，当地政府重视产业支撑，多业并举，提高农牧民自我发展能力，避免“只建房、不兴业”。定居点成为规模化集约化养殖基地，为畜群结构调整创造了条件。

（三）推动牧民向二三产业转移，促进农村公共服务建设

定居工程实现了游牧民一定程度的聚居。温泉县扎勒木特乡按照“一合、两迁、三连”定居兴牧发展思路，促进了乡村城镇化发展，推动牧民向二三产业转移。“一合”是把博格达尔村和布热村合并，同时完善

① 数据来源：《阿热勒托海牧场科子里加尔村牧民定居点基本情况介绍》。

功能结构，配套医疗、商业网点，建设自来水、排水、电力通信、道路等基础设施，从区位上与县城连为一体，在不征地、不拆迁的前提下，牧民就地市民化。“两迁”是在温泉县城乡结合部建立容纳250户农牧民的安置小区，把查干赛队和阿茨队整村搬迁，进城安置。在搬迁过程中，实行草场流转，把草料地按市场价承包给经营养殖大户、合作社或企业，提高企业规模化程度和养殖专业化水平。同时，在地震台东区建立一座养殖规模10000头（只）的养殖小区，一户一座蔬菜大棚，解决进城农牧民的基本生产收入问题。制定养老、就业等配套政策，消除进城农牧民的后顾之忧。“三连”是将县城—冷水鱼养殖地—浩图尔哈队连在一起，推进城乡一体化，牧民市民化。通过完善交通、自来水、排水、电网、通信等公共设施，使农牧民就地享受市民生活待遇，实现产业转化升级，使得1/3农牧民发展农牧家乐，1/3农牧民从事旅游服务业，1/3农牧民从事规模牲畜、渔业养殖。①

定居工程还利用农村基层政权办公用房项目和村队卫生室项目，为每个定居点建设了集办公、小超市、理发室、医疗室为一体的村委会办公室，安装了远程教育网。小超市、理发室、医疗室的建设不仅方便了牧民购物、理发、就诊，而且提高了村委会办公点的人气，增强了村委会的向心力；利用远程教育开展牧民养殖、种植技术培训，不仅提高了牧民的生产技能，而且开阔了他们的视野。

（四）改善草原生态环境，促进草原可持续发展

引导牧民由常年放牧向季节性放牧、轮流放牧转变，从而减轻草原生态环境压力，恢复草场承载力，促进草原可持续发展，是定居兴牧工程的重要价值取向。博州牧区牲畜存栏已由1981年的79.31万头，增加到2010年的109.79万头，牲畜数量的增长对草场产生巨大压力。② 如前所述，两个定居点因多种原因，尚未全面实行禁牧、休牧、轮牧，定居带来的草原生态保护功能尚未完全体现出来，但冬季舍养以及部分草场的禁牧、轮牧的实现，对于草原生态保护与修复无疑已经产生积极效应。我们

① 引自扎勒木特乡《调研汇报材料》。

② 博尔塔拉蒙古自治州统计局编：《博尔塔拉领导干部手册（2011）》，第119页。

从博州有关部门及定居点了解到，为促进草原生态平衡和定居牧民实现产业结构调整，与定居工程相配套，博州实施了“草畜平衡奖励制度”（每亩补助1.5元）、“牧草良种补贴政策”（按核定数每亩补贴10元）、“牲畜良种补贴”（购买良种牦牛，每头补助2000元，购买良种山羊，每只补助800元）、“综合生产资料补贴”（每个牧户补贴500元）。我们认为，实施牧民定居计划，是解决超载放牧、草原生态恶化问题的关键措施之一，随着定居兴牧工程的全面展开和相关配套政策的落实，其生态效应将进一步展现。

三　牧民定居点建设面临的主要问题

通过对两个定居点的调查，我们发现，目前定居点建设还存在不少问题，归纳起来主要有以下几点：

（一）建设资金不足

自治区对定居房的要求是20年不落后、抗震、松木材料，博州提出的是“三高”、“四个不落后”。这种高要求，使定居点建设资金难以为继。由于建筑材料及工人工资上涨，定居房建设成本与自治区发改委所做的投资预算相差较大。房价预算每平方米600元，而实际支出850多元。暖圈预算每平方米150—160元，而实际支出250—260元。工程建设的其他费用，如招标代理费等支出也较大，增加了整个建设成本。由于州县财政状况不佳，不可能增加建设补贴，结果导致工程超预算，形成地方债务。温泉县2009年建540户欠540万元；2010年建200户欠341万元。这种状况，不仅对牧民生产生活造成较大压力，而且给当地政府带来很大的风险。欠下的主要是工程款，实际为牧民自筹部分未付，导致工程队找政府的麻烦。以上这些，导致主抓定居房建设的温泉县畜牧局的领导在座谈会上表示，不愿再牵头承担这样的任务。

除了定居房建设资金不足之外，当地政府反映，目前牧民定居点的公共基础设施如主要牧区道路硬化、饲草料地配套水利工程、输变电工程、人畜饮水等工程的建设资金短缺；牧民定居点牲畜疫病防治、兽医室、配种站、药浴池等设施，以及牧民文化体育设施无项目支持，建设难度很大。

（二）草料地不够

草料地不足是定居点反映的主要问题之一。为保证禁牧期间特别是冬季舍饲圈养牲畜对草料的需要，定居点为定居户配置有专门的草料地。博州要求，每个定居户草料地不少于50亩，但很多地方达不到要求。如温泉县扎勒木特乡浩图尔哈队百户牧民定居点户均只有16亩草料地。主要原因是当地长期形成的传统农业与牧业并举的格局，适宜农业耕种的土地少，且已经由原农业户承包经营多年，现在可供重新分配的可耕地缺乏，加上当地地处伊犁河谷下游，为保证上游地区的工农业生产与人民生活，地下水开采被严格限制，这严重影响了新开地的规模与使用效益。草料地不足对牧民定居有直接影响：（1）冷季舍饲饲料问题不能解决，舍饲圈养成为一句空话。除了少部分牲畜（大畜、弱畜）舍饲、半舍饲外，大部分仍需回到冬季草场放牧越冬，结果导致“人定畜不定”状态。（2）冬季舍饲成本增加，影响牧民定居的积极性。我们在扎勒木特乡浩图尔哈队调查时了解到，每户仅有16亩草料地，而且产草量低。其他地方每亩产草在600公斤以上，而该定居点草料地单产只有300公斤左右，原因是新开地，缺水。自产草料不足，要保证冬季舍饲，就必须花钱购买草料。而近几年随着物价的上涨，市场上的草料价格也大幅上涨。牧民告诉我们，以前买一捆2—3公斤的杂草只需1元钱；现在马草每公斤2元多，承受不起。[①]（3）草料地不足，影响草畜平衡。草畜平衡是通过减少草场的放牧时间、适当禁牧来保持的，如果草场不能休牧，必定影响草原的可持续发展。

（三）牧民自筹资金压力大

牧民定居点每户预算需10万元以上，除政府资助5万元之外，其余需牧民自筹。大部分牧民需要靠卖牲畜加上贷款来筹集资金，几乎耗尽所有积蓄。据我们在扎勒木特乡浩图尔哈队的访谈，该定居点一次性付清建房自筹款的不到20%，且其中部分要靠向亲友借款；需部分贷款的约占

① 根据2011年8月2日扎勒木特乡浩图尔哈队定居牧民座谈会记录整理。

50%；还有约30%的困难户，根本无力负担，主要靠贷款、借款，压力非常大。扎勒木特乡浩图尔哈队牧民给我们算了一笔账：以一户饲养100只生产母羊为例，每年大约可以出售50只，收入约3万至4万元。生产成本是：冬季购买草料约需2万元，转场费约需0.5万元。加上生活开支、小孩上学等，一年下来所剩无几。[①] 这还要无病无灾。虽然博州没有国家级贫困县，但牧民的收入水平仍然较低。以2009年为例，当年全国农民人均纯收入是5153元，而温泉县牧民纯收入为4620元，牧民的收入仍然低于全国农民的平均水平。因此，贫困是牧民实现定居面临的最大困难。

虽然政策规定牧民可以采取向农村信用社借贷、联户担保等形式解决自筹资金问题，但我们了解到的情况是，牧民找信用社、银行根本贷不到款，所谓联户担保也缺乏可行性。这导致一些有定居愿望的牧民只能望而却步。调查组在赛里木湖草场，随机访问了正在夏季草场放牧的小营盘乡的哈萨克族牧民土尔逊阿黄。他家5口人，有3个孩子，一个高中毕业，参加了高考，一个读初中，一个上小学。他家有100只羊。他了解定居兴牧政策及实施情况，很想搬进去，但目前有困难，主要是5万元负担不起。[②]

（四）生产方式转变有难度

定居牧民在生产方式的转变上，存在不少问题。一是生产经营问题，如草料地管护、青贮饲料的加工收藏、冬季舍养的配料与育肥等，对定居牧民来说都是需要学习的知识，乡村干部表示担忧。从两个定居点看，草料地大部分种植的是玉米，玉米长势与当地农民的比起来差了许多。这除了土地的肥沃程度、浇灌的差别外，与日常管护有密切的关系。我们在对定居户的家访中看到，每户占地2亩，除住房、暖圈等外，尚有较大面积闲置，但空地上乱石瓦砾成堆，杂草丛生，未能种上居家所需的菜蔬或果树。应该说院内有水源保证，将土地整理利用困难并不大，这样做既可改

---

① 根据2011年8月2日扎勒木特乡浩图尔哈队定居牧民座谈会记录整理。

② 根据2011年8月2日赛里木湖草场，随机访问小营盘乡哈萨克族牧民土尔逊阿黄记录整理。

善生活，又可美化环境。这从一个方面反映了定居牧民有效利用土地的经营意识不强。二是定居后如何实现产业结构的调整，建立新型的农牧合作组织，实现剩余劳动力的转移，尚未见到预期的效果。在两个定居点的访谈中了解到，定居牧民原有的生计方式并未改变，仍然依赖牧羊。在夏季有少量的代牧，即请亲友代为放牧或雇佣他人放牧，但很少有人外出打工或从事其他经营性活动。当问到冬季舍养以后，是否会外出打工时，大家回答基本未考虑。我们在博州了解到，当地人口总量较少，近年发展加快，劳动力缺口较大，找到一份工作并不困难，主要还是人们的观念问题。据了解，当地农牧合作组织也尚未真正建立起来。

（五）定居点建设缺乏民族特色

民族文化是民族之魂。游牧民族在长期的发展过程中形成了一系列特有的文化，包括饮食、服饰、居所、娱乐、交际等。博州从事游牧的主要是蒙古族、哈萨克族等少数民族。定居兴牧对民族文化影响是多方面的。这一点在定居房的建筑上表现得特别突出。虽然博州下发的定居兴牧实施文件明确规定，定居点建设要融入文化元素、民族符号，既美观、实用，又彰显民族特色，但从两个定居点看，基本没有落实这一原则。科子里加尔村定居点统一设计，一个模式：四合院建构，平顶住房、斜坡式暖房，红蓝相间的墙体。浩图尔哈队牧民定居点也是统一设计，一个模式，只是住房一律采用红色斜坡顶样式，连片的红顶小屋，显得整洁典雅，远远望去给人感觉更多的是北欧风景，未能体现民族的特色。

两个定居点不仅住房没有民族特色，而且定居点周边也没有任何与定居民族相关的符号与标识，定居点的村委会、文化室、体育活动场所，也没有体现定居民族文化特色的陈设。牧民定居后，如何保护与传承少数民族文化，已成为一个不容忽视的大问题。

四　推进牧民定居点建设的对策建议

（一）增加财政资金投入

国务院决定 2015 年基本完成游牧民定居任务，各地压力增大。完成定居任务，关键要解决资金短缺问题。游牧民较多的地区财政状况大多不好，地方配套能力有限，不可能大幅增加定居工程的投入；牧民自筹能力有限，是弱势群体；物价上涨，建筑成本增加。要想在四年多的时间高质量完成牧民定居任务，国家必须加大资金投入。建议国务院组织相关部门对全国游牧群体的区域分布进行深入调查，根据不同区域的经济发展水平和建设条件，对定居兴牧进行分类指导，制定有差别的国家补贴标准。从博州的情况看，我们认为要顺利推进此项工作，国家补贴应占到建房费用的50%左右；自治区补贴占15%左右；自治州和县（市）占5%左右；牧民自筹30%左右比较合适。对特殊困难的牧户，要在核实困难程度的基础上，以国家投资保障房的形式，解决他们的定居问题。对定居点的道路、交通、通水、通电、医疗、饲草料地配套水利工程、人畜饮水工程、牲畜疫病防治、兽医室、配种站、药浴池、群众文化体育设施建设要给予专项经费支持。

要加大牧区扶贫开发力度，加大中央及省级财政对牧区半牧区县（旗、市）的转移支付力度，逐步缩小地方标准财政收支缺口；加大财政扶贫资金、以工代赈资金投入，加强项目资金整合；加大牧区信贷扶贫资金投入，大力发展扶贫小额信贷；对牧区贫困乡村实行整村（乡）推进扶贫，对集中连片特殊困难地区实行连片开发、综合治理，重点支持改善基本生产生活条件，扶持特色优势产业发展；加大兴边富民行动规划实施力度，加大边境地区专项转移支付力度，支持边境省（区）建立边民补助机制，多途径帮助定居牧民调整产业结构，转变生产方式。

（二）适当控制建设成本

我们认为，在定居点建设中，可以适当调整建设标准，降低建设成本。（1）减少占地面积。没有必要每户占2亩地，2亩地是1300多平方米。占地过大不仅浪费宝贵的土地资源，而且增加了院墙及附属设施的建设费用。住房面积也不宜过大，因为暖房、厨房一般是独立兴建，住房一般以60平方米为宜。如果牧民经济条件较好，可以允许其全资增加建筑面积。（2）适当降低定居房建设标准。定居房建设要从实际出发，以牧民安居为第一要务，建设标准不宜过高。在保证基本生活、安全实用、统一规划的基础上，可以根据牧民的经济状况，允许差异化的房屋结构、材料使用、内外装饰。做到既讲求形式美，又不刻意追求形式美，这样可以减少一些开支。（3）发挥牧民积极性，减少建设开支。从调查情况看，人力成本占了建设支出的较大部分。建议改变统一施工的交钥匙建设模式，允许在统一规划、严格监督验收的前提下，分户包干实施，充分发挥定居户的积极性，自主互助用工，减少工程建设中的开支，降低建设成本。

（三）重视草料地建设

定居点要确保定居牧民每户饲草地不少于50亩。为解决一些定居牧民饲草料地不足的问题，建议采取以下措施：一是对原集体所有的饲草料地进行调节使用。对向外发包的合同到期的饲草料地，要帮助牧民收回，交由牧民种植；对向外发包合同没有到期的，要组织村集体与承包者进行磋商，变更原发包方，将村集体发包变更为牧民发包；对计划新开发的饲草料地，要由牧民成立合作组织自己发包，不再向外发包。要杜绝承包合同到期后再次向本村以外的单位和个人发包种植树木和经济作物现象发生。对饲草料地要依法、自愿、有偿地在本村集体内成员间进行流转，加快饲草料地的集约化、规模化经营。二是加快推进牧区水利工程建设，为新整理开发饲草料地和提高饲草料地产量创造条件。从我们考察的两个定居点的情况看，定居点周边还有较大面积的荒漠土地未能开发利用，重要原因就是缺水。只要有水，饲草料地达标不成问题。因此，要大力进行水利建设，开辟水源，保证有水可用。对温泉县等特殊地理位置的取水要求，相关管理部门要统筹协调，科学调度，适当放宽，满足其定居兴牧的用水需求。同时，要科学管水、灌水，提高水的利用效益，为建设高标准饲草料地和实现牧民定居提供充足的水资源保障。此外，还要强化种草技术指导，实行技术人员包片负责，提高草料基地的利用率，促进草原畜牧业发展。

（四）转变生产方式，发展现代草原畜牧业

牧民定居后，政府要有步骤地推行草原禁牧休牧轮牧制度，逐步实现草畜平衡。要促进畜牧业向舍饲、半舍饲转变，实现禁牧不禁养。一要优化生产布局和畜群结构，提高科学饲养和经营水平，严格以水定草、以草定畜，适度发展草原畜牧业。二要加强农牧结合，形成牧区繁育、农区育

肥的生产格局。三要积极推进草原生态保护补助奖励机制，保障牧民减畜不减收，充分调动牧民保护草原的积极性。

实行规模化养殖是促进传统畜牧业向现代畜牧业转型，提高畜牧业发展水平和生产效益的重要途径。牧民定居后，要积极扶持养殖大户、养殖专业村和养殖小区发展，改变“小、散、弱”的养殖格局。一是依托现有的养殖小区和养殖大户，引进有实力的龙头企业，建设肉牛（羊）标准化养殖场（基地）和集中连片的养殖小区，彻底改变规模小、分散经营、科技含量低的现状，提高生产能力和水平。二是落实税收优惠和财政补贴等扶持政策，支持发展牧民专业合作组织，推进适度规模经营，提高草原畜牧业组织化程度。为此，要稳定和完善草原承包经营制度，促进草场依法流转。要按照权属明确、管理规范、承包到户的要求，积极稳妥地推进草原确权和承包工作，保持草原承包关系稳定并长久不变。在依法自愿有偿和加强服务的基础上，规范承包经营权流转。在推进规模化养殖的同时，鼓励草场集中经营，允许草场实行有偿流转、承包、租赁经营，促进草场向大户、能人集中。

（五）加强职业技能培训，拓宽牧民就业增收渠道

要加大定居牧民职业技能培训，鼓励牧民转产转业。一是实施更加积极的就业政策，为符合条件的转移就业牧民提供免费就业信息和职业介绍等服务。落实职业培训补贴、职业技能鉴定补贴、牧区未继续升学的应届初高中毕业生参加劳动预备制培训补贴等政策。积极开展牧草优质高产种植技术、饲草料青贮技术、肉用牛羊杂交改良和人工授精技术、科学饲养技术及动物防疫、牧业机械使用等方面的培训。培育有文化、懂技术、会经营、守信用的新型牧民，提高牧民素质和转产转业能力，减轻草原人口承载压力。二是加强劳务品牌培育和推介，有序组织牧民劳务输出，加强公共就业服务体系建设，搭建劳动力转移供需信息平台，加强市场监管，规范就业中介服务，为牧民提供优质的就业服务，引导牧民由牧业内部就业向非农产业转移。三是大力发展牧区二三产业，鼓励牧民创业，积极吸纳牧民就业，鼓励牧民从事商贸、旅游、交通运输以及特色农畜产品收购、加工、贮运、保鲜等，拓宽牧民增收渠道。四是做好外出务工牧民社会保险关系转移接续工作，为牧区剩余劳动力转移保驾护航。五是设立毒

草治理、围栏管护、减畜监督、防火、鼠虫害测报等草原管护公益岗位，组织牧民开展草原管护。六是在具有旅游资源的地区将牧民定居点的建设与兴办牧家乐结合起来，发展家庭旅游服务业，开拓牧民致富渠道。要统筹规划，将定居兴牧与小城镇建设结合起来，带动商贸物流，促进牧区富余劳动力的转移和文化、科技、教育、医疗卫生等事业的发展。

（六）定居点建设要突出民族特色，传承民族文化

要高度重视牧民定居工程建设中民族文化的传承保护问题。在牧民定居点的建设中，可以从以下几个方面突出民族文化特色：一是在住房设计中要体现民族文化的特质。要根据不同游牧民族的文化特点，凝练出具有代表性的民族文化元素，在建筑的外观设计等方面予以体现，可以通过外观造型、色彩运用、纹样符号等体现定居民族的文化特质，允许建筑的多样性。二是在室内空间结构安排和装饰上体现民族特色。室内结构安排既要满足现代器具的摆设需要，也要注意民族特有的住行习惯，如哈萨克、维吾尔等民族使用地毯的习惯等。既注重舒适实用，又注意安排民族礼仪的特殊空间。三是在建筑材料的选择使用上，也可考虑将现代建筑材料与传统的民族建筑材料相结合。四是在定居点服务设施、周边环境等方面，尽量展现定居民族的文化风采，提供不同民族进行文化交流互动的平台。特别是定居点的文化室、运动场所、牧家书屋等，应能体现民族文化的需求。通过上述特别安排，使牧民定居点成为展示、传承民族文化，富有浓郁民族文化气息的温馨家园。

总之，牧民定居工程是一件利国利民的大好事，体现了我们党执政为民的宗旨，是改善民生的重要举措。各地政府应认真总结经验，不断改进工作，使广大牧民“定得下，稳得住，可发展，能致富”，把好事办好办实！

［原载《中南民族大学学报》（人文社会科学版）2011 年第 6 期］

对质疑民族政策的回应

如何看待对当前民族政策的一些质疑

近年来，受拉萨“3·14”、乌鲁木齐“7·5”事件的影响，加之新疆“三股势力”活动猖獗，暴恐事件频发，社会上对我国民族政策的质疑声有所增强。一些专家学者不仅在各种论坛上、文章和著作中对现行民族政策提出质疑，而且在境外媒体上进行公开批评，造成不良社会影响，亟须引起重视。

一 对现行民族政策的质疑

对现行民族政策的质疑，主要集中在四个方面：

第一，质疑民族识别政策。认为今天出现的各种民族问题，根源在于新中国成立初期政府推行的民族识别政策。民族识别政策确认了数十个少数民族，并将民族身份政治化、利益化，导致少数民族意识、民族认同增强，形成与国家认同、中华民族认同的冲突。提出民族问题要“去政治化”，除保留“中华民族”外，将56个民族改称“族群”，淡化甚至取消民族身份，推进民族融合。

第二，质疑民族优惠政策。认为投入倾斜、对口支援、高考加分、计划生育、内地边疆班、干部选拔、国家机关代表比例等民族优惠政策，助长了少数民族的特权思想、依赖思想、求异观念，“使各族民众的‘民族意识’不断强化”，主张用区域优惠政策取代民族优惠政策，用法律平等、公民平等取代民族差别待遇。

第三，质疑民族区域自治制度。认为该制度“催生或加强了各族的‘领土’意识”，导致对国家资源开发的抵触及对他族进入的排斥，是民族问题政治化的集中表现。主张重新划分省级行政区管辖面积和人口，“不允许以各族群（民族）成分来要求在国家享有或在特定区域内享有特殊的权利和义务”，削弱或取消民族自治地方法定的自治权利。

第四，质疑国家帮助民族地区加快发展政策。认为“民族问题更深的根源就是现代化”，民族地区的现代化建设、对口支援等，导致大量汉族人口迁入，造成民族地区自然生态破坏，“原住民的文化边缘化”；在发展中少数民族参与度不高，利益受损，贫富差距、区域差距继续扩大，导致冲突发生。

二 对“质疑”的分析与评价

民族问题的凸显，是社会转型过程中多种因素综合作用的结果，包括市场经济冲击、社会结构变化、利益格局重组、价值观念多元、国际因素影响、部分政策不适应等。质疑者将问题的原因简单归咎于民族政策，既不符合实际，也不利于问题的解决。

“质疑”存在方法论缺陷。一些“质疑”不是建立在严谨科学的研究基础之上，缺乏基本的事实依据，存在主观推断、以偏概全的毛病。比如，有质疑者认为，民族区域自治制度“催生或加强了各族的‘领土’意识”，构成了民族分裂的思想政治基础。这一结论并非调查研究（问卷调查、观察访谈、统计分析等）得出，而是基于“假设”或“担心”的推理。实际上，民族分裂势力在历史上早就存在，“东突”、“藏独”在新中国成立之前就已出现。民族区域自治制度的一项重要功能，就是维护国家统一，防止民族分裂。该制度经受了第三次民族主义浪潮的考验，被实践证明是符合国情、有利于国家统一的制度。民族优惠政策内涵非常丰富，对少数民族和民族地区发展，对构建平等团结互助和谐的民族关系，发挥了重要的积极作用。但是，质疑者并未做调查统计与分类实证分析，不是历史、全面、客观地评价该政策，而是以某方面的个案或某方面的不完善为依据，笼统否定该政策。以少数民族高考加分政策为例，质疑者认为该政策“致使少数民族学生的学习动力不足”，“在社会上给少数民族学生造成了负面的‘刻板印象’，这非常不利于他们今后的就业和发展”，这不仅缺乏基本事实依据，甚至有违常理。

一些“质疑”过于极端。有质疑者提出，我国的民族院校“已经成为一个向少数民族学生系统灌输与强化‘民族’意识、培养‘民族’感情、聚集‘民族’精英的重要场所”，“少数民族学生系统地接受了传统马列主义民族理论的教育”后，“头脑里的‘民族’意识也必然越来越清晰、越来越强化”。认为“我国存在的真正的民族分离主义危险，并不在于那些实施暴力恐怖袭击和制造街头骚乱的极少数极端主义分子，而在于少数民族干部与知识分子内心中的现代‘民族’意识”。这种质疑有悖基本事实，表露出的对广大少数民族干部和知识分子的不信任，有将民族高校、民族理论政策教育污名化倾向，值得引起高度重视。有质疑者提出，“不要‘绑孩子’，不要用教育为名，把乡下人家的孩子弄到城里，把边疆的孩子弄到内地办什么新疆班、西藏班，让他不能传承父母和祖先的语言文化和宗教”。据我们调查，国家实施的内地边疆班政策，使大批基础教育落后地区的少数民族学生享受到内地优质教育资源，为他们继续深造和未来发展创造了有利条件，受到少数民族群众的拥护与支持。以传承民族文化为由，将这样的政策说成是“绑孩子”，于情于理都说不过去。质疑者还提出，“不要‘毁家园’，包括不要为了你那个资源开发，就在别人家园里鼓捣资源开发项目”；“他是‘闭门家中坐，祸从天上来’的。他没有要现代化发展，而是你要搞现代化发展，然后你到我的家里来整事儿”。那么，谁在少数民族“家里”整事儿？真的有人非要把别人的根“一剪没”吗？少数民族不要现代化发展吗？不发展就没有民族问题了吗？显然，这样的“质疑”将话说“过头”了。这样的“质疑”可能产生什么后果，需要认真考量。

“质疑”可能产生的消极影响。一是动摇民族政策的根基与合法性。“质疑”涉及国家基本政治制度与民族政策的基础，会使人们产生对党的民族政策的怀疑，加剧思想混乱，不利于中央统筹解决民族问题。二是可能使问题复杂化。一些“质疑”涉及少数民族利益、民族之间关系、中央与民族自治地方关系等敏感问题，处理不好，可能酿成新的事端。三是可能给国内外敌对势力特别是“三股势力”可乘之机。西方敌对势力为达到对我实行西化、分化、围堵的目的，大打民族牌、宗教牌、人权牌，国内“三股势力”对民族政策恨之入骨，上述不当质疑，可能正中其下怀，为其所利用。四是有损中央和国家权威，打乱中央调整完善民族政策的步骤，造成工作被动。一些“质疑”明显与现行政策和中央决策相悖，扩散之后，可能形成一种舆论氛围和社会不当预期，使调整政策或新出台政策的难度加大。质疑者提出的方案，如付诸实施，极可能造成民族治理秩序混乱，影响民族地区的稳定发展，甚至危及整个国家安全。

三 几点建议

1. 高度重视民族政策问题研究

建议由全国人大民委、全国政协民委、国家民委牵头，就被质疑的政策问题，组织专家学者展开深入调查，进行专题性研究讨论，拿出权威的高质量研究报告，系统回应质疑，提出切实可行的民族政策调整完善意见，供中央决策参考。

2. 对民族政策的公开质疑要进行引导把控

面对民族发展的新情况新问题，既要解放思想、集思广益，又要实事求是、内外有别。民族政策关系重大，应倡导以科学的态度研究问题，提出可行的政策建议；不能放任不负责任地发牢骚、出歪招，误导民众。对于明显不妥的“质疑”要及时打招呼，不能听之任之。不能等酿成事端之后，再来追究，造成伤害。对于以反思为由，恶意诋毁民族政策，要旗帜鲜明地予以反对。

3. 加大民族政策及其成就的宣传力度

在当前思想比较混乱的形势下，有必要加大对党的民族政策及其实践成就的宣传力度，阐明我们的制度优势和政策效能，释放民族政策的正能量。要克服当前“质疑”多、讲问题多，讲优势与成就少的不正常现象。民族政策要与时俱进，完善创新，但不是推倒重来。纲领性民族政策、民族区域自治制度，是立国的重要基石，必须坚定不移地坚持。

4. 适时调整完善具体的民族政策

任何政策都不可能一成不变。随着时代发展，现行的一些具体民族政策的确需要完善创新。比如，落实民族区域自治制度的一系列具体政策亟须完善，要尽快出台相关的配套法规与政策措施。再如，习近平总书记在第二次中央新疆工作座谈会上，提出“要加强民族交往交流交融”，“推动建立各民族相互嵌入式的社会结构和社区环境”，也需尽快出台相关政策。另外，随着大量少数民族人口流入城市，《城市民族工作条例》亟须尽快修订，等等。在完善民族政策问题上，政府要有所作为，变被动为主动。

5. 大力推进少数民族参与式发展

坚持帮助民族地区加快发展不动摇。在帮助民族地区加快发展的过程中，要按《民族区域自治法》办事，大力推进少数民族参与式发展，增强少数民族的发展主体意识，变被动发展为主动参与发展，使少数民族通过发展获得实实在在的利益。将涉及少数民族利益的各类民生工程项目办实办好，把党的民族政策落到实处，增强民族政策的影响力、感召力。

（原载《教育部简报》［高校智库专刊］2014 年第 4 期）

对当前民族研究中几个热点问题的分析[①]

在社会变革转型，民族问题凸显的大背景下，人们基于苏联、美国、中国以及世界上其他民族国家的实践，进行了一系列探讨，提出了不少针对性很强的观点。其中一些提法，涉及对基本情况的判断，还有一些提法涉及认识、决策、立法、司法以及理论研究，引起了较大的反响。以西方的视角及概念分析具有漫长历史积淀、丰富现实表现的中国民族问题，可能不失为一种方法，但就针对性、有效性而言，却需要审慎看待。一方面有一个理论成熟度的问题，另一方面外来的理论能否给出符合中国国情的答案，有一个水土能不能服的问题。中国的民族问题，不可能不打上深深的中国烙印。因此，立足中国就有了特别重要的方法论价值。以中国式的立场、观点、方法进行分析，就是要解答中国的民族问题到底是什么样的状态、为什么是这样的状态，以及如何以中国自己的方式解决这些问题，避免玄学与空洞，从而揭示真相、寻求真谛，实现道路自信、理论自信和制度自信。

一　民族问题凸显的现实诱因

对国际社会中民族问题凸显和复杂化的原因，有人做过分析，认为在诸如爱尔兰、科索沃、卢旺达、克什米尔、斯里兰卡等族群多样化而且特

① 本文与马天山合作。

殊化的地方，文化差异、殖民地后遗症、经济资源和政治权力争夺、社会动荡与精英鼓动，是造成族群关系紧张的最一般原因。而对我国民族问题凸显与复杂化的原因，则有不同的看法，归纳起来主要有如下三种：

第一种是将原因同现行有关政策联系起来考量。认为我国的一些民族政策是导致民族问题凸显和复杂化的直接原因。他们认为国家制定的照顾少数民族的政策，客观上强化了少数民族的自我认同，淡化了国家认同。据此，有学者提出了“去政治化”①、“第二代民族政策”② 等主张，有些官员提出了取消身份证上的民族一栏、不再增加民族自治地方等建议。

第二种认为社会主义市场经济构建过程中的民族纠纷多是由复杂背景和因素共同起作用的结果。一是经济利益的作用，认为在市场经济大环境下，各民族对自身经济利益诉求明晰化和强化，而各种利益的协调缺少规范，使发生冲突和纠纷可能性增大；二是民族文化差异的影响，认为在市场经济和流动性增加的影响下，民族之间的文化冲突的可能性增大，尤其是一些民族自认为传统文化受到侵害的情况下，更是如此；三是历史因素的影响；四是地方或部门行政管理方式失当；五是敌对势力的煽动。③

第三种是与宗教问题联系起来分析。认为宗教与政治的密切勾连、国外势力的影响、一些民族全民信教的氛围等，是当代民族问题凸显和复杂化的重要原因。有人认为，在封闭的环境中，宗教认同容易得到加强，宗教认同加强就会强化民族认同。如果某一种宗教不能独大，则其滋事的能量必然将被大为削弱④。

结合中国现阶段发展状况以及当代民族问题产生、变化的特点，笔者认为最主要的现实诱因在于观念问题、利益问题、情绪问题和管理问题。这些诱因既有现实因素，也有历史积淀，哪种诱因在何时发生什么样的作用，存在很大的随机性和偶然性，必须全面高度关注。

---

① 马戎：《理解民族关系的新思路——少数族群问题的去政治化》，谢立中主编：《理解民族关系的新思路：少数族群问题的去政治化》，社会科学文献出版社 2010 年版，第 3 页。

② 胡鞍钢、胡联合：《第二代民族政策：促进民族交融一体和繁荣一体》，《新疆师范大学学报》2011 年第 5 期。

③ 王希恩主编：《20 世纪的中国民族问题》，中国社会科学出版社 2012 年版，第 439—440 页。

④ 李刚：《关于民族宗教问题与中国西部社会稳定的几点思考》，《世界宗教文化》2012 年第 5 期。

观念问题主要是指对民族宗教问题的“五性”重视不够，对党和国家的民族宗教政策了解不全，对民族习惯和宗教知识掌握不多，对中华民族共存共荣、同为一体的历史认识不深。观念问题还表现在对民族宗教问题标签化倾向上。在某些情形下，地域、民族、宗教被一些人有意或者无意贴上标签，与落后、保守、封闭甚至激进、恐怖、分裂、治安恶化等诸多社会问题形成微妙的对应关系。2012 年 11 月 3 日，发生于湖南岳阳的切糕事件，就可以解读为是标签化效应的结果。由于切糕已经在相当长的一段时间内，被社会上较多的人逐步贴上了某些新疆人强买强卖甚至是敲诈的标签，因此事件一经公布便迅速发酵，使一起原本普通的治安案件成了人们议论民族与宗教问题的“标本事件”。拉萨“3·14”事件之后的一段时间内，一些地方发生的宾馆拒绝藏族旅客入住以及出租车拒载等现象，也是标签化的表现。

利益问题主要是指经济利益的影响，但也不完全指经济利益，还包括环境利益以及宗教利益等。对于利益需要仔细甄别，利益有大小、真假、远近、合法与非法之分，仔细甄别实属必要。在国际事务中，国家和国家之间存在利益分歧，达成共识，实属不易。在民族之间，在不同的宗教以及不同的人们之间，也存在多元化的利益。市场经济一方面使不同民族、不同宗教间的交往日益频繁，认同性增加；另一方面由于利益多元化的加剧，矛盾冲突的可能性也增加了，并大量以经济利益的方式表现出来。这就导致了另一种可能性的产生，就是这些矛盾冲突往往会被别有用心的人包上民族、宗教等华丽外衣而加以利用，使其变质。当经济问题被民族宗教化，市场法则就会失去作用。纯正的经济利益并不排斥矛盾，但排斥矛盾的非法解决，因为市场经济既是利益经济，更是法治经济。

民族情绪的滥用是当前民族宗教问题凸显和复杂化的重大诱因。民族情绪的滥用包括两个方面，一方面是在民族地区，某些时候会因情绪影响而产生一些问题，在情绪化的场景中，理智、法律、经济利益等几乎不起任何作用。另一方面在非民族地区，某些时候，情绪化的宣泄也会导致问题的复杂化。前述湖南岳阳的切糕事件，还可以解读为是一起民众情绪化宣泄的典型事例，现场的民众先是以群殴的方式，发泄压抑许久的愤懑，然后网络又成为另一个宣泄平台，许多人纷纷“吐槽”心中的不满与怨恨，内容涉及执法公平、民族平等、民族宗教政策等。甚至国外也有一些人利用网络发表评论，使事件沸沸扬扬。网络舆情的突然迸发，正是集体性情绪化的结果。

管理问题方面，主要是指社会控制力减弱、控制方式简单化、宽容度增加，导致民族宗教问题增多。由于中国的社会建设起步较晚，社会组织发育缓慢，社会管理方式和手段不完善，一些过去由计划或者行政权力管控的事物，现在处在脱管状态之中，加之社会道德以及价值体系面临诸多新挑战，因此整个社会管理存在许多制度以及理念上的“空当”或者薄弱之处，社会风险系数随社会的宽容而普遍增大。一些基层民族地区甚至或明或暗还存在以宗教上层人员为主的“第二套领导班子”、“第二套政府”，增加了诸多隐患。

由观念问题、情绪问题、利益问题、管理问题引发的矛盾无论数量再多，或者有多激烈，在中国它仍然属于内部矛盾，仍然属于可以调控的范围，运用教育、经济或者政治的手段就可以正确解决。许多表面上因为民族或者宗教原因而引发的矛盾冲突，在根源上也仍然是情绪、经济或者是生态性利益所致，不存在根本性对立。换言之，我国目前民族地区发生的诸多矛盾，并不属于敌我矛盾。观念的问题归观念，情绪的问题归情绪，经济的问题归经济，管理的问题归管理。这意味着在我国，从本质上说，民族与民族之间、民族与宗教之间、宗教与宗教之间是不存在对抗性矛盾的，总体上或者说整体上尤其如此。在我国，建立在历史与现实基础之上的大中华、大文化、大一统认同，实际上已经牢牢将大家联结成为一个政治共同体、经济共同体、文化共同体和命运共同体，休戚与共、荣辱与共、患难与共，这是历史的选择，不以任何人的意志为转移。我们建设中华民族认同的必要性、可能性、现实性都蕴含在这一巨大优势中。

在中华民族几千年文明史中，各民族共存共荣、同为一体一直是主线。这既是我们应该追求的，更是应该悉心呵护的。历史上存在的冲突甚至战争，无论是朝代更替还是王权争霸或者是财富劫掠，都是特定社会阶段里的特定社会历史现象，不是可以延续的民族仇恨。文化差异、民族习惯、宗教活动是社会文化丰富性的重要内容，是不同生产方式和自然条件下的产物；国家倡导尊重差异，包容多样。因此，在我国，积极的文化、健康的风俗、合法的宗教，并不构成民族宗教问题凸显与复杂化的诱因。

当下，我国边疆部分民族地区也存在一些对抗性矛盾，当给予高度重视。“三股势力”是引起问题恶化的重要原因，它的显著特点在于，有外部势力干扰、离间、挑唆；手段极端，充满血腥。2012 年 12 月，四川向社会公布了一起由达赖集团组织策划的系列煽动教唆胁迫自焚杀人案。据案犯交代及查证，自 2009 年以来，其接受达赖集团指令，先后煽动教唆胁迫 8 名无辜人员自焚，造成 3 人死亡。自焚前，他们记录自焚者个人、家庭信息和拍照，并当面保证“只要你自焚，就一定把你的信息传到印度”。事后马上通过手机等工具，将自焚者照片、现场情况和家庭等相关信息提供给境外“藏独”组织。[①] 某种意义上，这是西方敌对势力分化瓦解中国战略的组成部分，是另一种形式的“战争”。对此，可以通过政治、经济、军事手段综合应对。治本之策在于切实和持之以恒贯彻民族平等、共同团结奋斗、共同繁荣发展的政策。

从全国范围看，我国正处于矛盾凸显期，各种矛盾相对集中爆发是较为普遍的现象，民族宗教问题在这一时间段内的增多，亦是可以理解的，与民族宗教政策本身并无直接关联。从社会发展规律看，一定时期内矛盾冲突的增加难以避免，这是由社会发展的特点、市场经济的本质以及天然局限性决定的，不同的主体自然有不同的情绪、利益和宣泄方式，在某些情形下，矛盾冲突不仅仅是量的增加，有时候也很尖锐和激烈。因此，不回避矛盾是一个方面，另一方面认清矛盾冲突的性质、寻找原因和解决方式至关重要。不能夸大矛盾，也不能无视矛盾，更不能有意无意利用矛盾或者制造新的矛盾。许多国家民族与宗教问题的激化所导致的巨大动乱，当为重要警示。对国内历史的纵向、横向比较，亦有着可资借鉴的重要价值，便于寻找到真实诱因，对症下药，而不为假象所蒙蔽。

二 国际一体化进程中民族问题的走向

应当说，国际一体化是个非常含混不清的命题。多少国家、多大范围参与才可称为国际；是政治一体、经济一体、文化一体还是军事一体抑或

---

① 《四川警方成功侦破系列煽动教唆胁迫自焚杀人案》，新华网，2012 年 12 月 9 日，http://news.xinhuanet.com/legal/2012-12/09/c_113960646.htm。

是混合一体；是主动参与式的一体还是被迫参与式的一体；是平等协商还是强者当家；一体化的后果是国家消亡还是国家混同；等等。但国际一体化又是一个趋势，从本源上说，人的社会性、生产的社会化，不可避免地将人类不断拉近。国家产生之时，便有国家趋同之力。

在国际一体化进程中，有两个问题至关重要，其一是趋同动力，其二是趋同范围。趋同动力有可能是和谐之力，也有可能是强制之力。如果是和谐之力，则意味着趋同的进程是自然演进式，一般不会产生尖锐或者对抗性质的矛盾。反之，则意味着趋同的非正常化和矛盾的产生。趋同范围是指趋同存在着内容选择的问题，即哪些内容在何时趋同。这意味着趋同并非是指整体的和统一的时间段内的融合，而是分项和分阶段进行的。

在当前国际一体化进程中，人们更为注意的是市场一体化，以及由此而引起的文化一体化问题。但事实证明市场一体化远非建立统一市场那样简单。从趋同动力来看，时常可见的是强权规则。从趋同范围来看，由于强权规则，趋同的范围大大超越了经济领域而向政治领域和文化领域渗透。马戎教授就指出，全球化的第一个过程是资本主义经济活动的扩散；第二个过程是国家管理和行政体制的扩散；第三个过程是西方意识形态和政治理论的扩散①。

在国际一体化进程中，国家之间、民族与宗教之间联系的机会和渠道增多，彼此的相互影响也就成为必然。但民族与宗教的一体化进程，绝对不能用市场规则来衡量。其一，它们有自身的发展规律，何时融合、怎样融合，取决于社会条件和国家制度；其二，它们属于社会政治问题，有着特殊的象征意义，又分属于不同的国家，是其内政，别国无权干涉；其三，它们的历史传承不同，现实作用也不一样，无法用统一的模式完成一体化进程；其四，对市场规则的解释没有统一的标准，在很多情形下，它是与经济暴力甚至军事暴力联系在一起，过程是残酷的甚至是血淋淋的。

在国际一体化中，不能被市场的简单扩大遮蔽双眼，用所谓的国际市场来代替一切，从而无视自身民族与宗教问题的特殊性。从本质上说，所

---

① 马戎：《族群、民族与国家建构》，社会科学文献出版社 2012 年版，第 102—104 页。

谓的国际一体化，应当是管理制度、社会结构以及经济等问题在技术层面上的一体化，而不是世界一极化、一个民族化或者一个宗教化。美国学者伯尔曼对此就有精辟论述，他指出真正的精神统合不会压制对血缘和地缘的忠诚，也肯定不是对不同地方、地区和国家共同体的同一化，或者，让它们屈从于某种世界国家。这些共同体因对一个神圣的精神本体的共同信仰而得超越，借此，世界所有文化正在被逐渐结合在一起，它们的共同关切也得到满足①。

在世界一体化进程中，民族国家的发展问题引人注目。民族国家是当今世界最基本的国家形态，也是国际关系的基本主体。到目前为止，民族国家仍然是唯一得到国际承认的政治组织结构②。由于世界上大多数国家主体构成的民族性，因此民族主义往往在国家层面上有所表现，且将国家和民族糅合在一起表现，即民族取得了国家的形式，国家获得了民族的内涵③。鉴于民族是国家成员的构成主体，民族意识很可能又是国家意识。这在单一民族构成的国家中最为明显。多民族构成的国家中，各民族也会求同存异，形成共同的民族意志。这在国际交往尤其是战争状态中最为明显。

在这样的环境中，处理民族与宗教问题，需要保持独立的品格，既立足于国内问题的解决，又要拥有国际主义的胸怀。近代民族国家的飞速发展，既加快了国际一体化进程，但同时又不同程度地强化了各自的国家特征，与国际一体化形成对立。被国际一体化淹没还是在一体化之外独行，似乎是个两难话题，然而正确的选择是发展，而且是全面、均衡和可持续发展。只有国家的发展，才有民族的发展；只有民族的发展，国家才会有坚强的民族实力。没有民族国家的发展，在国际事务中，就不会有各民族、各国家的平等权利和相应的话语权。在国内事务中，也不会有处理好民族与宗教问题的能力与实力。

在民族国家培养国民意识，不是以国家的名义强化狭隘的、排他的或

---

① ［美］伯尔曼：《法律与宗教》，梁治平译，中国政法大学出版社 2003 年版，第 187 页。

② ［英］安东尼·D. 史密斯：《全球化时代的民族与民族主义》，龚维斌、良警宇译，上海科学出版社 2002 年版，第 122 页。

③ 周平：《多民族国家的族际政治整合》，中央编译出版社 2012 年版，第 28 页。

者是极端的民族主义，形成僵化、自私、固执、褊狭心理，而是既坚持自己的特色文化，又尊重别的民族文化；既坚持爱国主义，又坚持人类共有的道德准则，它们需要有机统一在一起。对以爱国主义面目出现的民族主义，要认真分析。爱国主义一定包含着对本民族的热爱，但民族主义不一定就是爱国主义。

总之，民族不是国家，国家不是民族，民族意识亦不是国家意识，二者虽然有密切联系，但性质完全不同。民族因人的自然归属而构成，国家因政治架构而形成，这意味着在处理民族问题和处理国家问题时，既需要考虑到二者之间的联系，又必须看到二者之间存在的差异，不能等同，亦不能互相取代。民族国家既需要处理好内部的民族问题，又需要处理好外部的国家间的民族问题，应当内外有别。内部的民族问题是国内事务，以各民族共同繁荣发展为目标。国家间的民族问题则是国际事务，以建立国家间的良好关系为目标。特别需要注意的是，不能借民族主义或者人权之名把自己的意志强加于别人。

三　民族问题的“去政治化”

鉴于民族与宗教问题的复杂性、敏感性，有人主张将其“去政治化”，以便“脱敏”，当成“普通”问题来看待。

这种提法暗含一个前提，即当前民族与宗教问题凸显的原因在于强调了它们的政治性。也可以表述为民族与宗教问题的复杂性和敏感性是因为政治化原因造成的。以此推理，政治化既然是人为的，当然可以人为去除。问题是“去政治化”的可能性有多大，去除后前景又如何，论者似乎没有提及。

政治化含义的厘定以及现实表现不在本文探讨之列，但可以肯定的是，政治问题的外延十分宽泛，从某种意义上可以认为，涉及国家即为政治。

实际上，在世界范围内，纯粹的民族问题、纯粹的宗教问题根本不存在，它们总是和国家治理即政治有着千丝万缕的联系，而国家作为一种权力结构和治理结构，最早就是由民族建立的。国家说白了就是某一个或者几个民族组成的政治共同体，“是民族的政治体系”[①]。因此，民族宗教问题并不是被看成的政治问题，它本身就是政治问题。在民族与宗教还十分普遍的社会阶段里，从某种意义上甚至可以说，民族问题、宗教问题就是政治问题的一种表现形式。例如，在一些多民族国家政党的民族化问题，其成员、政策、组织、意识形态等都有深深的政治和民族相互交织的烙印。许多政党不仅具有民族性，还具有宗教性，所形成的诸如基督教民族党之类的民族宗教性政党，就更难做到与政治的区分[②]。对于一些国家或者统治阶级而言，如果抽去民族问题、宗教问题，所谓的政治问题多半就会剩下一具空壳，后果不言自明。

除了民族与宗教和政治之间天然的血缘关系之外，还有一个问题，即处理民族与宗教问题的手段，同样也无法“去政治化”，很难想象处理民族与宗教问题的政策本身不属于政治范畴。民族习俗、宗教仪式可以生活化，甚至也可以去民族化、去宗教化而演变为世俗化，例如，很多民族的婚姻丧葬习俗，就已经从民族化、宗教化逐渐演变为世俗仪式，但民族问题、宗教问题以及国家管理手段却无法“去政治化”。相反，20 世纪 90 年代以来，“政治化”解决民族宗教问题已经逐渐成为多民族国家的主流选择。国际社会处理所有基于种族、民族、宗教、领土、语言等引发的冲突和战争，都以“政治解决”作为化解冲突的规范[③]。显然，政治手段不但不能被摒弃，有时候可能还是唯一有效的选择。我国政府用政治手段解决国内民族宗教问题的实践更早。20 世纪 50 年代，就是通过和平谈判的方式，于 1951 年 5 月 23 日签订了《中央人民政府和西藏地方政府关于和平解放西藏办法的协议》，规定了实行民族区域自治、达赖和班禅的地位、职权等内容，使西藏顺利实现解放。

无论“去政治化”或者不“去政治化”，民族与宗教和政治的天然联系不可分割。国家层面上的政治性和个人领域中的生活化，完全是两个不同的范围。在强调法治作为处理民族与宗教问题的必要的和科学的手段

---

① 周平：《多民族国家的族际政治整合》，中央编译出版社 2012 年版，第 24 页。

② 同上书，第 130—131、139 页。

③ 郝时远：《构建社会主义和谐社会与民族关系》，谢立中主编：《理解民族关系的新思路：少数族群问题的去政治化》，社会科学文献出版社 2010 年版，第 49 页。

时，它们的政治性将会更加增强。

民族与宗教问题“去政治化”，还暗含着一个判断，即“去政治化”能更为有效地处理民族与宗教问题。但这在古今中外无实例可援引。我国学者郝时远先生指出，无论是强化或者是淡化政治，都不是解决民族与宗教问题的方式，苏联因承认“民族身份”及其相关权利而引发危机并最终分离；美国则因“共冶一炉”而导致“民权运动”，实行文化多元主义与“肯定性行动”①。因为民族与宗教问题的产生并不是政治化的结果，因此，“去政治化”并不能必然解决问题，而且政治化也不是“人造的”的，而是客观现实，建立在想象基础之上的“去政治化”根本不可能找到想脱的那件政治外衣。即便是在政治概念泛化的今天，也是如此。

无论是从民族宗教问题的本质特征还是从解决它的手段来讲，民族宗教问题根本无法做到“去政治化”，但也不能据此而走向另一个极端，即将民族宗教问题“不当政治化”。“不当政治化”的典型表现就是过度政治化，把民族宗教的所有方面都拔高为政治问题看待。一般而言，民族宗教问题的政治性多表现在自由、平等、团结、统一等重大领域中，是整体上必须把握的原则，但就具体问题而言，则不一定事事涉及政治方面，应当具体分析。例如，一些普通的刑事民事案件，尽管涉案者可能会有民族宗教背景，但法律的问题仍然需要按法律来处理，过度政治化的方式于事无补。民族宗教问题在现实社会中有多种多样性的表现形式，也有自身发展变化的客观规律，因而“不当政治化”不是解决问题的科学态度和有效途径。

处理任何一个问题，并不仅仅在于它有什么样的外衣，还在于处理者的态度。有益的启示在于，在法治的视野中，民族与宗教问题只是国家问题的一部分或者一个类别，也不是国家问题的全部，和其他社会现象一样客观而真实存在着，并无“特别”之处。没有高于其他民族的民族，也没有高于其他宗教的宗教，处理者不能自我敏感化、复杂化，从而导致制定、运用政策和执行法律的失误。

---

① 郝时远：《构建社会主义和谐社会与民族关系》，谢立中主编：《理解民族关系的新思路：少数族群问题的去政治化》，社会科学文献出版社 2010 年版，第 45 页。

从目前情形看，我国的民族宗教政策符合中国实际，因而十分有效。如果对其进行预测，其一，这套政策将会也应该长期存在下去；其二，这套政策会随社会的发展而完善，完善的重点在于根据民族区域自治法细化政治、经济、文化等权利的落实以及政策执行和监督等几个方面，而不是“去政治化”。重点是将应然的法律规定实然化，要特别注意实然化的方式和途径；其三，民族宗教问题将会长期存在，在一定时期内，某些地方甚至还会激化，但总体上趋于和谐。这是主流。民族宗教政策在一定范围内会根据形势变化做出相应调整，这也是正常情形。

四 “第二代民族政策”问题

政策随时代变化而发展，是历史唯物主义常识。但问题是怎么样变化才是符合规律、符合时代、符合现实的呢？笔者认为，变化的条件和变化的方向成为至关重要的节点。

政策变化的条件在于政治需要、经济许可、民众认同、符合实际。政策变化的方向则是指政策要达到的目的。“第二代民族政策”的提出者认为，当前中国民族政策变化的条件已经具备，变化的方向应当为拼盘式民族政策向大熔炉式民族政策转变。“第二代民族政策”的实质在于“去民族区域自治化”，强调民族融合。

中国民族政策应当发展变化，但改变现行民族区域自治政策的提法值得商榷。一是各国国情不同，历史传承不同。各自国情是决定民族政策发展变化的事实基础，而且中国几千年的发展史，形成了独特的民族融合轨迹，即地缘相同、生产相补、血脉相近、文化相通、历史相连，奠定了雄厚的民族区域自治的历史和现实基础。这是世界上任何国家都不具备的。二是民族区域自治政策在中国不但得到广泛认同，还得到了实践的检验，被证明是成功的。中国民族区域自治制度不同于以单一民族为基础、各民族可以轻易分离的联邦制，也不同于名义上给予保护，实际上将少数民族隔离在偏远落后地区，使其远离现代文明和发展的“保留地”。它不是在制造符合民族主义原则的单一民族聚居地，而是在打造各民族共同奋斗、共同繁荣发展的政治基础，有利于“合”而不利于“分”[①]。三是大熔炉式的民族政策，要么失败要么也面临诸种问题，正在发展变化之中，且只在各自国家有示范意义，对于别国而言，只能借鉴，不能照搬。四是“去民族区域自治化”不能改变中国两大两小的特殊性。即汉族人口基数大地方小、少数民族人口基数小自治地区面积大的情况不会因此而改变，民族地方诸如地处偏远等自然方面的特殊性也仍然不会改变，即制定民族区域政策的社会基础和自然基础仍然存在。居民身份证中取消“民族”一栏，推行各民族学生混校[②]等建议，以行政命令的方式很容易做到，但可以肯定的是存在的各种问题不可能得到有效解决，因为根源未除，相反有可能会产生一系列新矛盾，新旧问题叠加，对社会的冲击将是无法预测的。从常识上讲，民族宗教问题不是因为写在身份证上或者规定到政策中才产生的，而是一种客观现实，取消之类的建议，过于将原因简单化，且有因果倒置之嫌，既不是治标之术，更不是治本之策。

在中国共产党第十八次代表大会上，中央再一次强调了坚持民族区域自治的立场，指出要全面正确贯彻落实党的民族政策，坚持和完善民族区域自治制度，牢牢把握各民族共同团结奋斗、共同繁荣发展的主题，深入开展民族团结进步教育，加快民族地区发展，保障少数民族合法权益，巩固和发展平等团结互助和谐的社会主义民族关系，促进各民族和睦相处、和衷共济、和谐发展。强调要全面贯彻党的宗教工作基本方针，发挥宗教界人士和信教群众在促进经济社会发展中的积极作用。

中国的民族区域自治，既不是单纯的“民族自治”，也不同于没有民族因素的“地方自治”，而是民族因素与地域因素的结合，是一项以公平正义为出发点的制度，在政治平等、经济发展、文化繁荣、社会保障等方面进行的制度设计和法律规范，在世界范围也具有先进性[③]。党和国家通过这一制度安排，有效地解决了王朝国家末期和中华民国时期想解决而又最终未能解决的将少数民族地方政权全面纳入国家制度，实行和保证国家

① 王希恩：《也谈在我国民族问题上的“反思”和“实事求是”》，谢立中主编：《理解民族关系的新思路：少数族群问题的去政治化》，社会科学文献出版社 2010 年版，第 112 页。

② 朱维群：《对当前民族领域问题的几点思考》，《学习时报》2012 年 2 月 13 日。

③ 郝时远：《中国共产党怎么解决民族问题》，江西人民出版社 2011 年版，第 106 页。

法令在这些政权辖区贯彻的问题。这一制度安排在实现和保障少数民族政治权利方面发挥了重要的作用①。可以看得出，中国的民族区域自治政策是中国革命、建设和改革开放的实践的结晶，是中国特色社会主义理论的重要组成部分，既没有否定它的理论基础，也没有否定它的事实基础。

在当下中国，尽管民族区域自治制度碰到了一些问题，例如，自治权含义的厘定、分配、控制与实现，民族区域自治制度的实际功能等，但这并不妨碍民族区域制度处理中国民族与宗教问题的正确性和有效性，因此，它应当是完善式发展，而不是直接被改变，即既不能走封闭僵化的老路，也不能走改旗易帜的邪路。宏观途径上，应当进一步挖掘并强调民族区域自治的现实价值和未来价值，使人们保持清晰而明确的认识。特别是要强调民族区域自治的根本价值和国家建设的最高价值的高度吻合性：稳定、和谐、发展、进步和尊严。此外，要特别注重能力建设，包括管理能力、建设能力、协调能力、判断能力、执行能力、处理能力等民族地区亟须的能力建设，以期避免因能力不足而造成民族宗教工作中的失误。应该强调治理民族宗教事务的能力是国家治理能力的重要表现。

具体的完善途径包括两方面：一是立法完善，即通过国家和地方立法，完善民族区域自治法法律体系。当前的重点在于在省、自治区的层面上，制定有针对性的民族区域自治实施条例，使法律体系不断层。二是执法完善，即通过对宪法和民族区域自治法以及所有国家法律的认真执行，贯彻民族平等、促进各民族共同繁荣发展，维护法律的尊严。当前的重点在于对国家制定法的不折不扣的执行上。民族民间法不能抵抗、取代国家法。国家法是国家制度，民族民间法是文化传统，二者在社会治理中地位、作用完全不同。

在此基础上，在更高的层次上实现民族的自然融合。国族认同应当是多向的，需要在三个层次上实现：一层是全体民众对国家的归属感，即国家是大家之家；二层是各民族对国家的认同，即各民族把国家当自己之家；三层是各民族间的认同，即各民族同是一家人。由于我国是一个汉族人口占绝大多数的多民族国家，因此，各民族之间、少数民族对各民族统一体的国家以及中华民族的认同态度，对检验民族认同有着更为实际的意

① 周平：《多民族国家的族际政治整合》，中央编译出版社 2012 年版，第 180—181 页。

义。20 世纪苏联解体，很大的一个教训就在于，既没有培养出全体国民对国家的认同感，也没有巩固乃至于在后期放弃了国家和人民之间利益共同体的建设，造成国家利益和全体人民利益相脱离，因此在国家遭受危难的时候，没有人愿意挺身而出。

宏观上坚持民族区域自治政策，与对公民个人国家认同、中华民族认同感的培养，虽然是两个方面的问题，但均属求同行为，二者本质一致，利益统一，并不会产生因强调民族区域自治而与国家统一形成矛盾的情形。

综上所述，宗教问题往往和民族问题相连。处理好宗教问题对处理好民族问题有重要的影响。在处理宗教问题的时候，要看有没有民族问题隐藏其后；在处理民族问题的时候，也要看看有没有宗教问题隐藏其后，不能像按跷跷板，起一头沉一头。公开、公平、公正的法治原则，任何时候都是处理民族与宗教问题的基本原则。要在充分利用法治手段保障正常民族与宗教活动的前提下，充分利用民族、宗教的积极作用，以其之长弥补法治之短，以其之善弥补人性之失，进而促使人、社会、民族以及国家的自我完善。

（原载《青海民族研究》2013 年第 2 期）

新时期涉及民族因素事件的类型、特点及原因①

中国特色的民族政策，为正确解决民族问题找到了一条符合国情的道路，取得了重大成就。但近年来，发生在我国的涉及民族因素的事件（以下简称涉民事件）有增多的趋势，有些事件还产生了极为严重的后果，这种状况导致一些人对我国的民族政策产生怀疑。本文拟通过对新时期涉民事件的梳理与分类，分析其原因，回应对民族政策的诘难。

一　新时期我国涉民事件的基本类型

涉民事件一般是指那些内容或者参与主体涉及民族因素，牵涉的人数较多，形成较大社会影响的事情。它是一个较为宽泛的提法，包括两大类情形，一大类是指事件的内容涉及民族因素（包括与民族相关联的宗教因素）。另一大类是指事件的内容不涉及民族因素，但参与者的身份为少数民族或者与民族相关联的宗教人士。在日常生活中，人们对这两大类事件并没有做太多的区分，习惯于统称为涉民事件。但严格来说，这两类事件的性质是不同的，只有第一类情形才是真正意义上的涉民事件。将第二类情形作为涉民事件看待，体现了较为审慎的态度，有利于防患于未然，但不宜敏感化或者扩大化。此类情形中，既要看参与者的身份问题，更重要的还是要看事件本身涉及的内容，不能唯身份论。涉及民族或者宗教因

① 本文与马天山合作。

素，正是涉民事件的特殊性所在。

涉民事件属于社会事件，当前学界对其类型的划分较为混乱。我们认为，任何事物都是由一系列要件构成的，因此以构成要件为依据分析涉民事件，无疑具有重要的价值。构成要件分析，更容易接近涉民事件的核心内容。

以事件所涉内容为依据进行分类，涉民事件可以分为政治的、经济的、环境的、文化的、宗教的、习俗的等类型。政治类型的涉民事件，主要是指涉及国家统一、领土完整和国家制度、政权巩固、民族团结等为内容的事件。经济类型的涉民事件，主要是指发生在经济活动中，并以经济利益为内容的事件，如资源开发中的利益分配冲突事件，草场、地界、水源纠纷，商贸活动中的债权债务纠纷等。环境类型的涉民事件，主要是指围绕生态发生的事件，例如，因生活和生产环境的污染与破坏而引发的事件。文化类型的涉民事件，主要是指围绕民族文化的宣传、教育、继承、保护等方面发生的事件。宗教类型的涉民事件，主要是指围绕宗教问题发生的事件，例如，教派之争，既可能发生在一种宗教之内，也可能发生在不同宗教之间。习俗类型的涉民事件，主要是指围绕民族风俗习惯或生活习惯而发生的事件，如因仪式禁忌、饮食禁忌而发生的纠纷等。

以参与者的动机为依据进行划分，涉民事件可以分为追求分裂类、故意破坏类、逐利类、无知类等。追求分裂类的涉民事件，主要是指以分裂国家、分裂民族为目标的事件。故意破坏类的事件，主要是指出于极端民族主义、极端宗教思想，或者是出于对现实的不满，或者是出于成见、偏见而制造的事件。逐利类事件，主要是指为追逐各种利益而形成的事件，既包括追逐合法或者非法的政治利益、经济利益、文化利益、生态利益等，也包括追逐个人利益、集团利益、地区利益等；逐利的主体既包括普通民众，也可能包括一些干部、宗教人员等社会精英人士。无知型涉民事件，主要是指因不懂政策法律规定、不懂民族宗教知识和民族风俗习惯等而引发的事件。既可能是一方不懂，也可能是双方都不懂。

一般而言，动机反映参与者的立场和态度，还会决定事件的规模或者严重程度。例如，出于分裂动机制造的事件，其参与者在态度上一定是积极的、主动的，会不择手段扩大事态。没有这一动机的参与者，则可能是盲从者。

以所运用的手段为依据进行划分，涉民事件可以分为暴力事件和非暴力事件两类。暴力事件是指在事件过程中使用了暴力手段。反之则为非暴力事件。暴力的指向是公共秩序、公共设施以及生命和财产。一般而言，是否选择使用暴力，与事件所涉及的内容、参与者的动机等密切关联。

以法律为依据进行划分，涉民事件可以分为犯罪事件、违法事件和普通事件三类。犯罪事件是指触犯刑事法律，构成犯罪的事件。违法事件是指没有触犯刑律，但违反有关法律法规的事件，例如，因触犯治安管理法规而发生的治安事件。普通事件是指因民事纠纷而发生的事件。三类事件中，犯罪事件往往涉及国家安全、生命财产安全、社会安全等方面，后果最为严重，对社会的危害最大。违法事件虽然在程度上没有犯罪事件严重，但它对正常的生产、生活和工作秩序的影响不能轻视。因民事纠纷而引发的普通事件，在起因上较为明确，即绝大多数属于民事利益纠纷，在表现形式上也较为简单，即大多数为当事人的聚集、静坐和语言冲突等。在当代社会，违法事件和普通事件所占比例最大。如果处理不及时或者方法不当，这两类事件也可能演化为犯罪事件。

以是否涉及民族内容为依据进行划分，可以将涉民事件分为典型的涉民事件和非典型的涉民事件两类。前者是指事件的内容涉及民族因素（包括涉及与民族相关联的宗教），后者是指事件的内容不涉及民族因素，但参与者的身份为少数民族或者与民族相关联的宗教人士。典型的涉民事件，就是因民族问题而引发的事件，往往事关民族平等、民族团结、民族利益、民族习惯、宗教信仰等重大问题。非典型的涉民事件，除参与者的身份外，本身并不涉及民族因素，因此，仅仅只是关联性事件。

根据所掌握的情况，以内容为主要分类依据，并兼顾其他标准，我们大致上可以将我国现阶段涉民事件分为分裂破坏类、经济纠纷类、风俗习惯类三种基本类型。

分裂破坏类事件是指以分裂国家和民族，破坏社会安定、国家发展和民族团结为目的的事件。这类事件以“藏独”和“疆独”分子策划制造的一系列分裂破坏活动为代表，其中西藏拉萨“3·14”和新疆乌鲁木齐“7·5”事件最为典型。此类事件从内容而言，涉及国家统一、领土完整和民族团结，因此，它首先是政治类型的事件，策划者、积极参与者的目的都是为了破坏国家统一和领土完整。“藏独”和“疆独”分裂破坏活动均触犯刑律，因而，又同属于刑事犯罪事件。2013 年 6 月 26 日发生在新疆鄯善县的严重暴力恐怖袭击案，事件虽然发生在民族地区，但绝不是民族问题，不是宗教问题。犯罪分子以无辜平民和执法人员为袭击对象，罔顾法律、滥用暴力、无视生命，是典型的恐怖主义行径。

经济纠纷类事件主要是指围绕经济利益发生的事件。在发展经济的大背景下，在一定的时间段内，这类事件的增多有其必然性。从当前情形看，这类事件大量发生在城市以及资源优势地区，一般围绕利益分配、经营地盘、竞争、店铺、价格、薪金、合同、集资等实际利益发生。例如，2008 年 7 月，云南孟连傣族拉祜族佤族自治县，就因胶农与企业经济利益长期存在纠纷，引发了一起有 500 多人参加、导致 2 人死亡的较为严重的群体性事件[①]。经济类事件在表现形式上，既有少数人的纠纷，也有较大规模的群体事件；既有普通纠纷或者违法事件，也有刑事犯罪事件；既有暴力事件，也有非暴力的游行、静坐、聚集等事件；既有不同民族、不同地区之间利益主体发生的纠纷，也有相同民族、相同地区之间利益主体发生的纠纷。经济关系体现社会关系，民族经济关系在体现社会关系的同时，还体现民族关系，因此，涉及民族因素的经济类事件的增多，具有重要的社会判断价值。

风俗习惯类事件主要是指围绕民族文化、生活习俗以及宗教信仰等方面产生的事件。民族文化是民族习俗的升华，民族习俗是民族文化的日常体现，宗教信仰则往往是两者的核心元素。不同的民族有不同的文化、习俗和宗教，并与民族尊严、民族感情等方面紧密相连。随着社会的空前活跃，涉及这方面的事件也在增多，并呈现出多样化的特征。例如，20 世纪 90 年代，因一非法出版物侮辱宗教和民族习惯，青海、甘肃、新疆等地多次发生示威游行。再比如，2010 年 1 月，广西一地在艺术节上表演了反映瑶族文化的舞蹈，被认为有严重丑化瑶族妇女的问题，引起部分高校学生和当地部分瑶族群众的关注。[②]

---

① 参见段尔煜、陈旭东《边疆民族自治地方群体性突发事件政府管理长效机制的建立——以云南省孟连傣族拉祜族佤族自治县“7·19”事件为例》，《云南行政学院学报》2010 年第 1 期。

② 参见金炳镐《民族关系理论通论》，中央民族大学出版社 2007 年版，第 622 页。

从具体情况看，分裂破坏类事件容易发生在民族聚集区；经济类型的事件容易发生在发达地区和资源富集的地区；文化习俗类的事件容易发生在散杂居地区，发生在宣传媒介、食品加工制造、日常生活当中。文化习俗类事件开始往往是纯粹的民族性事件，但极易演化成为类似于“公愤”的群体性事件，有激化或者使用暴力的可能。

从性质上讲，分裂破坏事件是敌我矛盾，经济纠纷类事件和风俗习惯类事件大量表现为人民内部矛盾，但也存在将经济类事件激化为民族矛盾，或者将经济类事件包装成为风俗习惯事件的情形，需要仔细区别。典型的涉民事件，特别容易扩大和蔓延，因此，必须严格按民族政策和有关法律法规办理。非典型的涉民事件，虽然具有一定的敏感性，但它毕竟不是民族事件，硬往民族性上靠会影响公正处理，应当坚持是什么事情就按什么性质处理的原则。需要注意的是，一方面不能把民族事件当成普通事件看待，另一方面也不能把普通事件当成民族事件看待。生活中，有些经济事件就是假借民族宗教这类形式来表现，以此掩盖事件的真实性质。因此，需要认真判别实质性的内容，把握事件的真实性质。

二　新时期我国涉民事件的主要特点

与新中国成立之初我国涉民事件发生数量较少、形式较单一、发生地点多集中在西藏、新疆等地不同，新时期我国涉民事件表现出如下几方面的特点：

第一，在时间上呈现出阶段性特征，在分布上呈现出区域性扩散态势。

涉民事件有两种基本变化形态，即阶段性变化和区域性变化。阶段性变化主要是指时代变化对涉民事件产生的影响，通过事件涉及的内容体现出来。区域性变化主要是指涉民事件在一定空间范围内的变化，通过地点的变化体现出来。

就阶段性特征而言，在我国解放初期至20世纪60年代，由分裂分子、旧制度的维护者及国外敌对势力等策划制造的分裂破坏事件最为典型。进入70年代，随着人民政权的巩固，少数民族人民群众的生活水平得到逐步提高，再加上国际环境的改善，涉民事件虽然也有发生，但数量、性质、规模和激烈程度与前一阶段大不相同，总体上处于相对平静期。到 80 年代以后，这种情况有所改变。一方面分裂破坏活动有所抬头，另一方面，与国家政治、经济、文化大发展，社会处在大变革的阶段特征相一致，其他类型的涉民事件逐渐增多，特别是与市场经济的发展相一致，围绕经济利益的事件以及涉及风俗习惯方面的事件逐渐增多。

从空间范围来看，新中国成立后至 60 年代，涉民事件相对集中于民族地区，与传统的少数民族生活区域相吻合。暴力破坏活动多发生在西藏和新疆两地。这两地又多发生在经济落后、宗教氛围浓厚、靠近边境地区或者与国外有密切宗教联系的一些地方。到 80 年代以后，产生了两种变化，一种是敌对势力的暴力破坏活动开始向青海、四川、甘肃等地延伸，另一种是经济类、风俗习惯类涉民事件在内地增多，从而使传统的涉民事件的发生地在地理范围上向外扩展。2010 年年底召开的全国城市民族工作会议指出，近年来，全国出现的涉及民族因素的突发事件，百分之八十以上发生在散杂居地区，特别是城市。民族问题城市化的特点日趋突出。

第二，涉民事件中暴力性、非法性因素增多，一些极端事件后果严重。

暴力性是指涉民事件直接表现为打砸抢烧等方式，主要发生在分裂破坏活动类事件中。例如，1987 年 9 月，西藏拉萨发生严重骚乱，10 月 1 日，骚乱加剧，导致 6 人死亡，19 名公安人员受重伤。至次年 9 月，拉萨共发生大小骚乱事件 10 次。2008 年 3 月 14 日，拉萨发生了震惊海内外的严重暴力事件，18 名群众被烧死或者砍死，382 名群众受伤，直接财产损失高达 2.44 多亿元。[①] 近年来，甘肃、青海、四川等藏区相继发生了多起骚乱、非法游行等事件。境内外“藏独”分子变换手法，制造了数十起自焚杀人案。在新疆，从 1990 年起到 2000 年 6 月，共发生暴力恐怖案件 253 起，宣传煽动性案件 953 起。[②] 2009 年，发生了影响巨大的

---

① 拉巴次仁：《拉萨暴力事件无辜死难者家属将获 20 万元抚恤金》，新华网，2008 年 3 月 28 日，http://news.xinhuanet.com/politics/2008-03/28/content_7878421.htm。

② 马大正、许建英：《“东突厥斯坦国”迷梦的幻灭》，新疆人民出版社 2006 年版，第 167 页。

"7·5"事件，造成156名无辜群众死亡。[①] 最近的一次暴力事件发生于2013年6月的鄯善县，造成24人死亡，其中维吾尔族16人，汉族8人。[②]

非法性是指不以合法的方式提出和解决问题，而是以法律所不允许的方式表达。这主要是发生在风俗习惯类和经济类的涉民事件中。例如，2006年，云南德宏傣族景颇族自治州两个寨子因所谓"风水"问题发生大规模械斗，导致3人死亡，27人受伤。[③] 2009年7月，安徽马鞍山市来自四川、云南等地的二十多名彝族打工人员，为讨薪向工厂办公室泼倒汽油，险些酿成火灾。2011年6月，在长沙、株洲两地，两伙来自新疆的利益群体因生意问题，也发生多次围殴事件，造成多人受伤。从实践看，一些非法性事件往往掺杂着暴力性。

非法性和暴力性因素的增加，不但造成了巨大的人员伤亡和财产损失，而且还产生了诸如隔阂、歧视、不信任等一系列社会问题，留下了巨大的社会隐患。

第三，与流动人口有关的涉民事件增多。

民族间的沟通和交流，是民族发展的基本前提。政治的开明、经济的发展、科技的进步、文化的繁荣，必然导致各民族沟通和交流的增多。在当下，我国民族间的沟通和交流，最典型的表现就是作为经济要素的人口的流动。由于受东西经济差异、产业布局、资源状况等因素的影响，我国社会中经济要素的流动，由西向东，以人力资源流动为主，由东向西，以资金和技术流动为主。2011年，我国流动人口总量接近2.3亿，其中少数民族流动人口约2000万。他们之中既有传统的经商性流动，也有当代的务工性流动。

有流动人口，必然就有因流动人口而产生的事件。这些事件因利益分配、文化传承、生活习俗等问题而产生，并随人口从边缘地带向核心地带

---

① 毛咏、周生斌：《新疆维吾尔自治区人民政府新闻办公室负责人就乌鲁木齐"7·5"事件相关问题答新华社记者问》，http://news.xinhuanet.com/politics/2009-08/05/content_11832126.htm。

② 《新疆鄯善县严重暴力恐怖袭击案告破》，人民网，2013年7月1日，http://society.people.com.cn/n/2013/0630/c1008-22022894.html。

③ 袁明旭：《转型期边疆多民族地区群体性突发事件的类型、特点及成因分析》，《云南行政学院学报》2008年第4期。

流动。形形色色的涉民事件，某种意义上是流动人口带来的衍生品。显然，流动人口在改变涉民事件发生的空间范围的同时，还提高了涉民事件中经济类、风俗习惯类事件的比重。流动人口因经济原因而流动，既处在经济大潮之中，又处在习俗适应以及其他社会矛盾之中。他们数量庞大，彼此往往因血缘、地缘、族缘以及宗教等因素而联系在一起，相互帮扶，一呼百应。血缘、地缘、族缘以及宗教等因素，使得流动人口中涉民事件极易复杂化。加上现阶段我国城市的基础设施、管理服务等的不适应，使这类事件呈持续多发的态势。

第四，与宗教相关联的涉民事件增多，互依性、混合性越加明显。

民族与宗教虽然存在密切联系，却又是两种不同的社会现象。近年来，民族与宗教问题的依赖程度在一定范围内有所提高，有时候甚至混为一体，即一个群体既是民族群体又是宗教群体，而不再是单纯的民族或者单纯的宗教群体。民族借宗教凝聚人心，宗教借民族扩大影响。这种情形为不当利用民族与宗教带来了可乘之机。例如，在分裂破坏类事件中，达赖就是以宗教领袖、民族代言人的身份出现的。他“穿的是喇嘛袈裟，耍的却是政治把戏，口中说的是愿意通过和平途径求取自治，心中想的却是妄图重建喇嘛教的封建统治”[①]。“疆独”分子也是打着民族与宗教的旗号，以建立所谓的民族国家、宗教国家之名，推行极端民族主义和极端宗教思想。近年来，发生在西藏、四川、青海、甘肃等藏区的僧人自焚事件，就是达赖集团借宗教策划、支持的，以煽动民族仇恨、煽动分裂国家为目的的涉民极端事件。[②]

值得注意的是，在一些经济类和风俗习惯类事件中，一些原本普通的事件也往往被有意或无意地加上民族与宗教的因素，形成情绪性跟从或者盲动、盲从等情形，从而导致问题复杂化。

第五，因经济利益引发的事件大量增加。

在传统社会中，涉民事件除分裂破坏活动外，主要表现为文化习俗方面的纠纷。但进入新时期以后，经济类事件所占比重逐渐增大，成为主要

① 中国人权研究会：《美国支持达赖集团分裂活动剖析》，《人民日报》（海外版）2001年5月26日。

② 参见王忍、徐卓《“藏独”是民族之害、国家之患》，《统一论坛》2012年第5期。

的方面。我国流动人口中发生的涉民事件，或者说发生在城市中的涉民事件，以及发生在资源开发过程中的涉民事件，绝大多数都是因经济利益纠纷而引发。从中可以看出，无论对少数民族而言还是对汉族而言，经济问题是新时期民族问题的重要内容。当前，在涉民事件中，经济类事件的变化有三个明显特征，一是数量增加最快，成为民族工作特别是城市民族工作的重要内容；二是表现形式多样化，几乎什么类型的纠纷都有；三是发生范围迅速扩大，几乎遍布全国各地，并且几乎涵盖了经济活动的各个环节。

第六，国际影响增加，外部干预多样化。

在国际化进程中，世界各国间的相互影响呈增加趋势，表现主要在三个方面，一是影响渠道多样化，二是影响方式多样化，三是影响动机多样化。例如，国家间的相互影响既涉及官方渠道，又涉及民间渠道和其他渠道，从意识形态领域转向政治、经济、文化以及民族宗教等方面。再如，互联网技术的飞速发展，使信息传播速度和传播量有了质的改变，从而为国家间的相互影响提供了极为有效的方式。特别值得注意的是，一些西方国家害怕中国崛起，借民族、宗教以及人权之名干涉中国内政，他们通过各种方式，对国内外民族分裂势力提供支持，在不同领域、不同时间、不同场合，寻找不同的机会，千方百计对我国施加影响甚至直接干扰干预。在拉萨“3・14”、乌鲁木齐“7・5”事件中，我们都能清晰地看到西方敌对势力有形和无形的干涉之手，这值得我们高度警觉。

三　新时期我国涉民事件增多的原因

不同类型的涉民事件的增多，原因各不相同。概括起来，我们认为新时期涉民事件增多的原因主要有以下几个方面。

第一，国际大环境的影响。

当前，从世界范围来看，民族宗教问题逐渐增多并复杂化。据统计，全世界几乎所有的国家和地区，都是由不同信仰的民族所组成，在近 70 亿人口中，有近 4/5 的人有宗教信仰①。20 世纪 90 年代的 10 年间，世界

① 王希恩主编：《20 世纪的中国民族问题》，中国社会科学出版社 2012 年版，第 682 页。

上有53个国家和地区发生了民族冲突，有112个国家和地区中存在民族问题隐患①。自1980年以来，急剧增加的族群冲突、族群暴力被认为是后冷战时期政治冲突的重要表现形式。有学者指出，我们所处的这个时代，比以往任何时候都更加为族际冲突所困扰，在最近几十年，族际冲突的范围和程度已经远远超过了国家间的战争和冲突②。20世纪末兴起的第三次民族主义浪潮，以及周边国家的民族分裂主义思潮和行为，都对我国产生了一定的冲击与影响。此外，国际上还存在仇视中国、意图分化瓦解中国的敌对势力，“藏独”、“疆独”等分裂破坏活动，均不同程度受到反华势力的操控。中国基于社会主义制度的优越性，通过包括民族政策在内的一系列政策，有效地促进了民族问题的解决，但国际大环境对中国的影响仍然不能小觑。

第二，社会转型的作用。

美国著名学者亨廷顿在《变化社会中的政治秩序》一书中，详细分析了社会转型和经济迅速增长可能造成的影响：毁坏传统的社会集团，从而增加失去社会地位的人数；产生暴发户，他们难以完全适应并同化于现存秩序；增加地区性流动，这种流动又破坏社会结构，特别是农村人口向城市流动，从而产生社会疏离和政治极端主义；使生活水准不断下降的人数扩大，从而拉开贫富差距；增加某些人的绝对收入而不是相对收入，从而增加他们对现存秩序的不满；为了提高投资而需要对消费实行总体限制，从而造成公众的不满；增加识字率，提高教育水平和对新闻媒介的接触，使人们的希求得到无法满足的地步；在投资和消费的分配方面加剧地区之间和种族之间的冲突；提高集团组织的能力，从而提高集团对政府提出要求的分量。经济增长以某种速度促进福利提高，但却以另一种更快的速度造成社会的怨恨。所以，他认为现代性孕育着稳定，而现代化过程却滋生着动乱③。这是很有见地的观点。在我国，由于市场经济的发展，社

---

① 严庆、青觉：《从概念厘定到理论运用：西方民族冲突研究述评》，《民族研究》2009年第4期。

② 左宏愿：《族群冲突与制度设计：协和民主模式与聚合民主模式的理论比较》，《民族研究》2012年第5期。

③ ［美］塞缪尔·P. 亨廷顿：《变化社会中的政治秩序》，王冠华、刘为等译，上海世纪出版集团2008年版，第38—39、31页。

会开始由传统向现代转型。这一过程，既是旧矛盾的释放与解决的过程，又是新矛盾的产生和积累的过程。社会在重构经济、文化、管理等秩序的过程中，民众的权利意识、法治意识、维权意识也在觉醒，认同的碰撞、文化的冲突、观念的交锋、习俗的博弈、利益的纠葛均不可避免，包括涉民事件在内的各类事件的增多，也在情理之中。正因为如此，转型期一般也都是矛盾频发期。同社会处于转型期所具有的不确定性和变动性一样，这个时期的社会冲突也具有目标的变动性和形式的多样性①。从某种意义上说，涉民事件或其他群体性事件的增加，可以认为是社会结构、利益格局不断调整的必然反映。

第三，“三股势力”的破坏。

暴力恐怖势力、民族分裂势力、宗教极端势力的表现形式虽有所不同，但本质并无根本区别。他们沆瀣一气，同流合污，以宗教极端面目出现，以“民族独立”为目的，一方面制造舆论，蛊惑人心，另一方面大搞暴力恐怖活动，破坏社会安定，这是新时期涉藏、涉疆事件的总根源。我们和达赖集团的矛盾，不是民族问题，不是宗教问题，也不是人权问题，而是维护祖国统一和分裂祖国的问题。“疆独”分子的直接目的也在于分裂国家，他们特别强调爆炸、暗杀、投毒、纵火、制造打砸抢骚乱和暴乱等手段的运用②。据公安部门统计，在 2007 年前的十几年中，“疆独”分子共制造了 260 多起暴力事件，有 160 多人丧生，440 多人受伤，严重影响了民族团结和地方安定③。从“三股势力”的形成及破坏活动的演变看，既与历史沉积有关，又与西方国家仇华、反华战略有着密切联系。国内外敌对势力正是利用三股势力及其意识因素不断制造事端，导致分裂破坏活动频繁发生。

第四，利益的诱导。

这里所讲的利益，主要是指市场经济过程中的经济利益，包括环境利益以及其他一些社会性利益等。利益诉求与利益冲突是导致涉民事件中经

---

① 于建嵘：《抗争性政治：中国政治社会学基本问题》，人民出版社 2011 年版，第 24 页。

② 《新疆首次披露“三股势力”主要恐怖活动案件》，中国新闻网，2001 年 12 月 10 日，http://www.chinanews.com/2001-12-10/26/145419.html。

③ 青觉、亚庆、沈桂萍等：《现阶段中国民族政策及其实践环境研究》，社会科学文献出版社 2011 年版，第 119 页。

济事件增多的直接原因。在市场经济的条件下，个体之间、民族之间、地区之间、宗教之间存在多元化利益。利益既关乎贫富，又关乎尊严，还关乎发展。市场经济一方面使不同民族、不同地区、不同宗教之间的交往日益频繁，认同性增加；但另一方面由于利益多元化和利益不平衡性的加剧，特别是利益实现方式、成本、收益和分配的不确定性，矛盾纠纷和激化的可能性也随之增加。迅速的经济增长可能创造新的机会，但也可能造成不稳定，满足希求的变革又趋于扩展那些希求①。利益在成为经济发展的直接动力的同时，又成了产生问题的直接根源。大量纠纷因利益追逐的无节制、无秩序性以及规范缺失和化解不力而产生或激化。

第五，教育的缺失。

主要是民族（宗教）法制、政策的宣传教育不到位，造成社会对民族宗教问题的“五性”重视不够、对法律政策的了解不多、对民族风俗习惯和宗教知识的认知较少，从而导致问题增多。其突出表现是狭隘民族主义或大民族主义观、对民族风俗习惯不尊重、对民族问题标签化倾向等。狭隘或大民族主义观，很难对中华民族共存共荣、同为一体的历史和现实有准确认识，甚至可能形成偏见。对民族风俗习惯的不尊重，很有可能直接引发事件。标签化的危害更为严重，当地域、民族、宗教被一些人有意或无意贴上标签，与落后、保守、封闭甚至激进、恐怖、分裂、治安恶化等诸多社会问题形成微妙的对应关系的时候，其对民族关系的影响可想而知。2012 年 11 月 3 日，发生于湖南岳阳的切糕事件，就可以解读为是标签化效应的结果。由于切糕已经在相当长的一段时间内，被社会上较多的人逐步贴上了某些新疆人强买强卖甚至是敲诈的标签，因此事件一经公布便迅速发酵，使一起原本普通的治安案件成了人们议论民族与宗教问题的“标本事件”。拉萨“3·14”和新疆“7·5”事件之后，一些地方发生的对某些少数民族的“拒住”、“拒载”以及进行特别检查等“不被信任”的歧视现象，都是标签化的表现。

教育的缺失，在一些民族地区或少数民族中还导致了民族和宗教情绪的滥用，这是当前涉民事件增多的又一重要原因。情绪滥用包括两个方

① ［美］塞缪尔·P. 亨廷顿：《变化社会中的政治秩序》，王冠华、刘为等译，上海世纪出版集团 2008 年版，第 38 页。

面，一方面是指滥用民族情绪导致问题发生。在情绪化的场景中，理智、法律、经济利益等因素几乎不起作用，一切任由情绪支配。2011 年年底青海发生的因双语教育问题而上街游行的事件中，一些学生跟从参与，情绪化心态十分明显。另一方面是指对民族问题滥用情绪，形成情绪化对应，从而导致问题复杂化。两者都可能发生在所有人群之中。上述湖南岳阳切糕事件，还可以解读为是一起情绪化宣泄的典型事例，双方的情绪化，使一起简单的买卖纠纷，被人为增添了许多社会性内容。在由情绪问题导致的各种事件中，参与者将其参与行为与民族感情、民族自尊相联系看待，实际上是一种盲目的冲动。

第六，管理上的不适应。

主要是指因管理目标、管理责任、管理方式、管理手段不当，造成社会控制力减弱、反应机制迟钝、处理效益低下，致使利益失衡、矛盾积累、危机增加，导致涉民事件增多。我国社会建设起步较晚，社会组织发育缓慢，社会管理制度还不完善，一些过去由计划或者行政权力管控的事物，现在处在脱管状态之中，加之社会道德以及价值体系面临诸多新挑战，因此整个社会管理存在许多制度以及理念上的“空当”或薄弱之处，社会风险系数随社会的宽容度增加而普遍增大。此外，官僚主义和腐败问题，也是涉民事件增多的直接或重要的诱因。

四　对新时期涉民事件增多的几点思考

第一，新时期涉民事件增多是多种因素综合作用的结果。既有历史原因，也有现实原因；既有利益方面的原因，也有管理方面的原因。将涉民事件增多和多样化的原因归责于民族政策，不仅在逻辑上讲不通，而且与事实不符；不仅不利于问题的解决，反而会造成思想认识上的混乱。在社会变革过程中，任何一项具体的政策都无法承担整体的社会责任。从社会发展规律看，在社会转型变革的过程中，各种矛盾相对集中爆发是较为普遍的现象。在世界范围内，涉民事件也大量发生，英国、加拿大、美国等发达国家也有民族分裂甚至暴力活动。对当前我国涉民事件的增多和复杂化，要在大背景下审视，不能过于夸大，也不能掉以轻心。新中国成立后，涉民事件一直是存在的，只是因国际国内形势变化，时而多时而少，时而平缓时而激烈罢了。在我国，涉民事件虽然在一定范围内长期存在，短期内难以杜绝，但在总体上是可控的，我国的民族关系总体上是良好的。导致涉民事件产生和增多的因素，大多是暂时性的，将会随社会的发展和国家的整体进步而逐渐消解。对不同类型的涉民事件，我们要做具体的分析研究，绝不能因涉民事件阶段性的增多而否定具有中国特色的民族政策。

第二，一些涉民事件是因违背民族政策或民族政策执行不力所致。应然的政策和实然的社会现实之间，需要有一种过渡，但这种过渡是向政策的逐步靠拢，而不是渐行渐远。只要政策执行到位，大量问题就可以解决在当地、解决在基层、解决在萌芽状态。比如，关于资源开发利益补偿、生态利益补偿政策，我国《民族区域自治法》有明确规定，但具体实施办法与措施尚不完善。再如，尊重民族风俗习惯是基本的民族政策，但少数媒体和从业人员不认真学习贯彻执行这一政策，造成对少数民族情感的伤害，酿成事端。

第三，对涉民事件的增加要有正确的估计与评价。这里有一个方法问题，一要全面看，二要辩证看，三要客观看。随着新中国的建立，导致社会秩序恶化的根源被铲除，从总体上看，我国的社会秩序是良好的，民族关系是和谐的。

涉民事件只是社会总问题的一部分。它是社会转型与利益冲突的产物，并非独立于社会体系之外，更不是社会问题的全部①。在社会转型期，由于社会基础产业、劳动方式、社会分工和阶层分化、社会的开放程度、社会管理的权威基础和方式等方面发生显著改变②，人们对利益的需求明显高涨并多元化，从而使得社会总体的矛盾运动亦相应变化，包括涉民事件在内的各类事件的产生、增多与复杂化，成为社会新秩序建构过程

---

① 关于当前我国社会总问题，可参阅中国社会科学院发布，社会科学文献出版社出版的《社会蓝皮书》。该书指出，2012 年国际经济社会环境中的不稳定、不确定因素仍然突出，中国在就业、劳动关系、收入分配、社会管理等方面，仍然面临各种问题和挑战。近年来，每年因各种社会矛盾而发生的群体性事件多达数万起甚至十余万起。群体性事件的形成原因，以征地拆迁冲突、环境污染冲突和劳动争议为主。征地拆迁引发的群体性事件占一半左右，环境污染和劳动争议引发的群体性事件占 30% 左右，其他社会矛盾引发的群体性事件占 20% 左右。

② 于建嵘：《抗争性政治：中国政治社会学基本问题》，人民出版社 2011 年版，第 31 页。

中的阵痛。

涉民事件的增加与复杂化是相对的。涉民事件过去有，现在有，未来还会有。有民族宗教问题存在，就可能发生涉民事件。目前，我国的民族关系总体是好的，共同团结奋斗、共同繁荣发展是主流。涉民事件在特殊时期的相对增长与复杂化，并不意味着民族问题无法解决，矛盾失控。在我们这样一个多民族大国，希望一点事情不出是不切实际的，关键是党和政府要高度重视，积极应对，从大局着眼，从实事做起，正确对待和处置，防止小事变大，矛盾激化。

涉民事件的类型多种多样，要仔细分清性质，是什么问题解决什么问题，不能将涉民事件泛化或者夸大，既不能草木皆兵或掉以轻心，也不能无视涉民事件的特殊性。对犯罪事件要依法处理，确保法治在涉民事件处理中的统一性和权威性。

第四，坚持中国特色民族政策是防范与削减涉民事件的重要保障。在我国，民族发展的差异性、地区发展的不平衡性将长期存在，因此，民族问题将长期存在，涉民事件也会长期存在。国内外的经验教训证明，离开正确民族政策的保障，民族问题就有可能被激化，造成严重社会动荡，甚至民族国家的分裂。中国特色民族政策，是中国革命和建设实践经验的结晶，是马克思主义民族理论中国化的产物，符合我国国情，经受了实践的检验，构成中国特色社会主义制度的重要组成部分，具有鲜明的实践特色、理论特色、民族特色、时代特色，体现了我国的政治优势和制度优势。中国特色民族政策的本质要求是构建平等、团结、互助、和谐的社会主义民族关系，是促进各民族共同团结奋斗，共同繁荣发展。中国特色民族政策既是我国少数民族和民族地区发展的保障，也是化解民族矛盾，构建良好社会秩序的保障。我国民族政策的核心之点就在于维护国家的统一与安全，巩固各民族平等与团结，切实保障各民族人民的根本利益，其功能或价值取向恰恰在于从根本上解决民族问题。因而，我们必须坚持中国特色民族政策的自信，坚定依靠中国特色民族政策来正确有效地防范、处理、化解涉民事件。

第五，中国特色民族政策也要与时俱进完善创新。涉民事件的增加不是由民族政策造成的，但涉民事件的增加的确使民族政策面临挑战。民族政策是国家政策体系中的重要一环，国家政策的宏观调整势必影响到民族政策，坚持并不是一成不变，政策与时俱进既是历史唯物论的一个基本原则，也是现实社会发展的客观要求。社会在变化，政策也必须随形势而发展变化。涉民事件的增加，的确在许多方面对民族政策提出了新挑战，如民族教育政策、流动人口政策以及干部政策、经济政策等。这是国家发展、社会进步过程中对民族工作提出的新课题。我国民族政策总体的正确性和处理民族问题的有效性不容置疑，但在新世纪新阶段中国特色民族政策只有与时俱进，不断完善创新，才能更好地适应社会发展的需要，更好地发挥调节民族关系，化解民族矛盾与冲突的功能。比如说，随着城市少数民族流动人口的不断增加，城市对少数民族流动人口的管理服务存在诸多不适应，少数民族流动人口的合法权益保障面临许多问题，我国的《城市民族工作条例》亟须修订完善。再如，我国处理民族问题的基本法《民族区域自治法》的各项配套法律法规尚待制定与完善，民族自治地方自治机关自治权的行使尚需进一步落实，等等。总之，民族政策的完善创新，将更好地促进少数民族与民族地区的发展，更为有效地化解各种民族矛盾与纠纷，更有利于预防、减少、处理各种涉民事件。

（原载《青海社会科学》2013 年第 4 期）

促进各民族之间的交往交流交融[①]

自从中央第五次西藏工作座谈会提出“把有利于民族交往交流交融，作为衡量民族工作成效的重要标准”以来，民族交往交流交融受到学界和民族工作部门越来越多的关注。近来，学界对此出现了不同的解读，有学者认为，“这是我国民族政策从第一代开始向第二代转型的标志”，进而提出一系列推动民族政策从第一代向第二代转型的建议，以求“从政治、经济、文化、社会等各方面促进民族交融一体和繁荣一体”。[②] 我们认为，民族交往交流交融是社会主义新型民族关系发展的必然趋势和本质要求。由于民族文化的差异性、民族间发展的不平衡性，以及国内外环境因素和制度因素的制约，民族交往交流交融需要一个长期的历史过程。各民族交往交流是实现交融的必由之路，而要增进民族之间的交往交流，必须遵循一系列基本的原则和政策。

一　民族平等是民族间深入交往交流的重要前提

民族交往交流交融是一种历史现象。在不同的历史时期，不同的民族之间，由于战争、自然灾害和生计所需等原因，曾出现过不同程度的交往交流交融甚至同化的现象。但从总体上说，历史上的民族交往交流交融是

---

① 本文与陈蒙合作。

② 胡鞍钢、胡联合：《第二代民族政策：促进民族交融一体和繁荣一体》，《新疆师范大学学报》2011 年第 5 期。

以民族歧视、民族压迫为前提和基础，以阶级冲突和民族冲突为背景的，甚至以民族征服同化为基本形式。社会主义社会的民族关系是新型的民族关系，与历史上的民族关系有着本质的区别。民族平等是我国社会主义民族关系中最基本的一项内容，是民族团结、民族交往交流、实现民族交融的重要前提性条件。《中华人民共和国宪法》规定："中华人民共和国各民族一律平等。国家保障各少数民族的合法的权利和利益，维护和发展各民族的平等、团结、互助关系。禁止对任何民族的歧视和压迫，禁止破坏民族团结和制造民族分裂的行为。"民族平等，是指在中华民族大家庭内，各民族不分人口多寡、历史长短、经济社会发展程度高低、宗教信仰和人文习俗异同，在国家政治、经济、文化和社会生活等各个方面均具有同等的地位，一律平等。可以这样说，没有民族平等，就没有民族之间的相互尊重、相互包容，就不可能有民族之间深入的交往交流，更不可能形成现代意义上的民族交融。相反，会造成民族之间的隔阂、纠纷、冲突，甚至导致国家的分裂。

新中国成立以来，党和国家采取了一系列的政策措施，消灭了历史上长期存在的民族压迫、民族剥削制度和民族歧视行为，确立了民族平等的宪法原则和政治经济文化制度，为民族之间的平等交往交流创造了前所未有的有利条件。新中国成立以来，特别是改革开放以来，我国民族之间的交往交流达到前所未有的广度和深度，民族交融呈现良好的发展态势。

但是，我们必须清醒地看到，虽然少数民族与民族地区的经济社会发展取得了历史性的进步，但与汉族地区特别是中东部发达地区比较，尚存在较大的差距，少数民族在实体宪法权利的享有上，仍然存在事实上的不平等。因此，仅仅承认所有民族在法律上一律平等，在法律权利和义务上给予 56 个民族相同的对待，为他们的发展提供同等的发展机会和条件，还不足以使各民族间的发展差距缩小，反而可能会因地理环境、基础设施与发展条件等方面的差距，使少数民族和民族地区在竞争中的弱势地位进一步凸显，差距进一步拉大。这非但不能使法定平等通过有效实践转化为现实平等，而且还可能造成各民族间事实上更大的不平等。因此，仅仅将民族平等停留在宪法规范的层面上，是远远不够的。从法理上讲，形式平等并不能真正保证实体正义，在形式平等的运作过程中还有可能会带来某种非正义，导致结果上的不平等。正如罗尔斯所指出的，"为了平等地对待所有人，提供真正的同等的机会，社会必须更多地注意那些天赋较低和出身于较不利的社会地位的人们。这个观念就是要按平等的方向补偿由偶然因素造成的倾斜”。① 在当下，如果贸然大幅度减少或停止对少数民族和民族地区合理的优惠照顾与特殊扶持，就不可能解决民族间事实上存在的不平等，甚至会造成对少数民族的结构性歧视，且很有可能使之前为实现实质性民族平等目标所付出的各种努力付诸东流。

正是基于上述原因，在宪法以国家根本大法的形式确立民族平等原则的同时，党和国家也充分考虑到少数民族和民族地区基础差、底子薄的特点，制定并实施了一系列积极的民族政策，给予处于发展相对滞后的少数民族优惠政策和特殊照顾，以防止少数民族和民族地区与汉族和国内其他地方的差距越拉越大，努力确保中华民族大家庭的每一成员都能享受到实实在在的平等。在国家的大力帮助和扶持下，在少数民族和民族地区自身的不断努力下，民族地区经济社会有了快速的发展，少数民族整体生活水平也有了较大的提高，为各少数民族真正享有实质上的民族平等打下了坚实的基础。

形式平等和实质平等作为平等的双重维度，须臾不可分离。形式平等所要求的平等对待、程序正义和权利平等，正是所有法治社会所追求的基本价值。所以，在政治哲学舞台上，不管是极端的自由主义者还是社群主义者，他们都毫无例外地赞同形式平等。② 如果过分强调实质平等，将结果的平等作为唯一的、压倒一切的关心对象，那么平等的目标就将毁灭平等对待，这很可能是在让目标毁掉手段，③ 结果可能造成一种所谓的“逆向歧视”，平等的价值自然也无从实现。在我国，既要在政治经济文化等方面给予少数民族以差别待遇和优惠政策，同时又不能忽略形式平等的重要意义和作用，将差别对待的使用保持在合理的限度，争取逐步达致事实上的平等。在处理民族关系时，我们既要坚持各民族在法律上形式上的平等，又要重视民族间实质平等的达成。在争取民族实质平等的同时，应兼

---

① ［美］约翰·罗尔斯：《正义论》，何怀宏等译，中国社会科学出版社 1988 年版，第 96 页。

② 王立：《平等的双重维度：形式平等和实质平等》，《理论探讨》2011 年第 2 期。

③ ［美］乔·萨托利：《民主新论》，冯克利、阎克文译，东方出版社 1998 年版，第 396—397 页。

顾形式平等的要求，要把握好形式平等和实质平等结合的“度”，在合理的限度之内对少数民族和民族地区实施优惠照顾。当前，国家宜有条不紊、循序渐进地调整和完善对少数民族的优惠照顾政策，当优惠照顾的必须优惠照顾，不合理的优惠照顾必须改革完善，力求发挥形式平等与实质平等双重维度的作用，在处理民族关系进程中达到综合平衡。唯有如此，才能淡化狭隘的民族意识，为各民族交往交流提供一个开放的公共平台。在这个平台上，各民族、各民族公民都是自由而平等的，他们能够在没有内心压抑和外力压制的基础上，真诚地进行交往交流实践，并在持续的交往交流中不断地求同存异、兼容并包，在尊重理解其他民族、其他民族公民的同时，求得其他民族、其他民族公民的尊重理解，为最终实现民族交融创造出必要的条件。

二　民族发展是民族交往交流交融的基础

民族发展是民族交往交流的重要动力来源。民族地区的经济社会文化发展，不仅为民族之间的交往交流提供物质的基础，而且提供精神的动力。事实证明，一个民族越是发展，对外的物质文化交往交流越丰富，而民族之间的交往交流，反过来又推进少数民族和民族地区的发展。民族发展与民族交往交流呈正相关的关系。民族发展是我国当前妥善处理民族事务的一项重要原则，也是促进民族交往交流实现民族交融的重要基础。民族问题错综复杂，但最重要、最根本的问题是解决民族发展的问题。在我国，民族地区受发展条件的限制，自我发展能力不足，与发达地区的发展差距较大，少数民族的生活水平相对较低，各民族之间发展不平衡，是民族问题形成的重要原因之一。少数民族与民族地区发展上的相对滞后，不利于民族交往交流的深入发展。因此，“最根本的问题是帮助少数民族发展生产，改善生活。如果少数民族在经济上不发展，那就不是真正的平等。所以，要使各民族真正平等，就必须帮助少数民族发展经济”。[①]

① 周恩来：《要尊重少数民族的宗教信仰和风俗习惯》，国家民委政策研究室：《中国共产党主要领导人论民族问题》，民族出版社 1994 年版，第 123 页。

新中国成立以来，党和国家始终把民族发展作为我国社会主义建设的重要环节。《宪法》、《民族区域自治法》和其他法律文件中都不乏支持、鼓励、帮助、保障民族发展的规定。《宪法》作为国家的根本大法，其序言规定了“国家尽一切努力，促进全国各民族的共同繁荣”；第四条规定了“国家根据各少数民族的特点和需要，帮助各少数民族地区加速经济和文化的发展”；第3章第6节专门规定了民族自治地方的自治权，包括自主安排使用地方财政收入的权利，自主安排和管理地方性的经济建设事业的权利，自主管理本地方的教育、科学、文化、卫生、体育事业以及发展和繁荣民族文化的权利等。《民族区域自治法》作为调整民族关系和处理民族事务的基本法，从政治发展、经济发展、文化发展、人口发展和人口素质提高、保护和改善生态环境等诸多方面系统地规定了少数民族的自主发展权利，并就上级国家机关扶持和帮助少数民族和民族地区发展作了详细的规定。在其他的一些法律、法规，特别是大量的经济部门法律中也有许多帮助、扶持少数民族发展和照顾少数民族利益的条款。这些法律、法规的相关规定，为促进少数民族和民族地区经济社会的全面发展提供了强有力的法律支撑。

在国家立法为民族发展提供法律支持的同时，各级政府、社会各界和各民族自治地方积极采取措施促进民族发展，努力让改革开放的成果惠及各民族公民。随着经济社会的快速发展，各少数民族的整体生活水平有了显著的提高，对国家、政府的认同感增强；民族地区与非民族地区的经济文化交往交流逐步增多；汉族和少数民族流动人口大幅增加，少数民族与汉族之间、不同少数民族之间的交往交流越发频繁，交往交流的范围不断扩大，国内许多地方的民族构成越来越丰富，民族分布更加广泛，交错混居的格局更为普遍。在交往交流的过程中，不同民族之间增进了解，相互学习，取长补短，民族间共同的东西越来越多，民族交融的因素正在增长。

民族发展对妥善解决民族问题起了基础性的作用，有利于民族交流交往交融。然而，我们也要清醒地认识到，民族发展并不必然导致民族交融的增加，甚至还有可能导致新的民族矛盾的发生。北京大学强世功教授在谈及新疆问题时指出，“经济发展问题固然重要，但绝不能陷入庸俗的‘发展主义’。经济发展不一定能解决族群团结，有时候反而会导致社会分化，制造族群紧张”。[①] 如果政策失误，引导不力，应对失当，民族发展在使少数民族生活水平提高的同时，也可能使民族或族群的权利意识增强，利益诉求增多，亦使得民族意识在一些少数民族群体中发展。民族意识的强化对于增强少数民族的自尊心和自信心可能有一定的作用，但一些少数民族的“精英”们可能“民族意识片面膨胀，忘记了各民族间的团结互助，忘记了民族间的联系越来越密切，各民族谁也离不开谁的趋势”[②]，在国外反华敌对势力的煽动下，产生狭隘极端的民族主义。他们很有可能成为民族冲突或不和谐的发动者，甚至公然走上分裂国家的道路。在加快民族地区发展的同时，国家必须高度警惕并采取积极措施防范这种事态的发生或蔓延。

从法理上讲，虽然谋求本民族的发展是每个民族都享有的基本权利，但若每一民族都无节制、无限度地主张自己民族的发展权利，唯一的结果就是每一民族都不能真正实现自身的发展进步，并且会造成各民族地区的狭隘民族主义和地方保护主义盛行，不利于民族交往交流，甚至会出现因为实现各自民族的发展而激化民族矛盾，造成国家分裂之情形。因此，要把各民族的发展真正协调整合于国家发展的实现过程中。国家发展与国内各民族的发展是整体与部分的关系，民族发展权利的行使，必须服从和依赖于国家的整体发展。国家亦要保障发展的成果惠及各个民族，努力维护各民族的均衡协调发展。同时，必须采取行之有效的措施，使民族发展朝着有利于民族交往交流交融和有利于增强中华民族凝聚力的方向发展。“必须及时化解发展过程中出现的影响民族关系的各类矛盾和问题，必须毫不手软地整治内、外敌对势力的分裂活动。要使支持民族地区发展的过程同时成为加快民族地区同其他地区之间人流、物流、资金流、信息流及干部的对流的过程，成为促进各民族团结交融的过程，成为巩固国家统一和中央权威的过程。”[③] 这样，方可最大限度地减少、消解发展的负面效应，在合作有序的基础上，实现各民族和谐发展和国家综合发展的统一。

---

① 申欣旺、陈燕：《族群融合是新疆政策的最高目标——专访北京大学法学院教授强世功》，《南风窗》2010 年第 12 期。

② 黄铸：《论民族融合问题》，《民族研究》1993 年第 5 期。

③ 朱维群：《对当前民族领域问题的几点思考》，《学习时报》2012 年 2 月 13 日。

民族发展应重视少数民族群体和少数民族公民两维度并重。长期以来，我国在民族发展方面的实践以少数民族群体获得全面发展为逻辑起点，以少数民族群体获得帮助扶持为重要保障，但对少数民族公民个体充分发展的支持和保障略显不力。这种以少数民族群体为本位的民族发展观，曾在新中国的民族发展史上作出了不可磨灭的贡献，并且将来也会继续为我国少数民族和民族地区的繁荣发展发挥重要作用。但是，改革开放以来，特别是国家施行西部大开发战略和加入 WTO 以来，民族地区与外界社会的交流日益扩展，少数民族公民的生活水平和文化水平不断提高，权利意识有所增强，注重个体发展、彰显个性价值逐步成为他们的心理需求与权利需求。因此，国家在促进民族发展之时，既要保障少数民族群体的发展进步，也要积极关注少数民族公民个人的发展，在宪政和法治的框架下，积极鼓励少数民族公民通过独立自主进行生活方式的多样化选择来发展自我，这有利于培养少数民族公民独立的法律人格和公民意识。只有这样，才能充分调动少数民族公民的积极性、主动性和创造性，增强少数民族公民的自强精神，逐步改变狭隘、封闭的民族心理，加快少数民族地区的开放进程，促进各民族之间的交往交流交融。

三　国家认同是民族交往交流交融的关键

民族发展和少数民族公民生活水平的提高，有利于民族团结，有利于民族交往交流。但如前所述，发展在民族问题的解决上却也不是万能的。在一定的条件下，民族情感可能超越物质利益，经济发展和民生改善并不一定能从根本上弥补民族情感上的隔阂。因此，需要在情感上达成共识，才能解决随着民族发展可能出现的民族间纠纷增多、隔阂增大的问题。对中华民族的认同、对中华人民共和国的国家认同，对于国内各民族交往交流交融的作用，显得尤为重要。

我国是一个多民族组成的国家，各民族经过长期的交往交流交融，形成了文化上的多元共生和政治上的联合一体。在我国，民族认同具有多元性和多层次性的特点。就认同的多元性而言，我国现有的 56 个民族往往以各自既有的历史、血缘、语言、宗教、文化、风俗习惯等要素为基础而各具民族认同。就认同的多层次性而言，56个民族各具民族认同，这是初级层面或原生意义的民族认同；在此基础上，又存在一种更高层次的56个民族共同的民族认同，即作为国家认同的中华民族认同，这是“中华民族多元一体格局”在民族认同上的反映。

56个民族各自保有民族认同，可以增强各自民族的自信心、凝聚力和向心力，有助于维护各民族自身的权益，有助于民族文化的传承。然而，这种原初的民族认同若过度强化，就极易造成民族个体或群体的封闭性与排外性认同[①]，既不利于民族自身的发展，也不利于整个中华民族的发展与复兴，不利于民族之间的交往交流交融，甚至会造成大民族主义和地方民族主义的兴起，在特定条件下会滋生民族矛盾冲突、民族分离主义活动等，威胁民族团结与国家的稳定统一。因此，必须把国家认同与中华民族认同作为各民族公民最高形式的民族认同，以此来整合多元性的初级层次的民族认同之间可能存在的张力与冲突，进一步达至多元一体、交往交流、和谐共生、共同发展的局面。当然，我们必须看到，初级层次的民族认同，与高级层次的中华民族认同、国家认同并不是完全矛盾的，在一定程度上它们是共生互补的，绝不能片面强调国家认同，而忽视、压制甚至消解国内各民族特别是少数民族的民族认同。

宪政与法治是建构现代国家认同的必要进路。当前，能够增进中华民族认同和中国国家认同的因素有很多，诸如各民族不断交往交流形成的共同文化，各民族共同抵御外敌侵略并缔造中华人民共和国的历史叙事，国家实行的积极的民族政策等。然而，对于多民族的现代国家而言，增进各民族对国家的认同，仅仅依靠文化、地域、历史记忆的作用还是远远不够的。除上述因素之外，法律之治、宪政文明与权利保障也是增强各民族公民的中华民族认同和国家认同的必要进路。

现代国家是一个法律共同体。我们必须重视宪法和法律在现代国家建构、增进各民族中华民族认同和国家认同中的重要作用。首先，法律是一种重要的文化现象，我国的社会主义法律是中华民族大家庭中各民族智慧的结晶，法律之治可以激发各民族公民对中华民族和中国国家的“文

① 涂少彬、肖登辉：《宪政认同：民族认同的现代性转向——兼析少数民族发展权的宪政认同建构功能》，《河南省政法干部管理学院学报》2009年第4期。

化—心理”上的归属感，增进各民族公民的“归属性国家认同”[①]。其次，现代国家除了以历史、文化等作为认同纽带之外，强调在宪政秩序和法律规范统一性基础上的政治性国家认同。我国56个民族的民族成员基于宪法和法律的规范，平等地获得中华人民共和国的公民身份。而公民身份把具有不同民族认同的民族成员联系起来[②]。在国家法律框架内，基于合理的宪政制度及人权保障机制，对每一位公民实行平等公正的利益分享和权利保护。通过该机制对各民族公民的政治自由、经济福利、社会安全等合法权利和利益的充分保障，使其对国家法律产生信赖和认同，并在日常生活中自愿遵守和践行，依法行使公民权利和履行公民义务，特别是依法积极参与国家的公共政治生活，立足公民身份，充分运用其民主的参与权利和交往权利[③]，在对法治生活方式和民主宪政文化认同的基础上，实现对国家的政治认同。

这种建构在法律之治、宪政文明与权利保障基础上的中华民族认同和国家认同，并不排斥国内各民族公民对其自身民族的民族认同，因为法治和宪政本身就具有很强的包容性，能够尊重差异、包容多元化的民族认同；在完善的权利保障机制下，各民族的民族认同得到法律的承认和保护。同时，宪政和法治旨在约束国家权力、保障公民权利，这可有效防止民主制下的“多数决”可能造成的对少数人权利的伤害，使少数人权利保障真正落到实处。将宪政法治作为当代国家认同的基础，既可有效防止主体民族忽视、压制少数民族合理诉求的大民族主义错误做法，也可有效防止破坏民族团结的民族分裂主义行为，对于保障少数民族的合法权益、防范民族冲突、化解民族矛盾，都具有重大的意义。

经过数十年的不懈努力，迄今为止，中国特色社会主义法律体系已经形成，这标志着当代中国正在逐步成为一个完善的法律共同体。在这个法律共同体内，各民族公民的行为都要接受法律的统一调整。法律通过把国家或社会的价值观念和价值标准凝结为固定的行为模式和法律符号，使之

---

① 参见肖滨《两种公民身份与国家认同的双元结构》，《武汉大学学报》2010年第1期。

② 参见高永久、朱军《论多民族国家中的民族认同与国家认同》，《民族研究》2010年第2期。

③ 参见［德］尤尔根·哈贝马斯《在事实与规范之间——关于法律和民主法治国的商谈理论》，童世骏译，生活·读书·新知三联书店2003年版，第658页。

渗透于或内化在人们的心中，并借助人们的行为进一步广泛传播。[①] 法律在公民的日常生活、生产、交往中被反复实践，法律所倡导的价值观念和价值标准在不知不觉中成为各民族公民的共识，法治成为每一位公民共同的生活方式。由此，各民族公民在交往交流之时就有了共同的认知基础，有了共同的行为准则，有了共同的价值导向。久而久之，各民族公民出于对宪政和法治的真诚信奉，就可能逐步养成包容各种民族差异，并努力在差异上寻找共识的思想模式与行为模式，从而增进相互认同及国族与国家认同，真诚交往交流，最终达成各民族相互交融。

四 坚持和完善民族区域自治制度是民族交往交流交融的保障

民族区域自治是在国家统一领导下，各少数民族聚居的地方实行区域自治，设立自治机关，行使自治权的政治制度。民族区域自治制度，是我国的一项基本政治制度。它是中国共产党经过长期的革命实践，将马克思主义民族理论中国化的成功创举。民族区域自治制度，是从我国民族关系的历史传统、民族分布格局、民族发展水平等方面的具体国情出发做出的选择，是政治因素与经济因素、民族因素与区域因素的正确结合。该制度既不是单纯的民族自治，也不是单纯的地方自治，而是统一与自治的结合。其突出的特点是，一方面强调国家的统一和民族的团结，强调中央政府的权威；另一方面给予民族自治地方广泛的自治权，强调民族自治地方自主管理其内部事务，强调中央和上级国家机关尊重自治机关的自治权，负有帮助支持自治地方加快经济社会发展的义务。中国在全国统一行政区划内设立不同层级的民族自治地方，目的就是通过国家制度和法律规范来保障各少数民族的平等自治权利，促进民族团结和共同繁荣发展。

实践证明，我国的民族区域自治制度能够有效保障少数民族的平等地位，推进各民族共同团结奋斗和共同繁荣发展，维系平等、团结、互助、和谐的社会主义民族关系。在新时期，面对民族工作领域出现的新情况、新问题，我们必须继续坚持并大力完善民族区域自治制度，只有如此，才

① 张文显主编：《法理学》，高等教育出版社2007年版，第85页。

能够为妥善处理民族问题提供良好的政治经济社会环境，为民族交往交流交融提供有力的制度保障。

《中华人民共和国宪法》规定，“中华人民共和国是全国各族人民共同缔造的统一的多民族国家”，“各少数民族聚居的地方实行区域自治，设立自治机关，行使自治权。各民族自治地方都是中华人民共和国不可分离的部分”。《民族区域自治法》也规定，“民族自治地方设立自治机关，自治机关是国家的一级地方政权机关”，“民族自治地方的自治机关必须维护国家的统一，保证宪法和法律在本地方的遵守和执行”，“民族自治地方的自治机关要把国家的整体利益放在首位，积极完成上级国家机关交给的各项任务”。从《宪法》和《民族区域自治法》的规定来看，强调维护国家统一的内容被置于序言和总纲（总则）中，而规定民族自治地方自治权的条款置于分则之中，突出了国家统一的绝对重要性，揭示了国家统一是民族区域自治的前提性条件。只有维护“国家统一”，接受“中央的统一领导”，民族自治地方及少数民族的合法权利才能得到保障，自治机关才能依法行使自治权，民族区域自治制度才符合国家的“整体利益”①。在实行单一制的中国，“各民族自治地方都是中华人民共和国不可分离的部分”，“自治机关是国家的一级地方政权机关”，接受国务院和上级国家机关的领导，中央与民族自治地方的关系是一体性的，并不存在联邦制国家中的那种“半独立”的行政区域。这样的制度设计，在保障民族自治地方自治权的同时，强调国家统一是各族人民根本利益所在，将民族自治地方纳入国家整体之中，接受中央统一领导，使各少数民族聚居区不至成为独立、孤立的区域，从而为各民族间的交往交流提供了巨大的空间和自由的平台。

民族区域自治制度是中国社会主义宪政文明的重要内容。如前所述，宪政与法治是建构现代国家认同的必要进路，能够为各民族交往交流提供共同的认知基础、行为准则和价值导向。《宪法》确立民族区域自治制度为国家的基本政治制度，赋予民族自治地方广泛的政治、经济、科教文卫等方面的自治权，从法律上和制度上保障少数民族的各种合法权益，以期

---

① 沈寿文、董迎轩：《对现行〈宪法〉与〈民族区域自治法〉文本之解读——基于维护国家统一、保障中央统一领导的取向》，《云南社会科学》2012 年第 1 期。

实现真正的民族平等，这正是社会主义宪政的价值所在。在民族区域自治制度的框架下，实行区域自治的少数民族可以依法自主管理本民族的内部事务，自治机关对涉及本民族、本地方的政治、经济、文化事务拥有广泛的话语权。实践已经证明，实行民族区域自治制度，有利于发挥各族人民当家作主的积极性，发展平等、团结、互助的社会主义民族关系，巩固国家的统一，促进民族自治地方和全国社会主义建设事业的发展。因此，只有继续坚持与完善民族区域自治制度，才能为各民族的交往交流交融提供有力的制度保障。

随着时代的发展，社会的进步，我国的民族区域自治制度确有一些需要改革与完善的地方。我们要通过进一步完善民族区域自治制度，保障民族自治地方更好地行使自治权，使上级国家机关更好地帮助少数民族和民族地区加快经济社会发展，使少数民族的民生得到更大的改善，从而更好地促进各民族之间的交流交往交融。

结　语

总之，在民族交往交流交融的问题上，我们必须实事求是，从中国的国情出发，尊重差异，包容多样，坚持与完善中国特色的民族政策，改革那些不利于民族交往交流的观念和具体做法，促进各民族共同团结奋斗、共同繁荣发展，增进各民族的国家（族）认同和公民认同，逐步累积民族交融的因子。如果不顾国内各民族间在政治、经济、文化、社会等方面的实际差异和发展差距，盲目采用美国“大熔炉模式”的相关做法，片面强调法律面前人人平等而无视各民族事实上的不平等，人为地加速推动民族交融一体，以“促进民族交融一体”之名，行民族融合（同化）之实，不仅对当前处理民族问题无益，而且很可能引起各少数民族的逆反心理，激化民族矛盾，使民族问题复杂化。

［原载《西南民族大学学报》（人文社会科学版）2012 年第 12 期］

“去民族优惠”的观点不可行[①]

新中国成立以来，党和国家为帮助少数民族和民族地区加快发展，消除民族之间事实上的不平等，在政治参与、经济发展等诸多领域制定并实施了一系列民族优惠政策。在优惠政策的帮扶下，少数民族和民族地区经济社会发展取得了重大成就。然而，随着市场经济的发展和社会转型的深入，各种社会矛盾凸显，民族优惠政策也面临着诸多新情况、新问题、新挑战，学术界和社会上出现了对民族优惠政策的质疑和误解的声音。有学者认为，民族优惠政策是把民族问题“政治化”的具体体现，是国家给予少数民族的“特殊权利”，不仅有悖于法律面前人人平等的法治原则，而且强化了公民的族群（民族）属性，进而要求以公民权利平等为依据，实施个人扶助政策取代民族群体性优惠政策，以区域性扶助政策取代民族优惠政策。[①] 理性思考和分析上述“去民族优惠”观点，并予以客观公正的回应，对坚持完善民族优惠政策，具有重要的现实意义。

一 “去民族优惠”不符合民族区域自治的制度设计

民族区域自治制度是我国的基本政治制度。通过民族区域自治来实现平等、团结、互助、和谐的民族关系，是党和国家给予少数民族的政治承

① 本文与陈蒙合作。

① 参见胡鞍钢、胡联合《第二代民族政策：促进民族交融一体和繁荣一体》；马戎《理解民族关系的新思路——少数族群问题的“去政治化”》；潘志平等《中国可进一步完善民族政策》；梅新育《经济越发展，越要完善民族政策》等。

诺。唯有帮助少数民族加快发展，努力缩小少数民族与汉族之间的差距，才能从根本上防止主体民族利用自己的优势地位同化少数民族，才能在平等的基础上保障少数民族管理本民族内部事务的权利，实现各民族共同管理和建设自己的国家。

自治权是民族区域自治制度的核心要素之一。自治权权能的多少、运用的好坏，反映着民族自治地方实行自治的程度。财政能力是自治机关有效行使自治权的关键。有关统计显示，民族自治地方的财政收支差额由2000年的697亿元扩大到2011年的9307亿元；民族自治地方财政收入占财政支出的比重大幅降低，由40.58%下降为31.54%。[①] 财政能力薄弱在很大程度上制约着自治权的充分实现。没有民族优惠政策的实行，没有中央财政转移支付对民族自治地方的重点倾斜，自治机关的日常运转将失去最基本的财力支撑，自治权的有效行使也将面临诸多困境，少数民族当家作主就可能沦为空谈。民族优惠政策正是民族区域自治制度良性运转的重要保障。

“区域自治的实行，还不等于民族问题的根本解决，要根本解决民族问题，必须依据可能条件，积极帮助少数民族人民发展他们的政治、经济和文化，使其逐步达到先进民族的水平。”[②] 在认识区域自治与少数民族的关系上，与自治一并考虑的不仅是政治平等、民族自治地方行政建制问题，更包括发展问题，核心内容就是加快少数民族和民族地区经济社会发展。“实行民族区域自治，不把经济搞好，那个自治就是空。少数民族是想在区域自治里面得到好处，一系列的经济问题不解决，就会出乱子。”[③] 民族优惠政策就是给予少数民族和民族地区特殊扶持，实现共同富裕的政策。在民族区域自治的框架下，国家通过对欠发达的少数民族和民族地区实行全方位的发展援助和优惠扶持，使其经济社会发展取得了巨大成就。

---

① 根据《中国统计年鉴（2012）》数据1—14整理。见中华人民共和国国家统计局《中国统计年鉴（2012）》（网络版），国家统计局网站，http://www.stats.gov.cn/tjsj/ndsj/2012/indexch.htm。

② 《民族事务委员会第三次（扩大）会议关于推行民族区域自治经验的基本总结》，《新中国法制研究史料通鉴》，中国政法大学出版社2003年版，第7732页。

③ 邓小平：《关于西南少数民族问题》，国家民族事务委员会：《中国共产党关于民族问题的基本观点和政策》，民族出版社2000年版，第267页。

但是，民族地区与中东部发达地区的发展差距依然存在，甚至还呈现出逐步扩大的趋势。2012 年，民族自治地方人均 GDP 为 30862 元，仅占全国人均 GDP 的 80. 33%，东西部人均 GDP 差距已经高达 26365 元。西部地区（主要是民族地区）城镇人均可支配收入 20600. 18 元，东部地区为 29621. 57 元，全国平均水平为 24565 元，西部低于东部 9021. 39 元，与全国平均水平也有较大的差距；西部地区农村人均纯收入为 6026. 61 元，东部地区为 10817. 48 元，中部地区为 7435. 24 元，东北地区为 8846. 49 元，全国平均水平为 7917 元，西部分别低于东部、中部和东北 4790. 87 元、1408. 63 元、2819. 88 元，与全国平均水平的差距仍然明显。①

民族地区经济社会发展滞后，财政压力大，人民生活水平与东部发达地区差距显著，不仅构成制约民族区域自治制度良性运转的瓶颈，而且严重影响着民族区域自治价值目标的顺利实现。民族区域自治的实践难题要求我们必须毫不动摇地坚持和完善民族优惠政策，继续给少数民族和民族地区“输血”，在资金、物资、人才、技术、项目等方面提供直接或间接的扶助，千方百计加快少数民族和民族地区经济社会发展，不断提高各族群众的生活水平。唯有如此，少数民族才能在民族区域自治里得到真正的实惠，民族问题也才有可能得到根本性解决。

“去民族优惠”观点建议以个人扶助政策取代民族群体性优惠政策，以区域扶助政策取代民族优惠政策，欲对现行民族优惠政策进行“推倒重建式的激进变革”，意在实现民族间的交融一体。该建言与宪法和法律的规定有所冲突。我国《宪法》和《民族区域自治法》均确认“我国是统一的多民族国家，各民族一律平等”。由此，以公民权利平等代替民族平等，并以此来消解民族优惠政策的建言，并不符合民族区域自治的政治法律设计。民族区域自治的法治化，要求宪法和法律具有稳定性，在既有制度设计仍有充足空间去调整和完善民族优惠政策的情况下，“去民族优惠”的观点要求变更宪法和法律确立的民族优惠政策的制度设计，激进有余而稳定不足，一旦予以实践，极有可能对民族区域自治的法治秩序造

① 根据《中国统计年鉴（2013）》数据 1—6、1—14、11—1、11—5、11—26 整理。见中华人民共和国国家统计局《中国统计年鉴（2013）》（网络版），国家统计局网站，http：//www. stats. gov. cn/tjsj/ndsj/2013/indexch. htm。

成破坏和中断，少数民族的各项法定权利将难以得到有效保障。

二 "去民族优惠"不能保证社会公平正义

"去民族优惠"观点认为，对少数民族群体实行优惠政策是在制造特权，因此建议实行无族别差异的"平等"政策，加强对一切处于社会经济滞后的地区和公民的发展援助。我们认为，这种观点看似公允，实则偏颇。只承认公民权利平等而否定民族平等权利，既不符合中国国情，也不能保证社会的公平正义，反而会导致与民族特性密切相关的结构性不平等长期存在。

从保护少数民族权利的角度看问题，"无差别待遇规则可能导致某些群体处于弱势。公正性是对所有人使用同样的规则，还是对不同群体使用不同规则，这一点需要在其特殊背景下逐例仔细审定，而不是事先设定"。[①] 由于自然、历史、社会等方面的原因，我国少数民族和民族地区经济社会发展相对滞后，享受权利的实际水平低于汉族和非民族地区，事实上处于弱势的地位。不利的境遇并非由少数民族的选择或过错造成，因而非其所应得。同时，不利条件又不是少数民族单纯凭借自身能力所能克服。因此，民族平等的实现，除一般性"非歧视"的平等对待之外，还必须采取看似不平等的措施对少数民族权益给予特别保护，帮助其克服不利境况的影响，具体表现为对少数民族和民族地区实施各项优惠扶持和倾斜照顾。国家实行民族优惠政策，对少数民族和民族地区差别对待，是为了促进和满足暂时处于不利地位的少数民族和民族地区的最大利益，符合正义的价值要求。

"去民族优惠"观点强调公民权利平等，却忽视了少数民族与民族地区的差异性。"权利永远不可能超出社会的经济结构以及由经济结构所制约的社会的文化发展。"[②] 公民权利的充分实现依赖很多因素，包括经济社会发展水平较高、市场经济体制较为完备、公共服务体系比较完善等。

---

① [加] 威尔·金里卡：《少数的权利：民族主义、多元文化主义和公民》，邓红风译，上海世纪出版集团 2005 年版，第 22 页。

② 《马克思恩格斯选集》第 3 卷，人民出版社 1995 年版，第 305 页。

然而，目前我国少数民族与汉族、边疆民族地区与中东部地区的经济社会整体发展水平差距依然很大，各个少数民族和民族地区的发展亦呈现不均衡、不协调的态势，各族公民所能接受的文化教育水平和公共服务水平也参差不齐。总的来说，大多数少数民族公民与汉族公民相比，在适应社会、把握机会的能力上仍处于落后状态。由于不同地区提供给公民的生产生活资源存在较大差异，以及各族公民的个人素质和能力水平不同，大多数少数民族公民与汉族公民并不是处于同一起跑线上。单纯强调公民权利平等，其后果可能是大部分少数民族公民享受不到与绝大多数汉族公民同等质量的公民权利。所谓的“平等”就只能是观念上的平等，掩盖的却是大部分少数民族公民基本权利得不到有效保障的事实上的不平等。

即便按“去民族优惠”观点，实行以公民权为原则的个人扶助政策，对一切处于弱势地位的公民个人给予照顾帮扶，也难解民族发展之困境。这种政策建议有其合理的一面，能使帮助扶持惠及最大多数的处于困境的公民，有利于完善社会保障体系之构建。但这种优惠以否定少数民族集体权利、淡化少数民族的民族认同为代价，忽视少数民族公民在教育程度、能力素质、行业与职业分布、经济发展水平、收入分布结构等方面与汉族的整体性差异，以同质的标准进行支持扶助，不可能达到理想的效果。个人扶助政策没有照顾少数民族公民希冀消除民族间发展差距、保持自己民族免于消亡或被同化的实际需求，显然有失公平。再者，少数民族权利有其特殊性，既包括民族成员个人的公民权利，也包括民族群体的集体权利，而且少数民族公民的一部分公民权利通过民族集体才能实现，需要特殊的实现方式和条件。不承认民族集体权利，只依靠所谓的公民权利平等和个人扶助政策，可能导致少数民族公民的公民权利也无法充分实现。对少数民族来说，其结果也是不公平的。

同样，以区域扶助政策整体取代民族优惠政策，也不能完全保证社会公正。区域扶助政策立意于同一区域内全体公民的平等，而非对特定民族利益的过分关注。从全国发展的大局来看，区域扶助政策也有助于区域间均衡协调发展，防止发展差距拉大，具有十分积极的战略意义。对于一些发展较为落后的地区，如果当地各民族在经济社会文化方面发展水平大致相当，可以以区域扶助政策取代民族优惠政策，以保障该区域内各族公民共享改革发展的成果。然而，要在全国范围内以区域扶助政策整体取代民族优惠政策，并不符合我国各民族发展不均衡的实际国情，也不能实现真正的民族平等。区域扶助政策和民族优惠政策考虑问题的角度不一样，它不能有效解决少数民族发展中的一些重大问题。少数民族的特困问题、人口较少民族的发展问题、边境（跨界）少数民族的发展问题等都是当前民族工作中亟待解决的重大问题。若不能妥善解决，势必会对少数民族和民族地区的发展稳定和少数民族权利的充分保障产生不利影响。这些问题，仅仅依靠区域扶助政策，是不能集中力量解决的，反而会因一味谋求形式平等，而造成更大的事实上的不平等。

实际上，我国现行的民族优惠政策是民族扶助与区域扶助的结合。民族自治地方面积占我国国土面积的64%，全国2.2万多公里陆地边界线中的1.9万公里在民族地区。这就要求在政策制定实施之时，将经济因素和政治因素结合起来，把民族发展与地区发展统筹协调，结合国家安全与区域稳定作全局的考量。在统一多国家内部要加强民族地区与非民族地区的政治经济联系，以实现互惠互利、共生互补、共同发展。我国各民族的人口分布呈现大杂居、小聚居的特点。汉族地区有少数民族聚居和散居，小聚居的民族地区也有汉族和其他少数民族居住，你中有我、我中有你；许多少数民族既有一块或几块聚居区，又散居全国各地；各民族插花分布，交错杂居而又存畛域。5个自治区中，仅西藏和新疆的少数民族人口占区总人口比重超过50%，广西、宁夏、内蒙古均未超过40%，内蒙古更是只有21.78%。[①] 民族优惠政策是国家针对少数民族和民族地区的优惠扶助，民族地区的地域分布和区域内各民族的居住格局，决定了民族优惠政策在相当程度上也是一种区域性的整体优惠。除个别几项优惠政策把优惠对象限定在少数民族群体及少数民族公民外，多数民族优惠政策都是针对民族地区内各个民族包括汉族共同实施的，各个民族都从中得到实惠。

21世纪以来，国家相继实施了西部大开发、兴边富民等重要战略工程，旨在实现西部地区和边疆地区的现代化开发，提高这些地区各族公民

① 根据《中国统计年鉴（2013）》数据1—12整理。见中华人民共和国国家统计局《中国统计年鉴（2013）》（网络版），国家统计局网站，http：//www.stats.gov.cn/tjsj/ndsj/2013/indexch.htm。

的生活水平。绝大多数民族地区都在实施这两项战略工程的受惠范围内。可以说，民族优惠政策和区域扶助政策是相辅相成、并行不悖的，其政策目标、内容和结果也是有所交叉的。然而，两项政策各有特点，各有所长，不可整体性地相互替代。实践中，不管是民族优惠政策，还是区域扶助政策，都要根据实际情况不断加以调整完善，在达到政策目标的同时，最大限度地保证社会公平正义。

三 “去民族优惠”不利于维护民族团结

“去民族优惠”观点提出以公民权利平等替代民族平等，以个人扶助政策取代民族群体性优惠政策，实质上是要以公民个体无差别的权利义务平等为逻辑起点，通过构建同质化的国民信念，来建立作为自然人的不同民族成员个体“在共同法和共同领土范围内的公民理性联合”①，并以此为基础来实现社会团结。在维护民族团结的问题上，公民权利平等固然有一定的逻辑优势，但也有其限度。公民权利平等，看似公正无私，实则“只不过是不持至善论罢了，它将社会上的道德问题留给了社会上各个个人的意志决断来加以发落”。② 如若过分强调，可能衍化出极端化的个人自由行为。“极端化的个人自由一旦成为一种在某种范围内流行的现象，便会不可避免地损害社会成员对于社会共同体的认同感和归属感，降低社会共同体的社会整合和社会团结的程度。”③

只讲公民权利平等，不考虑具体差异而要求取消民族优惠政策的做法，在伦理道德领域选择价值中立，容忍甚至无视民族之间长期存在的结构性不平等。少数民族公民尽管在法律上获得了与主体民族平等的公民权利，但由于在人口数量上居于少数，在政治、经济、社会、文化等方面处于弱势地位，可能面临由发展结构不平衡造成的一系列隐性甚至显性的偏见与歧视，致使他们在社会生活诸多方面困难重重，甚至被边缘化。可

---

① ［英］安东尼·史密斯：《民族主义：理论，意识形态，历史》，叶江译，上海世纪出版集团 2006 年版，第 41 页。

② ［英］安东尼·德·雅赛：《重申自由主义：选择、协议、契约》，陈茅等译，中国社会科学出版社 1997 年版，第 18 页。

③ 吴忠民：《社会公正理论十二讲》，山东人民出版社 2012 年版，第 119 页。

见，所谓“纯粹的”公民平等，可能导致制度化地排斥少数民族，“或明或暗地偏向多数群体利益和认同……这种偏向性给少数群体成员造成了一系列的负担、障碍、耻辱和被排斥”。[①] 处理不好这个问题，会造成民族隔阂，甚至形成“隔离的社区”。民族隔阂导致各民族间交往交流程度降低，而各民族间的流动程度越低，少数民族群体及其成员与主体民族相互认同的机会就越低，也就越有可能遭遇来自主流社会的结构性歧视和不平等对待。由于缺乏认同，这种结构性歧视和不平等对待很有可能被多数群体认为是理所当然的，并不一定会受到来自主流社会的道义批判，还可能造成主体人群对少数民族的生疏与漠视。由此，社会的不公正问题也会加重，民族间的社会分层现象亦会更加突出。

社会资源占有与分配的不公正，极有可能形成贫富两极分化。一旦少数民族的正当权益遭受社会不公正的侵蚀，而又不能通过制度化的途径得以救济，他们就可能积极寻找制度外的渠道来予以反抗。这非但无益于不同民族成员基于公民身份联结的社会共同体的形成发展，还可能诱发民族群体间的各种矛盾冲突。民族间的冲突和摩擦，又会强化民族成员的狭隘性民族认同，固化民族身份和民族界限，将会对多民族国家的族际整合和民族团结产生严重的负面影响。

从一些国家的实践看，片面强调公民权利平等而忽视少数民族（族群）群体性权利的做法也引发了众多的社会问题。以法国为例，在民族问题上，法国一直坚持公民平等与自由同化的原则，认为在法国没有种族、宗教、语言层面上的少数民族，强调对所有法国公民应一视同仁，避免刻意地“区分个体的种族、民族、宗教等身份差异”，“因为区分本身是人为地划分界限，人为地制造不平等和歧视”。[②] 第二次世界大战以后，随着大量的北非裔、阿拉伯裔移民法国，法国的民族结构发生了巨大的改变。穆斯林移民进入法国以后，并没有为“自由、平等、博爱”的共和国价值观所同化，相反他们的很多习惯被认为“与法国传统的民主、进

---

① ［加］威尔·金里卡：《少数的权利：民族主义、多元文化主义和公民》，邓红风译，上海世纪出版集团2005年版，第21页。

② 刘力达：《法兰西：“隐性”的民族与“显性”的民族问题》，《中国民族报》2010年7月30日。

步、自由、男女平等的原则格格不入”。[①] 穆斯林移民与族裔意义上的法国人之间缺乏足够的认同并且存在着不同程度的隔阂，法国俨然成为一个多元文化并存，但界限分明、缺乏交融的“平行社会”。尽管在法律层面上获得了与土生土长的法国人同等的公民权利，但却因为经济文化社会分层方面的结构性差异，非裔和阿拉伯裔法国公民在学习、就业等方面受到来自主流社会的隐性歧视。他们并没有很好地融入法国社会，与种族、民族特性密切相关的社会结构性不平等依然客观存在。相互间长期的不认同和不平等使法国社会的族裔矛盾一触即发，2005 年的巴黎骚乱、2012 年的亚眠骚乱都与移民引起的族裔矛盾有着直接的联系。

过分强调公民权利平等和公民身份认同，忽视少数民族群体权利和特殊保护的做法，可能导致侵蚀与少数民族生存发展相关的重要利益，虽曰平等，实为同化，难以实现少数民族对国家的情感认同，甚至可能损毁民族团结的纽带。相反，“如果我们清除妨碍少数群体全身心地拥护政治机构的那些障碍和排外机制，那么，承认少数群体权利事实上会加强团结，促进政治稳定”。[②] 实行民族优惠政策，给予少数民族和民族地区适当的照顾和扶持，通过一定程度的“差别对待”来逐步消除民族（族群）性社会分层，把保障少数民族正当权益真正落到实处，能够促进各民族真诚交往和相互认同，从而为实现民族团结和社会和谐奠定坚实的基础。

四 “去民族优惠”有违保护少数人权利的国际潮流

“二战”结束伊始，“联合国认为不宜通过给予某些群体的成员以特殊权利来直接保护这些弱小群体，而应通过保障所有个体成员的基本公民权和政治权利来间接保护文化上的少数派，不必考虑他属于哪个群体”。[③]《世界人权宣言》确认了普遍人权原则，却并没有规定少数人的权利。普

---

① 马胜利：《法国民族国家和民族观念论析》，《欧洲研究》2012 年第 2 期。

② ［加］威尔·金里卡：《少数的权利：民族主义、多元文化主义和公民》，邓红风译，上海世纪出版集团 2005 年版，第 26 页。

③ 同上书，第 68 页。

遍的个体人权虽然部分推动了少数群体成员基本个人权利的保障，但并不足以保证少数人群体与多数人群体一样同步发展，也不能保证少数人群体及其成员文化传统和宗教习俗得以持久存续，尤其是在有少数民族的国家。因此，有必要在普遍人权的基础上，采取有效措施对少数人权利进行特别保护。

1966 年通过的《公民权利与政治权利国际公约》第 27 条规定：“在那些存在着人种的、宗教的或语言的少数人的国家中，不得否认这种少数人同他们的集团中的其他成员共同享有自己的文化、信奉和实行自己的宗教或使用自己的语言的权利。”这一条款确认了属于少数群体的个人的权利，并且这种权利明显有别于其他的人人普遍享有的权利。在此基础上，1992 年通过的《在民族或种族、宗教和语言上属于少数群体的人的权利宣言》（简称《少数人权利宣言》）增加了“属于少数民族的人”这一权利主体，并在第 2 条直接赋予了属于少数群体的人的各种权利，包括文化权利、宗教权利、语言权利、参与政治决策的权利等。此外，其他一些国际法文件也规定了种族、民族或宗教群体的权利和少数人的特别权利。一些区域性文件也包含了对少数人权利的特别保护，最具代表性的当属 1994 年欧洲理事会通过的《关于保护少数民族的欧洲框架公约》。

就权利保护模式而言，少数人权利经历了从消极保护到积极保护的转变，从一般保护到特别保护的转变。《消除一切形式种族歧视国际公约》以国际条约的形式，就种族或民族平等及其特别保护的关系做了详尽、权威的说明，即为保证种族或民族团体和个人充分发展并实现平等的特别措施不得视为种族歧视，但在所定目的达成后，特别措施不得继续实行，也不得产生在不同种族团体间保持不平等或个别行使权利的后果。《少数人权利宣言》也就属于少数群体的人的权利的特别保护及其限度进行了说明。宣言第 4 条列举了国家保障属于少数群体的人的权利应采取的各项必要措施；第 5 条第 1 款规定了国家制定和执行政策应适当照顾属于少数群体的人的合法权益；第 8 条第 3 款明确了这些措施不得因其形式而视为违反《世界人权宣言》所载平等权利；第 8 条第 2 款说明了特别保护的界限在于不得妨碍一切个人享受普遍公认的人权和基本自由。

以 20 世纪 60 年代为界限，在“二战”以后的国际人权立法上，少数人权利经历了从普遍权利到普遍权利与特别权利兼具的转变，逐渐嵌入了非歧视和特别保护两个内容。对少数人权利进行专门保护，已经成为大势所趋。

在国际立法保护少数人权利的同时，世界上不少国家也制定和推行了保护少数族裔权利的国内政策，其中以“肯定性行动”和“多元文化主义政策”最为著名。“肯定性行动”是美国政府为改善国内少数族裔和妇女的不利状况实施的一种补偿性社会政策，其目的在于确保有关法律的贯彻实施，消除就业、教育、政府合同招标等领域的种族歧视和性别歧视。1965 年 9 月 24 日，林登·约翰逊总统签署了第 11246 号行政命令，要求政府项目承包人对特定的少数民族在招工和就业的各个方面采取倾斜性保护以确保平等，并记录采取具体措施的情况。从此，“肯定性行动”便与对少数族裔群体和妇女等弱势群体的特殊保护性政策措施联系在一起，它追求的不仅是作为权利和理论的平等，而且是作为事实和结果的平等，在促进社会公平正义方面发挥了一定的积极效应。当然，“肯定性行动”自开始实施起，其合法性与正当性争议就一直存在，虽几经修正使特殊保护的力度大打折扣，但仍然被美国政府作为处理少数族裔群体相关事务的基本政策保留至今。除美国外，印度、巴西等国家也不同程度地实施了类似于“肯定性行动”的民族（种族）政策。

1971 年，加拿大为解决国内族裔矛盾，率先提出并实施多元文化主义政策。随后，瑞典、澳大利亚、美国、英国等众多欧美国家也先后采纳多元文化主义政策，作为处理民族文化多样性、多数群体与少数群体关系的基本政策。多元文化主义政策立足于对族裔文化的社会承认和平等保护，要求消除民族或种族歧视，实现社会公正，进而要求国家采取积极行动帮助少数族裔群体平等参与社会管理和获取社会资源。从政策实践看，多元文化主义政策提升了少数族裔群体参与政治的比例，一定程度上满足了少数族裔群体的权利诉求，促进了社会的稳定、和谐与发展。与此同时，“在自由主义内部展开的新自由主义和社群主义的争论使许多人感觉到个人自由主义的局限，认为有必要考虑个人存在和自由意识的群体因素”。[①] 将自由主义核心价值观与少数群体权利思想结合的自由主义少数群体权利思想，成为一种政治思潮，影响广泛。

---

① 徐贲：《自由主义与民族主义》，《读书》2000 年第 11 期。

"去民族优惠"观点要求"不以族群（民族）因素而享有特殊的权利和义务",[①] 有违保护少数人权利的国际潮流。首先，根据《公民权利与政治权利国际公约》第 27 条和《少数人权利宣言》第 2 条的规定，属于少数群体的人因其民族或种族等群体特征，享有不同于基本个人权利的特别权利，这种特别权利不能被否定。其次，根据《消除一切形式种族歧视国际公约》第 1 条第 4 款、第 2 条第 2 款和《少数人权利宣言》第 4 条、第 5 条的规定，国家应当采取一定的特别措施来实现民族或种族平等，保障在民族或种族上属于少数群体的人的权利充分实现，对少数人权利的特别保护也不能被否定。最后，许多欧美国家根据本国国情制定和实施了相关公共政策，对国内少数族裔的权益进行特别保护。所谓美国避免将公民"个人差距与族群身份、族群集体联系起来"[②] 的说法，并不符合实际，将其作为"去民族优惠"立论基础的"国际经验"并不合适。

即便"肯定性行动"等倾斜性保护政策在美国面临"承认的困境"，也不构成我国取消民族优惠政策的理由。中国与美国的国情相同。中国自古以来就是一个统一的多民族国家，包括汉族在内的 56 个民族都是中国的世居民族，5000 多年来在自己的家园生生不息；美国是一个移民国家，建国历史不过 200 余年，在社会结构与发展水平、民族分布、民族构成、民族历史等方面，与我国有很大差异，面临的民族（种族）问题也不相同。以"肯定性行动"等政策在美国遭遇的正当性危机来要求取消民族优惠政策，无异于"用全球化的'高倍望远镜'缩短了社会发展的过程"。[③] 欧美国家大多已步入发达的公民社会，但民族（种族）问题尚存。我国是发展中大国，正处于社会转型过程中，在向公民社会目标奋斗的漫长道路上才刚刚起步，不可能简单地以公民权利平等的方式来解决复杂的民族问题。我们应当汲取欧美发达国家历史上践踏国内少数民族（族群）基本权利的教训，采取适合国情的方针政策对少数民族权利进行有效保护。当然，我们也不应忽视倾斜性照顾政策在欧美发达国家所引起的争

---

① 胡鞍钢、胡联合：《第二代民族政策：促进民族交融一体和繁荣一体》,《新疆师范大学学报》（哲学社会科学版）2011 年第 5 期。

② 同上。

③ 郝时远：《美国是中国解决民族问题的榜样吗》,《世界民族》2012 年第 2 期。

议，要坚持以我为主，科学地分析借鉴，坚持完善好中国特色的民族优惠政策，更好地发挥其效能。

五 高度重视民族优惠政策的完善创新

“去民族优惠”的主张，立意于加强国内各民族成员的国家认同和公民身份认同，指出了民族优惠政策实施过程中存在的一些有违社会公正的现象和部分固化民族差异的做法，需要我们进行深层次的反思。

从政策过程看，如何实施民族优惠政策最为公平有效，是需要重点关注的问题。现行的民族优惠政策立足于民族的事实平等，旨在缩小各民族之间尤其是少数民族与汉族之间的发展差距。但是，如果一味追求实质平等，忽视形式平等的重要意义，则可能打破形式平等与实质平等之间的二维平衡，在政策的具体适用中构成对社会公平正义的侵蚀。优惠政策与民族身份挂钩，增强了少数民族作为利益共同体的地位，可能固化民族界限，造成以民族为单位的集体利己主义，滋生各民族间的利益摩擦，导致部分少数民族公民在民族身份上的求异意识膨胀，不利于和谐民族关系的建构和国家认同的强化。

随着社会主义市场经济的发展，我国社会的公平观发生了相应的变化。现阶段，社会主义的公平观是多维度的，以保障公民基本权利为要义，强调机会均等、公共服务均等和缩小社会贫富差距三要素并重。按照社会主义公平观的多维度要求，循序渐进地调整和完善民族优惠政策，改革那些超出平等所允许的合理限度的具体做法，努力争取实现权利公平、机会公平与规则公平的有机统一。因此要继续坚持以“差别待遇”追求实质平等，继续给予少数民族和民族地区特殊的扶持照顾。少数民族和民族地区经济社会发展情况千差万别，坚持完善民族优惠政策要做到实事求是，从实际出发。应当在充分调研的基础上，对不同地区不同民族的实际发展水平进行层次划分，结合少数民族所处地域等因素实行差别性的优惠，重点加大对人口较少民族和边远地区特困少数民族的帮扶力度，实现民族优惠政策的必要性和公正性的衡平。

要把少数民族集体权利保障与发展平等的公民权利有机结合起来，以公民权利的平等和发展促进民族集体权利的进一步发展。优惠政策应着力于为少数民族群体及其成员提供平等发展的机会与条件，增强其自我发展和参与公共生活的能力。要逐步从畸重民族因素过渡到民族因素与区域因素的二维并重。既要重视不同地区不同民族的平衡发展，又要关注同一区域内各民族的共同发展，使各民族各得其所，相得益彰。要把民族优惠政策和区域扶助政策更好地结合起来，建立民族优惠政策和区域扶助政策的互动协调机制，通过科学合理的制度设计，使二者在政策目标、内容和措施上相互呼应，最大限度地实现政策倍数效应。

要以法治思维和法治方式完善创新民族优惠政策，加快其法制化进程。要坚持民主决策机制，健全政策执行机制，完善政策监督机制，创新绩效评价机制，强化责任追究机制，以此保证民族优惠政策制定与实施的科学化、规范化和法治化，适应少数民族与民族地区发展的新形势和新要求。要以宪法认同统筹民族优惠政策的运行，以宪法和法律的基本原则和精神为指导，为公民个人和民族群体提供各利其利、各美其美的保障；把优惠政策的政策过程作为促进民族地区公民社会建设，强化少数民族公民宪法认同的必要过程；着力培养少数民族公民的宪法意识、法律意识和公民意识，使民族优惠政策的制度设计与运作朝着更有利于增强中华民族凝聚力的方向发展。

［原载《西南民族大学学报》（人文社会科学版）2014 年第 4 期］

正确看待美国等西方国家的民族政策和民族关系[①]

近年来，学术界出现了“以族群替代民族”、民族问题“去政治化”、实行“第二代民族政策”等观点，体现出对美国、加拿大等西方国家民族政策的推崇和对我国民族政策的质疑。那么，美、加等国的民族政策是如何形成的？其实践效果究竟如何？这些国家的民族政策与我国的民族政策的本质区别何在？科学地回答这些问题，对坚持中国特色民族政策具有重要的意义。

一　美国、加拿大民族政策的演进与本质

1. 西方国家民族政策的典型代表

世界上单一民族国家十分少见，大多数国家是多民族国家。西方国家在处理民族关系、建构民族认同方面采取了不尽相同的政策，其中，美国的“熔炉政策”和加拿大等国的“多元文化主义政策”可以说最具典型性。

美国的熔炉政策主要在于促进来自不同地域、具有不同民族属性和文化背景的人相互融合成为具有“美国信念”的美国人，是要求移民从语言、文化、政治行为到精神完全接受美国传统的“美国化”。美国西部混合民族形成的经验被作为塑造美国体制和民主最为重要的因素，西部边区

---

① 本文与裴圣愚合作。

的大熔炉使得不同移民混杂融合成一个新的全国性的民族，促进了移民的美国化。[①] 熔炉政策“迎合了当时工业化时期的‘大美国’思潮和移民实现‘美国梦’的幻想”，[②] 在一定程度上协调了不同移民群体之间的关系，成功构建了美国的核心价值认同和美利坚民族的身份认同，形成了新的美国文化，为美国发展成为超级大国奠定了坚实的基础，因而在世界范围内产生了较大的影响力。

多元文化主义最早源于美国对熔炉理论的批判，它伴随着美国、加拿大等西方国家民族政策的发展而逐渐形成，反映了对少数民族认同的承认，在全球产生了不小的影响。多元文化主义“主要强调的是不同价值观的共存；有作为国家政治意义上的多元文化，侧重于作为多民族国家文化的平等多样与和平共存；有作为族群意义的多元文化主义，主要强调作为族群的平等共存”。[③] 多元文化主义认为少数族裔具有权利，把少数族裔的生活方式看成是合法的，甚至是需要的参与社会的方式，反对少数族裔在地位和待遇上的不平等。[④] 1971 年加拿大率先制定了多元文化主义政策之后，受到国际社会广泛关注，澳大利亚、新西兰、荷兰、瑞士、英国等国家纷纷效仿，多元文化主义成为影响较为广泛的一种具有代表性的处理民族关系的理论与政策。

2. 美国、加拿大民族政策的历史过程

人类社会随着时代的推移而不断演进，并且不同国家、不同地区的政治法律制度会由于时间、地域、社会、民情、历史、风俗、文化等诸多因素的不同而各有差别、各有特色。这种演变过程与特点的形成是有其内在规则的，同时是客观的。[⑤] 美国和加拿大的熔炉政策与多元文化主义政策也因国情民情的变化而经历了长期的形成与演变过程。

（1）建国初期对土著民族的掠夺残杀、对黑人的奴役和盎格鲁一致

---

① 马戎：《西方民族社会学经典读本——种族与族群关系研究》，北京大学出版社 2010 年版，第 63 页。

② 钱皓：《美国民族理论考释》，《世界民族》2003 年第 2 期。

③ 常士訚：《多元文化主义难以“超越时空”（上）》，《中国民族报》2010 年 11 月 5 日。

④ 马戎：《西方民族社会学经典读本——种族与族群关系研究》，北京大学出版社 2010 年版，第 45 页。

⑤ 燕继荣：《西方政治学名著导读》，中国人民大学出版社 2009 年版，第 220 页。

性政策。建国之初的美国、加拿大，既要与英国、法国、西班牙展开斗争，又要处理与土著民族的关系。同时，土著民族拥有的大量土地是新兴资本主义经济发展的必备条件，土著部落的存在对其政权稳定产生了巨大威胁。因此，两者之间的矛盾日益尖锐。对土著民族的掠夺和残杀使得美国、加拿大获得了大量的土地和资源，也使得土著民族的人口锐减，濒临灭绝。新开垦的大量土地和南方种植业的快速发展需要大量的劳动力，于是殖民者对贩卖到北美大陆的非洲黑人进行了残酷奴役。而且，美利坚合众国（联邦）的建立也是基于北方资产阶级与南方奴隶主的联合。因此，以标榜人权而著称的美国宪法，在相当长的时期（直至南北战争结束）认可了黑人奴隶制的存在。

另外，在没有民族国家构建的历史资源的情况下，聚合整合各群体，形成一致性的社会体系，进而维护安定，巩固新生政权是美国和加拿大所面临的极其重要的问题。因此，在北美大陆处于强势的WASP（White Anglo-Saxon Protestant，盎格鲁－撒克逊新教徒白人）文化必然地成为美加民族同质化建构的基础。在这片大陆上，盎格鲁－撒克逊文化是最优等的文化，所谓劣等民族的文化必须被清洗，每一个移民都必须具有盎格鲁－撒克逊文化的美德，符合其价值取向。正如亨廷顿所强调的，盎格鲁－新教文化成为美国国民特性的核心组成部分，成为“美国信念”诞生的母体。①

（2）资本主义扩张和“白人至上”论基础上的民族隔离制度。到19世纪中期，随着经济的发展和移民数量的剧增，资本主义的扩张趋势造成与土著民族的冲突不断。“现实使美国统治者意识到，印第安人与白人不可能同居一处而相安无事，与其让印第安人无休止地抵抗下去，不如在他们传统的领地上圈给他们一些地盘，既可从中获得大量剩余土地，又可避免与之发生冲突。”② 于是，美国和加拿大开始建立保留地制度，强迫土著民族进行迁移，实行民族隔绝政策。此时的印第安人已经无力抗争，被迫走上了“血泪之路”。为了把土著民族纳入西方现代文明的模式当中，

---

① ［美］塞缪尔·亨廷顿：《谁是美国人？美国国民特性面临的挑战》，程克雄译，新华出版社2010年版，第45页。

② 吴洪英：《试论美国政府对印第安人政策的轨迹》，《世界历史》1995年第6期。

美国和加拿大都采取了强制“美国化”和“加拿大化”的政策。

另外，美国内战结束之后，宪法修正案废除了奴隶制，但是黑人并没有真正获得经济政治上的自由权利，出于白人至上理论，他们认为给黑人平等的公民权就会威胁到生活的方方面面，就会使整个民族“非洲化”，而最重要的还在于北方工商业利益集团希望投资和发展南方的土地，也愿意看到未来的南方拥有不能向上流动的、庞大的无产黑人工人群体。[①] 最终，最高法院的判决承认了南方民族隔离制度的合宪性。

（3）移民群体结构的变化与熔炉政策的形成。当美国进入工业化阶段后，西进的步伐加快，同时东南亚百万移民大军进入美国，使美国的社会架构和移民群体均发生了巨大的变化。1860—1920 年，将近 3000 万来自中欧和东、南欧的意大利、波兰、俄国和巴尔干国家的新移民进入美国。[②] 不同民族之间相容精神的出现和增强本身是文化融合的结果，同时也为进一步的民族混合提供了有利的社会思想基础。在这样的环境中，新移民群体动摇了盎格鲁一致性的凝聚力和号召力，“大熔炉”理念应运而生。但是，“民权运动以前的美国‘种族融合政策’的本质是种族歧视”。[③] 同样，为了满足“二战”后加拿大重建和开发西部的需要，加拿大政府在北美移民潮和美国“民族热”的推动和影响下，也开始了所谓的加拿大化运动，在以英、法裔文化为主导的前提下，试图将各种文化整合为一种新的加拿大式文化。可以说，“在世纪相交之际，作为移民接受这个国家经验的一种反应，‘熔炉思想’根植于那个时代的理想之中”。[④]

（4）民权运动和民族文化的多样发展与多元文化主义的勃兴。“二战”后，由于亚非国家有色人种争取民族独立斗争胜利的鼓舞，以及工业化的推进，大批黑人流入城市，民族隔离和民族歧视成为全国性问题。在此背景下，美国黑人开展了争取民主权利的运动，这是美国的少数族裔

① 王建华：《马克思主义视阈下的美国民族理论与政策评析》，博士学位论文，中央民族大学，2011 年。

② 高鉴国：《依然是“熔炉”——论美国民族关系中的同化问题》，《世界民族》1998 年第 3 期。

③ 郝时远：《国际经验的比较和借鉴必须实事求是——评析“第二代民族政策”说之三（上）》，《中国民族报》2012 年 3 月 2 日。

④ 马戎：《西方民族社会学经典读本——种族与族群关系研究》，北京大学出版社 2010 年版，第 72 页。

以集体的形式争取平等权利的过程。民权运动对美国黑人政治地位的进一步提高起到了重要的推动作用，也深刻影响了所有美国人的生活与观念。一系列法令和法规的颁布使得事实上的种族隔离制被废除，消灭了公开的白人至上主义。民权运动“在思想、组织和取得的成果等方面都为多元文化主义的兴起准备了必要的条件”。[①] 受此影响，政府制定了“肯定性行动”政策及相关法令，以期消除少数民族、妇女和其他弱势群体在教育、就业等方面受到的歧视，这是美国对其民族政策的一种修正，“从而一定程度上推动了美国社会男女平等和种族平等的进步，有利于社会弱势群体权益的保护与改善”。[②]

另外，“由于福利的提高，人口生育率的下降，劳动力的缺乏，很多艰苦的、收入微薄的或不利于身体健康的经济活动交给了外来人员。在这种条件下，维护移民的权利也就成为这些国家吸引和稳定外来移民、发展经济的一项重要政策，多元文化主义由此也具有了生存的土壤”。[③] 正因如此，布热津斯基认为，美国的马赛克式社会已经取代了熔炉而成为美国经历的本质，新的美国马赛克社会是一个具有种族特点的多元文化混合体。[④] 与美国相似，面对不断变化的国内国际形势，加拿大民族政策也完成了由“一元同化”、“二元熔炉”到“多元文化主义”的演进。[⑤] 民族成分的日趋复杂，文化多样性的快速发展也带来了更加频繁的文化冲突，采取承认少数群体权利的、更为宽容温和的多元文化主义政策有助于西方国家缓和社会矛盾。

由上述考察可见，被一些学人所称道的民族大熔炉政策和多元文化主义政策都经历了长期的发展演进过程，甚至经历了严酷的种族、族群冲突，是随着经济社会发展和民族国家的建构，逐渐调整变革而来的。一国民族政策的制定，不仅与国家政体的性质和原则有关，而且与各个国家的

---

① 王希：《多元文化主义在美国的起源、发展及其面临的挑战》，《中国社会科学报》2010年2月4日。

② 张敏杰：《美国的“肯定性行动”及对中国社会政策的启示》，《浙江学刊》2007年第5期。

③ 常士訚：《多元文化主义难以“超越时空”（上）》，《中国民族报》2010年11月5日。

④ ［美］兹比格涅夫·布热津斯基：《大抉择——美国站在十字路口》，王振西等译，新华出版社2005年版，第213页。

⑤ 胡敬萍：《加拿大民族政策的演进及其启示》，《广西民族研究》2003年第1期。

自然历史条件有关。

3. 西方国家民族政策的本质

对于美国和加拿大而言，民族政策的制定与演进都与其移民国家的现实息息相关。熔炉政策即是要把所有欧洲移民（甚至是黑人和黄种人）熔化，铸造成新的国家公民。从形式上看，熔炉政策似乎是一种强调相互融合型的民族同化，“是一个比较宽容、带有理想主义色彩的观点”。[①] 但究其实质，熔炉的产品并不是简单地融合了各民族文化特色的合成体，产品的模具仍然是早已确定的 WASP 型号。盎格鲁－撒克逊族裔的主体地位，新教的伦理规范，英语的广泛使用都已成为美国和加拿大社会的核心文化，经过熔炉，移民将不可避免地被更新自身的文化和传统。

如果说多元文化主义强调对于少数族裔权利的承认与保护、强调不同族裔文化的独特性与平等性、反对排斥和压制不同文化价值观的理念，使得美国马赛克社会的色彩更加丰富的话，那么千万不要以为马赛克的主色调已经改变，它仍然是盎格鲁－撒克逊文化。“盎格鲁至上”依旧是“美国信念”的核心所在。正如金里卡所说，多元文化政策和移民融入是一致的，认为移民群体可能利用多元文化政策形成并维持一个独立的社会这一观念，看似合理，是因为人们忽视了多元文化政策的大背景，多元文化主义在总的政策体系中只是一个较次的政策。[②]

多元文化主义只是西方国家应对经济社会发展形势变化而采取的同化政策的新形式，它缓和了社会矛盾，也缓和了不同民族文化上的冲突。它不同于熔炉政策，而以更加公平的姿态鼓励移民参与到现存社会的主流体制当中，在一定范围内接受和承认了族裔界限的存在。但是，万变不离其宗。无论形式如何，采取这两种政策的目的都是维护核心文化，体现盎格鲁－撒克逊文化中心主义，延续“美国化”、“加拿大化”的民族同化，增强自由、平等、民主、法治主义、人权、私有制等价值认同。如亨廷顿所言，“从历史上看，美国是一个移民的国家，又是一个同化的国家，这

① 马戎：《西方民族社会学经典读本——种族与族群关系研究》，北京大学出版社 2010 年版，第 69 页。

② ［加］威尔·金里卡：《少数的权利：民族主义、多元文化主义和公民》，邓红风译，上海世纪出版集团 2005 年版，第 180 页。

同化的意思就是美国化”。①

4. 西方国家民族政策的争论与分歧

尽管熔炉政策、多元文化主义政策的实施，给西方社会带来深远的影响，但是西方国家内部对于其民族政策并没有形成共识，更没有被完全赞同。围绕这些政策的争论与分歧始终存在。

针对熔炉政策，盎格鲁一致性观点认为，美国移民的同化模式是失去原来的民族文化特征而接受盎格鲁主流社会的价值、语言、习俗、制度，美国社会不是“熔炉”，而是“转化炉”。“熔炉之外”的观点认为，美国有多个民族集团一直保持着自己的民族特性，游离于“大熔炉”之外。“炖锅”论认为，在美国的民族关系中虽然存在着融合现象，但“熔炉”论夸大了社会的同化和融合能力，各个民族集团在一个“炖锅”里久久没有融为一体。“整合”理论则认为，迄今美国各民族集团并没有融为一体，而是平等地结合在一起，参与共同的社会生活。他们从不同的角度揭示了美国民族关系的客观状况和特点，提出了一些“熔炉”论所没有涉及或难以解释的问题。②

而对于多元文化主义来说，不管是作为一种理论还是作为一项政策，既没有完全被美国政府所接受，也没有普遍地被美国社会所接受。反对者认为，其首先是没有解决一与多的关系问题，为了强调多元而否定了传统的一元，强调独特和差异，忽略了共性和相似，并走向了“族裔崇拜”。二是多元文化主义的主张和实践造成了新的不平等和不民主，带来自身的封闭和民族排外主义，导致了新的种族分离。过分的“分”也带来了不同族群事实上的“隔离”、断裂和孤立化，在社会生活中导致了社会分裂。三是认为多元文化主义已经严重削弱了美国的自我界定，导致“我们不知道我们是谁”。四是他们断定文化间是不可能平等的，如果美国接受文化平等论，将意味着美国300年文化及其世界影响的消解，意味着“美国的终结”。而且，现实中存在的某些政治离心倾向似乎也在证明，

---

① ［美］塞缪尔·亨廷顿：《谁是美国人？美国国民特性面临的挑战》，程克雄译，新华出版社2010年版，第135页。

② 高鉴国：《依然是“熔炉”——论美国民族关系中的同化问题》，《世界民族》1998年第3期。

人口结构的变化和白人数量优势的逐渐消失，危及美国文化认同的忧虑并非空穴来风。曾以提出“历史的终结”而一鸣惊人的福山认为，WASP文化一直主导着美国的文化，而正是因为有了WASP的文化霸权，美国才可能充满自信地称霸世界。[①] 亨廷顿更是强调一代又一代美国人致力于发扬盎格鲁－新教文化，以及所树立的“美国信念”是美国取得伟大成就的根本原因，只要保持这一努力，美国仍会长久地保持其为美国。[②]

上述观点反映了西方国家自身的争论与分歧，它使我们能够更加全面地认识其民族政策。

二　西方国家民族关系存在的问题

1. 历史问题并未解决

历史上，为了能把各印第安部落限制在一定的区域里，将他们原有的土地最大限度地开放给白人，同时为了消除种族冲突，美国政府实施了保留地制度。自20世纪70年代以来，美国政府的民族政策对印第安人生活质量的改善起到了一定的推动作用，奥巴马也允诺现政府将致力于解决长期忽视印第安人经济发展和社会进步的痼疾，但是这并不意味着美国印第安人问题得到彻底解决。时至今日，印第安人仍徘徊在现代与传统的边缘，其自治权仍得不到有效保障，总体收入水平低于全国平均水平，贫困率也是全国平均水平的两倍。2012年，联合国人权理事会种族主义问题特别报告员鲁泰雷指出，纳瓦霍人仍面临严重的种族歧视，无法获得平等的法律待遇和司法救济。[③] 联邦政府对印第安人自决的三心二意与印第安人对联邦政府权力的疑虑重重生动地反映了印第安人保留地制度的内在矛盾，更体现了美国主流社会根深蒂固的对于印第安文化的压制和同化

---

① 吕庆广、骆洪：《反多元文化主义与美国的忧患情结》，《云南社会科学》2005年第2期；韩家炳：《加拿大和美国学者关于多元文化主义的评论》，《国外社会科学》2006年第4期；常士訚：《走出“虚假联合”：加拿大多元文化主义政策的现实困境及21世纪变革方向》，《西南民族大学学报》2010年第9期。

② ［美］塞缪尔·亨廷顿：《谁是美国人？美国国民特性面临的挑战》，程克雄译，新华出版社2010年版，前言第3页。

③ 国务院新闻办公室：《2012年美国的人权纪录》，《人民日报》2013年4月22日。

思想。

在加拿大，法裔加拿大人对多元文化主义政策并不领情，魁北克独立的阴影始终困扰着历届加拿大政府。虽然1980年和1995年的两次独立公投未获通过，但是为了安抚魁北克法裔居民，加拿大国会在2006年通过了“魁北克人是统一的加拿大中的一个民族（Québécois form a nation within a united Canada）”的动议。由于“nation”这一个名词可解作“国家”或者“民族”，因而有部分加拿大人表示魁北克有独立了的感觉。加拿大研究学会于2010年年底进行的最新国民身份认同调查显示，超过30%的魁北克法裔不承认自己是加拿大人，另有近40%的法裔首先认为自己是魁北克人，然后才是加拿大人。而在2012年魁北克省的议会选举中，支持独立的魁北克人党成为议会内第一大党，使得举行第三次魁北克独立公投成为可能。“由此看来，特鲁多政府推行双语框架下的多元文化政策以来，魁北克问题并没有得到彻底解决。当初特鲁多的国家认同建设目标非但没有最终实现，魁北克法裔多数人口对加拿大国家的离心力反而更大了。”①

2. 民族歧视长期存在

虽然美国一贯标榜政治民主、经济自由、社会平等、法律公平，但是，凡是到过美国的人，都会或多或少地感受到美国少数民族仍在不同程度上受到歧视。经济上不能同工同酬，政治上待遇不平。这是一个普遍存在的问题，渗透到社会生活的各个方面，表现为种族隔离和偏见、工作歧视、移民歧视、肤色歧视、媒体、教育及居住歧视、现代型歧视等。②

一是少数族裔的选举权受到限制。美国司法部长也承认，由于少数族裔选举权受到身份证法的限制，使部分人在事实上被剥夺了该项权利。二是少数族裔在就业方面受到歧视，经济状况恶化。美国劳工部统计数据显示，2012年10月，白人失业率为7.0%，非洲裔失业率为14.3%，拉丁裔的失业率则为10.0%。就业歧视是导致收入差距和贫困的重要原因之一。美国人口统计局2012年9月12日的数据显示，2011年非洲裔美国人家庭收入中位数为32229美元，不到非西班牙裔白人收入的60%；非洲

---

① 王建波：《魁北克问题与加拿大的多元文化政策》，《中南大学学报》2012年第6期。

② 陈致远：《多元化的现代美国》，四川人民出版社2003年版，第217—238页。

裔美国人贫困率为27.6%，约为非西班牙裔白人贫困率的3倍。三是执法和司法领域种族歧视严重。跟其他族裔相比，警察更袒护白人。纽约市在2011年68.5万次警察街头拦截检查中，超过85%的检查是针对黑人和拉丁裔人群的。四是宗教歧视明显上升，侮辱和攻击穆斯林的事件增多。穆斯林人口不到美国总人口的1%，但是联邦政府调查的宗教歧视案件中，14%涉及穆斯林；在职场宗教歧视案件中，25%涉及穆斯林。美国导演拍摄并在网上播放的侮辱伊斯兰教先知的电影更是引发了全球穆斯林的抗议浪潮。五是种族隔离在美国事实上依然存在。有研究发现，美国许多工作场所中种族隔离的情形越来越明显，调查的58个行业中有19个行业呈现出种族隔离的倾向。六是种族关系紧张，仇恨犯罪频发。2012年的最新民意调查显示，51%的美国人对非洲裔美国人持明确的反对态度，较2008年上升了3个百分点。①

3. 移民矛盾日益激化

随着人口老龄化问题加剧，以及经济全球化发展，西方国家需要移民作为劳动力和人才补充。但是从总体上看，移民的生存状态却往往不尽如人意，特别是来自伊斯兰世界的移民，其中大部分处于社会的底层，他们的生活状况相对贫困。在这种背景下，多元文化主义强调了他们与社会其他部分有不同之处，鼓励他们保持自己的生活方式，不去接受西方的生活方式，以至于这些移民程度不同地与主流社会保持距离。“9·11”事件之后，极端主义、恐怖主义抬头，欧洲主流社会对外来移民越来越持某种怀疑与警觉的态度。2004年西班牙马德里连环爆炸案、2005年英国伦敦地铁爆炸案和2013年美国波士顿马拉松爆炸案，作案者都是移民。在过去几年中，澳大利亚骚乱、法国骚乱、驱逐罗姆人、遏制非法移民等问题相继出现；2004年法国正式实施“头巾法案”，禁止在公立学校佩戴具有明显的宗教标志的衣饰；2009年瑞士全民公决反对在该国境内新建清真寺宣礼塔；2011年法国、比利时禁止在公共场合穿戴罩袍及覆盖全脸的面纱。西方对外来移民的反感度达到高峰，民族情绪高涨。尤其是在国际金融危机、欧洲经济低迷的情况下，移民更是被极右翼势力当作替罪羊，受到无端指责。2011年挪威枪击惨案和伦敦骚乱，以及2013年5月瑞典

---

① 国务院新闻办公室：《2012年美国的人权纪录》，《人民日报》2013年4月22日。

首都移民聚集区的持续骚乱，这些事件在深层次上反映了西方国家自实行多元文化主义政策以来所面临的困境。这也是他们对多元文化主义政策“先迎后拒”的内在因素。

当今西方国家的确普遍存在一种危机感，从两个新造英文词汇就能说明问题：一个是“拉丁欧洲”（Latin-Europe）。一层意思是指其语言源于拉丁语的欧洲国家；另一层意思则是欧洲已分裂成了西欧、北欧发达地区和东欧、南欧欠发达地区两部分，“经济柏林墙”正在形成。另一个是“欧拉伯”（Eurabia）是由“欧洲”（Europe）与“阿拉伯”（Arabia）两词组合而成的，并定义为“欧洲正在阿拉伯化、伊斯兰化”，并进而衍生出“欧拉伯威胁论”。甚至美国历史上从墨西哥侵吞的这些地区现在已经被称为“墨美”、“美西哥”、“墨西福尼亚”等。西方社会面临的巨大冲击使得许多政要得出多元文化主义政策失败的言论，英国首相卡梅伦就认为国家多元文化主义是错误的信条，它加深了不同族群之间的歧义，阻止人们加强认同感，事实上还在刻意地弱化它。英国必须放弃失败的文化多元主义政策，取而代之的是坚决捍卫自由的西方价值观。可见，“他们所尊崇的普适性的标准受到了异质文化标准的挑战。在穆斯林移民群体的文化认同与移民国家倡导的国家认同之间出现了分歧”。①

多元文化主义等政策的实施，为西方的经济社会发展提供了动力支持。民族与文化的多样性在当今西方社会得到了广泛的承认，保障了不同种族在统一的社会结构中保持其自身文化传统的权利。但是，西方国家民族关系的现状说明其民族政策并没有也不可能解决所有问题。

三　中国与西方国家民族政策的差异

1. 国家历史传统的差异

一部美国史，就是一部移民的历史。移民的多样性虽然带来了文化的多元性，但是，移民来到美国是为了融入这个社会，想要当美国人，而不是建立一个新的社会。因此，他们主动地、愿意而且必须适应这个社会的

---

① 严庆：《多元文化主义失败了吗》，《中国民族报》2011 年 4 月 22 日。

政体、语言、文化、风俗，并融入核心价值理念当中。所以，“加入美国国籍、成为美国公民是黑人争取人权、后续移民做‘美国梦’的最大目标。美国对国民、移民的治理，从防范的角度讲，是通过移民法、归化法来控制‘加入美国’，而不是防止‘分裂美国’”。[①] 没有民族建构历史基础的美国，通过“美国信念”的核心价值将一代又一代的移民同化其中，在认同主流文化的基础上保持了多元性，形成了强大的社会凝聚力并造就了现在国家的繁荣，从这个角度看，美国的民族政策是成功的。它的成功，如托克维尔所言，取决于美国的地理、法制和民情，尤其是民情这个“一个民族的唯一的坚强耐久的力量”。[②]

一部中国史，就是一部中国各民族诞育、发展、交融的历史。在漫长的历史发展过程中，各民族源于本土、起于多元、互相吸收、有存有亡，国家的长期统一、各民族相依互补的经济文化联系、近代以来各民族在抵御外来侵略和长期革命斗争中形成的休戚与共的关系使中华民族从自在走向自觉、自强、自新，铸就了多元一体、共生互补的中华民族大家庭。[③]“在这里，‘中华’是超越了具体族群的政治共同体概念，‘民族’是一种高度抽象了各民族特性的比喻性概念。”[④] 正是基于这样的历史传统，中国共产党坚持把马克思主义基本原理同中国民族问题具体实际相结合，坚持把解决民族问题同解决社会总问题相结合，不断推进马克思主义民族理论中国化，才制定了以民族平等团结、民族区域自治、各民族共同繁荣发展为主要内容的民族政策，走出了一条适合中国国情、具有中国特色解决民族问题的道路。

中华民族历史发展历程之波澜壮阔和中国各民族发展成就之举世瞩目，雄辩地证明了中国民族政策的正确性，证明了中国特色解决民族问题道路的正确性，我们虽无须妄自尊大，但更不应妄自菲薄。

---

① 郝时远：《国际经验的比较和借鉴必须实事求是——评析“第二代民族政策”说之三（下）》，《中国民族报》2012 年 3 月 16 日。

② ［法］托克维尔：《论美国的民主》（上），董果良译，商务印书馆 1988 年版，第 315 页。

③ 国家民族事务委员会研究室：《统一多民族中国与中华民族的多元一体》，民族出版社 2009 年版，第 22—38 页。

④ 周少青：《我们为什么坚持这样的民族政策》，《中国民族报》2012 年 2 月 24 日。

2. 民族关系目标的差异

美国民族关系的发展目标，毫无疑问，就是塑造美国人、美国信念。虽然不同族裔被同化的情况各不相同，但是"'美国信念'的政治理念一直是国民认同的基础，也是将多样松散的种族、族裔等群体'合众为一'的'混凝土'"。[①] 时至今日的多元文化主义政策"仍然是以民族同化为根本原则的，只不过多了一点自然同化，少了一点强迫同化……仅仅是对传统的同化政策的一种补充"。[②] 为了实现这个共同的国民同一性理念，美国政府制定了各种政策来促进移民的美国化，使之接受英语，自豪于美国国民身份，信仰"美国信念"的原则，遵从"新教伦理"。民族同化，尤其是文化上的同化，被亨廷顿誉为"在美国历史上是一项伟大的成就，可能还是最伟大的成就"。[③]

中国的民族理论政策是以巩固和发展平等、团结、互助、和谐的社会主义民族关系为目标的，其中平等是基石，团结是主线，互助是保障，和谐是本质。"和谐"以承认差异、多样性为前提，讲究相互关系的合理调处，讲究不同个体之间、局部与整体之间的利益调适。"和谐"是对我国各民族文化、利益多元性的承认和尊重，也是对在共同利益和目标基础上各民族和睦、协调、合作等统一性的强调。这"背后是权利正义、多元文化主义、尊重人权和马克思主义的各民族政治族格一律平等的价值理念"，[④] 体现了中国民族理论政策的科学性。同时，中国民族理论政策是具有时代性的。从彻底否定社会主义时期"民族问题实质是阶级问题"的错误理论，到肯定各民族间的关系是劳动人民之间的关系，从"两个离不开"到"三个离不开"，从反对"两种民族主义"到实践"两个共同"，都体现了中国民族政策始终"以中国特色社会主义建设为场域，以中国各民族长期的民族关系格局为基础，紧紧围绕当代中国民族问题实

① 郝时远：《国际经验的比较和借鉴必须实事求是——评析"第二代民族政策"说之三（下）》，《中国民族报》2012 年 3 月 16 日。

② 宁骚：《民族与国家——民族关系与民族政策的国际比较》，北京大学出版社 1995 年版，第 563 页。

③ ［美］塞缪尔·亨廷顿：《谁是美国人？美国国民特性面临的挑战》，程克雄译，新华出版社 2010 年版，第 134 页。

④ 周少青：《我们为什么坚持这样的民族政策》，《中国民族报》2012 年 2 月 24 日。

际，宣示民族关系本质”。①

3. 民族政策原则的差异

美国是一个自下而上建立的社会，更加注重对公民权利的承认和保护，“与民族重于个体，强求一律的欧洲民族相比，在美国，个体具有无可置疑的首要地位”。② 除土著民族外，不允许各民族实行政治上的自治。虽然美国也制定实施了诸如“肯定性行动”的政策对少数民族的权利进行保护，也在一定程度上进行了“族群归类”和“种族识别”，但是宪法不承认民族的群体权利，仍是以公民权代之。“印地安人之所以会成为特例，是因为美国政府将其视为美国最为苦难，并需要保留的古老人种，而采取诸多挽救措施的结果。”③

中国宪法规定：中华人民共和国是全国各族人民共同缔造的统一的多民族国家。国家保障各少数民族的合法的权利和利益。各少数民族聚居的地方实行区域自治，设立自治机关，行使自治权。各民族自治地方都是中华人民共和国不可分离的部分。作为中国的一项基本政治制度，民族区域自治政策充分体现了“三个有机结合”，即民族自治与区域自治正确结合、经济因素与政治因素正确结合、历史因素与现实因素正确结合的特点。民族区域自治的实质是要在统一的多民族的社会主义国家内，使有着一定的聚居区的少数民族，有当家作主、管理本民族内部地方性事务的权利，保障少数民族的平等地位，充分发挥他们的积极性，保证各少数民族按照自己的政治、经济和文化的特点，发展经济文化事业，促进民族发展和繁荣，巩固祖国的统一和各民族的团结。民族区域自治制度是中国共产党在革命、建设和改革过程中做出的历史性选择，“是国家从维护国家统一、民族团结、实现各民族真正平等的战略高度做出的政治设计、制度安排和法律保障”。④

---

① 严庆：《坚定中国特色社会主义民族理论政策的“三个自信”》，《中国民族报》2013年5月3日。

② ［美］里亚·格林菲尔德：《民族主义：走向现代的五条道路》，王春华等译，上海三联书店2010年版，第612页。

③ 田建明：《回避“民族”的美国民族政策》，《中国民族报》2007年1月19日。

④ 郝时远：《反恐反分裂的族别、地区指向极端错误——评析“第二代民族政策”说之二（下）》，《中国民族报》2012年2月24日。

我国实行民族区域自治制度的实践证明，它在最大限度地满足各少数民族平等自治、自主管理本民族、本地区的内部事务的要求方面起到了重要的作用，在加强我国各民族之间的团结，改善民族关系，巩固国防，促进少数民族地区的经济文化建设和社会发展方面，也起到了重要作用。

民族是一个历史范畴，民族问题是一种社会现象，完全是由社会环境的条件、国家政权的性质以及社会发展的进程决定的。正如著名思想家托克维尔在一百多年前所指出的，“我们把视线转向美国，并不是为了亦步亦趋地仿效它所建立的制度，而是为了更好地学习适用于我们的东西；更不是为了照搬它的教育之类的制度，我们所要引以为鉴的是其法制的原则，而非其法制的细则”。[①] 纵观西方国家民族政策的演进和民族关系的现状，厘清西方国家民族政策的实质，我们认为：西方国家的民族政策是由其国情决定的，基于资本主义的发展和价值观念，且政策效果各有不足，政策模式也并不统一。美加等国的政策并不是普世性的，它们只是一种具有地方性特点的民族政策，并非处理民族问题的完美样板。冷战结束后，欧洲、亚洲一些国家学习所谓“西方经验”处理民族问题导致的惨痛教训我们必须引以为戒。中国特色社会主义的发展绝不排斥和反对学习国外的成功经验，但是国际经验的借鉴和吸收必须要有独立的思考，要从本国实际出发，不能照搬照抄他人的模式。中国和美国、加拿大等西方国家在基本国情、民族关系目标和民族政策原则等方面存在着根本性的差异，因此，熔炉式的同化模式和多元文化主义模式等都不适合中国多元一体、共生互补的实际。我们应从本国的实际出发，兼收并蓄古今中外的优秀智慧成果，进一步发挥道路、理论和制度优势，坚持和完善中国特色的民族政策。

［原载《中央民族大学学报》（哲学社会科学版）2013 年第 6 期］

---

① ［法］托克维尔：《论美国的民主》（上），董果良译，商务印书馆 1988 年版，第 3 页。

民族法治建设问题探讨

论我国民族法的基本原则[①]

民族法是以宪法和若干基本法为依据，以调整民族关系、维护少数民族权益、促进民族发展、维护国家统一和社会稳定为基本目标的专门法律体系。确定民族法的基本原则，对于指导民族法的制定、实施和完善，构建平等、团结、互助、和谐的社会主义民族关系具有重要意义。

一 各民族一律平等原则

民族平等原则在人类历史上的确立，是各国人民尤其是遭受歧视和压迫的少数民族长期斗争的结果，也是人类理性的胜利。我国是一个社会主义多民族国家，民族平等是处理民族问题的基本原则及国家法治建设的重要内容。

民族法作为调整社会主义民族关系的系统性法律规范，在法律渊源上，既包括宪法性规范和民族区域自治法这样的民族基本法，也包括民法、刑法、选举法等基本法律中关于民族因素的规定，同时还包括体现宪法和民族区域自治法精神的专门性民族立法，如自治条例、单行条例等。民族平等原则贯穿于整个民族法的体系之中。

1954 年，第一届全国人大通过的我国第一部宪法就明确规定：“中华人民共和国是统一的多民族国家。”“各民族一律平等。禁止对任何民族的歧视和压迫，禁止破坏各民族团结的行为。”我国现行宪法规定：“中华人民共和国各民族一律平等。国家保障各少数民族的合法的权利和利

① 本文与彭建军合作。

益，维护和发展各民族的平等、团结、互助关系。禁止对任何民族的歧视和压迫，禁止破坏民族团结和制造民族分裂的行为。”

1984 年全国人大通过的《中华人民共和国民族区域自治法》，是我国关于民族问题的基本法。该法在“序言”中明确规定：“实行民族区域自治，体现了国家充分尊重和保障各少数民族管理本民族内部事务权利的精神，体现了国家坚持实行各民族平等、团结和共同繁荣的原则。”其七章 74 个条文，充分体现了宪法关于民族平等原则的精神，涉及民族自治地方的建立和自治机关的组成、自治机关的自治权、民族自治地方的人民法院和人民检察院、民族自治地方内的民族关系、上级国家机关的职责等重要内容。

依据宪法和相关法律的规定，民族自治地方的人民代表大会有权依照当地民族的政治、经济和文化的特点，制定自治条例和单行条例。自治条例和单行条例可以在不违背法律或者行政法规的基本原则的前提下，对法律和行政法规的规定作出变通规定。这是民族平等原则在立法上的重要体现。截至 2011 年年底，我国 155 个民族自治地方中，已经制定了 137 个自治条例、440 多个单行条例①，形成了较为完备的社会主义民族法律体系，充分体现了民族平等原则的精神。

民族平等原则除了在宪法、民族区域自治法、自治条例、单行条例等根本性、专门性法律中集中体现外，还在国家其他普通法律中进行体现。由此形成一种覆盖国家政治、经济、社会生活各个层面的民族关系法则。由全国人民代表大会和全国人大常委会制定的基本法，包括民事类、刑事类、行政类等法律，涉及民族关系、体现民族平等原则的内容，主要体现了国家对少数民族和民族地区特殊性的照顾，注重法律关系中形式平等和实质平等的综合考虑。

政治类法律，如立法法、选举法、地方各级人民代表大会和地方各级人民政府组织法等，分别从自治条例和单行条例的制定、“各少数民族的选举”等方面进行了规定。如《选举法》关于“聚居少数民族代表”、“人口特少的聚居少数民族代表”、“聚居境内的其他少数民族代表”、“散居少数民族代表”、“选举过程中的民族文字使用”等法条，体现了民族

① 参见马启智《我国的民族政策及其法制保障》，《中国人大》2012 年第 1 期。

平等原则。

民事类法律一般在“附则”中列出关于民族地区变通、补充的规定。在民事诉讼法中，对诉讼中的少数民族语言文字的使用权进行了明确规定。《民事诉讼法》第11条规定：“各民族公民都有用本民族语言、文字进行民事诉讼的权利。在少数民族聚居或多民族共同居住的地区，人民法院应当用当地通用的语言、文字进行审理和发布法律文书。人民法院应当对不通晓当地民族通用的语言、文字诉讼的当事人提供翻译。”

刑事类法律具有制裁和惩罚的国家强制力特点，其价值取向包括维护国家和整个社会的稳定和秩序，保护人民的合法权益。《刑法》第4条规定：“对任何人犯罪，在适用法律上一律平等。不允许任何人有超越法律的特权。”体现出对全体公民和各种组织，不分任何类别包括民族类别，一体适用。但考虑到刑法所涵盖范围的广泛性以及社会发展的复杂性、地域和区域之间文化、观念等的差别，刑法对我国民族自治地方作了一条特别规定，即刑法第90条：“民族自治地方不能全部适用本法规定的，可以由自治区或者省的人民代表大会根据当地民族的政治、经济、文化特点和本法规定的基本原则，制定变通或者补充的规定，报请全国人民代表大会常务委员会批准施行。”《刑事诉讼法》第9条亦对于使用民族语言文字进行诉讼、文本文件的发布等进行了规定。

经济类、行政类法律，如税法、各种资源管理法等，也有对民族地区税收返还、优惠税率、资源保护、资源开发补偿的规定。社会、文化类法律，有对民族地区社会发展、传统文化保护与发展，以及非物质文化遗产保护等方面的规定。

以上各类法律法规针对民族因素的规定，不仅体现了国家以法律调整民族关系的精神，而且蕴含着一种价值选择。这种价值选择既体现了国家以民族平等原则处理民族事务的思想，更通过形式平等与实质平等的结合，实现各民族间的真正平等。

在我国政治生活、社会生活和司法实践中，关于民族平等原则的实践，体现出形式平等和实质平等的有机结合。形式平等，主要以公民平等的方式进行体现，如宪法规定的不分种族、宗教、性别、出身、财产状况等，公民在法律面前人人平等。此种方式所含权利主体、权利内容、权利形式、法律保障、救济途径等，构成宪法、民族法平等原则的主要内容。

但是，由于少数民族与民族地区在经济、社会等方面存在较大的发展差距，通过普遍的形式平等的方式难以实现真正的平等，需要以追求实质平等的方式进行调整、补充和平衡。因此，宪法、民族区域自治法、其他基本法律，在保障少数民族权利的内容、权利实现的方式等方面，实行特殊保护、专门调整和有所倾斜，通过国家参与，对少数民族和民族地区的政治、经济、社会、文化生活的各个层面进行调整，争取逐步缩小差距，达致实质平等。

总体而言，我国法律实践中通过形式平等与实质平等的结合，重视实现真正的民族平等。在对实质平等的追求中，重视消除少数民族和民族地区与国内其他地区的发展差距，为少数民族和民族地区的共同发展、共同繁荣创造条件。

考察民族平等原则的实施绩效，国家保障方式是直接有效的。但从平等权利的普适性与权利和权力的矛盾关系考察，保障权利主体主动追求和实现平等权，更符合权利设定的本原意义。因此，在民族法和其他法律的发展和完善过程中，需要进行更为细致和科学的立法，注意法律实施的程序设计，使得民族法在保障少数民族平等权利时更具可操作性。

二 保障各民族合法权益

保障各民族合法权益，是以宪法为依据的重要法律原则，体现了我国社会主义制度关于各民族一律平等，重视调整和保护少数民族权益的基本精神。在我国法律体系中，民族法作为一套专门的法律制度，被赋予了特殊的功能，它与国家其他法律相协调，共同维护和调整民族关系，保障与发展各民族的合法权益。

各民族合法权益中的权益，指向的是法定权利和利益，是基于法律的规定而由各民族公民个体和民族集体等所享有的法定权利和利益。保障各民族合法权益，不仅是民族法的一项重要原则，而且也可以作为其他法律的一般原则。我国宪法第 4 条规定："国家保障各少数民族的合法的权利和利益，维护和发展各民族的平等、团结、互助关系。禁止对任何民族的歧视和压迫，禁止破坏民族团结和制造民族分裂的行为。""国家根据各少数民族的特点和需要，帮助各少数民族地区加速经济和文化的发展。"

“各民族都有使用和发展自己的语言文字的自由，都有保持或者改革自己的风俗习惯的自由。”

新中国成立以来，民族法律的制定、实施与整个国家和社会发展相适应，受到社会政策、政治发展等因素的影响较大，经过了一个逐渐完善的过程。新中国成立初期，民族法在民族识别、确立各少数民族的族体地位、保障各少数民族的政治与社会权益等方面发挥了重要作用。如在少数民族参与民族自治地方直至全国事务的管理方面，历届全国人民代表大会代表中的各少数民族代表，都超过了其在全国人口中所占的比例：第一届占14.43%，第八届占14.8%，第九届占14.4%，当时少数民族人口分别占全国人口总数的5.3%、6%、8.04%。[①] 在人类文明史上，开创了一个多民族国家中各民族平等、团结、互助的新时代。

20世纪90年代以来，随着我国社会主义市场经济的体制的逐步建立，依法治国、建设社会主义法治国家的治国方略的确立，民族区域自治法得以修改和完善，更加强调了上级政府的法定责任，加大了对少数民族和民族地区的扶持力度，使得新形势下民族法的内涵和外延亦相应得到发展和扩大，民族法体现、保障促进少数民族合法权益的形式、内容、力度等都有了极大的发展和加强。

在我国，以专门立法及变通规定、补充规定的形式，将普通法中的内容进行补充和局部变通，是全面保护少数民族合法权益的重要形式。如对《婚姻法》中结婚年龄的变通规定，考虑到少数民族地区的婚姻习俗，结婚年龄要低于汉族地区。《人口与计划生育法》规定，少数民族也要实行计划生育，但同时规定了省、自治区、直辖市的自主立法权限。如《内蒙古自治区人口与计划生育条例》第21条规定：“夫妻双方是两个民族的，可以自主选择适用一方民族的生育规定。”《新疆维吾尔自治区人口与计划生育条例》规定了制度性与灵活性相结合的方式，保护少数民族的人口生育权。该条例第15条规定：“城镇汉族居民一对夫妻可生育一个子女，少数民族居民一对夫妻可生育两个子女。汉族农牧民一对夫妻可生育两个子女，少数民族农牧民一对夫妻可生育三个子女。”“本条例施行前，按当时生育政策达到生育子女数的夫妻，不适用前款规定。”“夫

① 吴仕民：《新时期民族区域自治制度与法制建设》，民族出版社2002年版，第11页。

妻一方是少数民族的，按少数民族计划生育规定生育；夫妻一方为城镇居民的，按城镇计划生育规定生育。”《宁夏回族自治区人口与计划生育条例》第 17 条规定：“夫妻双方是城镇居民或者一方为城镇居民，另一方为农村居民的，只能生育一个子女，但夫妻符合下列条件之一的，可以申请再生育一个子女：（一）夫妻双方或者一方为少数民族的……”第 18 条第三项规定：“原州区、海原县、西吉县、隆德县、泾源县、彭阳县、盐池县、同心县（以下统称山区八县）的少数民族农村居民，一对夫妻可以生育两个子女，最多不超过三个。”①

保护少数民族权益符合国际法的规定。在国际法上，以民族、种族、语言、宗教、肤色等为特征的少数人群体的权益，自“二战”以来一直受到国际社会的关注和重视，并通过颁布和签署国际人权文件、国家间的合作和成立专门的国家组织、专门的行动小组等方式，对少数人权利进行官方和民间的、国际和国内的政治、法律保护。民族与种族、民族与语言、民族与宗教、民族与区域等往往相互交织，构成国际法和国内法上关于少数人、少数民族、少数民族地区权利保护的主要对象和重要存在形式。如 1948 年《世界人权宣言》第 2 条规定：“人人有资格享受本宣言所载的一切权利和自由，不分种族、肤色、性别、语言、宗教、政治或其他见解、国籍或社会出身、财产、出生或其他身份等任何区别。”1960 年《取缔教育歧视公约》第 5 条规定，本公约缔约各国同意：“必须确认少数民族的成员有权进行他们自己的教育活动，包括维持学校及按照每一国家的教育政策使用或教授他们自己的语言在内。”1965 年《消除一切形式种族歧视公约》在第 1 条中，将种族歧视的范围进行了扩大的规定，覆盖了种族、肤色、世系或民族或人种等特殊群体；第 5 条规定了其权利形式包括法庭上的平等待遇权、人身及身体权、政治权利及各种公民权利等。1966 年《公民权利和政治权利国际公约》第 27 条规定：“在那些存在着人种的、宗教的或语言的少数人的国家中，不得否认这种少数人同他们的集团中的其他成员共同享有自己的文化、信奉和实行自己的宗教或使用自己的语言的权利。”1992 年联合国《在民族或族裔、宗教和语言上属于少数群体的人的权利宣言》中提出：“促进和保护在民族或族裔和语言

① 本处所引内容参见国家民委网站资料。

上属于少数群体的人的权利有利于他们居住国的政治和社会稳定……有助于增强各国人民之间和各国家间的友谊与合作。”第 5 条规定：“国家政策和方案的制订和执行应适当照顾属于少数群体的人的合法利益。”“各国间的合作与援助方案的制订和执行应适当照顾属于少数群体的人的合法利益。”

关于少数群体权益保护的表达，尽管有语言和表述上的一些差异，但尊重人权、否定歧视、拒绝排斥的原则，在国际社会获得了普遍的认可。在我国，将少数民族群体作为一个在语言、宗教，乃至经济、社会发展等欠发达的弱势群体进行特殊的法律保护，符合各民族的共同利益，也符合国际人权发展趋势。

三 促进各民族共同团结奋斗、共同繁荣发展

法律对社会关系的改善和促进，是一个涉及社会法学领域的重要问题。以分析实证主义法学的观点考察，法律的重要功能应体现为一种中性的规则，即“主权者的命令”，将法律及其规则系统视为一门可以进行逻辑推理、严谨计算的科学，排除法律的道德追求和价值选择，这一思想客观上促进了法理学的发展和法学的独立，但也存在争议和分歧。社会法学派则更为突出法律与社会的紧密关系，强调社会秩序构建和维持对法律等规范系统的依赖，以及法律对推动社会进步、通过维护社会秩序以保障公民个体权益的意义，即法律不仅具有将规则系统运用于调解社会矛盾、平衡利益纠纷的实体功能，还具有维护社会秩序，促进经济、社会发展的社会功能。

马克思揭示了法律等上层建筑与经济基础的辩证关系，他指出：“权利永远不能超出社会的经济结构以及由经济结构所制约的社会的文化发展。”[①] 法律的制定和适用无法超越特定的社会环境。从社会治理、社会关系调整的角度考察，无论从应然还是实然的角度，法律的社会功能，包括政治、经济功能等是确定存在的。

---

① 《马克思恩格斯选集》第 3 卷，人民出版社 1972 年版，第 12 页。

在不同国家、不同民族，针对特定主体所形成的法律制度，不仅包含着一般的规范意义，而且体现出更多的法律哲学意义和实用价值。我国民族法律规范系统，除体现各民族族体的法律平等地位外，还针对国内少数民族和民族地区发展不足、边疆社会稳定等实际问题，体现和维护着各民族共同团结奋斗、共同繁荣发展的社会价值。“两个共同”构成了民族法制定和实施过程中的基本原则。

各民族共同团结奋斗、共同繁荣发展思想的提出，是中国共产党在新形势下根据国家全面发展、均衡发展、可持续发展要求提出的思路，也是马克思主义民族理论在新时期的新发展，充分体现了以人为本、共同发展、平等对待的科学发展观和社会价值追求。

从现实政策和法律实施角度考察，“两个共同”的思想在我国民族政策和法律实践领域一直存在并不断发展。新中国成立初期，我国法制建设处于起步阶段，以民族立法促进少数民族和民族地区的发展，主要体现在政治权利领域和基本经济建设领域，并与政策性规定紧密结合，二者相互影响、相互作用。改革开放尤其是 20 世纪 90 年代以来，随着国家法治化程度的提高，民族立法范围扩大，种类增多，政策性调整方式逐渐被法制化调整方式代替。以保障少数民族权益为目标的“两个共同”，不仅被融入新时期民族立法的价值选择和立法宗旨中，而且更多地被外化为少数民族和民族地区的和谐发展。各民族之间在政治、经济、文化和社会的发展，体现出互为条件、大体均衡的发展态势。在实践中，对处于欠缺发展条件的少数民族和民族地区，通过扶持、援助、专项扶贫、财政转移支付等专门性的政策、法律制度，推进这种发展目标的逐步实现。从未来民族法的发展和实施考察，“两个共同”既是指导思想和基本原则，亦将指引民族法本身的完善与发展。

在我国的民族法律体系中，宪法、民族区域自治法及其他国家基本法律中，都不同程度地涉及少数民族和民族地区的内容。国家层级的立法，应该在法律地位、资源配置、利益分配、程序公正等方面，充分体现全国范围内平等对待、不实行歧视、不忽视民族地区利益的内容。地方层级的立法，则需要考虑到本区域内各民族的利益要求，民族自治地方除落实实行区域自治的民族的各种权益外，还应该照顾到自治地方其他民族的利益。

在执法领域，要求执法主体及其执法行为遵循现有的民族法律，严格执法，充分体现各民族共同团结奋斗、共同繁荣发展的指导思想。在司法领域，司法机关在诉讼、裁决及调解等司法行为中，应做到公正司法，维护和谐民族关系、稳定社会秩序。与维护和谐民族关系有关的司法行为，不仅对司法人员有法律业务能力上的要求，而且对其驾驭政治和社会关系的能力提出了更高的要求。在法律监督领域，要求对影响民族关系的法律行为进行专门的监督和检查，以保证民族法在国家各个层面得到实现。我国宪法确定了人民代表大会、检察机关等监督法律实施的职权和实施机制，对于保证国家法制的统一，维护法律的严肃性，正发挥着重要作用。当前应该进一步完善对法律的监督检查制度，使得违反民族法律，侵害少数民族合法权益的行为真正受到法律的制裁。

四　构建和谐的民族关系

民族关系属于广义的社会关系。在法治的社会环境中，各种社会关系主体及其关系的调整和利益的分配，应该遵循一定的法则，在一种理性的原则基础上有效运转。构建平等、团结、互助、和谐的民族关系，正是民族法这一特定法律规范系统所遵循的指导原则。

我国通过宪法明确了民族作为法律关系主体的地位，并通过普通法律及民族法等规定了民族群体在法律意义上的权利义务关系。因此，法律意义上的民族关系，通常是指一国范围内各民族在一定法律规则系统调整中所形成的权利义务关系。在我国民族关系的构建过程中，其基本的制度基础在于社会主义制度。社会主义制度的核心价值则在于消灭贫困，消除两极分化，最终实现共同富裕。这一价值追求为建立理性的社会关系包括和谐的民族关系指明了方向。此外，以社会主义政治制度、经济制度、文化制度等为类别的各项制度，构成了我国民族关系得以形成的社会制度基础，并在社会实践、法律关系调整、资源和利益分配中起着主导作用。社会主义法律体系，成为调整民族关系的基本准则和规范，这是法治社会的必然要求。

建构和谐民族关系的提出和实践，具有政治导向和道德导向的意义。法律与政治、法律与道德的紧密关系，使得这种正面的导向形成了民族法的指导思想和基本原则，成为民族关系的核心内容，同时也对未来民族法的发展形成价值引导，使得我国民族法的完善建立在价值可期的基础上。和谐民族关系的建立，也是法律追求公平、正义、平等等价值的一种提升，是更高程度上的法律价值追求。这种层次的价值追求的定位和法律原则的确立，体现了人类社会认识自己、超越自身局限、追求崇高理想的思想。

建设社会主义法治社会，是我国各族人民追求的目标和理想。法治所代表的法律秩序、社会生活方式、社会关系模式，逐渐得到社会的广泛认可。“不是任何一种法律秩序都称得上法治状态，法治是有特定价值和价值目标的法律秩序，即是有价值规定性的社会生活方式。”① 理论上对法治概念及内涵的界定，塑造了法治社会的核心思想，即体现着依法治国、民主政治、人权保障、权力制约、平等共享的理想和制度。和谐民族关系不仅是法治社会中社会关系的重要内容，而且是法治社会中社会关系建立的重要基础。一个充满了民族冲突、民族压迫、民族分裂的社会，是无法建设法治社会的；由于现代社会的复杂性，利益多元成为社会发展的常态，因此，民族间的利益纷争亦是法治社会的正常现象。如果处在一个利益纷争与成果分享长期无法解决的社会，则无法建设和谐的民族关系。因此，以法律等手段调整各民族之间的关系，形成利益表达、利益调整、利益共享的多元渠道，对于法治社会的建立具有重要意义。

构建和谐的民族关系不是一项权益之计，而是一项长远的社会目标和重大的国家政策，需要国家的主导、社会和公民的全面参与，也需要有系统而完善的政策和制度保障。在现代社会，保证国家和社会的长治久安，法治化的方式是更为有效的方式，这已经被世界各国的实践所证明。因此，以法律调整的方式应对和处理民族问题，构建和谐的民族关系，不仅可以克服政策调整的诸多局限，而且能提高少数民族公民的法律意识，调动其维护自身权益的积极性，使得和谐民族关系的两种法律关系主体双向互动，增强主动性，克服被动性。

法律关系的实质在于对资源和利益的调整。和谐民族关系的建立，要求维护少数民族和民族地区的合法利益，实现各民族对社会资源的共享和

① 张文显：《法理学》，高等教育出版社、北京大学出版社 2003 年版，第 334 页。

社会财富更公平的分配。因此，从民族法律关系主体的角度考察，如果缺少权利和利益主体的充分参与，则难以建设真正的和谐民族关系。

以法律调整的方式构建和谐的民族关系，不仅需要宪法和其他基本的普通法律，而且需要充分发挥民族法作为特别法的功能。宪法和其他基本的普通法律体现了法律的普遍性、一般性、公平性、法律面前人人平等的原则，民族法的权利义务主体实际上也具有一般性，但源于法律的特殊类别，其更多针对的是特殊主体，以维护少数民族和民族地区的权益为目标。因此，充分发挥民族特别法的功能，对于构建和谐民族关系具有重要意义。

和谐民族关系的建立，突出了目标的完整性、内容的道德性、方式的法律性等特点。这些新的特点对新时期我国民族法提出了更高的要求。将社会观念和新价值融入法律制度中，是世界各法治国家的一个普遍现象，也推动着法律向更高层次的发展。因此，将和谐民族关系的新价值观念导入到民族法律制度中，将提升民族法的质量，改变传统法律观念中不合理的内容。

五　维护民族团结、国家统一、社会稳定

在现代社会，关于法律价值的多元性已经得到了普遍的认可，如公平、公正、秩序、效率等。不同法律形态在不同场景中所追求的价值有所不同。我国法律在公民个体利益与集体利益的价值选择中，一般强调两种利益兼顾，这与西方法律传统中强调个体利益优于集体利益的价值观存在区别。维护民族团结、国家统一和社会稳定，构成民族法的重要社会功能，属于现代社会中社会秩序和社会公共利益的内容。我国的民族法律规范中，将维护民族团结、国家统一、社会稳定作为一项基本原则，既体现了法律价值选择的优位次序，也充分考虑了我国多民族统一国家的现实国情，具有正当性和合理性。

在社会发展进程中，民族关系问题一直受到历史上各个朝代的统治阶级所重视。其所运用的调整手段，有的显示出积极进步的一面，有的则暴露出阶级统治和皇权至上的极大局限性。民族压迫、民族歧视乃至民族仇恨，在历代封建王朝都不同程度地存在。不仅如此，历史上长期延续下来

的影响民族团结和国家稳定的一些因素，还形成了历史惯性，导致部分民族间的猜疑和矛盾。这对维护民族团结、国家统一、社会秩序仍然是一种挑战。

我国宪法明确规定："中华人民共和国是全国各族人民共同缔造的统一的多民族国家。平等、团结、互助的社会主义民族关系已经确立，并将继续加强。在维护民族团结的斗争中，要反对大民族主义，主要是大汉族主义，也要反对地方民族主义。国家尽一切努力，促进全国各民族的共同繁荣。"宪法所阐释的我国统一多民族国家的构建过程和结果，以及社会主义民族关系的特点，从正面肯定了我国民族关系所取得的重大成绩。而宪法所回顾的历史上存在的大民族主义问题和地方民族主义问题，不仅是历史上长期存在过的不正常民族关系的反映，而且是需要高度重视和着力解决的现实问题。这些重要的民族现实问题的解决，需要以政策、法律等形式进行规范和引导，需要以法治的方式进行调整。

当前我国仍处在较为复杂的国际环境中。境外、国外的敌对势力、分裂势力乃至恐怖势力，不断对我国进行干扰，制造混乱。"西化"、"分化"中国的图谋一直存在。国内也一直存在借少数民族和民族地区名义制造事端的破坏民族团结和社会正常秩序的小股势力，并与境外、国外的反华势力遥相呼应。这些都客观上形成对我国民族团结、国家统一和社会稳定的不利影响。对此，既需要从政治的高度进行把握，也需要以法治的方式进行应对。民族法负有多方面的功能和任务，其中的一项重要功能，就在于与其他法律制度一道，维护民族团结、国家统一和社会稳定。

具体来说，民族法主要通过以下几种形式来实现维护民族团结、国家统一和社会稳定的功能：

第一，通过宣告、肯定的方式进行引导和规范。如《民族区域自治法》规定："中华人民共和国是全国各族人民共同缔造的统一的多民族国家。民族区域自治是中国共产党运用马克思列宁主义解决我国民族问题的基本政策，是国家的一项基本政治制度。"这类规定通过宣告、肯定的方式对民族关系进行引导和规范，发挥法律的引导功能。

第二，通过禁止性规定和惩罚性措施进行限制和制裁。禁止性规定和惩罚性措施是法律调整社会关系中最直接最有效的方式，其严厉的制裁措施有效维护着社会秩序和国家稳定。我国宪法第 4 条规定："禁止对任何民族的歧视和压迫，禁止破坏民族团结和制造民族分裂的行为。”“各少数民族聚居的地方实行区域自治，设立自治机关，行使自治权。各民族自治地方都是中华人民共和国不可分离的部分。”刑法第102条规定：“勾结外国，危害中华人民共和国的主权、领土完整和安全的，处无期徒刑或者十年以上有期徒刑。”刑法第249条规定：“煽动民族仇恨、民族歧视，情节严重的，处三年以下有期徒刑、拘役、管制或者剥夺政治权利；情节特别严重的，处三年以上十年以下有期徒刑。”刑法第250条规定：“在出版物中刊载歧视、侮辱少数民族的内容，情节恶劣，造成严重后果的，对直接责任人员，处三年以下有期徒刑、拘役或者管制。”而在解决台湾问题、维护国家统一的《反分裂国家法》中，第2条规定：“世界上只有一个中国，大陆和台湾同属一个中国，中国的主权和领土完整不容分割。维护国家主权和领土完整是包括台湾同胞在内的全中国人民的共同义务。”“台湾是中国的一部分。国家绝不允许‘台独’分裂势力以任何名义、任何方式把台湾从中国分裂出去。”

第三，通过利益维护的方式进行调整和保护。国家法律的本质在于通过调整权利义务关系，维护法律主体的合法权利和利益。因此，民族法通过保护各少数民族合法权利和利益的方式，维护民族团结、国家统一和社会稳定，体现法律的价值。在涉及一般利益与特殊利益的调整方面，突出了特殊利益的实现。我国少数民族和民族地区由于经济、社会和文化等欠发达，各方面的发展与东部地区存在较大的区域差异，需要在各个层面对其进行特殊保护和扶持，以实现区域均衡发展与各民族共同发展。如在经济发展方面，国家通过专门的财政转移支付制度、税收返还制度、优惠税率制度、专项的财政资金安排、重大项目安排等，对少数民族地区进行保护、倾斜和扶持。在教育发展方面，通过双语教育、高考加分、少数民族高层次骨干人才培养计划等措施，提高少数民族受教育水平和就业能力。在人口发展方面，实行不同于汉族地区的人口和计划生育政策，保障少数民族人口的合理发展。通过实行民族区域自治制度，建立自治机关，扩大少数民族干部培训和培养的范围，使得民族自治地方的少数民族依法享有广泛的自治权。在涉及全国与民族地区的资源分享方面，建立和实行资源开发利益补偿制度，保证少数民族和民族地区的经济发展与资源利用与环境保护相一致。

保护少数民族和民族地区的合法权益，往往以国家和地方政策、国家法律与各种专门制度的方式予以实现。这既是民族法和国家各项民族政策的应有之义，也体现了民族法的基本原则，民族法通过保护少数民族和民族地区的合法权益，来维护各民族的团结、国家统一和社会稳定。

结　语

民族法作为专门的法律体系，提供了对少数民族和民族地区进行特殊扶持与保护的法律基础，充实了我国宪法和普通法律的一般性规定。宪法和普通法律所确立的一般性法律规则，具有一体适用的特征，体现出法律应该具备的基本要求。民族法在我国法律体系中具有重要的地位，确立与阐明民族法的基本原则，有利于推动该法域中法的价值、制度和实践的完善和统一。

（原载《民族法学评论》第八卷，中央民族大学出版社 2012 年版）

完善民族立法的三点建议[①]

新中国成立60多年来，特别是改革开放30多年来，我国民族法制建设取得了重大成就。民族立法工作不断推进，少数民族权益保障机制日益完善，中国特色社会主义民族法律法规体系基本形成，为维护民族地区团结稳定、加快民族地区经济社会发展提供了强有力的法律支撑。但是，由于我国民族法制建设起步晚、任务重，民族法调整对象复杂、调整范围广泛，加上改革开放的深入又给民族地区带来了许多新情况和新问题，我国目前的民族法制建设水平与少数民族和民族地区加快发展的现实需要尚存有一定距离，民族立法还有不少亟待完善的地方。《民族法制体系建设"十二五"规划（2011—2015年）》提出，要"建立科学规范的立法机制，推动涉及民族方面的立法工作，不断完善体现中国特色、符合科学发展要求的民族法律法规体系"。为更好地贯彻落实规划，民族立法要在改变粗线条的立法措施、彰显中国少数民族和民族地区特色、保证有效实施等方面下功夫。

一　改变粗线条的立法措施：增强可操作性和规范性

中国特色民族法律法规体系是一个以宪法为基础，以民族区域自治法为主干，包括其他关于民族方面的法律规定，国务院及其各部门制定的关于民族方面的行政法规、部门规章，各省、自治区、直辖市及较大的市制定

---

① 本文与陈蒙合作。

的关于民族方面的地方性法规和规章，以及民族自治地方的自治条例、单行条例等构成的民族法律法规体系。它的调整范围非常广泛、调整对象十分复杂，涉及少数民族和民族地区政治、经济、社会以及文化生活的方方面面，综合性很强。为了能尽量多地调整现存及今后可能出现的各式各样的复杂民族关系，解决法律稳定性与民族关系复杂性和多样性之间的矛盾，我国立法机关往往采取宜粗不宜细的指导思想，在宪法、民族区域自治法和一些其他法律中原则性地构建了少数民族和民族地区社会转型时期的政治、经济、社会、文化生活等方面的行为准则。这种粗线条的立法措施虽然看起来比较全面、完善，客观上也加强了民族法的稳定性，但实际上却带来了原则性过强，可操作性不强的瑕疵。另外，比较具体、具有可操作性的行为准则多以国务院及其有关部门、地方政府的规范性文件，民族自治地方的自治条例、单行条例，甚至以政府的政策性文件为表现形式。这些规范性法律文件产生于不同主体、不同方面，立法技术和立法程序不够严格，它们往往呈现出混乱、矛盾和相互脱节的状态，破坏了民族法律法规体系内部的和谐统一，导致实施中的困惑和混乱。

当前，我国立法机关应改变以往过多采用粗线条的立法措施，把完善民族法律法规体系的重心放在增强民族法律法规的可操作性和实用性上来，同时亦要提高民族法律法规体系的规范性、系统性和内部统一性。

首先，要修改民族区域自治法中过于纲领性、政治性、原则性的条文，使之更加具体化，并抓紧民族区域自治法相关方面的配套法规建设，就行使自治权的标准、限度、力度作出科学的界定，增强民族区域自治法的针对性和可操作性，从而使之得到全面的落实，恰到好处地调整可能出现的各类复杂民族关系。

其次，民族立法要尊重和包容少数民族的文化传统、民族心理以及思维特征，保持各民族法律文化的“同一性”，并在此基础上努力促进国家法律与少数民族传统法律文化的交流，适当吸收其中的精华部分进入民族法律法规，这样不仅能够丰富民族法律法规的内容，而且还会使其更加贴切于少数民族和民族地区实际，从而减小实施的阻力，可操作性自然会有所增强。

再次，民族自治地方的民族立法既要尊重本地方各民族的普遍法律文化，也要包容不同民族的独特法律文化，特别是要在尊重、吸纳实行区域自治的民族的法律文化进入自治条例、单行条例之时，充分照顾到自治地方内部其他少数民族的法律文化价值，以增强所立自治条例和单行条例的科学性，使之符合当地民族关系的现状，并积极为各民族的共同繁荣发展服务。

最后，要加强民族法律法规体系中的规范性法律文件的规范化与系统化建设。民族法的立法主体应提高立法技术，强化立法程序，制定和修改各种形式的民族法律法规，使我国现有民族法律法规成为效力等级分明、结构严谨、协调统一的整体；同时，民族法的立法主体亦应对已经制定的民族法律法规加以系统整理和归纳加工，厘清哪些民族法律法规已经失效，哪些继续有效，哪些尚需加以修改或补充，进一步发现既有民族法律法规体系还有哪些缺陷和空白，有针对性地加以废止、修改或补充，以消除其中的矛盾和混乱，使其更加系统化、完善化、科学化，从而保证民族法律法规的有效施行和整个民族法制的协调发展。

二　彰显特色：克服照抄照搬的弊端

民族法律法规必须以我国少数民族和民族地区发展的实际情况为依据，反映所调整民族关系的特点和发展趋势，只有这样才能在实施中产生良好的法律效果和社会效果。然而，在民族立法实践中，特别是在民族自治地方自治条例和单行条例的制定过程中，立法机关往往忽视这一点，往往贪大求全，片面追求所立之法结构上的完整，大量照抄照搬上位法条文，其结果是制定出的自治条例和单行条例篇幅冗长，内容繁杂，缺少特色，一些在立法中本应解决的民族自治地方实际问题却反而得不到充分的体现。此外，一些民族自治地方的自治条例在内容上也存在相互照抄照搬的现象，让人感觉不到不同民族自治地方的民族特色和地域特点。

为此，民族自治地方的民族立法一定要破除贪大求全、面面俱到的立法观，力求所立之法准确反映民族自治地方的实际情况，符合当地民族特色和地域特色。

首先，各民族自治地方的人民代表大会在制定自治条例和单行条例时，要依据宪法和民族区域自治法的相关规定，深入广大少数民族群众中，对所在地区民族问题进行认真调查研究，并根据所在地区经济、政治、文化、环境、资源等方面的具体情况，在充分论证的基础上有针对性地立法，避免将有关的法律、法规、规章和民族政策的具体规定直接转换成自治法规条文。

其次，各民族自治地方的人民代表大会应根据本地实际需要，对上位法律法规尚未作出规定的内容进行“填补性立法”，对不需要上位法律法规规定的事项进行“地方性立法”，避免因重复上位法律法规的已有规定而导致的篇幅冗长、内容繁杂。

再次，各民族自治地方的人民代表大会要坚持民主立法的原则，走群众路线，在自治条例和单行条例的制定过程中广泛征求当地少数民族群众的意见，特别是要听取相关民族学专家、法学专家以及众多民族事务工作者的意见，从而使所立之法真正反映当地群众的民族法诉求，避免简单照抄照搬，以达到立法为用之目的。

最后，各民族自治地方的人民代表大会要将本地方少数民族习惯法中合理、有益的部分通过立法活动上升为地方民族立法。少数民族习惯法作为一种内生型的本土资源，业已融化在少数民族群众的思想意识及行为规范之中，成为民族心理的一部分，深刻地影响着人们的价值取向和行为选择。当前社会条件下，一些少数民族习惯法仍然对维持民族地区社会秩序起着积极作用。吸收少数民族习惯法中的精华部分进入自治条例和单行条例，既能实现人类法治文明的普遍价值和内在精神，又能尽量保持少数民族和民族地区本土法治的民族特色，对克服民族立法中“照抄照搬”的错误做法将大有裨益。

三　保证有效实施：强化法律责任及其追究机制

任何一部法律只有得到具体的实施，才会有真正的效力，否则法律只会是一纸空文，不会产生任何良好的社会效应。推进少数民族和民族地区法治化进程，不仅要求有较为完备的民族法律法规体系，做到有法可依，而且还要求这些法律、法规在民族工作中真正付诸实施，做到有法必依、执法必严、违法必究。而要做到这一点，法律责任及其追究机制不可或缺。从法理学角度来讲，法律责任及其追究机制是法律文件是否完善的基本标准，是法律得以有效实施的基本保障，民族法律法规自然也不例外。综观我国既有民族法律法规体系，无论是作为主干的民族区域自治法，还是大量的区域性自治法规，多数是政治性很强的纲领性、原则性条文，并没有涉及明确的、专门的法律责任与责任追究机制，导致其强制性过弱，无可诉性，实践中很难保障自身得以有效实施。国务院于 2005 年颁布实施的《国务院实施〈中华人民共和国民族区域自治法〉若干规定》，尽管规定了国家各级行政机关及其工作人员违反本规定不当行使职权应承担法律责任，包括行政处分和刑事责任，但单一的行政法规受其效力位阶和调整范围的制约，对解决民族法律法规体系中法律责任及其追究机制缺位问题不可能产生实质性的法律效应。

完善中国特色民族法律法规体系，就必须把明确法律责任及其追究机制作为一项非常重要的基础性工作来对待。首先，要在民族法律法规中专门而明确地设置法律责任及其追究机制，特别是要在民族区域自治法中明确法律责任条款。在自治权行使、上级国家机关履行帮助少数民族发展职责、少数民族公民合法权益保护、尊重少数民族风俗习惯等方面，都要有法律责任的制度设计，以维护民族法律法规的权威性和强制性；可以考虑因民族制宜，适当吸收少数民族习惯法中关于法律责任及其追究方式的合理成分进入其中，以保持其鲜明的民族特色，便于推行适用。

其次，民族法律法规调整的社会关系范围广泛，必须运用民事的、刑事的、行政的、经济的等多种法律调整手段予以规制。就法律责任的制度设计而言，仅在单一的民族法律部门内设置法律责任及其追究机制是远远不够的，还必须在其他部门法律文件，如民法、刑法、行政法、经济法等部门法中，科学地确立违反民族法律法规、侵犯少数民族权利的法律责任和制裁制度，发挥各部门法之合力，保障民族法律法规的全面落实和有效实施。

再次，要强化对国家机关违反民族法律法规责任的追究。因为只有通过问责机制使国家机关依法履行其民族法律法规上的职责，民族自治地方的自治权才能够得到顺利的行使，广大少数民族公民的民族法权利才能得到充分的保障。当然，在通过设计法律责任和追究机制条款等强制性手段来保障民族法律法规实效性的同时，我们也必须清楚地认识到，强制性手段常常是备而不用的，它只是民族法律法规有效实施的最后一道保障。过多依赖法律责任及其追究机制，非但不会使民族法律法规实施活动变为国家机关、公民和社会团体的自觉行为，反而会增加他们的心理负担，甚至可能诱发不必要的社会矛盾和民族矛盾。

“徒法不足以自行。”在完善中国特色民族法律法规体系、加强民族立法工作的同时，亦需不断加强民族法制的宣传普及工作，使广大干部群众自觉依法办事，享受权利，履行义务。首先，必须增强各级政府官员的民族法律意识，明确民族事务依法治理的原则。其次，要提高公民的民族法制认知水平，民族地区司法行政机关应协同当地人民法院、人民检察院等单位开展全方位、多层次、多渠道的普法教育活动，着重宣传宪法、民族区域自治法以及其他关于民族方面的法律法规，使民族法的基本理念和基本内容尽可能得到最大化普及。在民族法制的宣传普及工作中，切不可重义务而轻权利，只有让少数民族和民族地区各级干部群众充分了解并自觉行使民族法律法规赋予他们的权利，他们才会逐渐树立起对民族法律法规体系的信赖，推进民族法治建设才会有深厚坚实的基础。

同时，民族事务治理是一项系统工程，除了充分发挥民族法律法规的作用之外，还要注意发挥中国特色民族政策和社会主义道德等社会调节手段的功能与作用，对民族事务、民族关系进行综合治理。民族政策一般均具有针对性、动态性、灵活性的特点，它往往会根据少数民族和民族地区社会、经济、政治、文化的发展变化而及时做出调整，从而有助于民族法律法规的执行，使民族法律法规的实施更加合乎实际。社会主义道德以其不同于法律的调节手段和方式，有效弥补了民族法律法规调整之不能，可充分保证中国特色民族法律法规体系作用的发挥。

（原载《中国民族报》2011 年 9 月 30 日；全国人大民族委员会主办《民族法制通讯》2012 年第 1 期转载）

把民族工作纳入法治轨道

“依法管理民族事务，把民族工作纳入法治轨道”,[①] 是《民族法制体系建设“十二五”规划（2011—2015 年)》（以下简称《规划》）提出的民族法制体系建设的主要任务之一，也是新时期加强民族事务管理，规范民族工作的重要指导原则。在新世纪新阶段，如何贯彻执行好《规划》，促进民族事务管理和民族工作法治化进程，是民族工作部门和广大民族工作者要认真思考的重要课题。

一 依法管理民族事务，把民族工作纳入法治轨道的必要性

依法管理民族事务，把民族工作纳入法治轨道，是依法治国，建设社会主义法治国家的客观要求。党的十五大在总结人类文明发展经验，特别是我国社会主义建设的经验教训的基础上，提出了实行依法治国，建设社会主义法治国家的治国方略。这标志着党的领导方式和执政方式的重要转变。依法治国就是广大人民群众在党的领导下，依照宪法和法律的规定，通过各种形式和途径管理国家事务，管理经济和文化事业，管理社会事务，保证国家各项工作都依法进行，逐步实现社会主义民主的制度化、法律化，使这种制度和法律不因领导人的改变而改变，不因领导人的看法和

① 国家民委：《民族法制体系建设“十二五”规划（2011—2015 年)》，《中国民族报》2011 年 8 月 12 日。

注意力的改变而改变[①]。我国是一个多民族国家，民族关系是最重要的社会关系之一，民族地区的发展稳定关系整个国家和社会的发展稳定，少数民族权益保障是社会主义人权保障的重要内容。正确处理民族事务是国家的重要管理职能，民族工作是党和国家的重要工作。因此，依法管理民族事务，将民族工作纳入法治轨道，是依法治国，建设社会主义法治国家的本质要求和题中应有之义。

依法管理民族事务，把民族工作纳入法治轨道，是新世纪新阶段民族工作应对新情况新问题的现实需要。改革开放以来，随着社会主义市场经济的发展，我国的社会结构、利益格局、价值观念、国际环境等发生了巨大变化，民族事务与民族工作面临的形势与任务更加复杂艰巨。区域发展差距呈进一步扩大的趋势，少数民族的诉求更加多样，统筹协调的难度增加；民族之间的交流交往增加，发生利益冲突与矛盾纠纷的概率也随之增加；民族地区资源开发利益补偿、生态保护利益补偿、城市少数民族流动人口权益保护、民族地区基本公共服务均等化、特困少数民族人口扶贫与社会保障、社会涉民事件和突发事件处理等新情况、新问题，要求我们在继续完善与实施中国特色民族政策的同时，与时俱进，依法加强民族事务管理，强化民族问题的法律治理。

依法管理民族事务，把民族工作纳入法治轨道，是我国民族工作实践经验的科学总结。以宪法和法律为标志的社会主义法制，是国家意志的体现，具有民主性、权威性（国家强制性）、稳定性、规范性、程序性等鲜明特点，以及其他社会治理手段不可比拟的优势与权能。世界历史经验证明，法治是现代多元社会和谐稳定、有序发展的必然选择，是多民族国家解决民族问题的基本途径。

二 把民族工作纳入法治轨道需要解决的主要问题

在新的历史时期，贯彻落实《规划》提出的依法管理民族事务，把

---

① 江泽民：《高举邓小平理论伟大旗帜，把建设有中国特色社会主义事业全面推向二十一世纪》，《江泽民文选》第2卷，人民出版社2006年版，第28—29页。

民族工作纳入法治轨道的目标，要特别注意加强以下几项工作。

第一，健全民族法体系，做到有法可依。这是依法管理民族事务，把民族工作纳入法治轨道的基本前提条件。正如《规划》所指出的，新中国成立以来，我国已初步形成了以宪法的相关规定为根本，以民族区域自治法为主干，包括其他关于民族方面的法律规定，国务院及其各部门制定的关于民族方面的行政法规和部门规章，各省、自治区、直辖市及较大的市制定的关于民族方面的地方性法规和规章，民族自治地方自治条例和单行条例在内的中国特色民族法律法规体系，民族法制对建构平等团结互助和谐的社会主义民族关系，维护国家统一和社会稳定，促进民族地区经济社会发展，保障少数民族权益，发挥了重要作用。但实事求是地讲，我国民族法体系还不健全，还亟待进一步完善。如一些《民族区域自治法》贯彻实施的配套法规还未制定出台；民族成分登记管理、促进少数民族教育、民族地区财政转移支付、民族地区资源开发补偿与生态环境保护、少数民族文化遗产和传统医药保护等部门规章或规范性文件尚在研究制定之中；五大自治区《自治条例》的制定与通过还有大量的工作要做；《城市民族工作条例》、《民族乡行政工作条例》以及民族自治地方的《自治条例》、《单行条例》等急需进行修改；法律授权民族自治地方制定变通或者补充规定的权能还未能有效行使；已有的民族法规尚存在过于原则，执法主体、违法责任不够明确，可诉性与可操作性不强等问题亟待改进；民族法律法规的编纂、汇编工作还亟待加强等。因此，健全与完善民族法体系，是落实《规划》任务的当务之急。

健全与完善民族法体系，关键是要做好民族法规的立、改、废工作。立，就是法律授权的立法主体要根据经济社会发展和民族事务民族工作面临的新情况、新问题、新要求，依法定的程序制定新的促进民族发展，保障民族权益，调节民族关系的新的法律规范，或将经过实践检验的民族政策上升为法律规范。改，就是立法机关要根据经济社会发展的要求，在总结民族法制实践经验的基础上，与时俱进，对既有民族法律法规进行必要的修订，更好地发挥其规范、引导作用。废，就是要对新中国成立以来不同时期的民族立法，特别是行政规章、地方性法规、自治条例与单行条例等进行系统的清理，在此基础上，进行法规的编纂和法规汇编，对时过境迁，已经不适应经济社会发展的法规或法规条文，明确予以废止，为依法管理民族事务和开展民族工作提供统一、科学、准确的法律依据。

民族法规的立、改、废，是一件严肃而复杂的工作，必须遵循宪法精神，在维护国家法制统一和国家总体利益的前提下，以促进各民族共同团结奋斗共同繁荣发展为立足点，深入调查研究，认真总结实践经验，坚持从本国的国情与民族地区的实际出发，广泛听取干部群众的意见，充分发挥专家的作用，科学论证，民主决策。要遵循经济社会发展规律和民族工作规律，注意分析借鉴历史的、国际的经验；要实现不同层次不同类别法律法规的对接互补，使之覆盖民族事务管理与民族工作的不同方面与不同层面，增强可操作性。

第二，加强民族法制宣传教育，增强干部群众的民族法律意识。这是依法管理民族事务，把民族工作纳入法治轨道的主体要求。“徒法不能以自行”①，法需要人去运用，去实施。依法管理民族事务，把民族工作纳入法治轨道，不仅要有完备的法律规定，而且需要国家机关、公职人员依法行使职权，依法处理民族事务，还需要各行各业的公民和法人遵守法律，依法行使权利履行义务。改革开放以来，我国公民的法律素质有明显提高，国家机关及其公务人员依法办事的意识和能力也有所增强。但我们也应看到，在民族法制的贯彻执行上问题还不少。不仅一般公民对民族法制不够了解，甚至一些国家机关及其工作人员对民族法制也知之不多，重视不够，执行不力，甚至对一些民族法规范还存有疑虑与偏见，依法管理民族事务的能力不强，有法不依、执法不严、违法不究的现象还较为突出。因此，加强民族法制的宣传教育，普及民族法律知识，增强民族法意识，提高依法管理民族事务的能力，是当下民族法制建设迫切需要解决的问题。在这方面，笔者建议：一是要加大民族法的普法力度。在今后的普法活动中，要采取多种形式与多种方法，对全民进行民族法律法规的普及教育。不仅要在少数民族地区和少数民族群众中进行民族法律法规知识的教育，也要重视在非民族地区和汉族群众中进行民族法的宣传教育；不仅要对一般公民进行民族法的宣传教育，而且要特别重视对党政干部和国家公务人员进行民族法的教育。要克服那种认为民族法只是规范少数民族行

---

① 《孟子·离娄（上）》，张以文译注：《四书全译》，湖南大学出版社1989年版，第385页。

为的规范，与非少数民族地区和汉族关系不大的错误认识。二是要加强对民族事务管理和民族工作部门干部、工作人员的专门培训，提升他们依法管理民族事务，开展民族工作的能力。民族工作部门以及相关国家机关的公职人员，是民族法贯彻执行的重要主体。要通过专门的培训，使之明了自身的使命与职责，领会民族法律法规的精神实质与适应原则，掌握民族法执行的程序与技术，懂得民族法与统一法制、民族法与民族政策的关系，了解各民族的历史文化及少数民族与民族地区经济社会发展的现实状况，使之成为知法、守法、依法行政的模范。三是要在少数民族干部群众中加强国家统一法制的宣传教育与公民教育，使之懂得依法享受与维护权利，履行法定的义务，自觉依法办事。

第三，加强民族法贯彻执行的监督检查。这是依法管理民族事务，把民族工作纳入法治轨道的制度保障。要强化民族法的法律责任，做到违法必究。法律责任是由违法行为所引起的不利法律后果。[①] 从一定意义上说，无法律责任即无法治。法律对社会的规范区别于其他规范的重要特点之一，就是它规定了违法的法律责任，且以国家强制保障其得以执行和遵守。如果一项法律规定，可执行也可不执行，不执行也无须承担任何的不利后果，这种规定严格来说就算不上真正的法律规范，也不可能产生有利社会管理与建构社会秩序的效果。就民族法的贯彻执行而言，公民和法人违反法律规定，侵犯少数民族合法权益的行为，应受到法律的追究，承担相应的法律责任；不依法管理民族事务，不履行法律规定的保障民族自治地方的自治机关行使自治权，帮助民族自治地方加速发展社会主义建设事业等职责的政府机关及其工作人员也应受到法律的追究，承担相应的法律责任。只有这样，民族法制的效能才能显现。而要做到这一点，除了要完善法律规范之外，很重要的一条就是要建立健全民族法的执法监督机制。从已有的实践看，我国民族法的执法监督是一个相对薄弱的环节。一些民族法律规范未能很好的落实，原因是多方面的，但执法监督机制不健全是重要原因之一。从国家法的构成来看，刑法、民商法等都有一套执行保障机制。如公民或法人触犯刑法，国家公安机关将采取行动，检察机关将依据法律规定的职权，对违法主体提起诉讼，人民法院依法追究其法律责

---

① 张文显主编：《法理学》，高等教育出版社、北京大学出版社 2007 年版，第 167 页。

任，从而维护刑法保护的社会秩序。民商法规范平等主体之间的关系，相关当事人（自然人和法人）基于对自身权益的考量，将就相关违法侵权事项，采取法律行动，人民法院依法追究违法侵权主体的法律责任。民族法体系有其自身的特点。民族法除了刑法、民法、诉讼法等基本法中的涉民规范外，相当多的规范是调节中央政府或上级国家机关与民族自治地方的关系，是以民族自治区域或少数民族群体为对象的一体保护，因此在许多情况下，其与个体的直接利益存在一定距离，可诉性较差。这种特殊性，决定了民族法的贯彻执行需要建立一种与之相适应的法律执行监督体系。为此，笔者建议：在民族法制定和修订时，要进一步解决条文过于抽象、原则，难于确定违法责任和具体操作的问题，要进一步明确民族法的执法主体，以及相关执法程序，使相关法律主体明确各自的权利与义务；要将全国人大常委会以及省级人大常委会的民族法执法监督检查制度化、常态化，明确全国人大民委和省级人大民（宗）委为民族法执法监督的常设机构，进一步明确其权能与监督程序；要建立健全民族法执法的质询制度，对执法检查中发现的问题，相关职能部门首长或主要负责人应出席质询会，回答人大代表或监督机构的质询，并限期进行整改，对明显违反法律规定，拒不履行法定职责的，必须依法追究相关当事人的法律责任；要加强行政监督，从机构设置、人员配备、监督检查程序、监督检查手段、纠错能力等方面强化国家民委监督检查司、省级民（宗）委监督检查处（室）的职能；要加强包括群众监督、舆论监督等在内的社会监督。

三　把民族工作纳入法治轨道需要处理好的几种关系

第一，民族事务管理法治化与社会管理法治化的关系。社会管理的法治化，是社会现代化的要求和社会发展的大趋势。社会管理是一个复杂的系统，作为社会管理的子系统，民族事务管理与民族工作不是孤立封闭的，而是与整个社会的发育水平及其管理状况有着不可分割的内在联系。民族事务管理和民族工作的法治化，不仅受制于国家的经济文化的发展水平，而且受制于传统文化与体制，与整个国家的法制状况和社会管理法治化程度密切相关。依法管理民族事务，实现民族工作法治化，要求大力加强社会管理法治化建设，构建依法行政的法治社会环境。从这样的角度审视，将民族工作纳入法治化轨道，是一个系统工程和长期的过程，不可能一蹴而就。依法管理民族事务，将民族工作纳入法治化轨道，既要解放思想，深化改革，加快发展；又要脚踏实地，循序渐进，做好每一件具体的甚至是细微的工作。依法管理民族事务，将民族工作纳入法治化轨道，不仅仅是民族工作部门的任务，它需要党和国家各级领导的重视与带头践行，需要国家机关相关职能部门的通力合作，还需要社会各界和各族干部群众的积极参与。只有这样，才能真正实现依法管理民族事务，才能将民族工作纳入法治化轨道从《规划》逐步变为现实。

第二，民族法制与统一法制的关系。民族法制是社会主义统一法制的重要组成部分。我国宪法明确规定，国家维护社会主义法制的统一和尊严。《中华人民共和国立法法》也规定，民族自治地方的人民代表大会有权依照当地民族的政治、经济和文化的特点，制定自治条例和单行条例。自治条例和单行条例可以依照当地民族的特点，对法律和行政法规的规定作出变通规定，但不得违背法律或者行政法规的基本原则。① 依据宪法和民族区域自治法的规定，民族自治地方的自治机关，行使宪法规定的地方国家机关的职权，同时依照宪法、民族区域自治法和其他法律规定的权限行使自治权。维护宪法和法律权威，切实保障宪法和法律在民族地区的有效实施，既是自治机关的义务，也是民族事务管理和民族工作的重要任务。只有坚持法制统一原则，才能确保民族法制建设的正确方向，也才能确保民族事务管理与民族工作的正确方向。依法管理民族事务，实现民族工作法治化，不仅要依民族法律法规办事，而且要严格遵守宪法和法律、行政法规的规定。因此，民族工作部门和民族工作者，在依法管理民族事务，开展民族工作时，心中不仅要有民族法制，更要有国家统一法制。要将民族法制建设融入国家整个法律体系的建设之中，将民族工作法治化纳入社会主义法治国家建构的大格局、大视野进行考察与研究。

第三，民族法制与民族政策的关系。政策与法律有不可分割的联系，党和国家的民族政策是民族法律法规制定的基本依据，而民族法律法规是

---

① 全国人大常委会法制工作委员会审定：《中华人民共和国常用法律法规全书》，中国民主法制出版社 2006 年版，第 162 页。

民族政策实施的重要保障。在我国，民族政策的很多内容直接成为法律的构成要素，通过立法程序变成法律规范；民族政策本身也体现法律的精神与原则。在民族事务管理和民族发展过程中，民族政策与民族法规往往互相渗透，相辅相成，互为支撑。但是，我们必须看到，二者在制定与适用主体、调节对象、调节范围、调节手段、违反后果等方面都不尽相同，不可相互替代。与法律相比，政策特别是具体政策，具有较大的灵活性、调节对象的特殊性、调节手段的多样性等特点。由于民族事务的复杂性，以及一些民族工作的区域性、阶段性、时效性等，往往不适于以法律的手段进行调节，而需要通过民族政策进行调节。在社会快速发展的过程中，还可能发生由于新情况新问题的出现而无法可依的现象。在这种情况之下，也需要通过行政的经济的政策等来进行调节与处理，以民族政策弥补民族法制的不足。因此，在民族工作法治化进程中，既要强调依法管理民族事务，又要高度重视运用好政策调节手段，要继续坚持并不断完善中国特色的民族政策，充分发挥其调节民族关系，促进民族发展的作用。在《规划》的贯彻执行中，除了要重视民族政策的作用之外，还要继续运用行之有效的政治、经济、社会、道德等多种手段，进行民族事务的综合治理，形成依法办事，多种手段多种方式并举的工作格局。只有这样，民族工作法治化才有更广泛的社会基础，才能获得更广泛的社会支持，实施的效果才会更好。

[原载《北方民族大学学报》（哲学社会科学版）2012 年第 1 期]

以法治思维与方法反对民族歧视

2015年12月22日，在十二届全国人大常委会第十八次会议上，向巴平措副委员长作了《全国人民代表大会常务委员会执法检查组关于检查〈中华人民共和国民族区域自治法〉实施情况的报告》。报告指出："近年来，在内地的一些服务性窗口行业，比如车站、机场、码头、出入境等安全检查中，以及宾馆、商店的入住、购物中，歧视、拒绝来自某些民族地区的少数民族群众（甚至包括汉族群众）的情况时有发生。虽然国务院及有关部门多次发文，强调要落实好民族政策，并进行专项检查，纠正这类问题，但问题仍然存在，造成不好的社会影响，民族地区群众反应强烈"。[①] 这一报告，将现实生活中敏感的民族歧视问题，呈现在国家最高权力机关与社会面前，引起广泛关注。人们不禁要问，我国实施民族平等政策已60余年，为什么还会有民族歧视现象？民族歧视造成的危害和不好的社会影响究竟有哪些，为什么会引起强烈反应？如何才能有效解决对来自某些民族地区的少数民族群众的歧视问题？这些问题，值得民族理论与实务工作者深入思考。

一 为什么会发生对来自某些民族地区的少数民族群众的歧视现象

歧视是人类社会广泛存在，且历史久远，情况复杂的现象。歧视种类

---

① 向巴平措：《全国人民代表大会常务委员会执法检查组关于检查〈中华人民共和国民族区域自治法〉实施情况的报告》。中国人大网，2015年12月22日，http：//www. npc. gov. cn/npc/xinwen/2015 - 12/22/content_ 1955659. htm。

繁多，如种族歧视、民族歧视、宗教信仰歧视、社会出身歧视、性别歧视、年龄歧视、就业歧视、身体特征歧视等。歧视是一种区别对待。社会学学者认为，歧视“是指由于某些人是某一群体或类属之成员而对他们施以不公平或不平等的待遇”①；“是针对特定群体及其个体成员的不公正的、否定性的行为”；② “歧视的应用是基于群体成员身份，而非个人品质。……仅仅基于他们是谁，而非他们的知识或能力”。③ 从法律上讲，歧视的结果是排斥、否定或损害某些人应享有的权利。

坚持民族平等，反对民族歧视，是中国共产党一贯坚持的民族政策。早在民主革命时期，党就明确宣示了这一基本政策主张。1929 年 6 月，中共中央在一份党内决议中，明确要求“反对民族间一切歧视不平等的待遇”。④ 1931 年 11 月，中华工农兵苏维埃第一次全国代表大会通过的《关于中国境内少数民族问题的决议案》提出，“消灭一切民族间的仇视与成见”，各民族“一律平等”，对少数民族不加以任何的“民族的歧视”。⑤ 1935 年 12 月，《中华苏维埃中央政府对内蒙古人民宣言》认为，“民族是至尊的，同时，一切民族都是平等的”。⑥ 新中国建立前夕，中国人民政治协商会议第一届全体会议通过的《共同纲领》明确规定，“中华人民共和国各民族一律平等，反对大民族主义和狭隘民族主义，禁止民族间的歧视、压迫和分裂各民族团结的行为”。新中国建立后，我国以根本大法的形式，确立了反对民族歧视的基本政治立场。《中华人民共和国宪法》第四条规定，“中华人民共和国各民族一律平等。……禁止对任何民族的歧视和压迫，禁止破坏民族团结和制造民族分裂的行为”。除宪法外，我国的民族区域自治法、选举法、劳动法、教育法等基本法律都有民

① ［美］戴维·波普诺：《社会学》，李强等译，中国人民大学出版社 2007 年版，第 337 页。

② 周晓虹：《现代社会心理学——社会学、心理学和文化人类学的综合探讨》，江苏人民出版社 1991 年版，第 260 页。

③ ［美］马丁·N. 麦格：《族群社会学：美国及全球视角下的种族和族群关系》，祖力亚提·司马义译，华夏出版社 2007 年版，第 69 页。

④ 中共中央统战部：《民族问题文献汇编》，中共中央党校出版社 1991 年版，第 108 页。

⑤ 中共中央统战部：《民族问题文献汇编》，中共中央党校出版社 1991 年版，第 170、171 页。

⑥ 中共中央统战部：《民族问题文献汇编》，中共中央党校出版社 1991 年版，第 323 页。

族平等、禁止民族歧视的规定，形成了反对民族歧视的法律体系。此外，国家还采取了一系列反对民族歧视的政策措施。1951 年 5 月 16 日，政务院发布了《关于处理带有歧视或侮辱少数民族性质的称谓、地名、碑碣、匾联的指示》，要求“对于历史上留遗下来的加于少数民族的称谓及有关少数民族的地名、碑碣、匾联等，如带有歧视和侮辱少数民族意思者，应分别予以禁止、更改、封存或收管”。为贯彻民族平等反对民族歧视的法律与政策，党内持续开展了反对大汉族主义的斗争。应该说，新中国成立以来，我国在实行民族平等政策，反对民族歧视方面的工作是卓有成效的，成就举世公认，我国的民族关系总体和谐。那么，为什么在新中国成立 60 余年后，内地的一些服务性窗口行业又出现了对来自某些民族地区的少数民族群众的歧视现象，以致民族地区群众“反应强烈”？笔者以为，原因主要有以下几个方面。

第一，大汉族主义的遗患。在我国历史上，既有“大一统”的天下观和对少数民族地区实行“因俗而治”的思想，也有“贵中华，贱夷狄”的民族观和“非我族类，其心必异”，将边疆少数民族视为外人、异类的大汉族主义的思维。虽然新中国成立后，通过政治建构、政策引导和交往交流，族际认同得到强化，大汉族主义受到批判与遏制，但大汉族主义作为一种传统观念仍有着较大的思维惯性与影响。正如毛泽东同志所指出的，“历史上的反动统治者，主要是汉族的反动统治者，曾经在我们各民族中间制造种种隔阂，欺负少数民族。这种情况所造成的影响，就在劳动人民中间也不容易很快消除。”① 由于我国地域辽阔，少数民族大多地处边疆，某些民族地区的少数民族群众在体质、语言、习俗、宗教信仰等方面与汉族差异较大，加上民族地区发展相对滞后，民族之间交往交流还不够充分，许多内地的汉族群众，对边疆少数民族尚缺乏了解，因而对少数民族特有的文化习俗、宗教信仰、生活习性等持有刻板的印象甚至偏见。这种刻板印象或偏见，一旦遇到适宜的“气候”或族际关系发生某种消极的变化，如局部的冲突和事件等，就可能外化为一些人对某些民族地区的少数民族群众的歧视行为。正如习近平同志在中央民族工作会议上所指出的，“大汉族主义错误发展下去容易产生民族歧视，狭隘民族主义错误

① 毛泽东：《论十大关系》，《毛泽东文集》第七卷，人民出版社 1999 年版，第 33—34 页。

发展下去容易滋生离心倾向，最终都会造成民族隔阂和对立，严重的还会被敌对势力利用。”①

第二，社会转型的影响。改革开放以来，我国进入了一个深刻的社会转型期，民族发展与民族关系面临一系列新情况新问题。一是地区发展差距出现进一步扩大的趋势。改革打破了原有的计划经济体制，市场在资源配置中的作用越来越大。一些民族地区由于地理位置、资源禀赋、基础设施、教育科技等条件的限制，发展内生动力明显不足，在市场竞争中弱势地位凸显。二是某些民族地区依靠国家扶持和发达地区支援的状况更加突出。在市场经济体制下，一些内地的群众甚至知识分子对民族优惠政策产生了误解，“那种以为只有汉族帮助了少数民族，少数民族没有帮助汉族，以及那种帮助了一点少数民族，就自以为了不起的观点”② 有所抬头。三是民族认同有所增强。在某些边远民族地区，民族认同取代了过去的阶级认同，少数民族的民族意识有所增强，民众的诉求更加多元化，狭隘民族主义的表现有所抬头。四是人口流动的影响。市场经济的发展，推动了各民族人口的大流动。人口流动既增加了少数民族与汉族交往交流的机会，也使民族之间的文化冲突与利益纠纷增加。来自某些民族地区的少数民族流动人口进入城市后，不能很好适应城市的生活和管理方式；城市居民对他们感到陌生神秘，不能很好理解他们的某些生活和行为方式；城市对少数民族流动人口的服务与管理机制等也有不适应的地方。来自某些民族地区的少数流动人员的违法犯罪行为和通过聚众闹事等非法方式维权，引起内地民众的反感。一些人将个别少数民族公民的不法行为，与其所属的民族关联，对该民族“标签化”，甚至“污名化”。五是不良网络信息的传播，助长了对来自某些民族地区的少数民族群众的偏见与歧视。以互联网为代表的新媒体，以其受众面广、互动性强、传播速度快、信息量大、规范难等特点，对社会认知与社会生活产生了巨大影响。网络是一把双刃剑。近年来，网络上对“天价切糕事件”的渲染、对某族小偷的

---

① 转引自丹珠昂奔《沿着中国特色解决民族问题的道路前进——中央民族工作会议精神学习体会》，《中国民族报》2014 年 11 月 7 日。

② 毛泽东：《在中国共产党全国代表会议上的讲话》，《毛泽东文集》第六卷，人民出版社 1999 年版，第 405 页。

议论、对暴恐事件的评说、对大汉族主义与民粹主义的鼓吹等，使“涉民事件”被放大，使部分人群对来自某些民族地区的少数民族群众的认知被扭曲。六是前些年一些地方的管理者，对部分来自某些民族地区的少数民族公民的违法犯罪行为的选择性执法，“花钱买平安”，助长了部分内地居民对相关少数民族看法的负面化。这些新情况新问题，对内地的一些服务性窗口行业的民族歧视现象的产生，起了一定的助推作用。

第三，暴恐活动的冲击。上世纪八九十年代，由于改革的失败与世界第三次民族主义浪潮的肆虐，苏联、南斯拉夫等多民族社会主义国家解体。进入新世纪以来，国际极端宗教势力、暴力恐怖势力活动猖獗，形成对我边疆民族地区的冲击与影响；以美国为首的西方国家，在人权、民族、宗教、反恐等问题上实行双重标准，利用民族问题搞渗透、颠覆活动，挑拨我们的民族关系，支持境内的民族分裂势力。国际环境的影响、国内“三股势力”的活跃、社会转型过程中各种矛盾的叠加，我国边疆民族地区发生了诸如拉萨“3·14”事件、乌鲁木齐“7·5”事件和其他系列暴力恐怖事件。这类事件虽然是极少数民族分裂、极端宗教、暴力恐怖和其他刑事犯罪分子所为，但造成的社会影响极其恶劣，严重损害民族关系与社会和谐。苏联等社会主义国家解体的悲剧、“三股势力”施虐的暴行、涉民事件多发的现实、其他社会矛盾叠加的效应，使社会上产生了某种焦虑的情绪和对理论政策认识的分歧。这些社会现象，给大汉族主义、狭隘的民族主义的滋生提供了条件，使潜藏在一些人意识深处的大汉族主义与民族偏见被激活，并在一些地方和场合外化为对来自某些民族地区的少数民族群众的排斥与歧视行为。

第四，维稳压力下的行为变异。在社会转型过程中，由于各种社会矛盾叠加，暴恐事件多发，维稳成为各级政权组织的重要任务。在一些敏感的关键节点，维稳成为一些重要部门、行业的首要职责。维稳“一票否决制”，使基层维稳部门、单位、人员承受巨大的政治与社会压力。这种情况，加上部分维稳人员民族知识缺乏，民族法律政策观念淡薄，在维稳工作中采取了针对来自某些民族地区的少数民族群众的区别对待措施，在机场、车站安检、城市旅店巡查等场合，表现出较为明显的民族歧视行为。某些公共服务部门和相关行业的从业人员，出于多一事不如少一事的减责考量，对来自某些民族地区的少数民族群众实施了拒住、拒载、拒卖等歧视行为。而一些内地普通的民众，则以貌取人，对来自某些民族地区的少数民族公民采取了避而远之的行为，形成主动的区隔或疏远，表现出冷漠性歧视。2015 年 12 月 27 日，十二届全国人大常委会第十八次会议通过《中华人民共和国反恐怖主义法》，该法第六条明确规定，“反恐怖主义工作应当依法进行，尊重和保障人权，维护公民和组织的合法权益。在反恐怖主义工作中，应当尊重公民的宗教信仰自由和民族风俗习惯，禁止任何基于地域、民族、宗教等理由的歧视性做法”。由于该法实施不久，这一规定尚待在今后的反恐维稳实践中认真贯彻落实。

总之，对来自某些民族地区的少数民族群众的歧视性行为的发生，原因是多方面的，既有历史的原因，也有现实的原因；既有直接的原因，也有间接的原因。对之需要作具体的分析，既不能回避与掩饰，也不应作无根据的扩大性解释。

二 对来自某些民族地区的少数民族群众的歧视现象的危害

歧视的社会危害早已为世界所认知。在社会众多歧视性行为中，民族歧视是对社会和谐、社会秩序危害最大的行为之一。正因为其危害之烈，所以国际社会出台了多种反种族、民族歧视的国际法文件。联合国 1948 年通过的《世界人权宣言》第七条明确规定，“法律之前人人平等，并有权享受法律的平等保护，不受任何歧视。人人有权享受平等保护，以免受违反本宣言的任何歧视行为以及煽动这种歧视的任何行为之害”。联合国 1965 年通过的《消除一切形式种族歧视国际公约》第一条，不仅将种族歧视视为“一种区别对待、排斥、限制或优待”，而且将民族列为被歧视的对象，指出这些行为是针对一个人的“种族、肤色、世袭或民族或人种本源”。公约第五条规定，保证人人在法律上的平等，不分“种族、肤色或民族或人种”。基于种族、肤色、民族或人种本源的歧视，在国际法文件和许多国家的《人权法》中，都属于被禁止的行为。我国是《消除一切形式种族歧视国际公约》等人权公约的缔约国。民族歧视也是我国法律所明令禁止的行为。民族歧视无论是发生在个体、群体的层面，其危害都不容小视。

民族歧视严重破坏民族平等与民族团结。我国是一个多民族国家，民族平等、民族团结是基本国策，是立国的重要基础。“平等原则的核心在于每个人应有平等的公民资格，平等的公民资格意味着，一个社会将每个人作为人对待。反过来说，任何一个社会不得对其成员给以低人一等的对待”。[①] 所有的不平等对待都会给人带来羞辱。从总体上看，我国目前不存在制度性对少数民族的歧视，对来自某些民族地区的少数民族群众的歧视性行为，主要存在于部分行业、部门、少数人群之中，或发生在某些特殊的场合。但是，我们绝不能因此而降低对其危害性的认识。因为，民族歧视行为有极大的扩散效应。已有的研究证实，“每个人一方面都是独立的个体，而另一方面每个人都归属于一个群体。当一个人受到歧视，伤害者不仅仅是该歧视的受害者个人，可能该个人所属的群体也会感觉受到了伤害，因为歧视行为事实上向社会发出了一个信号——这一群体是不值得尊重的、是低人一等的。”[②] 值得警惕的是，“偏见和歧视往往还是会互相加强。很多种形式的歧视都产生于偏见的态度，而持续的歧视也会产生偏见”。[③] 在近些年一些偶发的涉民事件中，一些人将个别少数民族公民的违法犯罪行为与该民族整体捆绑起来，将该少数民族“标签化”、“污名化”，直接造成对该少数民族的群体性伤害。民族歧视与民族平等相对立，它直接破坏民族团结的互信基础，直接危害民族团结进步事业。对此，我们无须讲太多的大道理，也无须陈述更多的案例，任何具有理性和良知的人都不会否认。

民族歧视对国家法制与民族政策产生严重的负面效应。民族歧视是一种严重的违法侵权行为。保证人权是现代文明社会的基本要求，也是法治国家的基本标准。我国宪法明确规定，“中华人民共和国公民在法律面前一律平等。国家尊重和保障人权”。新中国成立以来，我国实施的民主法制和民族政策，开展的民族平等团结教育，对建立平等团结互助和谐的社会主义民族关系，促进民族地区和少数民族的发展产生了巨大影响，成为

---

① 李薇薇：《反歧视法原理》，法律出版社 2012 年版，第 19 页。

② 同上书，第 22 页。

③ ［美］戴维·波普诺：《社会学》，李强等译，中国人民大学出版社 2007 年版，第 338 页。

实行有效的族际整合，建设强大国家的重要支撑。我们必须看到，对来自某些民族地区的少数民族群众的歧视行为，给这些少数民族公民和少数民族群体所造成的伤害，可能极大地弱化、减损国家法治与政策的实践效应，破坏少数民族对国家法制与民族政策的认同。需要特别注意的是，在车站、机场、码头、出入境、宾馆等安全检查中，实施主体往往是国家公权机关的人员，其行为中表现出的对来自某些民族地区的少数民族群众的歧视，比社会交往中一般民众的歧视行为，造成的伤害更大，影响更严重。在全面依法治国，建设法治国家的背景下，对来自某些民族地区的少数民族群众的歧视行为如得不到及时有效治理，受伤害的少数民族公民及相关族群就可能怀疑国家的法制和政策，甚至产生抵触的意识与行为，结果会弱化少数民族的国家认同、国族认同、文化认同、道路认同。

民族歧视不利于争取人心。在全面建设小康社会，实现中华民族伟大复兴中国梦的过程中，国家和社会为帮助少数民族和民族地区加快发展，改善民生，做了大量的工作，民族地区的经济社会发展取得了巨大的进步。但是，我们必须看到，民族关系的改善，不仅要帮助少数民族发展经济，改善物质生活，还要平等相待，守望相助，关注少数民族的文化与精神方面的需求。正如习近平同志在中央民族工作会议上的讲话中所阐述的，“做好民族工作，最关键的是搞好民族团结，最管用的是争取人心”，“解决好民族问题，物质方面的问题要解决好，精神方面的问题也要解决好”。[①] 对来自某些民族地区的少数民族群众的歧视行为，与习近平总书记的论断精神是相悖的，在争取人心、解决精神方面的问题上是起负面作用的。民族歧视是产生民族信任危机的重要因素，它破坏民族之间的互信，破坏少数民族的“四个认同”，可能使民族关系复杂化，使民族工作更加困难。国际权威的研究表明，“族群之间的冲突具有凝聚各自成员的效果。外部威胁有助于加强群体内的联系，并且创造团结的意识，而这种意识在其他情况下也许不会存在”。[②] 基于种族、民族的歧视，给遭受歧

---

① 转引自王正伟《做好新时期民族工作的纲领性文献——深入学习贯彻习近平总书记在中央民族工作会议上的重要讲话》，《求是》2014 年第 20 期。

② ［美］马丁·N. 麦格：《族群社会学：美国及全球视角下的种族和族群关系》，祖力亚提·司马义译，华夏出版社 2007 年版，第 88 页。

视的对象所造成的羞辱和低人一等的感觉，对他们心理的影响往往难以治愈。世界的经验证明，民族歧视可能增强被歧视民族的族群意识与族群认同，加剧族群之间的冲突。如果我们不能及时有效地解决对来自某些民族地区的少数民族群众的歧视问题，促进各民族之间的交往交流交融，建设不同民族的互嵌式居住格局等政策措施将难以有效施行。

民族歧视可能被敌对势力所利用。国际上的敌对势力，从未放弃对我国实施分化、西化的图谋。除了军事外交上的围堵与遏制，打民族牌、宗教牌、人权牌是其一贯的手法。从国内看，近年来，在国际大环境的影响下，一些地区“三股势力”的活动较为猖獗，严重危害国家安全和社会稳定。系列暴恐事件已经对民族之间的互信与和谐民族关系产生严重的负面影响。在这种背景之下，民族歧视造成的少数民族群众的不平等感、屈辱感、民族之间的不信任感等情绪，很可能被国内外敌对势力所利用。少数人的民族歧视言行可能授人以柄，成为敌对势力煽动民族主义情绪，挑拨民族之间关系，离间少数民族与国家关系的口实。在复杂的社会环境下，个别行业、少数人的民族歧视行为，有可能被放大，以至于酿成群体性事件，造成严重的社会后果。对此，我们必须有清醒的认识。

三　以法治思维与方法处理对来自某些民族地区的少数民族群众的歧视问题

正是基于对民族歧视可能造成危害的认识，习近平总书记在中央民族工作会议上明确指出，要坚决纠正和杜绝歧视或变相歧视少数民族群众的言行。[①] 那么，我们应该采取什么样的措施来解决这个问题呢？笔者以为，民族歧视形成的原因复杂，反民族歧视是一项系统性极强的工作。当前，纠正和杜绝对来自某些民族地区的少数民族群众的歧视或变相歧视，除了要加强民族平等民族团结政策法律教育、普及民族基本知识、坚决反对大汉族主义和狭隘民族主义、大力帮助民族地区发展经济文化事业与改善民生、促进各民族的交往交流交融、加强少数民族流动人口的服务与管理等措施之外，还要更加注重用法治思维分析问题，用法治方法解决问

① 转引自王正伟《切实提高民族事务法治化水平》，《紫光阁》2015 年第 3 期。

题，真正“用法律来保障民族团结”。

一是尽快制定《反歧视法》并就禁止民族歧视作出具体规定。从我国的国情看，目前制定专门的《反民族歧视法》尚不现实，但制定综合性的《反歧视法》的时机基本成熟。针对社会上存在的就业歧视、性别歧视、年龄歧视、身份歧视、对残疾人的歧视等现象，关于制定《反歧视法》的呼声较高，学界和法律实务界已有较深入的研究与讨论，并提出了包括《中华人民共和国反歧视法学术建议稿》在内的各种意见和建议。笔者以为，适时出台《反歧视法》，既是保障人权，实现社会公平正义的需要，也是全面依法治国，保障社会和谐的需要。在《反歧视法》中，可以专章对民族歧视问题进行规定，使宪法、民族区域自治法等关于各民族一律平等、禁止对任何民族的歧视的规定具体化，具有更强的可操作性。

在《反歧视法》出台之前，建议可先由国务院发文对反民族歧视做统一要求与规范，明确反民族歧视的政府工作机构及职责。可参照1951年5月《政务院关于处理带有歧视或侮辱少数民族性质的称谓、地名、碑碣、匾联的指示》的做法，由国务院依法以行政命令（决定或指示）的形式，对反民族歧视做统一的要求与规范。国务院的决定或指示，可对民族歧视作出明确界定，对民族歧视行为进行列举，对民族歧视的危害做简要分析，对执法部门、窗口单位、公共场所经营者提出反民族歧视的明确要求，明确规定各级政府反民族歧视的主体责任，要求相关部门、单位、行业的管理者、经营者落实宪法与法律关于禁止民族歧视的规定，严格依法办事。与此相配套，明确规定国家民委和省级民委（民宗委）内设的政法司、政法处为反民族歧视的政府职能机构，负责受理有关民族歧视的投诉、举报，进行调查核查（其职责类似于法国的“反歧视与促平等高级公署”），协调处理相关事件，或将调查报告呈送相关司法机关。在国务院的决定或指示下发的同时，配合开展民族平等、民族团结的宣传教育活动，组织相关专项检查，保障文件精神的贯彻落实。这样做的好处是合法、合传统、有权威、成本低、便捷、有效，能体现我国政治制度与体制机制的优势。

二是尽快修改《消费者权益保护法》以解决现实问题。我国《宪法》、《选举法》、《民族区域自治法》、《刑法》、《治安管理处罚法》、《劳动法》、《就业促进法》、《教育法》、《反恐怖主义法》、《广告法》、《商标法》、《出版管理条例》等十余部法律法规，有反民族歧视的规定。但相关法律法规存在三方面的问题：一是未对什么是民族歧视作具体的规定或解释；二是相关条款分布于众多法律法规之中，详略不一，宣示性居多，一些重要的法律相关条款缺失；三是法律责任规定模糊，民族歧视的侵权责任（行政、民事侵权）大多被掩盖于一般侵权责任之中，未能明确民族歧视的侵权性质与应承担的法律责任，未能体现宪法双重保护的精神。从实施效果看，法律责任规定较具体的《广告法》、《商标法》《出版管理条例》等实施效果较好，其他法律法规实施的效果较差。依法处理民族歧视行为，需要完善反民族歧视的相关法律规定。

鉴于现阶段对来自某些民族地区的少数民族群众的歧视行为，主要发生在机场、车站、出租车、饭店、银行、餐饮等消费行为场域，建议尽快修改《消费者权益保护法》，完善该法反民族歧视条款。该法第十四条规定，“消费者在购买、使用商品和接受服务时，享有人格尊严、民族风俗习惯得到尊重的权利”。这一规定包含有民族平等的法精神，但反对民族歧视的意思表达显然不够明确。建议在该法“经营者的义务”中，明确规定“经营者应当尊重公民的宗教信仰自由和民族风俗习惯，禁止任何基于地域、民族、宗教等理由的歧视性做法”；在该法“法律责任”部分相应增加法律责任条款，可以规定，经营者违反法律规定，实施民族歧视行为，除应承担赔礼道歉、赔偿损失等民事责任之外，相关执法主体还可以处以罚款、暂停营业、吊销营业执照等行政处罚；情节严重，造成重大社会危害后果的，要依法追究违法者的刑事责任。对《消费者权益保护法》做上述修改，一方面有利于解决近些年反映强烈的住店、乘车、安检、就餐等消费行为中的民族歧视问题；另一方面也可为行业协会组织修改完善行业行为规范，发挥民间组织在反民族歧视中的作用提供法律指引。此外，建议在将来修改《民法通则》《侵权责任法》时，增加反民族歧视条款，明确规定民族歧视行为是侵权行为，应承担相应的民事责任，体现宪法的双重保护原则。

三是建立健全对民族歧视违法行为的追责机制。目前，在反民族歧视方面，我们面临两方面的问题，一是法律不完善，二是有法不依，缺乏严格规范的追责机制，追责不力。一些行业的执法者、管理者、经营者的行为明显违法，对来自某些民族地区的少数民族群众的歧视行为，严重伤害了少数民族干部群众的感情，但基本上没有人承担责任。处于弱势的受到伤害的人们，更多的是无奈与抱怨。为了解决这个问题，建议在党内，在全社会，进一步加强民族平等、民族团结、反民族歧视教育。要进一步提高各级领导，特别是高层领导对此问题的认识，真正树立法治思维，处理好维稳反恐与坚持民族平等、维护民族团结、维护公民合法权益的关系。要像追究生产安全责任一样，追究有关单位领导、人员的民族歧视行为的责任。防止对来自某些民族地区的少数民族群众的歧视言行破坏民族关系，危害社会安全稳定。对于执法过程中发生的民族歧视行为，应依法依纪追究责任部门领导的主体责任。建议强化现行体制下的执法监督检查，增强监督检查的权威性。全国人大、国家民委对执法检查中发现的对来自某些民族地区的少数民族群众的歧视问题，要有后续的跟进。整改不到位的，要依法依规追究相关人员的党纪政纪责任。

四是审慎推进反民族歧视司法行动。民族歧视关乎公民的基本权利——平等权、人身权（人格权、名誉权等），是典型的侵权行为，属于法律调整的对象。我国法律对民族平等权提供双重保护。民族歧视行为既违反宪法、法律关于公民在法律面前一律平等，国家尊重和保障人权的一般原则与规定，又违反宪法、民族区域自治法、反恐怖主义法、劳动法等法律法规关于民族平等、禁止民族歧视的特别法规定。

一些发达国家的实践证明，实施反歧视的法律诉讼“并不容易”，这是因为有些歧视行为“很难证明”，“甚至在证据很清楚的情况下，为实施反歧视法，常常必须经过长时间且花费昂贵的法庭诉讼”。[①] 在我国的语境下，反民族歧视诉讼具有敏感性，存在被放大、扭曲、利用的可能，需要审慎为之。但笔者以为，不能因此而阻断司法的介入。以法治方法反对民族歧视，需要脱敏，需要克服传统的惯性思维。一方面，我们要坚持法律面前人人平等，谁都没有超越法律的特权。不管哪个民族的公民、信仰哪种宗教的公民，违了法，犯了罪，都要依法处置。另一方面，对少数民族的合法权益要予以保障，对于少数民族的风俗习惯和正常宗教信仰要

① ［美］戴维·波普诺：《社会学》，李强等译，中国人民大学出版社 2007 年版，第 338 页。

予以尊重。要保障我国公民不分民族、信仰、性别、职业、地域，平等享有宪法和法律赋予的权利和承担相应的义务，实现发展机会均等和发展成果共享。在反民族歧视诉讼问题上，要按照习近平同志的要求，是什么问题就按什么问题处理，“坚持讲政治原则、讲政策策略、讲法治规范”，[①]审慎推进。

无救济，就无权利。遭受民族歧视侵权之后，除了传统的救济路径之外，受伤害者可以依法提起侵权之诉（包括行政、民事侵权之诉），寻求法律的救济。这是法治的题中应有之义，也符合推进全面依法治国的要求。有关民族歧视的侵权案件诉到法院，法院应予受理，并依法裁断。检察机关也应履行好法律监督的职责，在反民族歧视行动中有所作为。依法处理民族歧视案件，既是维权、维稳的要求，也是生动的民族平等与反民族歧视法制教育，对纠正和杜绝民族歧视行为具有重要的、不可替代的作用。建议最高人民法院对民族歧视诉讼案件中的举证责任，做出有利于受害方的解释。可以借鉴欧盟理事会发布的《关于实行不同种族与民族出身的人之间平等待遇原则的指令》中的规定，“受到不平等待遇的个人向法庭或其他主管机构举出可能用于推测直接或间接歧视的事实时，确保由被告证明其未违背平等待遇原则”。[②]

五是引导行业协会等民间组织实行严格的反民族歧视行业自律。2014年，美国 NBA 快船队的老板唐纳德·斯特林，因一段含有针对黑人的歧视性言论的视频曝光，被 NBA 联盟处以终身禁赛和 250 万美元罚款，并被强制出让球队控制权。[③] 这是一个具有启示价值的有趣案例。

重视发挥民间行业组织的作用，是我国的文化传统。随着我国社会的多元化发展与转型，民间行业组织（NGO）会越来越多，作用也将越来越重要。行业组织的行规属于民间法的范畴，对规范行业行为、实行行业自律，具有独特的作用，对国家法的实施和基层社会治理具有重要的辅助功能。建议由国家民政部负责，依法要求和引导行业协会（如旅游饭店

---

① 转引自王正伟《切实提高民族事务法治化水平》，《紫光阁》2015 年第 3 期。

② 欧盟理事会：《不同种族与民族出身的人之间平等待遇原则的指令》，http://www.fanqishi.com/detail.asp? ID = 38。

③ 杜剑峰：《从 NBA 斯特林事件看美国反种族歧视》，《南风窗》2014 年第 11 期。

业协会、出租车行业协会、餐饮行业协会、百货商业协会等）制定并实施包含反民族歧视的行业行为规范，促进民族团结与社会和谐。

总之，以法治方式处理对来自某些民族地区的少数民族群众的歧视问题，是“用法律保障民族团结”的体现，是社会文明进步的表现，符合世界潮流。在我国，反民族歧视是国家意志，是政府的主动作为，必须通过法治的路径来实现。强化法治，应成为我国解决对来自某些民族地区的少数民族群众的歧视问题的重要工作方向和优先选项。

［原载《中南民族大学学报》（人文社会科学版）2016 年第 5 期］

调整“两少一宽”民族刑事政策

对少数民族中的犯罪分子，要坚持“少捕、少杀”，“在处理上一般要从宽”（简称“两少一宽”）的民族刑事政策，是1984年年初“严打”期间，中共中央5号和6号文件提出的。其基本精神是“根据少数民族和民族地区在整体上的特殊性，比照对汉族犯罪分子类似行为的一般处理上，要从宽掌握，在认定和处罚上变通执行法律”①。“严打”结束后，“两少一宽”政策继续得到贯彻。随着经济社会的发展，该政策在实施的过程中，遭到误读和曲解，执行中出现偏差，产生了一系列负面作用和不良影响。特别是在拉萨“3·14”、乌鲁木齐“7·5”事件之后，社会上和学术界对这一政策的认识与看法出现较大的分歧。在新的历史时期，还是否需要继续执行“两少一宽”的民族刑事政策？该政策是否需要进行必要的调整以及如何调整？这需要我们做出科学理性的研究与回答。

一 “两少一宽”民族刑事政策出台的社会背景

在拉萨“3·14”和乌鲁木齐“7·5”事件之后，国内外都有人认为，“两少一宽”的政策从提出时就是错误的。笔者认为，这种看法值得商榷。任何政策总是为解决一定社会阶段或历史时期某种特殊的问题而制定的。对一项政策的评价，必须了解该政策出台和执行的社会背景。“两少一宽”民族刑事政策出台的社会背景主要有以下几点：

① 肖扬主编：《中国刑事政策和策略问题》，法律出版社1996年版，第263页。

第一，少数民族和民族地区在整体上的特殊性。我国作为多民族国家，汉族与少数民族在居住地域与发展水平上的差异性，是基本国情之一。少数民族大多地处边远，一些民族地区人烟稀少，长期与外界隔绝，新中国成立时甚至仍然过着刀耕火种的生活。在这些地区，经济文化教育落后，文盲率高，生产生活方式近乎原始，以宗教教义和习惯法为主要内容的法律制度有较深厚的社会基础和群众基础。一些国家法律规定为犯罪的行为，在少数民族地区却并不认为是犯罪。从新中国成立到 20 世纪 80 年代初，虽然经过 30 余年的建设，少数民族和民族地区的经济社会有了较大的发展，但由于长期的计划经济体制与国家综合实力的薄弱，民族地区的落后状态并未根本改变。在新中国成立后相当长的时间内，不仅法制建设不受重视，统一的法律体系未能建立起来，即便已经制定出来的少数法律也难以深入少数民族基层社会，发挥规范作用。正因为如此，毛泽东同志在《关于中华人民共和国宪法草案》一文中曾指出："少数民族在政治、经济和文化上都有自己的特点"，"少数民族问题，它有共同性，也有特殊性。共同的就适用共同的条文，特殊的就适用特殊的条文"。① 邓小平在 1950 年《关于西南少数民族问题》一文中也指出："我们对少数民族地区确定了一个原则，就是在汉族地区实行的各方面的政策，包括经济政策，不能照搬到少数民族地区去，要区分哪些能用，哪些修改了才能用，哪些不能用。要在少数民族地区研究出另一套政策，诚心诚意地为少数民族服务。"② 新中国成立初期，党和政府就注意从少数民族地区的实际出发，不是简单地强制推行全国统一的法律，而是在处理刑事案件时较多地考虑民族习惯法和当地少数民族干部群众的意见。例如，1958 年 6 月，国务院《关于处理走私案件十项原则》就规定，涉及少数民族走私违法犯罪的"从宽"处理。1959 年 3 月，西藏上层反动集团发动武装叛乱，时局紧张，但中共西藏工委制定的《关于捕、关、管、训政策界限的几项暂行规定》，仍然确定了少杀的政策精神。1961 年，西藏社会基本稳定后，中央提出西藏无论在内部或社会上必须贯彻少捕、少杀、管制也要少的方针。这种政策的价值取向，充分考虑了少数民族与民族地区的社

① 《毛泽东文集》第 6 卷，人民出版社 1999 年版，第 327 页。

② 《邓小平文选》第 1 卷，人民出版社 1994 年版，第 167 页。

会历史、现实状况，体现了对少数民族风俗习惯的尊重。这对于边疆和民族地区的治理以及社会主义民族关系的巩固，起到了重要的作用。“两少一宽”是新中国成立后民族刑事政策的集中表述，是党的民族政策的体现，具有历史的合理性。

第二，改革开放初期法制不健全的特殊背景。新中国成立以后，经过数年的过渡时期，到1956年党的“八大”明确提出加强社会主义法制建设的任务。此后，全国人大虽然制定了宪法、婚姻法等法律，但从总体上看，国家治理的主要方式还是人治。用刘少奇同志的话说，“到底是法治还是人治？看来还是靠人，法律只能作为办事的参考”。[①] 特别是“文化大革命”十年，社会主义法制的初步成果遭到严重破坏。直到党的十一届三中全会再次提出加强社会主义法制建设的任务。虽然1979年国家颁布实行了《刑法》、《刑事诉讼法》，1982年通过了现行《宪法》，但是社会主义的法律体系还极不完备，依法治国、在法律面前人人平等、罪刑法定、人权保障等基本理念和制度尚未确立，依政策办案的惯习尚未革除。从社会治理的基本思路和策略来说，主要还是沿用传统的治理方式。邓小平同志当时特别强调：“现在是非常状态”，“对严重刑事犯罪分子，包括杀人犯、抢劫犯、流氓犯罪团伙分子、教唆犯、在劳改劳教中继续传授犯罪技术的惯犯，以及人贩子、老鸨儿等，必须坚决逮捕、判刑，组织劳动改造，给予严厉的法律制裁。必须依法杀一批，有些要长期关起来。还要不断地打击，冒出一批抓一批。不然的话，犯罪的人无所畏惧，十年二十年也解决不了问题。”[②] 现在有些人认为，“严打”本身就是错误的，对于严重的违法犯罪分子，不应该采取“严打”这种运动式的办法，而应当采取依照法律的程序办理。这种想法理想化的色彩较重，未能考虑当时中国的具体情况。当时，不仅法制不健全，社会上还缺乏基本的法制观念，而且农村承包责任制大范围实施，企业改革在国有地方企业中进入试验阶段，维护社会稳定与基本秩序的任务繁重。“严打”对于打击严重犯罪，维护正常的社会秩序，保障安定团结的局面，促进经济的繁荣发展起到了

---

① 转引自蔡定剑《历史与变革——新中国法制建设的历程》，中国政法大学出版社1999年版，第93页。

② 《邓小平文选》第3卷，人民出版社1993年版，第34页。

重要的作用。就民族地区治理来说，《民族区域自治法》尚在制定中，无论从国家治理思路、法制环境，还是立法体制和立法人才、技术来说，通过民族立法来规定、变通适用国家统一法律的条件也尚不具备。这就是“严打”以及“两少一宽”民族刑事政策提出的社会大背景。

第三，防止“严打”扩大化的现实需要。“文化大革命”十年动乱，不仅使我国在经济上濒临崩溃，而且造成社会治安的极度混乱，特别是在大中城市中，刑事犯罪活动极其猖獗。随着改革开放政策的实施，打开门窗的同时，也难免进来苍蝇、蚊子，一些过去已经绝迹的犯罪现象重新出现，而且由于各类重大恶性案件的接连发生，严重危害了人民生命财产的安全，破坏社会安定，直接影响到社会主义建设与改革开放的顺利进行。1979 年底，中共中央召开全国城市治安会议，决定持续三年整顿城市治安打击刑事犯罪活动，收到了一定成效，但声势和威慑作用还不够大。1983 年 8 月前的一段时间里，社会治安问题比较突出，被称为社会治安的非常时期。一是刑事犯罪案件连年上升。二是杀人抢劫强奸放火等重大案件突出。1981 年比上年猛增 57%。发生了安徽马鞍山市的当众抢劫强奸案，河北省承德市鹰手营子矿区的连续抢劫强奸少女案，北京市北海公园三名女学生划船时被流氓分子劫持、强奸案。以“二王”为代表的抢劫枪支、杀人的恶性案件十分突出。正是在这种严峻形势下，中央果断作出开展“严打”斗争的决策。在严打第一战役中，全国公安机关共逮捕杀人、放火、抢劫、强奸、流氓等罪犯 1027000 人，检察机关起诉 975000 人，法院判处 861000 人，其中判死刑的 24000 人，司法行政部门接收劳改犯 687000 人，劳教人员 169000 人。这是 1950 年镇反运动以来规模最大的一次集中打击。① 严打对于打击犯罪分子的嚣张气焰，维护人民群众的切身利益，维护社会稳定，对社会风气的转变，对物质文明和精神文明的建设都产生了积极的影响。但是在严打过程中，一些地方出现了扩大化、一刀切，不考虑少数民族的实际和特点，违反少数民族政策的现象。“有些地方不严格依法办事，发生了一些打人骂人、刑讯逼供、徇私枉法等违法乱纪行为。”正是针对这种情况，中央提出“打击对象一定要

① 人民网资料：《1984 年 10 月 31 日“严打”第一战役成果显著》，http://www.people.com.cn/GB/historic/1031/3642.html。

搞准，讲究质量，不能凑数”，“在少数民族地区打击刑事犯罪应该从宽掌握”，对于少数民族的犯罪分子，“要坚持少捕、少杀”，要防止扩大化，并特别强调，在西藏地区执法要特别慎重。这一政策的提出和实行，对于正确贯彻党的民族政策和“严打”方针，具有重要的价值，体现了法制统一与兼顾民族特点的结合。

第四，民族之间交往较少的社会背景。少数民族和民族地区由于经济落后，加上生活环境较封闭，其生产生活方式具有特殊性，具有特殊的风俗习惯和宗教信仰、传统文化，其道德观念、法律观念、行为模式呈现出与汉族不同的特点。以西藏为例，1982 年市镇人口占总人口的比例仅为 9.5%。到 1999 年，西藏人口的城镇化水平也仅为 13.8%，西藏城镇化发展水平仍然很低。[①]“两少一宽”的民族刑事政策的提出，重要的社会背景之一是，由于计划经济体制造成的人流、物流限制，少数民族与汉族居住格局相对稳定。虽然新中国成立后，随着国家经济建设的发展，汉族人口有向少数民族地区流动，但总体规模不大，且由于企业建设相对集中，与当地少数民族交往较少。而少数民族向非少数民族地区流动，少数民族与汉族和其他少数民族的交往交流较少，范围有限。因此，少数民族与汉族之间、少数民族与少数民族之间发生的刑事犯罪也较少。正是因为这个原因，当时提出“两少一宽”的民族刑事政策，主要是针对少数民族地区的少数民族犯罪的问题，未能明确回答如果少数民族公民犯罪行为发生地不在民族地区，如果少数民族公民犯罪行为的受害人是汉族或汉族以外的其他民族，是否适用“两少一宽”政策的问题。而这种不明确，正是后来人们理解出现偏误，执行出现偏差的重要原因。这种不明确今天看来，无疑是一种缺憾，但从当时提出“两少一宽”民族刑事政策的社会背景看，回答这些疑问并非十分紧迫与必要。

综上所述，“两少一宽”的民族刑事政策，是党的民族政策的体现，是在特殊的社会背景下提出的，它适应了 20 世纪 80 年代民族地区社会发展的需要，发挥了积极的作用，具有历史的合理性。但实事求是地看，该政策是一个大政策，或者说是一个大的原则，即便在当时，也存在不明确、不规范之处。

---

① 马戎、旦增伦珠：《拉萨市流动人口调查报告》，《西北民族研究》2006 年第 4 期。

二 调整“两少一宽”民族刑事政策的必要性

在近年“两少一宽”政策存废之争中，有人主张原封不动地继续执行这一政策。持这种观点的人认为：在20世纪80年代的“严打”斗争中，党中央提出“两少一宽”民族刑事政策，只要求了身份限制是少数民族，没有给出其他限制，现在有学者提出种种条件限制，是缺乏根据的；“两少一宽”民族刑事政策既适用于民族自治地方的少数民族公民，也适用于杂居、散居的少数民族公民；所犯之罪的种类也不应当有所限制。这样才能既有利于少数民族人权的保护，又有利于惩罚、控制少数民族犯罪。① 笔者以为，这种看法无视改革开放30余年来整个国家，包括少数民族与民族地区的巨大变化，未能正视该政策执行中出现的新情况新问题，值得商榷。

笔者以为，“两少一宽”民族刑事政策正式提出到现在已近30年，而这30年正是我国改革开放取得巨大成就，中国社会包括广大少数民族地区发生巨变的30年。回过头来看，虽然“两少一宽”民族刑事政策具有历史的合理性，起了重要的社会作用，但是随着经济社会的发展，其不完善不规范之处也日益凸显，调整与完善已非常必要。

第一，政策的抽象性、不确定性以及执行中暴露的弊端要求调整“两少一宽”的民族刑事政策。从“两少一宽”政策出台的背景及实施情况看，缺乏明确的规范与解释，它只是强调了对少数民族犯罪分子要少捕、少杀，比照对汉族犯罪分子类似行为的处理，一般要从宽掌握，在认定和处罚上变通执行法律。该政策未能就少数民族犯罪的侵害对象和犯罪的地域范围作出明确的界定，即未对少数民族犯罪分子侵害的对象是汉族或其他少数民族时，少数民族犯罪行为的实施地是非民族地区时，是否适用“两少一宽”的民族刑事政策的问题作出明确规定。正是这一缺陷在后来的政策执行过程中，造成了一系列的误读曲解和政策执行的偏差。这主要表现在三个方面：一是它使一部分少数民族成员误认为自己是特殊公

---

① 郑齐猛：《“两少一宽”：独特的民族刑事政策》，《中国民族》2010年第10期。

民，可以为所欲为，不论在何时何地，不论是伤害本民族成员，还是伤害汉族或其他少数民族公民，犯罪行为都可以受到从宽处理，导致其在民族身份上的求异意识的膨胀。在拉萨“3·14”、乌鲁木齐“7·5”事件中，一些少数民族犯罪分子无视国家法制，残害他人生命的暴行，从一个侧面反映了这一问题的严重性。二是使执法机关和执法人员在处理涉及少数民族犯罪行为时，顾虑重重，无所遵循，失之过宽，导致放纵少数民族犯罪。由于民族问题的重要性、敏感性，以及受现行干部考核机制的影响，执法机关和执法人员，特别是非民族地区的执法机关和人员，往往误认为，凡是少数民族犯罪分子，不论其犯罪行为地是在民族地区还是在汉族地区，也不论其行为受害人是其他少数民族还是汉族，一律从宽处理。结果是人为地扩大了“两少一宽”政策的适用空间和犯罪行为的受害对象。内地一些公安机关甚至把执行“两少一宽”政策误解为“尽量不深入追究，免得惹火烧身”，从而消极处理少数民族犯罪问题，甚至花钱买平安，将少数民族犯罪嫌疑人遣送出本行政区域地界了事。20世纪90年代以后内地出现的某籍犯罪团伙的问题就是一个典型的例子。面对少数民族犯罪行为，公安司法机关几乎束手无策，陷入捉了放，放了捉，捉了再放的窘境，使一些少数民族犯罪分子越发猖狂，形成恶性循环。三是导致汉族对少数民族形成一些负面认识。由于少数民族中的极少数犯罪分子的违法行为，以及一些地方政府息事宁人，对少数民族成员违法犯罪网开一面，进行特别处理的行为，客观上导致民间关于少数民族“杀人不偿命”传言的扩散，导致少数民族尚勇蛮横的看法流行。扭曲的“两少一宽”执法实践，直接影响了汉族群众对少数民族的认知，损害了少数民族的形象，不利于民族团结和构建和谐的民族关系。要改变这种状态，就必须对“两少一宽”的民族刑事政策进行调整。

第二，社会主义法治建设的发展，要求调整“两少一宽”的民族刑事政策。如上所述，“两少一宽”民族刑事政策提出的重要社会背景之一，就是在改革开放初期，法制不完善。那么，经过30多年的努力，我国社会主义法制建设取得重要进展，法律体系已经形成。到2010年底，我国已制定现行有效法律236件、行政法规690多件、地方性法规8600多件。目前，涵盖社会关系各个方面的法律部门已经齐全，基本的、主要的法律已经制定，相应的行政法规和地方性法规比较完备。不仅如此，20世纪90年代，我国将依法治国，建设社会主义法治国家，确定为基本的治国方略和社会主义建设的重要目标。在这样的法制背景下，继续执行“两少一宽”的民族刑事政策与社会主义法治有相悖之处。

从形式上说，“两少一宽”政策是以中共中央文件的形式提出的，其本身并不属于刑事法律的范围。从法理的角度看，执政党的政策与法律之间关系密切，党的总政策和基本政策是制定国家基本法律的基本依据，实施法律也不能脱离党的政策的指导，但党必须在宪法和法律的范围内活动，必须依法执政。当政策与法律出现矛盾时，应当按照法律办事。① 我国宪法规定，各政党都必须遵守宪法和法律；一切违反宪法和法律的行为，必须予以追究；任何组织或者个人都不得有超越宪法和法律的特权。从法院审判来看，“两少一宽”民族刑事政策对刑事司法只具有指导作用，属于酌定情节而非法定情节。无论是变通司法还是依政策办案，都是在刑法实施阶段对刑法的变通适用，这种做法实质上是在刑法所确立的严格罪刑标准之外由司法人员另外树立一套罪与非罪、罪轻与罪重的标准，违反了罪刑法定这一刑法基本原则。② 如果说在改革开放初期，法制不完善的背景下，依据党的政策办案尚可理解的话，那么在我国刑法已明确规定了罪刑法定原则的形势下，如果继续依据“两少一宽”的政策处理少数民族公民的犯罪问题，显然有违法治的基本精神，与依法治国、建设社会主义法治国家的治国方略和目标相悖，有损法律的公平正义价值。

第三，民族地区经济社会发展和民族交往增加要求调整“两少一宽”民族刑事政策。改革开放30多年，特别是2000年实施西部大开发战略以来，国家把支持少数民族和民族地区加快发展作为西部大开发的首要任务。为了让少数民族和民族地区加快发展，在西部大开发中得到切实的利益，国家采取了许多照顾措施，包括加大财政扶持金融支持力度、加强基础设施建设、实施对口支援、优先安排资源开发和深加工项目、对输出自

---

① 张文显主编：《法理学》，高等教育出版社、北京大学出版社2007年版，第375、376页。

② 梁华仁、石玉春：《论刑法在少数民族地区的变通》，《政法论坛》2001年第2期。

然资源给予利益补偿、引导和鼓励经济较为发达地区的企业到民族地区投资、支持民族地区发展经济，壮大实力等。建成了“西气东输”、“西电东送”等一批重点工程，修建了一批机场、铁路、高速公路、水利枢纽等基础设施项目。经过不懈努力，民族地区的贫困人口大幅减少，人民生活水平显著提高。截至2008年年底，民族地区实现“两基”目标的县已有674个，占总数的96.6%。少数民族受教育年限大幅提高。

在经济社会发展的同时，少数民族流动人口大幅增加，少数民族与汉族、不同少数民族之间的交往变得越来越频繁。一方面，大量汉族流入民族地区从事经商、办企业，随着民族地区各项建设的开展，大量汉族进入民族地区务工，从事建筑、商贸等活动。“随着青藏铁路开通，新时期的拉萨对劳动力的需求增加，除了国家的援藏志愿者，很多受经济利益驱使的建筑工人、商人、手工业者、服务人员等陆续进入拉萨，拉萨人口的民族构成变得越来越丰富。”① 据笔者实地观察，在拉萨著名的大昭寺周边的八廓街，从事旅游商品经营的，大多是内地流入的汉族人员。根据拉萨市公安局有关人员的分析判断，2005年拉萨市区流动人口总量在10万—20万人。② 自2006年7月1日青藏铁路正式运营，至2006年11月30日，通过火车进出藏的旅客就达675113人次。拉萨贡嘎机场旅客吞吐量2006年底达到103.7万人次。③ 另据新疆乌鲁木齐市公安局介绍，2010年乌市实施《乌鲁木齐市房屋租赁管理条例》，加强出租房屋和流动人口的登记管理工作，全市全年共登记暂住人口917632人，同比上升38.6%，登记出租房屋109743间，同比上升60%。④

除此之外，随着市场经济的发展，经济利益的驱动，观念的转变，越来越多的少数民族群众走出民族地区，流动到内地、沿海地区从事商贸或务工活动。随着我国工业化、城镇化、市场化的深入发展，进城务工经商的少数民族群众越来越多。据统计，目前我国每年有少数民族流动人口约一千万，大部分以进城务工经商为主。今后还将会有越来越多的少数民族

① 周润年主编：《拉萨市社会发展研究》，中国藏学出版社2008年版，第129—130页。

② 马戎、旦增伦珠：《拉萨市流动人口调查报告》，《西北民族研究》2006年第4期。

③ 鲍栋：《青藏铁路开通后拉萨流动人口分析》，《西藏研究》2007年第4期。

④ 温丽娜：《乌鲁木齐市建成流动人口和出租房屋管理信息系统》，《新疆都市报》2011年3月29日，http://xj.people.com.cn/GB/188521/14264695.html。

流动人口进入城市。[①] 我国民族分布更加广泛，城市民族构成更加多元，交错混居的格局更为普遍。在许多城市，少数民族流动人口数量已经超过了世居的少数民族。

在上述社会背景之下，少数民族与汉族之间、不同少数民族之间的交往增加，交往的范围扩大。这一方面有利于不同民族之间增加了解，互相学习，取长补短，促进经济发展和民生改善；另一方面也增加了因民族特性而产生文化冲突和社会纠纷的可能性。近年来，涉民突发事件大多数发生在城市或散杂居地区的事实证明了这一点。在这种情况下，“两少一宽”民族刑事政策的上述不明确之处的弊端就暴露出来了。如果不做必要的调整，后果将十分严重。

三 “两少一宽”民族刑事政策调整的路径

在民族地区经济社会有了较大发展，社会主义法律体系已经形成的今天，在社会主义统一的法制框架之内，还是否需要考虑少数民族与民族地区的特殊性，给予其变通执行法律的空间？这是认识与调整“两少一宽”政策必须要回答的重要问题。近年来，学界特别是社会上有一种主张，就是“对于‘两少一宽’的民族刑事政策，则必须立即取消，立即改变”，一体实行国家的刑事法律规范。他们认为，对少数民族犯罪分子给予特殊对待，有违在法律面前人人平等原则。[②]

笔者以为，虽然经过30余年的改革开放，少数民族和民族地区的经济社会有了巨大的发展，封闭落后的状况有了较大的改变，纵向比较进步明显，但与非民族地区特别是东部沿海地区横向比较，差距不仅没有缩小，反而有所扩大，仍然处于不发达状态。在西藏、青海等藏区，由于地广人稀，自然条件恶劣，基层自治组织发育欠佳。雪域藏区仍然是传统的

---

① 杨桦：《各地加强管理：让少数民族流动人口真正融入城市》，《人民政协报》2010年10月12日。

② 伍加：《检讨“两少一宽”的民族政策》，http：//www. 24jun. com/thread -6908 -1 -1. html。

农牧经济社会，人们仍然过着封闭、超稳定的生活。由于农村牧区实行土地（草场）家庭联产承包责任制，原有基层组织对社会的整合、控制被削弱，宗族、部落势力勃兴。近 20 年的时间内，部落组织在农村牧区迅速勃起，并渐渐成为基层社会的控制力量。① 与之相适应，藏族习惯法出现反弹与扩张之势。笔者访谈得知，目前在典型藏区，对发生的杀人、伤害、强奸等刑事案件，虽经司法机关处理，但相关当事方，仍需按照传统习惯法进行再处理，赔偿血价、命价，否则，案结事难了。由此可见，我国部分民族地区的社会特殊性依然存在，统一法制的推行仍面临诸多困难与问题。如果我们脱离民族地区的发展实际，强行为之，不仅力有不逮，而且可能影响国家与民族的关系和民族之间的关系，造成民族地区基层治理的失序，增加民族地区社会的矛盾与冲突。基于这种情况，笔者认为，在民族地区经济社会整体上有较大发展的背景下，在社会主义法治建设过程中，仍需考虑部分少数民族与民族地区的特殊性，给予其变通执行部分法律的空间。

笔者主张，采取民族刑事政策法制化的办法来解决政策执行中出现的问题。“两少一宽”政策法制化规范化，是该政策调整的基本方向。从我国法制架构看，将“两少一宽”刑事政策固化在国家统一的刑法中显然不妥，这样做的确会造成统一法制的分割或误读误解。好在我国宪法和立法法、民族区域自治法、刑法等基本法律为这一问题的解决提供了法律依据和路径。为照顾民族地区的特殊性，《中华人民共和国宪法》第一百一十五条规定，民族自治地方的自治机关依照宪法、民族区域自治法和其他法律规定的权限行使自治权，根据本地方实际情况贯彻执行国家的法律、政策。第一百一十六条规定，民族自治地方的人民代表大会有权依照当地民族的政治、经济和文化的特点，制定自治条例和单行条例。自治区的自治条例和单行条例，报全国人民代表大会常务委员会批准后生效。《中华人民共和国立法法》第六十六条规定，民族自治地方的人民代表大会有权依照当地民族的政治、经济和文化的特点，制定自治条例和单行条例。自治条例和单行条例可以依照当地民族的特点，对法律和行政法规的规定作出变通规定。《中华人民共和国刑法》第九十条规定：“民族自治地方

① 吕志祥：《藏族习惯法：传统与转型》，民族出版社 2007 年版，第 58 页。

不能全部适用本法规定的，可以由自治区或者省的人民代表大会根据当地民族的政治、经济、文化的特点和本法规定的基本原则，制定变通或者补充的规定，报请全国人民代表大会常务委员会批准施行。”宪法和法律的上述规定，赋予了自治区或者省的人民代表大会制定变通或补充规定的权力，这是我国当前解决相关政策法律化的可行之路。由自治区或者省的人民代表大会根据其所在地区少数民族的特殊情况，将依据民族习俗或者生产、生活方式不应作为犯罪或者应给予较轻处罚的行为，以地方立法的形式对刑法的相关规定作出变通或者补充规定，这样可以解决政策的合法性问题，同时也可解决其可操作性问题。刑事政策的法制化是依法治国的客观要求，也是解决新时期相关政策在执行中面临的尴尬与困境的基本出路。

自治区或者省的人民代表大会制定的变通或补充规定，应当明确依法从宽处理的少数民族公民犯罪行为，主要是少数民族公民实施的与该民族风俗习惯、宗教信仰和特有的生产生活方式有直接联系的危害社会的犯罪行为。对那些与少数民族的风俗习惯、宗教信仰和特有的生产生活方式无直接联系的危害社会的犯罪行为，则应根据具体案件的具体情况来依法处理，当宽则宽，当严则严。对少数民族公民一般也都认为是犯罪的危害行为，没有必要也不应当考虑适用对少数民族公民从宽的刑事责任原则，而应当依法惩治；对其中危害特别严重，少数民族公民也认为应予严惩的，应当依法严厉制裁直至判处死刑。要通过地方立法，对以下三点作出明确规定：第一，如果少数民族犯罪行为的受害人是汉族，不得适用变通规定；第二，如果少数民族犯罪行为的受害人是其他少数民族，不得适用变通规定；第三，少数民族犯罪行为地是非民族自治地方，不得适用变通规定。否则，法律的统一性、严肃性就会遭到侵蚀与破坏，社会的秩序与稳定、公平与正义就无法保障，“两少一宽”民族刑事政策执行中出现的种种问题就难以克服。

我们必须看到，以地方立法的方式实现相关法律的变通，难度是相当大的。笔者认为，自治区或者省的人民代表大会根据当地民族的政治、经济、文化的特点和法律规定的基本原则，在依法制定变通或者补充规定时，必须注意处理好以下三个问题。

一是变通执行的区域范围问题。民族自治地方内部的社会情况也是异常复杂。如在自治区、自治州范围内，既有现代化大都市、相对发达的城镇，也有边远落后的少数民族牧区乡村；既有少数民族聚居的地方，也有汉族和其他非自治民族聚居的地方。具体在什么范围实施对少数民族公民犯罪的“从宽”，涉及不同民族、不同地域公民权利的平等享受与利益协调问题，处理起来难度较大，这也许是迄今虽有法律的授权，但鲜有变通实践的重要原因。因此，在制定对刑法的变通规定时，必须坚持实事求是、从实际出发的原则，进行深入调查，缜密设计，科学论证。变通规定要坚持法治原则，防止泛化。凡属经济社会发展水平较高、国民教育普及程度较高、城镇化水平较高、与非民族地区交往交流较多的民族地区，都不宜变通。在全面依法治国的背景下，民族自治地方要遵循宪法的规定，切实保障宪法和法律在本地方的遵守和执行，依法治理地方事务，在贯彻国家统一政令前提下依法行使自治权。要坚持各族公民在法律面前人人平等原则，是什么问题就按什么问题处理，不搞法外的从宽从严，不搞选择性执法。对于极少数蓄意挑拨民族关系的违法犯罪分子，不论什么民族、信仰哪种宗教，都要坚决依法打击。

二是变通执行从宽处理的案件类型问题。从青海、西藏等民族地区的实践看，从宽处理的刑事案件的范围主要有强奸案件、流氓案件、重婚案件、伤害案件，以及因历史积怨、群众性纠纷引起的案件。总的原则应该是，变通从宽案件的确定要与民族的风俗习惯、特有的生产生活方式结合起来考虑。“从宽”不是一律从宽，更不是绝对从宽；不是不问罪恶大小，危害程度大小，不加分析地从宽。社会危害性大的案件，该惩处的必须依法惩处，以维护广大农牧民群众的合法权益。对少数民族中的国家工作人员涉嫌犯罪的，不应列入变通从宽的范围，应依法惩处。

三是变通规定要协调国家法与民间法的关系问题。民族地区的变通立法，不可能包容与涵盖少数民族所有的习惯法，对纳入变通规定的习惯法或民间法规则必须进行甄别，要坚持国家法主导下的对民间法的协调与整合原则。既不能简单化处理民间法规范，也不能罔顾国家法，无原则地迁就民间法。要发挥国家法引领民间法的功能。要通过变通立法，逐步引导那些传统生活方式与风俗习惯影响较大的民族地区的民众，认识、了解、遵守国家法，逐步改革那些与社会进步与文明发展不相一致的习俗，为国家法在民族地区的一体施行创造必要的条件。民族自治地方要加大普法的力度，在干部和群众中进行深入的法治宣传教育，使广大少数民族群众真正懂法、信法、守法，依法行使权利和履行义务，依法维护自己的合法权益。

[原载《西南民族大学学报》（人文社会科学版）2011 年第 11 期]

加强民族地区的普法工作[①]

中央民族工作会议暨国务院第六次全国民族团结进步表彰大会强调，要“用法律来保障民族团结，增强各族群众法律意识”。党的第十八届四中全会通过的《中共中央关于全面推进依法治国若干重大问题的决定》要求：“坚持把全民普法和守法作为依法治国的长期基础性工作，深入开展法治宣传教育，引导全民自觉守法、遇事找法、解决问题靠法。”我国的民族地区战略地位重要，发展相对滞后，民风民俗特殊。结合民族地区实际，深入开展普法工作，对于贯彻落实十八届四中全会及中央民族工作会议精神，促进民族地区和谐稳定与可持续发展具有重要的现实意义。

一　民族地区普法的价值

普法，是普及法律知识的简称。普法是我国社会主义法治建设的重要环节。自1986年党中央宣布在全国开展普法工作以来，国家已连续实施六个五年普法规划，普法工作取得了重要的成就。但就民族地区而言，由于地处边远，社会发育与发展滞后，普法还面临诸多困难，任务艰巨，亟待深入推进。

（一）普法是促进少数民族和民族地区现代化的现实需要

现代化过程关乎人类思想和行为的一切领域，不仅包含着经济的发展和工业化水平的提高，而且包括政权世俗化、政治民主化和社会法治化等

① 本文与陈蒙合作。

内容；不仅意味着生活方式的改变，而且涉及思维方式、价值观念的转变。我国的民族地区大多地处西部，地理环境较为封闭，市场经济发育迟缓，经济文化相对落后，在一些地方公民法律知识缺乏，传统习俗和宗教思想仍有较大的影响。正如美国著名学者塞缪尔·亨廷顿所指出的，“现代化首先在于坚信人有能力通过理性行为去改变自然和社会环境。这意味着摒弃外界对人的制约，意味着普罗米修斯将人类从上帝、命运和天意的控制之中解放出来”。[①] 从听天由命到主观能动，法的观念的转变尤为重要，表现为由信奉宗教法、习惯法到遵守世俗法、制定法的根本转变。

民族地区的现代化，关键是经济的现代化。随着西部大开发的深入和“丝绸之路经济带”战略的推行，民族地区的市场经济水平将进一步提升。市场经济是法治经济。要使市场机制在民族地区落地，充分发挥市场在资源配置中的决定性作用，民族地区的法治环境必须改善，各类经济主体的法律知识与法律意识必须得到相应的提升。而这些都有赖于普法的推行。

“现代化涉及人类对自身环境所具有的知识的巨大扩展，并通过日益增长的文化水准、大众媒介及教育等手段将这种知识在全社会广泛传播。”[②] 多渠道多层次开展法制宣传教育，普及与公民日常生活息息相关的法律法规和市场经济法律法规，使现代法律知识在少数民族和民族地区广泛传播，有助于法律意识和法治观念在少数民族中的生成和内化。这是塑造公民独立法律人格，顺应民族地区市场经济发展需求的重要基础，对于少数民族和民族地区现代化来说，不可或缺。法律知识增长和法律意识生成的过程，也是人们逐渐摆脱传统文化糟粕和宗教神权思想束缚的过程，普法将助力民族地区现代化建设适格主体的形成。

（二）普法是维护社会稳定和社会主义民族关系的客观要求

“现代性孕育着稳定，而现代化过程却滋生着动乱。”[③] 社会转型时

---

① ［美］塞缪尔·亨廷顿：《变化社会中的政治秩序》，王冠华等译，上海世纪出版集团2008年版，第82页。

② 同上书，第25—26页。

③ 同上书，第31页。

期，政治与经济、民族与宗教、历史与现实、国际与国内、人文与社会等多种因素交织叠加，强烈冲击民族地区传统的社会结构和生活方式。现代化一方面表现为物质生活水平和文化教育水平的提高，另一方面表现为矛盾冲突的增加和价值观念的多元与混乱。人口地区性和族群性流动的增多，能够增进民族间的相互了解和交往交流，有利于族际整合和社会发展，然而也不可避免地破坏了原有的社会纽带，增加了因民族特性而产生文化冲突和社会纠纷的可能性。经济的发展带来利益格局的调整，区域之间、族群之间、阶层之间的贫富差距呈扩大趋势。权利意识的觉醒带来了多元化的利益诉求，如果引导不力，就有可能导致维权方式的无序化、情绪化和复杂化，甚至诱发各类涉民突发性群体事件。这些问题如果得不到妥善解决，就会对民族地区的社会稳定产生严重威胁。

现代社会是一个法治社会，法律在调整社会关系和维护社会秩序方面发挥着基础性作用。广泛开展法制宣传教育活动，引导和鼓励民族地区的社会公众运用法律的思维和方式，理性处理各种利益关系和矛盾纠纷，有助于消除各类不安定因素，为化解民族间的权益纠纷和矛盾冲突提供理性的制度化渠道。通过对法律的学习和运用，人们逐步接受法律所倡导的行为模式和价值标准，增强防范和抵御各种极端思想的文化自觉。开展法制宣传教育，亦有助于协调整合转型社会中存在的多元价值观念。伴随法律知识的传播和法治实践的进行，法律所体现的价值取向和价值体系，将为各民族交流交往提供统一的认知基础、行为准则和价值导向，为维护民族地区社会稳定、巩固和发展平等团结互助和谐的民族关系提供不竭的精神动力。

（三）普法是保障民族团结和强化国家认同的必要条件

以中心—边缘互动的“扩散模式”① 关照民族地区的法制宣传教育，便会发现普法的过程也是一个核心地区的社会结构和政治文化逐渐“扩散”到边远民族地区的过程。普法无疑是由国家发起的一场自上而下的广泛的“社会动员”。通过普法平台把国家或社会的价值观念和价值标准凝结为一定的行为模式和法律符号，利用大众媒介、公共教育等多种渠

① 马戎：《民族社会学》，北京大学出版社2004年版，第188—189页。

道，传播到全社会的各个角落。普法不但可以为少数民族和民族地区提供一种全国性的、连续性的和同一性的“政治—法律文化”，而且可以促进不同民族和地区的接触与互动，从而为强化国家认同和实现族际整合创造必要的条件。

“法律有助于为社会提供维持其内部团结所需要的结构和完型。”① 社会越复杂，异质性越高，政治共同体的建立和维持就越依赖于法律制度的功用。基于法律的自身属性和功能，民族地区开展法制宣传教育对于维护民族团结和强化国家认同的意义就更为重要。法律“涉及社会秩序的观念，权利与义务的观念以及正义观念，而它们是每一社会成员所感受到的东西，而不仅仅是社会的公共规则体系”。② 法律在社会生活中被反复实践，它所涉及的这些东西就会逐渐成为全体社会成员心灵生活的一部分。在“通过法律而生活”的意义上，以我心即可通达他心，全体社会成员由此心心相通、心心相印，形成一个关于社会秩序的、可以通约的意义的平台。法律因此包含了能够整合社会共同体进而达致心理认同的“文化—情感基因”，可以使社会成员在全新的意义上获得关于“团结”的集体意识和集体认知。在我国这样一个民族众多、地域辽阔的多民族国家，不同民族的社会成员，唯有在共同法律权利、共同法律义务和共同法律身份的调整和引导下，才可能实现各美其美、美人之美、美美与共。

“现代化在很大程度上会引起社会上各种社会势力的集聚化和多样化”③，“一方面产生了文化统一性、国家政治整合，另一方面也产生了种族觉悟”④，刺激了民族意识的增长和强化。民族意识的强化一旦超过必要限度，就极易造成民族群体封闭性与排外性的认同，甚至产生极端狭隘的民族主义，威胁民族团结和国家统一。在社会转型的关键时期，各民族公民只有建立起对法律的信仰，民族团结才有保障，民族关系才会牢固。为此，必须把普法作为促进民族团结和强化国家认同的基础性工程来对

① ［美］伯尔曼：《法律与宗教》，梁治平译，中国政法大学出版社 2003 年版，第 11 页。

② 同上。

③ ［美］塞缪尔·亨廷顿：《变化社会中的政治秩序》，王冠华等译，上海世纪出版集团 2008 年版，第 7 页。

④ ［美］西摩·马丁·李普塞特：《一致与冲突》，张华青译，上海人民出版社 1995 年版，第 278 页。

待，通过对宪法和法律的基本原则和精神的深入宣传，增强各民族公民对宪法和法律所倡导的核心价值的信仰，强化他们的团结意识和爱国意识，以法律来保障民族团结。

（四）普法是少数民族权利保护和提高民族事务治理能力的必然选择

民族地区普法，有助于厘清公民权利的外延和内涵。在提高少数民族依法享受权利，依法履行义务自觉性的同时，也有利于提高全社会对少数民族权利的认知程度，使人们正确理解其中的法理依据和价值取向，消除各种针对少数民族权利保护的误解和质疑。在此基础上，才能增强少数民族公民依法维护合法权益的能力和水平，做到权利行使的规范化和理性化；才能提高认真对待少数民族权利的自觉性，全面提升少数民族权利的保障能力和保障水平；才能真正体现普法的终极目的和精神实质，给少数民族和民族地区带来文明、和谐与幸福。

开展法制宣传教育活动，也是提高民族事务治理能力和民族地区全面深化改革的必然选择。民族地区全面深化改革要求从系统性、整体性和协同性的高度出发，创新民族事务治理的体制机制，坚持依法治理，加强法治保障，运用法治思维和法治方式协调民族关系。提高民族事务治理能力必须在法治轨道上进行，需要国家机关公职人员依法履行职责，依法处理民族事务，需要各民族公民、各行业的法人和其他社会组织遵守法律，依法行使权利和履行义务。为此，必须加大普法的力度和广度，增强各级领导干部、公务人员和各民族公民的法律意识，在民族地区营造良好的法治氛围，为提高民族事务治理能力和全面深化改革提供强有力的法治支撑。

二　民族地区普法需要处理好三重关系

（一）传统法律文化与现代法治文明的关系

普法的持续开展和现代法治文明的提升，将不可避免地形成对民族地区既有习惯规范和纠纷解决方式的冲击。“传统制度的解体可能会导致社会心理上的涣散和沉沦颓废，而这种涣散和沉沦颓废又反过来形成对新的认同和忠诚的要求。它可能和传统社会中潜在的或实际的集团重新认同……”① 民族地区的法治因其民族和地域特征而享有独特的本土资源。在行为规范、思想意识、情感认知等方面，宗教教义教规、民族风俗习惯等传统法治资源仍然发挥着举足轻重的作用。法治文明在民族地区的构建，可能导致当地民众心理上的混乱与不适应。对行为规范的选择困惑，可能加剧他们对已经习惯了的社会模式的依附，表现为对传统法律文化和习俗规范的再认同。

法律作为社会的公共规则体系，来自人与社会文化传统和社会运转结构的相互性需求。“法律并不是社会力量的直接反映，而是对政治与社会关系的组织的需求与努力……整个文化是法律的背景。”② 由于法律的社会属性和文化属性，要在民族地区普及法律，就必须坦率地面对当地既存的民族宗教文化习俗及其沉淀下来的传统法律文化。“传统的制度或多或少都是现代化进程的有效的工具，其影响最终会渗透到经济和技术领域，并有助于改造文化和社会结构。”③ 普法要避免流于形式，就应当秉持“多元一体，和而不同”的立场，既要坚持国家法律的主体地位和主导作用，又要适当承认本土资源的秩序价值和文化价值，尊重和包容民族地区传统法律文化中的合理成分，发挥其积极作用。

“在所有的文化里，法律与宗教都共同具有四种要素：仪式，传统，权威和普遍性。”④ “在所有宗教、甚至最神秘的宗教里面，都有对社会秩序和社会正义的关切。”⑤ 因此，要在厘清法律与宗教关系的基础上，强化法律文化与宗教文化的良性互动。要通过法律与宗教之间共同因素的连接，培育和传承人们对法律的信仰和忠诚。要把宗教教义中的积极因素与法律规定和法治精神结合起来，增强国家法在民族地区的普遍性和权威性。要重视法律与教义的融释问题，“疏理教规、教义与法律相一致的规

---

① ［美］塞缪尔·亨廷顿：《变化社会中的政治秩序》，王冠华等译，上海世纪出版集团2008年版，第29页。

② 林瑞：《法律人类学简介》，［英］马林诺夫斯基：《原始社会的犯罪与习俗》，原江译，法律出版社2007年版，第94—95页。

③ ［美］昂格尔：《现代社会中的法律》，吴玉章、周汉华译，译林出版社2001年版，第216、217页。

④ ［美］伯尔曼：《法律与宗教》，梁治平译，中国政法大学出版社2003年版，第13页。

⑤ 同上书，第4页。

定，采取宗教与法律相结合、法条与实际相融合、交流与探讨相促进的方式，使宣讲内容真正实现入情入理入心的效果”。①

按照法制宣传教育的总目标和总要求，对民族习惯法进行科学的鉴别和扬弃，将有利于民族团结进步、经济社会发展和公民权益保障的内容纳入法制宣传中来，将使普法更加切合民族地区社会发展实际水平，符合当地民众的心理需求。在多民族杂居的民族地区，普法不能只考虑某一特定民族的习惯法与国家法之间的关系问题，不同民族之间的习惯法的关系如何兼顾，也是需要重点关注的问题。“应当在对不同民族的习惯法进行比较研究的基础上，结合处理某一特定民族的习惯法与国家法之关系的知识基础和基本经验，寻求不同民族的法律文化在价值理念和行为规则方面的共性因素，并以此为逻辑起点”②，积极促成国家法与各个民族的习惯法的沟通交流，尽量使现代法治的基本精神与当地传统法律文化相互交融，形成一种新的“地方性知识”，夯实普法的法律文化基础。

普法实践中，对民族地区传统法律文化的承认和借鉴要把握好“度”。不否认传统法律文化在一定限度内的积极作用，但又不能为了增强国家法律的文化适应性而完全肯定和承认习惯法与宗教法的效力。要积极改良民族地区的法律文化土壤。传统法律文化还有相当多的内容明显违背现代法治文明的精神，会对法治秩序和法治生活方式在民族地区的构建产生消极影响。对于这部分内容，要旗帜鲜明地指出它们的落后之处并毫无保留地予以舍弃，否则就会削弱国家法的公信力和权威性，加剧现代法治文明与传统法律文化的冲突，甚至会对多民族国家的法制统一造成负面影响。

（二）权利倡导与义务宣传的关系

历史上，民族地区长期存在并支撑社会运转的习惯法多表现为义务性规范和惩罚性条款，具有原始性、宗教性、义务性、层级性等多重特征。

---

① 张立群：《关于青海省开展“法律进寺院活动”的思考》，《青海社会科学》2014 年第 1 期。

② 田钒平：《民族自治地方法律变通的价值辩证、路径选择与判断甄别》，《西南民族大学学报》（人文社会科学版）2012 年第 12 期。

在以义务为主体的习惯规范长期影响下，民族地区世居公民权利意识十分薄弱，以罪与罚为核心的封建法律文化根深蒂固。社会大众普遍认为不违法、不犯法就是守法公民。这种义务本位观，难以激起人们对法律的情感和信仰，甚至可能使人们丧失对法律最基本的信任。从过往的普法实践来看，工具主义倾向仍然比较明显，一般都是围绕地方中心工作和重点工作，突出维护社会和谐稳定的宣传引导，把重心放在义务和禁令的宣讲上，告诫公众遵纪守法，违法就要受到制裁，而对公民权利的倡导相对较少。

法社会学的研究表明，“一个人对规则的忠诚来自于这些规则有能力表达他参与其中的共同目标，而不是来自于担心规则的实施所伴随的伤害威胁”。① “法律按其真正的含义而言与其说是限制还不如说是指导一个自由而有智慧的人去追求他的正当利益。”② 因此，民族地区的法制宣传不能仅仅局限于告诫公民不能做什么或必须做什么这类的法律义务的宣讲上，必须把权利的倡导和诠释放在重要的位置，加大力度普及行使和维护权利的方式方法。“每个国民健全的、有力量的权利感觉，对国家而言，是自身力量中最丰富的源泉，是对内对外生存独立的最确实的保障。”③ 针对民族地区公民权利意识淡薄和法律人格不健全的现状，最为重要的应当是培育公民的权利感觉，传播权利理念，唤醒和启蒙权利意识，塑造公民独立而健全的法律人格，从而真正培养出各民族公民朴素的法律情感和法律认同。

当然，重视权利理念的培育，并不说是要否定义务观念。权利和义务是法的基本内核，不可偏废。在一个合乎人类生活理想的法律制度中，权利是或应当是目的，义务是或应当是手段。义务和责任来源于权利，并服务于权利，其目的在于“创造一个尽可能使所有主体的权利都得以实现的自由、公平而且安全的法律秩序”。④ 没有秩序就没有权利的充分实现，

---

① ［美］昂格尔：《现代社会中的法律》，吴玉章、周汉华译，译林出版社 2001 年版，第 29 页。

② ［英］洛克：《政府论》（下编），叶启芳、瞿菊农译，商务印书馆 1964 年版，第 35—36 页。

③ 何勤华：《西方法学史》，中国政法大学出版社 2000 年版，第 211 页。

④ 张文显：《法理学》，高等教育出版社 2007 年版，第 148 页。

也就没有真正的共同生活，因而义务约束和责任制裁的宣讲也是非常必要的。如若片面强调权利本位和权利至上，忽视义务和责任的必要灌输，就有可能导致权利主张的无节制和权利实现的无序化，在造成社会秩序紊乱的同时，还可能妨碍民族团结和谐的大局。再者，我国的法律是立法机关经过正当程序制定的良法，是全体人民意志的体现。对良法的遵循，对法律义务的积极履行本身也就蕴含了对权利的尊重和保障。为了使通过法律的社会治理得以全面实现，普法必须强调享受法律权利和履行法律义务的有机统一。要积极引导各民族公民对其享有的法律权利和承担的法律义务进行全面认识，促使其养成依法维权、理性维权的思维和习惯，既要积极行使和维护自己的权利，也要学会尊重他人权利并履行自己应尽的法律义务。

（三）法制宣传与法治实践的关系

法制宣传教育是一场推进民族地区现代化进程的广泛而深刻的社会动员。政治学的研究表明，社会动员和政治不安定相关联。社会动员可能提高人们的愿望和期待，但当愿望和期待不能得到满足时，参与的扩大就可能导致社会的不安或暴力。① 普法的深入开展，可能使各民族公民的利益诉求增多，对法律的内在需求更加迫切，对法治社会的心理期待亦由此而上涨。这种情况下，如果法治实践的推进过于缓慢，就不能满足公民日益增长的法律需求和法治期待，极有可能摧毁公众对法治的兴趣、信任和信心，甚至会导致新的不稳定因素的出现。

法治是实践的，只有通过实践，才能领悟法治的内在真谛，达成法治的思维方式和生活方式。就普法而谈普法，将普法与法治实践剥离开来，无疑忽略了法律最重要的实践品格。法治的实践属性注定普法是一项系统性的实践工程。民族地区各族公民法律意识的形成，不仅要靠宣传教育，更重要的是靠他们对具体实践的法律经验的感知，行为的感召和具体的示范显得尤为重要。国家机关及其工作人员必须把普法同日常工作的法治实践紧密结合起来，尊重法律，服从法律，依法办事，严格执法，公正司

---

① ［美］塞缪尔·亨廷顿：《变化社会中的政治秩序》，王冠华等译，上海世纪出版集团2008年版，第36—37页。

法，承认法律权威，用自身对法治的崇尚和厉行来带动社会对法律的尊崇和对法治的信仰。要进一步加强法律服务和法律援助，深入条件艰苦的农村牧区，从帮助农牧民解决法律疑难问题入手，将普法与解决农牧民关心的现实问题结合起来，使各民族公民特别是广大少数民族公民真正感受到法律的公正、便捷和关怀，提升他们对法律乃至法治的亲知感、受益感和认同感。要做到认真对待公民权利，健全完善权利保护的机制体制，杜绝权力对权利的侵害，努力营造适合法治生成的实践环境。要增加公民亲身参与法治实践的机会和渠道，因地制宜、因人制宜创造多样化的参与形式，使其在工作和生活中践行法治，逐步养成法治的行为习惯和生活方式。

三　民族地区普法的路径选择

（一）创新法制宣传教育的方式方法

要拓宽渠道，力争使所有普法受体都能接受到宣传教育。充分利用互联网络、社交平台、影视节目、新闻报道、报刊书籍以及各类公共宣传栏和电子屏幕等多种载体实现普法网络全覆盖。依托网络技术、信息技术等现代科技手段在先进思想文化传播方面所具有的快捷性、广泛性、渗透性、易接受性等特点，引领社会主义法治文化建设潮流。发挥学校教育的辐射作用，依托分布在民族地区的各级各类学校建设法治文化教育基地，开展各种形式的主题教育活动。利用图书馆、博物馆、文化馆、体育馆、剧院等公共文化场所的资源优势，把法制宣传教育融入各类文化活动和文化产品之中，引导法治文化产品的创作和推广，弘扬法治文化和法治精神。要进一步强化因地制宜的理念，结合民族地区的民风民俗进行法制宣传教育，从少数民族丰富的传统文化入手，利用民间传统节日活动进行宣讲，增强宣传教育活动的吸引力。要以大众化、生活化、民族特色化的风格和富有人文关怀的情感开展普法工作，结合民众的传统文艺活动进行法制文艺节目的创作和公演，以富有民族特色的模式打动普法受众。要编印适合少数民族阅读习惯的普法材料，特别是在通用民族语言文字的地方，要编印通俗易懂的双语版的普法教材。要采取以案说法、法律流动车等形式，实现解决一案教育一片，用少数民族身边的事普及与日常生活息息相关的法律。要深入田间地头进行调研，听取各民族群众的意见和建议，全面了解法制宣传教育的实际以及少数民族的法律需求，有针对性地推进民族地区的普法工作。

（二）加强基层普法人才队伍建设

要大力提升基层法制宣传人员的综合素质和能力。针对民族地区的具体情况和特点，司法行政和民族宗教管理部门要联合协作，对基层法制宣传人员进行业务培训。在少数民族语言使用较为广泛的民族地区，要对法制宣传人员举办“双语”基础教育，培养一批懂法律、懂少数民族语言、了解民族风俗习惯的法制宣传工作者，对能够熟练使用两种以上当地语言文字进行法制宣传教育的工作人员适当给予奖励。要加大对基层司法所的经费保障，提高基层司法工作者的物质待遇，引进优秀人才充实基层普法人才队伍。要重点培养和使用少数民族普法工作人员，发挥他们“熟悉本民族历史和现实，同本民族民众有着天然的联系和感情”的优势，提高普法工作在民族地区的社会基础。

（三）建立科学的普法绩效评估机制和普法工作责任制

要建立符合民族地区实际的普法绩效评估机制。实践中宜综合运用定性分析与定量分析相结合、内部评估与外部评价相结合、事实分析与价值判断相结合、专家评估与公众参与相结合的方法，提高民族地区普法绩效评估的准确性、针对性和实效性。在评估指标的选取方面，不能仅仅局限于培训出勤率、考试合格率等形式化的指标，要增加法律素质、法律意识和法治理念方面的评价指标，将法律知识的考查与法律意识和法律行为的评估结合起来；不仅要提取具有普遍性、客观性的法治指标，而且要考虑民族地区的民族性和地方性差异，建立具有民族和地域特色的评估指标体系，强化对公民意识、爱国意识、国家安全统一意识的评估。要加强对公民法律素质和法治观念的抽查考核力度，不定期对不特定的公民个体和群体进行问卷和访谈，根据调查和掌握的公民法律意识的客观情况，对民族地区的普法工作进行科学的考核评估。要在科学评估的基础上建立普法工作责任制，健全奖惩激励机制。落实目标管理，实现责任监督，除对普法工作开展有成效的单位和个人进行表彰，对不重视普法、措施不当、效果较差的给予通报批评等措施外，建议把普法工作进一步纳入党政干部的目标责任制考核范畴，层层细化责任，落实到岗到人，使其责任明晰，各司其职，各负其责。

（四）鼓励引导社会力量参与法制宣传教育

"法律活动中更为广泛的公众参与乃是重新赋予法律以活力的重要途径。"[①] 民族地区普法的顺利进行需要各民族公民的广泛参与和文化自觉，需要相对开放的公共文化服务体系作为平台支撑，需要社会力量的自我表现、自我教育和自我服务。因此，国家应当鼓励、引导和帮助社会组织、公共团体和社会公众参与到法制宣传中来。在政府的主持之下，实现各类法制传播主体的分工合作和良性互动。要着力构建平等交流、沟通互动的普法实践平台，多层次多渠道满足各民族公民的法律需求和心理需求。要发挥少数民族宗教界代表人士和民族民间传统社会组织的合理作用，引导舆论，提升普法工作的社会认同度。要积极鼓励行业协会、企业协会、劳动者协会等社会团体开展普法活动，适当发挥律师、人民调解员在普法实践中的应有作用。要充分尊重社会公众在法制宣传教育中的主体地位，注重调动其学法用法守法的自觉性和主动性，帮助他们以自己喜闻乐见的方式进行自我宣传和自我教育，如自编自演普法文艺类节目、成立法治文化社团等。

---

① ［美］伯尔曼：《法律与宗教》，梁治平译，中国政法大学出版社2003年版，第35页。